Ulrike Juhas und Andras Juhas

ErlebnisWandern mit Kindern

Rund um Stuttgart

Hallo Kinder!

Ich bin Rothi, das Murmeltier. Von mir erfahrt ihr, was es rund um Stuttgart alles zu entdecken gibt. Wenn ihr neugierig und unternehmungslustig seid, stehen uns spannende Abenteuer in der Natur bevor. Wir erkunden Höhlen und durchqueren Wälder, erobern Burgen und steigen in Schluchten. Nehmt eure Eltern und Freunde mit und kommt mit mir auf Entdeckungstour!

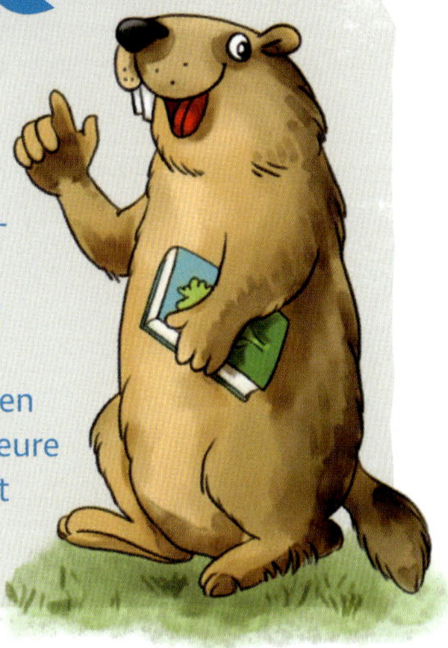

ROTHER

Vorwort

Die Region um die Landeshauptstadt Stuttgart hat eine unglaubliche Vielfalt verschiedener Natur- und Landschaftsräume zu bieten. Beim Erwandern der Touren konnten wir unsere Heimat ganz neu entdecken und Abenteuer vor der Haustür mit unseren Kindern erleben. Und genau das ist es, was uns motiviert hat: schöne gemeinsame Momente schaffen, zusammen die Natur erkunden und Spaß am Draußensein haben. Es geht nicht ums Kilometer Machen, sondern darum, zu genießen und sich später an einen einzigartigen Tag zu erinnern.

Der Gedanke, einen Wanderführer zu schreiben, steckte schon lange im Kopf von Ulrike. Mindestens seit der Durchwanderung von Europas größter Hochebene, der Hardangervidda in Norwegen, Anfang der 2000er-Jahre. Etliche Wandertouren später waren endlich die Zeit und die Möglichkeit gekommen, das Hirngespinst in die Tat umzusetzen. Und wir freuen uns riesig, dass der Traum Wirklichkeit wurde.

Dieser Wanderführer wächst mit seinen Besitzern und kann Familien lange Jahre begleiten. Er bietet Touren für alle Altersklassen, vom Kinderwagenfahrer bis zum Teenager. Kurze Wanderungen mit vielen Highlights lassen schon die Jüngsten voller Elan voranmarschieren. Viele längere Touren machen als Kurzvarianten auch kleineren Kindern Spaß und können später, wenn sie größer sind, noch einmal in ganzer Länge gewandert werden. Einige Touren sind vor Ort bestens ausgeschildert, andere haben wir selbst konzipiert und sie finden sich in keinem anderen Wanderführer. Die vielen Freizeittipps zum Schluss machen den Wanderführer auch zum wertvollen Handbuch für die Region Stuttgart, wenn es einfach mal ein schöner Ausflug sein soll.

Wir wünschen allen kleinen und großen Wanderkindern und ihren Familien unvergessliche Touren und freuen uns, wenn sie wunderschöne unbekannte Winkel im Großraum Stuttgart entdecken.

Ulrike und Andras Juhas — Sommer 2023

Inhalt

Allgemeine Hinweise

Anforderungen

Die Touren sind in drei Schwierigkeitskategorien eingeteilt. Relevant sind dabei vor allem die Beschaffenheit der Wege, Steilheit und Auf- und Abstiege. Die Einzelheiten zu den Anforderungen und der Bodenbeschaffenheit sind bei jeder Tour zusätzlich beschrieben. Das erleichtert die Einschätzung, ob alle die Tour bewältigen können.

Ab 2 Jahren können Kinder einen Teil des Weges selber gehen. Allerdings sollte bei Zwei- oder Dreijährigen zur Sicherheit ein Kinderwagen oder eine Tragemöglichkeit, wie Kraxe oder Tragetuch, mitgenommen werden. Ein Blick auf das Symbol verrät, ob die Tour auch mit dem Kinderwagen machbar ist. Bei etlichen Wanderungen gibt es kinderwagentaugliche Varianten. Große luftgefüllte Reifen sind auf Wegen durch die Natur definitiv von Vorteil.

Wer unsicher ist, was er seinem Kind zutrauen kann, wählt für den Anfang eine leichte, kürzere Wanderung bis 5 km Länge. Ist die Tour schneller als erwartet beendet, freut sich der Nachwuchs, dass noch Zeit bleibt, ein spannendes Freizeitziel in der Nähe anzusteuern (s. S. 192ff). Nicht selten sind für Kinder schwierige Touren interessanter als leichte. Mögen breite Wege auch unschwierig zu gehen sein, viele Kinder lieben schmale Wurzelpfade, wo hinter jeder Kurve eine Überraschung warten kann.

Gehzeiten

Die Gehzeiten in diesem Buch sind angepasst an das Tempo von Kindern. Es wird von einem Tempo von zweieinhalb Kilometern pro Stunde im flachen Gelände ausgegangen. Als Faustregel kann davon ausgegangen werden, dass ein Kind die 1,5-fache Strecke seines Alters wandern kann,

SCHWIERIGKEIT: **LEICHT**	**MITTEL**	**SCHWER**
Einfache Wanderungen, ohne steile Anstiege, auf bequemen Wegen. Teilweise sind diese Touren auch mit Kinderwagen, Fahrrad oder Laufrad machbar. Details dazu finden sich bei der jeweiligen Tour. Hier können auch Großeltern mitkommen, die noch gut zu Fuß sind, sich mit steilen, unebenen oder rutschigen Pfaden aber schwer tun würden.	**Diese Touren sind von Kindern und Erwachsenen machbar, die eine gewisse Grundkondition und Trittsicherheit mitbringen. Der Untergrund kann uneben oder steinig sein, die Touren können schmale (Wurzel-)Pfade beinhalten und es kann auch steil bergauf gehen.**	**Hier sind gute Kondition und Trittsicherheit gefragt. Es können längere steile Abschnitte enthalten sein, manchmal auch auf rutschigen und unebenen Naturpfaden oder steilen Treppen. Bei wenigen Touren gibt es auch kurze Abschnitte, auf denen über Felsen gekraxelt werden muss oder bei denen es am Rande des Weges steil bergab geht, z. B. am Albtrauf.**

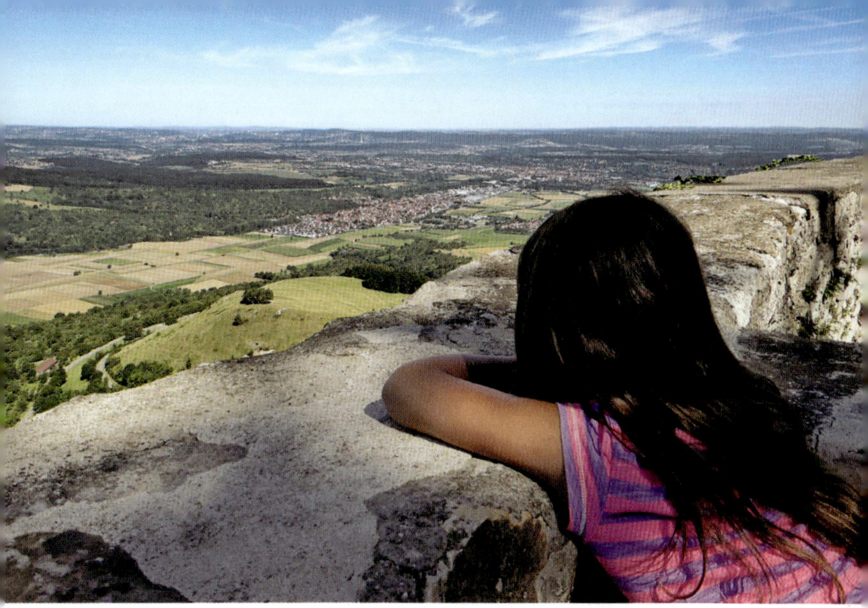

Steigungen nicht mitgerechnet. Ein fünfjähriges Kind kann also bis zu 7,5 km am Tag wandern.
Angegeben werden bei den Touren reine Gehzeiten. Pausen müssen noch hinzugerechnet werden. Mit Kindern macht es immer Sinn, deutlich mehr Zeit einzuplanen. Nicht nur, weil sie langsamer gehen. Während für Erwachsene oft der Weg das Ziel ist, geht es Kindern um die vielen kleinen und großen Highlights am Weg: Entdeckungen in der Natur, Dämmebauen am Bach und Toben auf dem Spielplatz. Wer grillen möchte, sollte bedenken, dass es oft länger dauert, bis Glut da ist und alle satt sind. Also lieber viel Zeit für Pausen einplanen. Auch die Motivation spielt eine große Rolle, und oft macht es einen großen Unterschied, ob Freunde und Freundinnen mitwandern. Was die Motivation steigert, verraten wir im Abschnitt »Wandern mit Kindern«.
Nicht immer sind sich alle Familienmitglieder einig. Die einen möchten eine lange Tour, die anderen lieber eine kurze. Bei einigen Touren mit Kurzvarianten ist das gar kein Problem. Hier kann ein Teil der Tour gemeinsam gewandert werden. Wer lieber länger unterwegs ist, fängt früher an oder wandert noch weiter, bis sich alle später wieder treffen.

Da gibt es viel zu sehen: Ausblick von der Burg Teck (Tour 38).

Anfahrt

Viele Touren sind sowohl mit dem PKW als auch mit dem ÖPNV erreichbar. Wo möglich, wurde darauf geachtet, dass die Tour direkt an einer Bus- oder Bahnhaltestelle beginnt oder der Startpunkt nicht allzu weit davon entfernt ist. Die Verkehrsverbünde VVS (Stuttgart) und naldo (Reutlingen/Tübingen) decken das ganze Gebiet dieses Wanderbuchs ab. Wer auf der Schwäbischen Alb und im Albvorland übernachtet, bekommt von seinem Gastgeber die AlbCard und kann damit kostenlos Busse und Bahnen benutzen (Infos unter schwaebischealb.de/albcard).

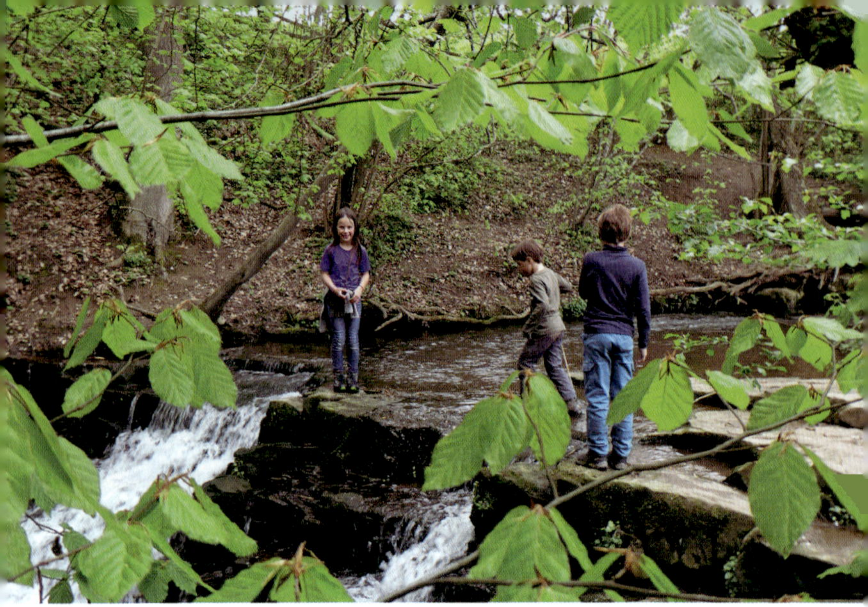

Über steile Felsstufen rauscht der Föllbachwasserfall (Tour 32).

Wichtig für alle Dieselfahrer, die aus der Umgebung nach Stuttgart fahren: Im gesamten Stadtgebiet dürfen keine Kraftfahrzeuge mit Dieselmotoren der Abgasnorm Euro 4/IV und schlechter mehr fahren. In Teilen gilt ein Verbot von Euro 5/V und schlechter. Am besten vorab informieren unter stuttgart.de/leben/mobilitaet/dieselverkehrsverbot/dieselverkehrsverbot.php
Es gibt Städte und Gemeinden rund um Stuttgart, die eine Umweltzone eingerichtet haben. Freie Fahrt haben nur noch Fahrzeuge mit grüner Plakette. Infos finden sich meist auf den Homepages der Städte.
Parkplätze in Stuttgart zu finden ist oft schwierig und die Parkgebühren sind meist hoch. Es spart fast immer Geld und Nerven mit dem ÖPNV anzureisen. Wer Park and Ride nutzen möchte, findet P+R-Parkplätze in der VVS Mobil App oder der Mobility Stuttgart App.

Einkehr

Die Öffnungszeiten, die bei den Einkehrmöglichkeiten angegeben sind, gelten in der Regel für die warme Jahreszeit. Im Winter können sie abweichen, manches Gasthaus ist dann auch ganz geschlossen. Am Besten vorher auf der Homepage informieren oder anrufen. Auch wer plant unterwegs einzukehren, sollte immer ein paar Snacks und ausreichend zu trinken dabei haben.
Lust auf noch mehr Abenteuer? Manche Wanderheime bieten Übernachtungsmöglichkeiten. Das ist in der Regel bei den Einkehrmöglichkeiten der einzelnen Touren vermerkt. So kann aus einer Tagestour ein spannendes Wochenende werden.

Ausrüstung

Kleidung: Beim Wandern ist der Zwiebellook sinnvoll. Das heißt, mehrere dünne Schichten Kleidung werden übereinander getragen. Wird es zu warm, wird einfach etwas abgelegt.

Eine leichte und atmungsaktive Regenjacke sollte immer dabei sein. Auch im Sommer kann es überraschend gewittern und im Frühjahr und Herbst wird es abends oft früher kühl als gedacht. Außer der Jacke muss es keine High-Tech-Funktionskleidung sein. Alltags-T-Shirts und Hosen reichen meist völlig aus.
Wechselkleidung dabei zu haben, ist beim Wandern mit Kindern immer empfehlenswert. Sonst kann die Wanderung schneller beendet sein, als geplant – nicht nur beim Spielen an Bächen und Seen, sondern auch auf matschigen Wegen und in der kalten Jahreszeit.
Im Sommer schützt eine Kopfbedeckung vor der Sonne. Im Winter wärmen Schlauchschal, Handschuhe und dicke Wandersocken. Wer bei kühlen Temperaturen warm bleiben möchte, kann Shirts oder Leggins aus Wolle oder einem Wolle-Seide-Gemisch als erste Lage tragen. Die natürlichen Materialien wärmen, ohne dass es beim Wandern zu warm wird. Ein weiter Vorteil: Sie wärmen auch, wenn sie feucht geworden sind.

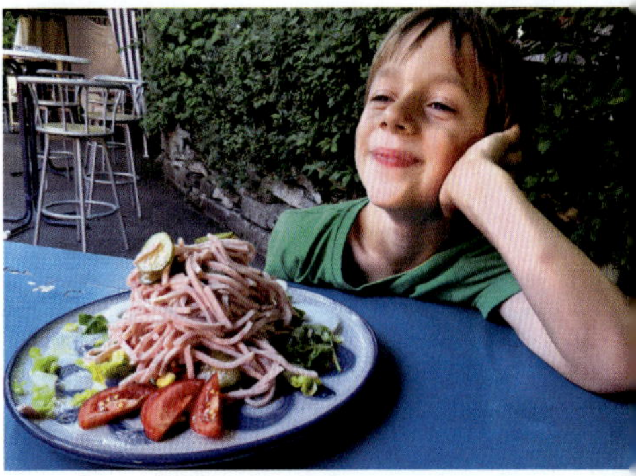

Genau das Richtige für hungrige Wandererkinder – ein schwäbischer Wurstsalat.

In Zeckengebieten, wie hier in Baden-Württemberg, empfehlen sich lange Hosen bei Touren auf schmalen Pfaden oder wenn der Weg durch Wiesen führt. Auf hellem Stoff sind die dunklen Krabbeltiere leichter auszumachen.
Schuhe und Socken: Mit festen hohen Wanderschuhen, die idealerweise wasserdicht und eingelaufen sind, kann zu allen Jahreszeiten die Natur entdeckt werden. Sie schützen auch vor Stürzen und Verletzungen.

GPS-Tracks und Koordinaten der Ausgangspunkte

Auf **gps.rother.de** stehen zu diesem Wanderbuch GPS-Tracks und die Koordinaten der Ausgangspunkte zum kostenlosen Download bereit. Dieser QR-Code führt direkt zum Download.
1. Auflage, Passwort: **337501gua**
Die GPS-Tracks können in die **Rother App** importiert werden. In der App kann man unterwegs stets sehen, wo man gerade ist und wo es langgeht. **Anleitungen dazu: rother.de/gps**
Trotz sorgfältiger Prüfung können wir Fehler und zwischenzeitliche Veränderungen nicht ausschließen. Verlassen Sie sich für die Orientierung niemals einzig und allein auf die GPS-Daten, sondern beurteilen Sie die Verhältnisse vor Ort.

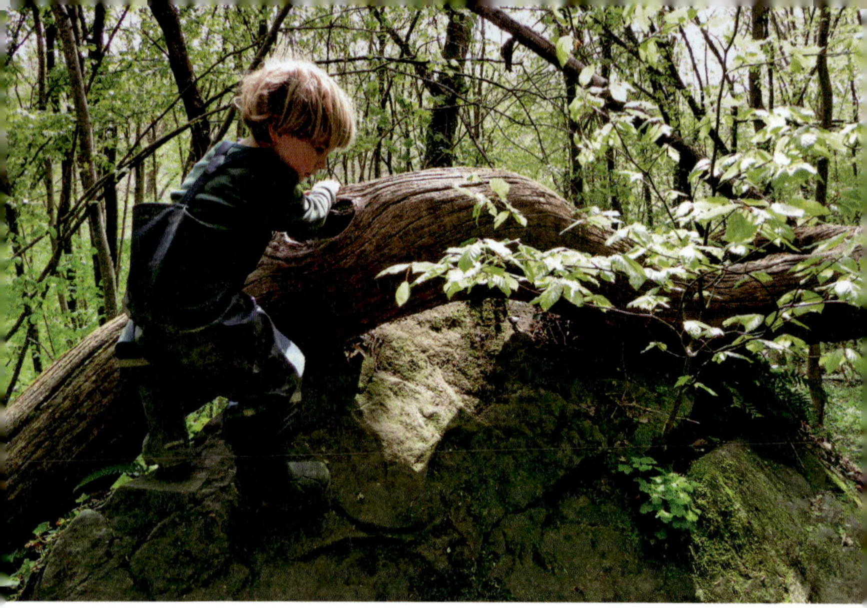

Die Natur bietet jede Menge Spiel- und Klettermöglichkeiten.

Im Sommer kann auf leichten Touren auch in Halbschuhen oder Trekkingsandalen gewandert werden. Wer sparsam ist und nicht ständig neue Kinder-Wanderstiefel kaufen möchte: eine Nummer größer und mit einer herausnehmbaren Einlegesohle versehen, können die Schuhe schon mal zwei Größen lang passen.

Wandersocken mit Wollanteil leiten die Feuchtigkeit vom Fuß weg und helfen so, Blasen vorzubeugen. Sie wärmen auch dann noch, wenn einmal Wasser in den Schuh gekommen sein sollte. Für die ersten Touren genügen aber normale Baumwollsocken.

Sollte ein Schuh doch einmal am Fuß reiben und sich eine Blase ankündigen, hilft eine Rolle Tape oder Heftpflaster, z. B. Leukoplast. Bei den ersten Anzeichen sofort ein Stück des Klebebandes auf die Stelle kleben. Dann reibt der Socken nicht auf der Haut, sondern auf dem Pflaster. Außerdem können damit auch kaputte Schuhe oder ein Riss im Rucksack geflickt werden. Ist die Blase schon da, können spezielle Blasenpflaster aufgeklebt werden, die ein Polster zwischen Blase und Schuh bilden.

Sonnen- und Insektenschutz: Für die meisten Familien ganz selbstverständlich im Sommer: Sonnencreme, Hut oder Baseballcap dürfen unterwegs nicht fehlen. Bei Wanderungen durch Wiesen oder auf schmalen Waldpfaden kann vorsorglich ein Zeckenschutzmittel aufgesprüht werden. Es hilft oft auch gegen fliegende Plagegeister.

Rucksack: Im Rucksack der Erwachsenen finden Getränke, Vesperbrote, Tourenbuch und Erste-Hilfe-Set Platz. Ersatzkleidung, Taschentücher und ggf. feuchte Tücher können die Grundausstattung ergänzen. Meist will der Nachwuchs den Großen in nichts nachstehen und Trinkflasche, Brotdose und Kuscheltier selber tragen. Kinderrucksäcke gibt es in verschiedenen Größen für das jeweilige Alter. Für Kindergartenkinder reicht meist ein Volumen von 3 bis 6 Liter, ältere Kinder können größere Rucksäcke tragen.

Erste Hilfe: Für Notfälle sollte immer ein voll aufgeladenes Handy dabei sein. Erste-Hilfe-Sets gibt es oft schon gefüllt als kleine Täschchen zu kaufen. Manche haben Klettverschlüsse, um sie griffbereit außen am Rucksack zu befestigen. Wer sein eigenes Set packen will, sollte Folgendes mitnehmen: (Kinder-)Pflaster, eine Rolle Tape oder Heftpflaster (zum Abkleben von Druckstellen am Fuß), 2–3 Blasenpflaster (es lohnt es sich, hier auf Markenprodukte zu setzen), ein Verbandpäckchen, eine Wundkompresse, Einmal-Handschuhe, Rettungsdecke, Pinzette und Zeckenzange oder -karte.

Sonstiges: Ein Taschenmesser ist klein, leicht, schnitzt Grillstöcke und schneidet Äpfel. Für Kinder gibt es bunte Modelle mit abgerundeter Spitze.

Liegt eine Höhle auf der Strecke, dürfen starke Taschen- oder Stirnlampen mit vollen Akkus nicht fehlen, mindestens eine pro Person.

Mit Becherlupe oder Fernglas können kleine und große Tiere genauer beobachtet werden. Gerade bei Touren, die an Wildgehen vorbeiführen, kann ein Fernglas nützlich sein. Die Gehege sind oft so groß, dass die Tiere sich auch zurückziehen können und weit entfernt vom Zaun stehen.

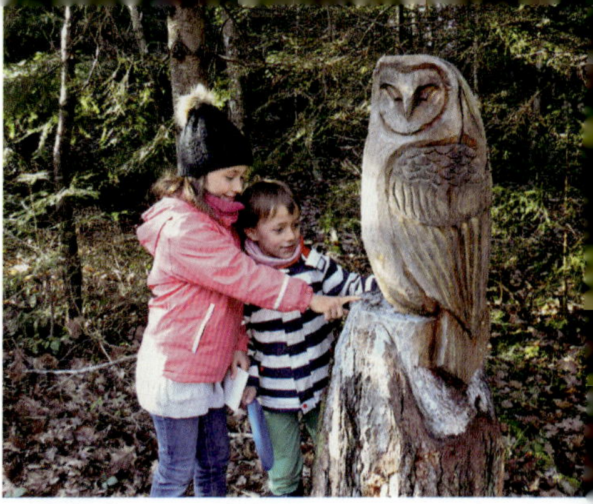

OBEN
Bildhauerkunst im Wald.

UNTEN
Mit Stirnlampen geht's auf Erkundungstour in der Barnberghöhle (Tour 36).

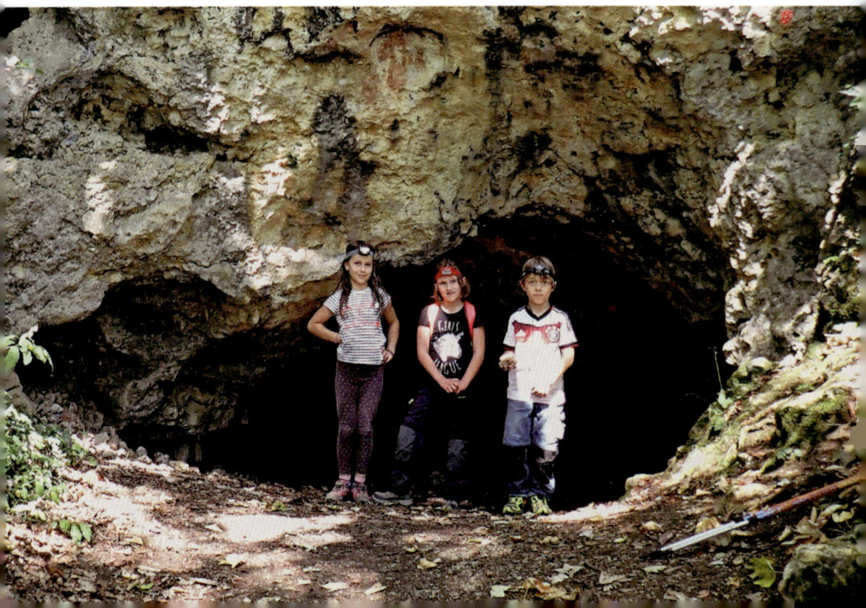

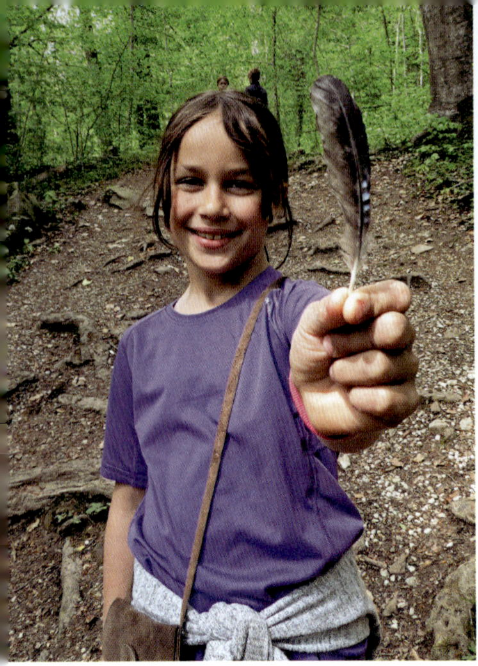

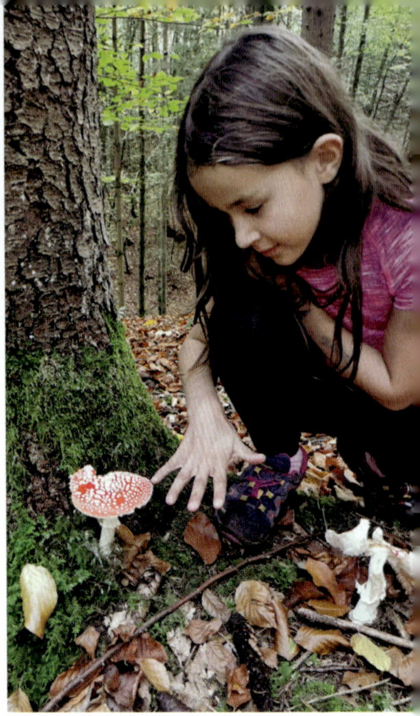

LINKS

Zauberhaftes Fundstück: die Feder eines Eichelhähers.

RECHTS

Auch wenn er giftig ist – dekorativ ist der große Fliegenpilz auf jeden Fall.

Essen und Trinken: Auch auf der kürzesten Wanderung sollten Wasser und ein paar Snacks, wie (Trocken-) Obst, Müsliriegel oder Kekse dabei sein, denn der Hunger kommt an der frischen Luft mit viel Bewegung ganz von allein. Selbst wenn es eine Einkehrmöglichkeit am Weg gibt, sollte man immer vorsorgen, für den Fall, dass ausgerechnet heute wegen Betriebsferien geschlossen ist.

Gefahren

Ab einem Alter von 4 Jahren setzt bei Kindern ein erstes Gefahrenbewusstsein ein. Bewusst verhindern können sie Gefahrensituationen aber erst ab 9 oder 10 Jahren. Eltern sind also gefragt, wenn es darum geht, Gefahren zu erkennen und vorausschauend zu handeln. Trotzdem ist es nicht das Ziel, Kinder in Watte zu packen. Vielmehr geht es darum, dass Kinder lernen, Gefahren realistisch einzuschätzen. Denn denen begegnen sie überall, ob zu Hause, auf der Straße oder in der Natur. Kinder wollen und sollen (überschaubare) Risiken eingehen und ihre Grenzen austesten. Kratzer und Blaue Flecken gehören dazu und sind kein Grund zur Panik.

Achtung, Waldbrandgefahr!

Einige Touren führen an Grillstellen vorbei. Wer grillen möchte, kann hier Grillgut mitbringen. Auch Streichhölzer oder Feuerzeug, Papier oder Anzünder gehören dann mit in den Rucksack. Wer auf Nummer sicher gehen will, bringt Holz mit. Bei anhaltender Trockenheit im Sommer kann Waldbrandgefahr bestehen! Am besten vorab informieren, ob Feuer machen erlaubt ist.

Tiere

Sie sind klein und doch können **Zecken** zwei gefährliche Krankheiten übertragen: FSME und Borreliose. Laut RKI ist Baden-Württemberg FSME-Risikogebiet. Die Krabbeltiere sitzen gerne im hohen Gras. Lange Hosen und Insektenschutzspray schützen, trotzdem sollten nach der Wanderung der Körper abgesucht und Zecken sobald wie möglich mit Pinzette, Zeckenzange, -hebel oder -karte entfernt werden.
Größere Tiere, wie **Füchse**, sind eher selten zu sehen, auch wenn sie im Siedlungsbereich weniger scheu sind. Ist ein Fuchs zutraulich, denken viele unwillkürlich an Tollwut. Zum Glück ist diese Sorge unbegründet. Seit 2008 gilt Deutschland laut RKI als tollwutfrei. Füchse gelten auch als Überträger des Fuchsbandwurms. Eine Infektion des Menschen ist aber sehr selten. Die Eier werden nur mit dem Kot, nicht durch Urin übertragen. Sicherheitshalber sollten Wildpflanzen vor dem Verzehr gründlich gewaschen werden. Erhitzen auf über 60 °C für einige Minuten macht die Eier zuverlässig unschädlich.
Wildschweine sind recht häufig in den Wäldern rund um Stuttgart. Trotzdem begegnen Wandernde den scheuen Tieren kaum. Sollten sie doch einmal in der Nähe sein: Ruhe bewahren und sich langsam rückwärts zurückziehen.

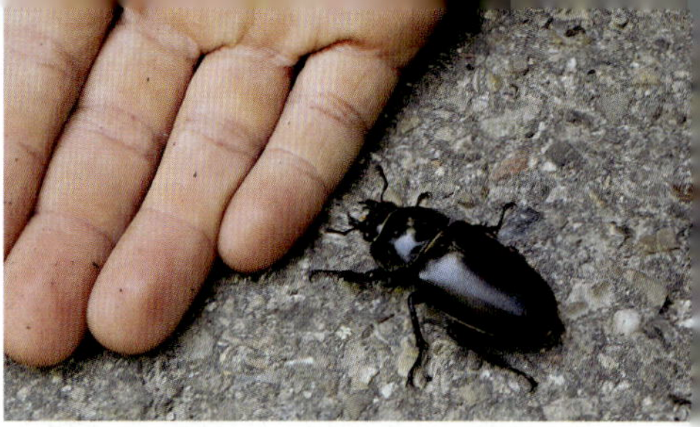

OBEN
Einer der größten Käfer Europas: der Hirschkäfer. Er steht auf der Roten Liste der gefährdeten Arten.

UNTEN
Pilze am Baumstamm: Wer genau hinschaut, entdeckt Neues auf Schritt und Tritt.

Pflanzen

Auch wenn die Natur deutlich mehr essbare als giftige Pflanzen bietet, gilt: Nur essen, was man sicher erkennt!
Wer ein Pflanzenbestimmungsbuch (»Was blüht denn da« ist der Klassiker) mitnimmt oder ein Buch über essbare Wildpflanzen (übersichtlich und mit guten Bildern ist »Essen aus der Natur« von Stiftung Warentest), kann mal eben nachschlagen. Für den Fall der Fälle: Die Giftnotrufzentrale in Freiburg (zuständig für Baden-Württemberg) ist erreichbar unter Tel. +49 761 19240. Am besten die Nummer gleich im Handy abspeichern.

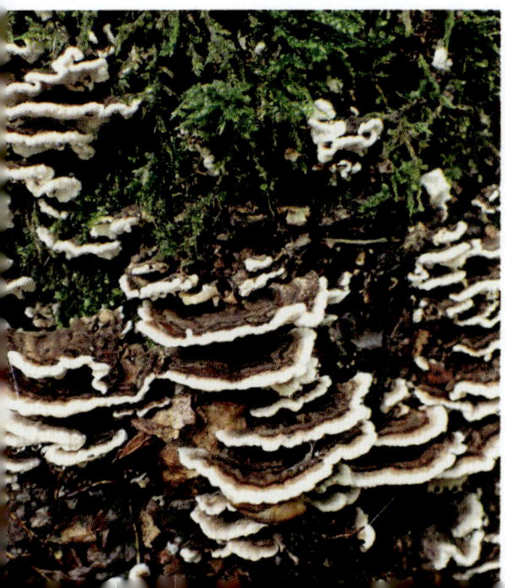

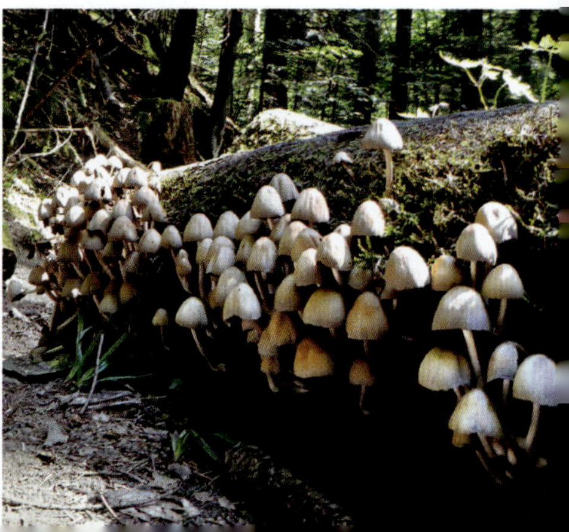

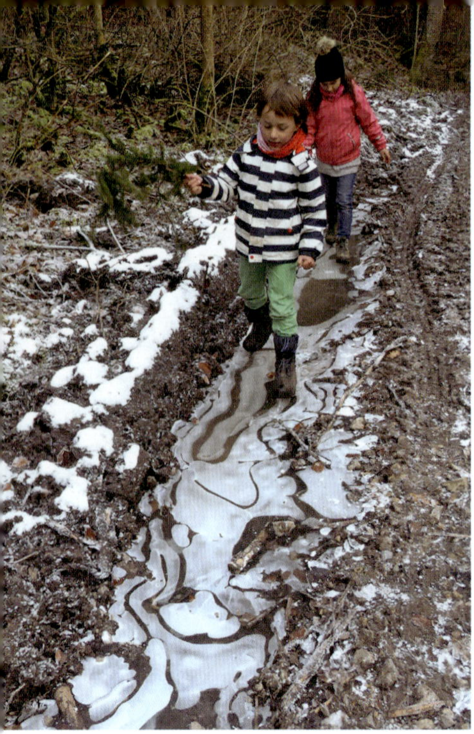

Der Winter schenkt uns bizarre Kunstwerke aus Eis.

Natur und Wetter

Während und nach Stürmen besteht im Wald die Gefahr herabstürzender Äste. In bewirtschafteten Wäldern werden in den Wintermonaten oft Bäume gefällt. Das kann zu erschwerten Bedingungen führen, z. T. werden dann auch Wege gesperrt. Nach Starkregen können naturnahe Wege schwerer zu begehen sein.
Wasserführende Höhlen niemals nach (Stark-)Regen oder bei Schneeschmelze betreten. Immer nur mit mehreren guten Stirn- oder Taschenlampen in eine Höhle gehen, idealerweise mit Ersatzbatterien.
Werden kleine Kinder im Winter in der Kraxe getragen, gilt es, vorsichtig zu sein. Denn während den Erwachsenen durch die Bewegung warm ist, können bei den kleinen Passagieren die Beine durch die Kälte schlechter durchblutet sein. Daher Kinder in der Kraxe immer warm genug anziehen und mindestens jede Stunde aus der Trage nehmen.

Verkehr

Die meisten Touren verlaufen fernab von viel befahrenen Straßen. Trotzdem gibt es kurze Abschnitte entlang von Straßen. Hier sollte man – wie ja immer mit Kindern – ein wachsames Auge haben. Nicht nur in der Stadt sind jüngere Kinder mit dem Verkehr auch schnell einmal überfordert. Wichtig auf Straßen ohne Gehweg: immer an der linken Straßenseite gehen!

Verhalten in der Natur

Vor einer Wanderung immer den Wetterbericht anschauen! Sind Sturm oder Gewitter angekündigt, ist es meist sinnvoller, die Tour zu verschieben, besonders, wenn sie durch den Wald führt. Im Sommer gibt es immer häufiger längere Trockenperioden. Wegen der Waldbrandgefahr sollte dann kein Feuer entzündet werden.
In Naturschutzgebieten bleiben wir selbstverständlich auf den Wegen, pflücken keine Pflanzen und achten darauf, sie nicht zu zertreten. Wildgatter müssen immer sorgfältig geschlossen werden.
In Höhlen besteht im Winterhalbjahr (i. d. R. 1.10.–31.03.) ein Betretungsverbot zum Schutz der Fledermäuse. Beim Erkunden von Höhlen sollten Tropfsteine nicht berührt werden. Das Hautfett lässt das Wasser abperlen und verhindert, dass der Tropfstein weiter wachsen kann. Beim Besuch aller Höhlen gilt, wie auch sonst in der Natur: Nimm nichts mit, lass nichts zurück, zerstöre nichts und schlag nichts tot!

Wandern mit Kindern in und um Stuttgart

Motivation

Ist die Stimmung im einen Moment noch »ich kann nicht mehr, wann sind wir endlich da«, ändert sich das schlagartig, sobald ein Spielplatz am Horizont auftaucht. In Sekundenbruchteilen werden ungeahnte Kräfte mobilisiert. Die Kleinen sind schon längst am Ziel, während die Großen, ungläubig staunend, versuchen hinterher zu kommen.
Wie so oft im Leben – auch beim Wandern spielt die Motivation eine entscheidende Rolle. Aber was tun bei Ich-kann-nicht-mehr- und Wann-sind-wir-endlich-da-Momenten?
Damit der Nachwuchs die Lust am Wandern entdeckt, sind die Touren in diesem Führer speziell für Familien ausgewählt. Viele spannende Highlights bieten Spiel und Spaß für Wanderkinder.
Am besten dürfen die Kinder die Tour von Anfang an mitplanen. Denn schließlich hat jeder individuelle Interessensschwerpunkte: Sind außergewöhnliche Attraktionen am Weg? Spannende Erlebnispfade oder Tiergehege? Gibt es tolle Spielplätze oder eine alte sagenumwobene Burg, in der einst kühne Ritter und mutige Prinzessinnen hausten?
Manchmal sind es auch Kleinigkeiten, die den großen Unterschied machen. Erstaunlicherweise klingt der Satz »Wir machen einen Ausflug« in Kinderohren ganz anders als »Wir gehen wandern«. Schon kann es freudestrahlend losgehen.
Ganz wichtig: Für viele Kinder macht es einen großen Unterschied, ob ein Freund oder eine Freundin mit auf Tour geht. Und gehen befreundete Familie zusammen

Neue Ein- und Durchblicke: Fantasievolle Spielplätze gibt es jede Menge in und um Stuttgart.

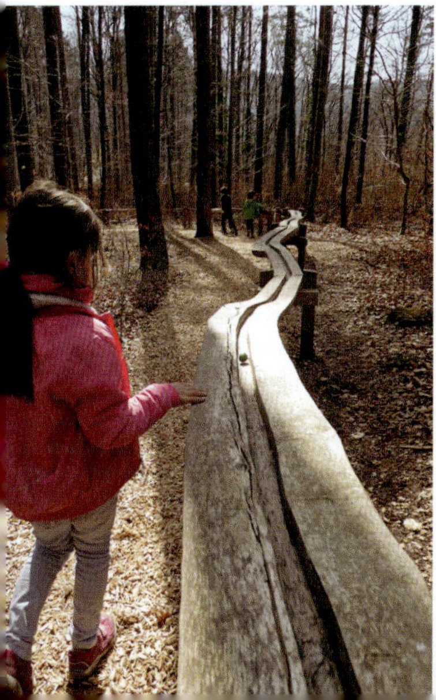

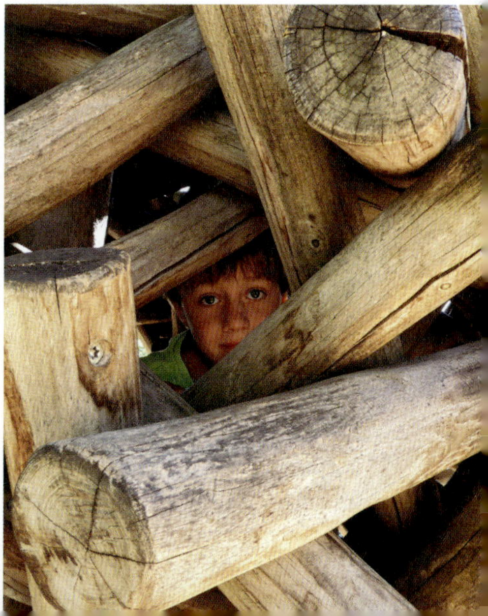

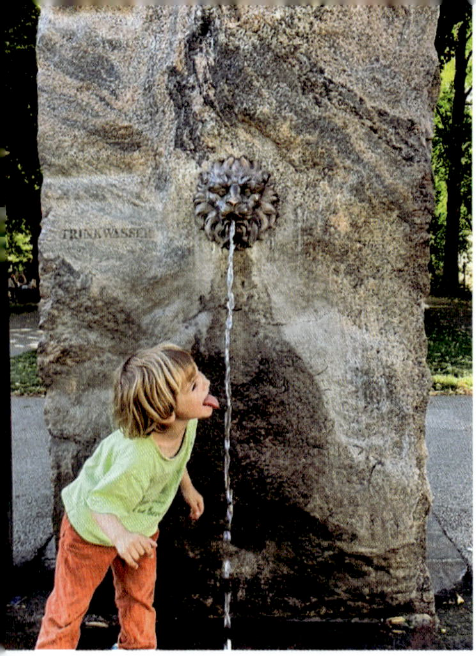

OBEN

Trinkbrunnen in Esslingen.

RECHTS OBEN

Pause im Wald: Gemeinsam mit Freunden und Freundinnen macht Wandern doppelt Spaß.

wandern, haben oft auch die Eltern viel mehr Spaß.
Kommt doch mal ein Durchhänger, können Spiele die Zeit bis zum nächsten Highlight verkürzen. Da sind die Klassiker wie »Ich sehe was, was du nicht siehst« oder »Ein Stock, ein Hut ein Regenschirm«.
Bei langen Anstiegen oder wenn sich der Weg doch einmal zieht, wirkt die Aussicht auf eine kleine Belohnung Wunder. Winkt ein Eis am nächsten Kiosk, ist es gleich viel leichter, noch eine Weile durchzuhalten. Und ist keine Einkehr in Sicht, haben Mama und Papa vielleicht ja noch ein Ass im Ärmel, respektive eine Packung Lieblingskekse im Rucksack. Die können auf dem Gipfel oder an jeder Wegkreuzung, Bank oder anderen »Zwischenzielen« nach und nach vernascht werden.

Überhaupt ist es wichtig, ausreichend Pausen einzulegen. Je kleiner die Kinder sind, desto öfter. Dann staunen mitunter auch die Eltern, was es am Wegesrand so alles zu entdecken gibt.

Wandern in der Stadt

Mancher, der im Umland wohnt, kommt sonst nur zum Shoppen in die Landeshauptstadt. Doch obwohl es stellenweise sehr dicht bebaut ist, zählt Stuttgart zu den grünsten Großstädten Europas. Das »Grüne U«, ein 18 Kilometer langer Grünzug, zieht sich von der Innenstadt über den Killesberg durch die Stadt, bis hinaus zum Rotwildpark. Durch Stuttgart fließt der Neckar, an dessen sonnigen, durch Natursteinmauern terrassierten Hängen Weinbau betrieben wird. Es gibt viele grüne Oasen zu erkunden und auf Wandertouren in und um die Schwabenmetropole fühlt man sich oft gar nicht wie in der Großstadt.
Ergo: Stuttgart bietet Wanderungen nicht nur für Stuttgarter. Es lohnt sich auch für Familien aus dem Umland, einmal nicht auf die Schwäbische Alb oder in den Schwarzwald, sondern in die Stadt zu fahren. Dort ist es auch nicht weit zu spannenden Museen oder anderen Attraktionen, die mit einer Tour kombiniert werden können (s. Freizeit- und Schlechtwetter-Tipps ab Seite 192).
Auch der Großraum rund um Stuttgart ist sehr dicht besiedelt. Nur wenige Regionen in Europa haben eine höhere Bevölkerungsdichte. Und trotzdem bietet auch das Umland von »Schduagerd« beste Wanderbedingungen. Rund herum locken große und kleine Städte mit historischen Altstädten, Stadtmauern, Schlössern und Burgen. Und ganz viel Natur.

Wandern in der Natur

Rund um Stuttgart warten wunderschöne und vielfältige Landschaften darauf, entdeckt zu werden. Im Norden der Landeshautstadt liegt westlich des Neckars der Naturpark Stromberg-Heuchelberg, östlich der Naturpark Schwäbisch-Fränkischer Wald. Hier werden alte Kultur- und Naturlandschaften erhalten und in weiten Wäldern finden seltene Tier- und Pflanzenarten ungestörte Rückzugsorte. Auch der Limes, die alte römische Grenze zu Germanien, verläuft im Osten des Bereichs dieses Wanderführers.

Vom Ballungszentrum nach Osten hin erstreckt sich das Remstal,

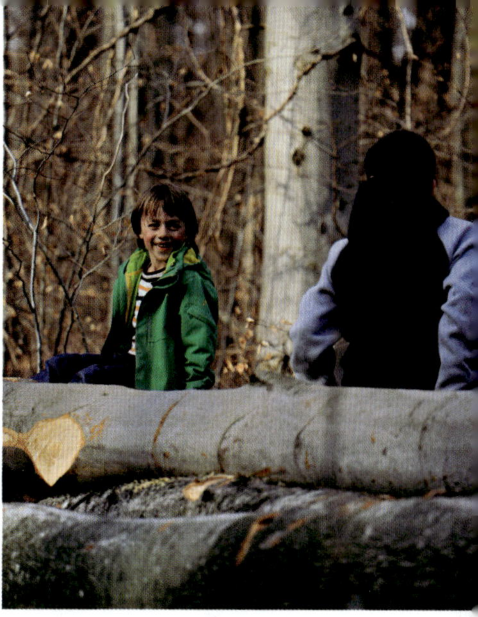

Die 5 wichtigsten Tipps für Wanderneulinge

- Erst mal eine **kürzere Wanderung** oder eine **Kurzvariante** bis 5 km Länge wählen. Wenn nachmittags noch viel Zeit sein sollte, die Tour in einem gemütlichen Biergarten mit Spielplatz ausklingen lassen oder noch ein Freizeitziel (s. S. 192ff.) besuchen.
- **Genug Zeit nehmen!** Auch eine 5-km-Tour kann mit Kindergartenkindern tagesfüllend sein. Statt zum Schluss in Hektik zu geraten, lieber früher aufbrechen und in Ruhe und mit ausgiebigen Pausen wandern.
- **Freunde und Freundinnen** der Kinder mitnehmen oder sich mit anderen Familien zum Wandern treffen. Plötzlich sind kleine Wandermuffel nicht mehr zu bremsen und auch die Eltern haben viel mehr Spaß. Dieser Punkt kann einen Unterschied machen wie Tag und Nacht!
- Was die **Ausrüstung** angeht: Eine gute wasserdichte Jacke (am besten atmungsaktiv) und robuste, gut passende Wanderschuhe sind am wichtigsten. Hosen, T-Shirts und Socken können ganz normale Alltagskleidung sein.
- **Unbedingt in den Rucksack packen:** kleines Erste-Hilfe-Set, genug Wasser (im Sommer lieber noch eine Extra-Flasche im Eltern-Rucksack mitnehmen), Obst/Nüsse/Kekse/Müsliriegel, Taschenmesser, (Regen-)Jacke, Sonnenschutz und ein voll aufgeladenes Handy.

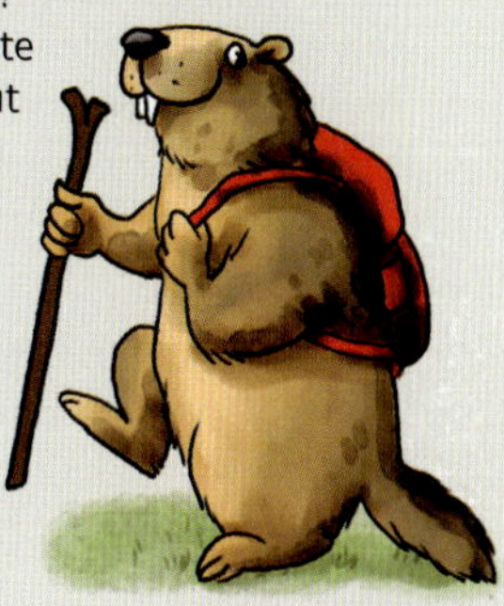

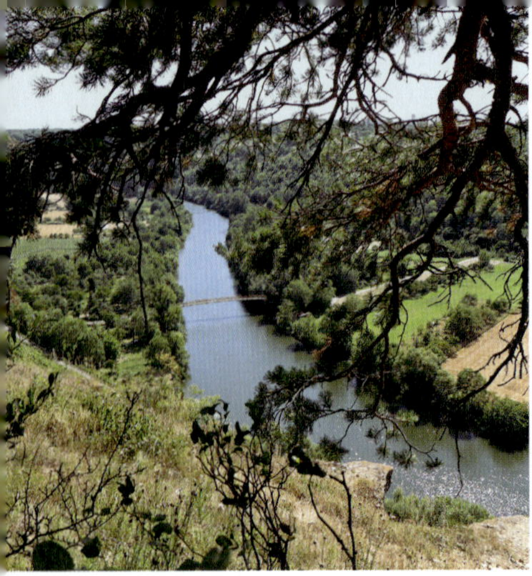

OBEN

Die Felsengärten bieten wunderbare Aussichten ins Neckartal (Tour 2).

RECHTS

In den tiefen Felsspalten der Höllenlöcher (Tour 36).

mit abwechslungsreicher Landschaft und Weinbergen entlang der sonnigen Hänge. Im Jahr 2019 fand hier die erste Gartenschau statt, die entlang eines ganzes Flusslaufes verwirklicht wurde. In diesem Rahmen wurden viele neue Wanderwege ausgewiesen, Erlebnispfade geschaffen und herausragende Spielplätze gestaltet. Südlich grenzen der Höhenzug des Schurwalds und das Filstal an. Im Osten erheben sich im Stauferland die drei Kaiserberge. Die Schwäbische Alb zieht sich von Südwesten nach Nordosten und gehört zu den höchsten Mittelgebirgen Deutschlands. Typisch für das Albvorland sind die Streuobstwiesen. Im Frühjahr bedecken Tausende weißer Blüten die Apfel-, Birn- oder Kirschbäume. Ähnlich wie beim japanischen Kirschblütenfest spricht man hier, in der größten Streuobstlandschaft Mitteleuropas, auch vom »Schwäbischen Hanami«. Am Albtrauf, der steilen Hangkante der Schwäbischen Alb, stehen hoch oben alte Burgen und Ruinen. Kleine und größere Höhlen liegen versteckt im Wald. Blütenreiche Trockenrasen und Wacholderheiden bedecken sonnige Hänge.

Über Albvorland und -trauf erstreckt sich das Biosphärengebiet Schwäbische Alb.

Südlich der Landeshauptstadt liegt die Filderebene. Rund um Messe und Flughafen finden sich fruchtbare Lössböden. Hier wächst vielerlei Gemüse, auch das bekannte Filderkraut mit den typischen spitzen Kohlköpfen.

Der Schönbuch im Südwesten ist das größte zusammenhängende Waldgebiet in der Region Stuttgart. Einst königliches Jagdgebiet der Herrscher des Hauses Württemberg, wurde er 1972 zum ersten Naturpark Baden-Württembergs erklärt. Heute ist er beliebtes Naherholungsgebiet und bietet Lebensraum für seltene Arten.

Westlich an Stuttgart grenzen der Glemswald und das Strohgäu an. Ersteres ist das zweitgrößte zusammenhängende Waldgebiet der Region, Letzteres wird seit der Jungsteinzeit ackerbaulich genutzt.

Mitten hindurch schlängelt sich der Neckar, von Tübingen über das Neckarknie bei Plochingen, durch Esslingen, Stuttgart-Bad Cannstatt, Ludwigsburg und Besigheim. An den Hängen des Tals wird oft Wein angebaut. Binnenschiffe transportieren ihre Fracht auf der Bundeswasserstraße. Auch wenn der Neckar heute durch Kraftwerke und Schleusen nicht mehr überall seinem natürlichen Lauf folgt, wurden und werden immer mehr Abschnitte renaturiert.

Die Vielfalt der unterschiedlichen Landschaften rund um Stuttgart ist bemerkenswert und sorgt für viel Abwechslung beim Wandern.

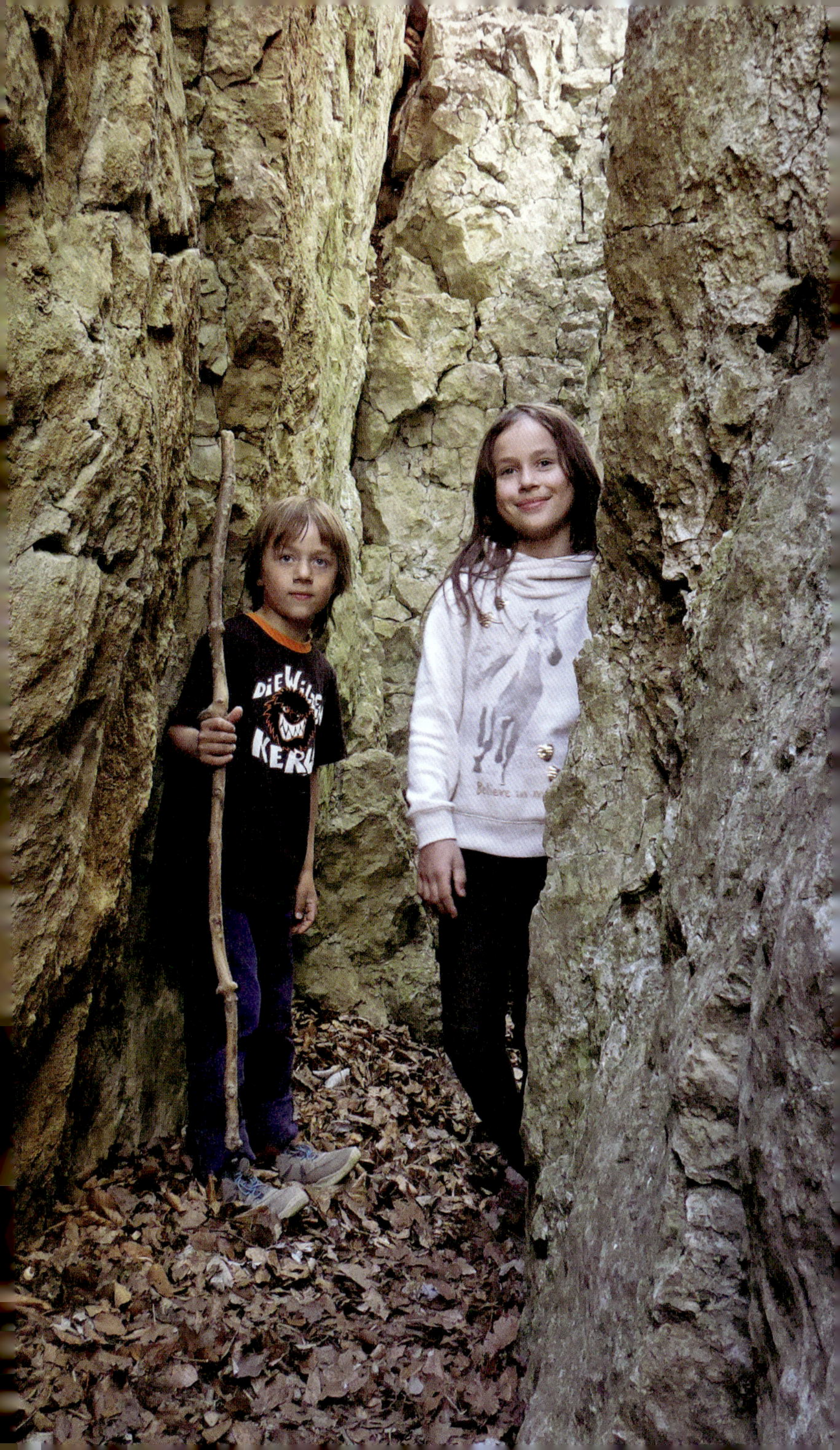

1 Eselsburgturm bei Vaihingen

IM NATURPARK STROMBERG-HEUCHELBERG

2.30 STUNDEN

5,7 KILOMETER

↗ 140 HÖHENMETER

↘ 140 HÖHENMETER

MITTEL ab 5 Jahren

Durch Weinberge und Wald zum Turm hinauf: Warme Sonnenstrahlen kitzeln im Gesicht, weite Blicke schweifen ins Land. Durch Streuobstwiesen und Weinberge geht es durch den Naturpark Stromberg-Heuchelberg. Im Frühjahr und Sommer führt uns der Weg an den blütenreichen Hängen oberhalb der Reben entlang. Im Natur-Lehrgarten lernen wir die Namen der bunten Blumen kennen, die am Wegesrand wachsen. Dann geht es durch den Wald zur Eselsburg hinauf. Auf schmalen Pfaden können wir das ehemalige Burggelände und den tiefen Burggraben erkunden. Und es gilt, die 75 Stufen des Turms zu erklimmen, der oben beste Fernsicht bietet. Im Biergarten unter großen Kastanien können wir uns an Sonn- und Feiertagen stärken. Am kleinen Spielplatz kann an der Feuerstelle aber auch Mitgebrachtes gegrillt werden.

Ausgangspunkt: Bushaltestelle Feuerwehrmagazin, Vaihingen an der Enz, Ortsteil Ensingen; Anfahrt ab Stuttgart mit der Bahn nach Vaihingen/Enz, von dort weiter mit Bus 579. – Mit dem Auto: Wanderparkplatz Forchenwald (Navi: 71665 Vaihingen/Enz, Gündelbacher Str. 34).
Ausrüstung: Feste Wanderschuhe, Sonnenschutz.
Anforderungen: Überwiegend sonnige Asphalt- oder Schotterwege, ein Stück auf Waldwegen. Nach der Eselsburg steiler Abschnitt bergab mit Treppen, der von Wandernden mit Kinderwagen umgangen werden kann (s. Variante).
Einkehr: Eselsburg, April–Nov. So/Fei 10.00–18.00 Uhr, Eselsburgweg, 71665 Vaihingen/Enz, Tel. +49 7042 811541, eselsburgensingen.de.
Hinweise: Wenig Schatten in den Weinbergen. Eine ideale Tour für sonnige Tage in der kühleren Jahreshälfte.
Kinderwagen-Variante: Von der Burg auf demselben Weg zurück bis zur Weggabelung 4 und dann unterhalb der Burg vorbei.
Tipps: In der Nähe ist das Bonbon-Museum (s. Freizeittipp D1). Der Eintritt ist frei, im Lagerverkauf kann man sich mit Leckereien eindecken. Auch der Kletterwald Illingen (s. Freizeittipp G1) ist nicht weit.

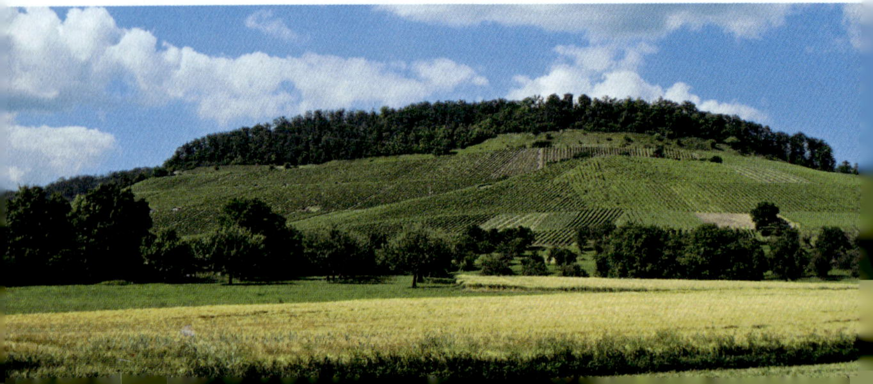

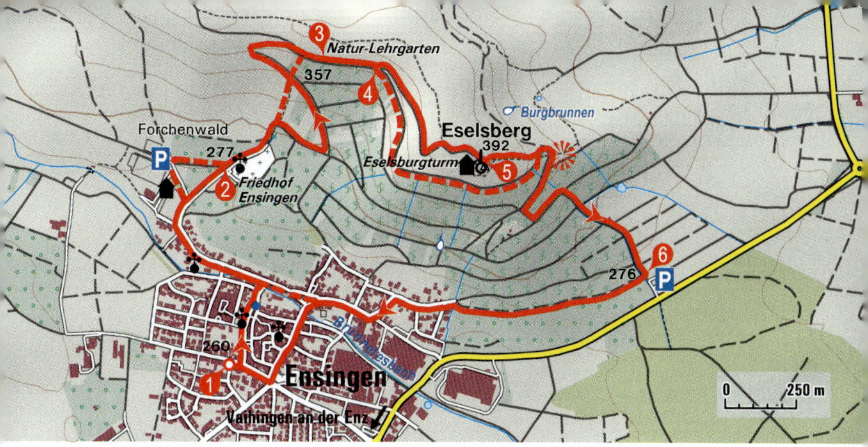

LOS GEHT'S An der **Bushaltestelle Feuerwehrmagazin 1** geht es nach rechts in die Dennefstraße und in die nächste Straße nach links. Wenn diese nach dem Bach in die Gündelbacher Straße mündet, folgen wir den Wegweisern des Eselsburgrundwegs nach links. Nach einer Rechtskurve geht es links zum **Wanderparkplatz Forchenwald** beim Sportplatz. Wer mit dem Bus gekommen ist, geht hier geradeaus weiter zum **Friedhof 2**. (Wer am Wanderparkplatz startet, nimmt den Weg, der eben durch die Wiesen zum Friedhof führt.) Wir gehen dort auf dem Asphaltweg bergauf. Wer ohne Kinderwagen unterwegs ist, kann den Eselsburgweg direkt nach der Rechtskurve verlassen. Beim grün-weißen Schild Waldschutzgebiet führt ein schmaler Pfad nach links. Mit Kinderwagen bleiben wir auf dem Asphaltweg und nehmen den nächsten Abzweig nach links. Oben stößt die Abkürzung wieder auf den Eselsburgrundweg, dem wir nach links folgen. Wer mag, kann noch einmal gleich rechts über die steile Weinbergtreppe abkürzen.

Eine scharfe Rechtskurve führt uns zu einem warmen sonnenbeschienenen Hang, der im Sommer mit bunten Blüten bedeckt ist. Im **Natur-Lehrgarten 3** können wir mehr über die Pflanzen erfahren, die unseren Weg begleiten. An der **Weggabelung 4** wandern wir links, an der Schranke

LINKS

Der Eselsberg mit Aussichtsturm, Wald und Weinberg.

UNTEN

Die Eselsburg wartet am höchsten Punkt des Eselsberges auf uns.

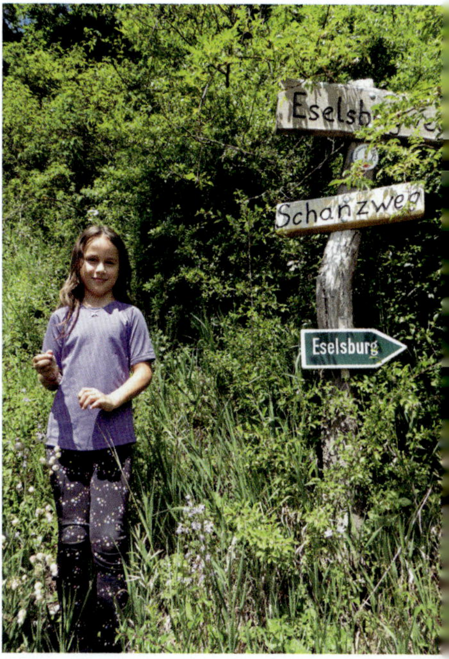

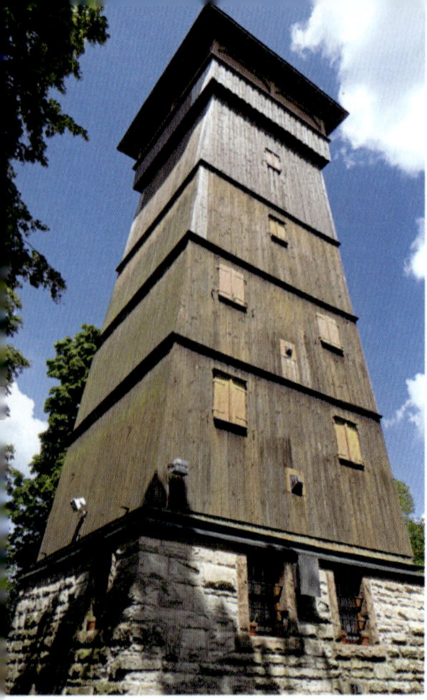

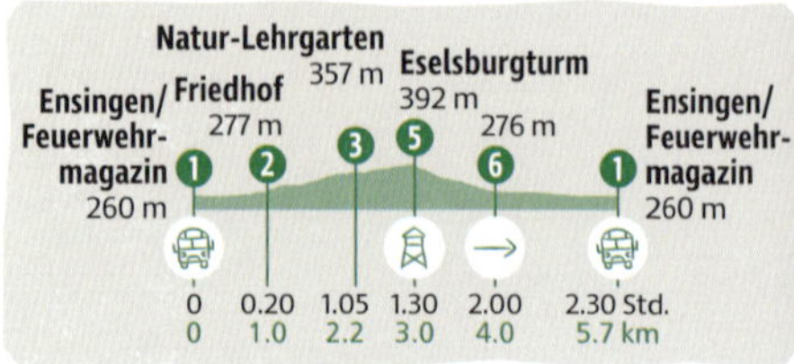

vorbei in den Wald, immer weiter bergauf. Noch ein Stück, dann ist es geschafft und es geht nahezu eben nach rechts weiter. Wir erreichen die Grillstelle und den kleinen Spielplatz vor dem Burggraben. Über die hölzerne Brücke gelangen wir zum **Eselsburgturm** **5**, wo wir uns an Sonn- und Feiertagen stärken und den Turm besteigen können. Auch wenn von der Burg selbst nichts mehr zu sehen ist, gibt es im Burggraben und rund um den Turm einige abenteuerliche schmale Pfade zu erkunden.

OBEN
Wer den 18 Meter hohen Turm besteigt, hat wunderbare Ausblicke.

UNTEN
Bunte Wiesen am Wegesrand.

Die Treppe in der Nähe der Turmes führt uns dann wieder hinunter über einen steilen Pfad durch den Wald. Wenn der auf den Asphaltweg trifft, folgen wir ihm mit einer Rechtskurve bergab. Dann weiter geradeaus, bis die Wegweiser uns zweimal hintereinander nach links durch die Weinberge führen. Den nächsten Abzweig nehmen wir nach rechts und wandern hinab durch Reben und Kleingärten.

Bevor wir die Landstraße erreichen, biegen wir in den letzten **Schotterweg** **6** nach rechts ein. Wir erreichen den Ortsrand,

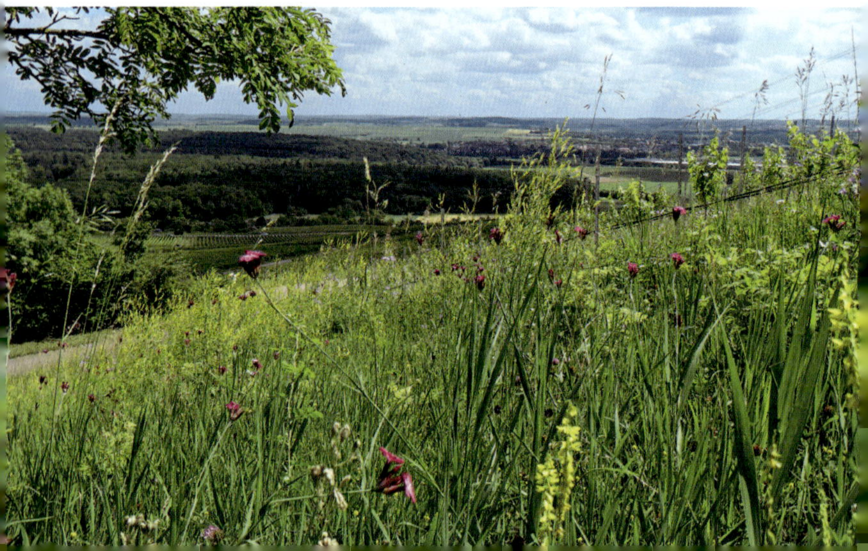

Hallo Kinder!

Habt ihr die **Trockenmauern** entdeckt? Beim Natur-Lehrgarten und am Weg zurück nach Ensingen gibt es sie noch. Die Natursteine sind ganz ohne Mörtel oder Beton aufgeschichtet. Und sie sind viel mehr als nur ein paar Steine. In den Fugen wachsen Pflanzen, die gut mit diesem kargen Standort klarkommen. Und wer genau hinschaut, findet kleine Insekten, wie **Asseln, Käfer, Spinnen oder Wildbienen**, die über die Steine krabbeln. Wenn ihr ganz leise seid, seht ihr vielleicht eine der scheuen **Mauereidechsen**, die sich auf den warmen Steinen sonnt. Vor Marder und Mäusebussard bringt sie sich in den engen Ritzen der Mauer in Sicherheit. Sie hat auch einen guten Trick auf Lager, wenn Gefahr droht: Dann wirft die Eidechse kurzerhand ihren Schwanz ab. Er zuckt noch minutenlang weiter und lenkt die Verfolger ab, sodass sie blitzschnell in einer Spalte verschwinden kann.

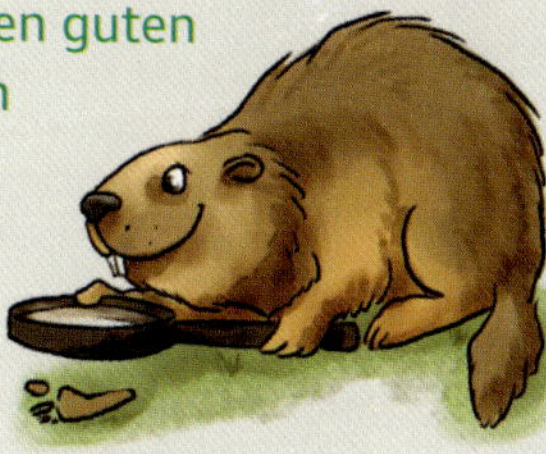

halten uns schräg links und folgen der Beethovenstraße, die nach links abknickt. Unten geht es nach rechts in die Horrheimer Straße, die in einer Linkskurve in die Hauptstraße mündet. Wer mit dem Auto angereist ist, geht vor der Linkskurve noch weiter geradeaus und kommt auf der Gündelbacher Straße zurück zum **Wanderparkplatz**. Zur Bushaltestelle spazieren wir durch die Hauptstraße, an alten Fachwerkhäusern vorbei, zur Dennefstraße, auf der wir rechts wieder den Ausgangspunkt an der **Bushaltestelle Feuerwehrmagazin** ❶ erreichen.

★Highlights

Im Frühjahr und Sommer erstrahlt am Waldrand oberhalb der Weinberge ein Blütenmeer am Wegesrand, darunter sind auch viele geschützte Pflanzenarten, die sich auf warme und trockene Böden spezialisiert haben.

Am Natur-Lehrgarten des Albvereins erfahren, wie all die bunten Blumen heißen und warum sie hier wachsen.

An der Eselsburg auf dem kleinen Spielplatz mit Grillmöglichkeiten rasten oder sich mit Herzhaftem oder Kaffee und Kuchen vom Kiosk unter Kastanienbäumen stärken.

Den Aussichtsturm besteigen und den Ausblick auf das Strohgäu genießen.

2 Hessigheimer Felsengärten

HOCH ÜBER DEM NECKAR ZUR KÄSBERGKANZEL

3.15 STUNDEN

7,8 KILOMETER

↗ 150 HÖHENMETER

↘ 150 HÖHENMETER

SCHWER ab 8 Jahren

Sonne tanken in den Weinbergen und wunderbare Felsenwelten erkunden: Wie ein riesiges Amphitheater sieht er aus – der Käsberg. Unzählige schmale Weinbergterrassen schmiegen sich an die steilen Hänge. Die Käsbergkanzel bietet einen Traumblick auf die Mundelheimer Neckarschleife, wo Frachtschiffe und Kanufahrer klein wie Spielzeug aussehen. Wir wandern an Trockenmauern vorbei, wo sich Eidechsen und Kakteen auf den warmen Steinen wohlfühlen.
Das Naturschutzgebiet Hessigheimer Felsengärten wird auch Schwäbische Dolomiten genannt. Neben dem schmalen Pfad oberhalb der beeindruckenden Felsformationen geht es stellenweise ganz schön tief bergab. Von hier haben wir einen fantastischen Ausblick über die Weinberge und den Neckar. Und hier und da tauchen plötzlich Kletterer auf, die sich an einem der Muschelkalktürme hochziehen. Zum Schluss können wir die Tour an der Felsengartenkellerei ausklingen lassen. Dort wartet ein toller Spielplatz mit riesigem Kletterturm und langer Tunnelrutsche auf uns.

Ausgangspunkt: Bushaltestelle Sattlerei Eisele, Hessigheim, Anfahrt ab Stuttgart mit der Bahn nach Besigheim, weiter mit Bus 459. – Mit dem Auto: Wanderparkplatz bei der Felsengartenkellerei (Navi: 74394 Hessigheim, Am Felsengarten 1), im letzten Absatz der Tourbeschreibung einsteigen.
Ausrüstung: Feste Wanderschuhe, Sonnenschutz.
Anforderungen: Von breiten Asphaltwegen bis zu schmalen Naturpfaden und steilen Treppen ist alles dabei, daher nicht kinderwagengeeignet. Auf der Treppe zur Käsbergkanzel und in den Felsengärten sind Trittsicherheit und Schwindelfreiheit wichtig. Stufen und Pfade können nach Regen matschig und rutschig sein. Ungesicherte Felsen und steile Abhänge nah am Weg. Jüngere Kinder ggf. an die Hand nehmen.

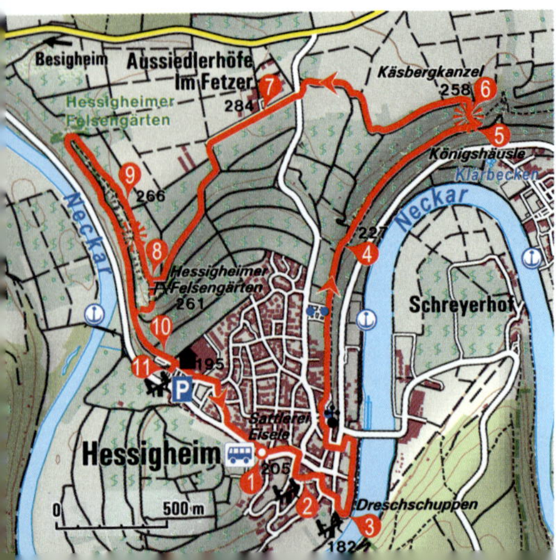

Einkehr: Weinständle an der Felsengartenkellerei, auch kleine Gerichte, geöffnet Fr ab 16.00 Uhr, Sa/So ab 11.00 Uhr, Am Felsengarten 1, 74394 Hessigheim, Tel. +49 171 2753008, facebook.com/people/Weinständle-an-der-Felsengartenkellerei/100057032396562.
Kurzvariante: Vom Wanderparkplatz ⑩ den breiten Weg in die Weinberge gehen. An der Infotafel die Stufen rechts hinauf, oben links, am Ende

des Pfades am Wegpunkt ❽ links durch die Weinberge zurück zum Parkplatz und weiter auf den Spielplatz ⓫ (2,4 km, mittel, ab 6 Jahren).
Hinweise: Die Tour ist ideal für sonnige kühle Tage, sie sollte nicht an warmen Sommertagen gewandert werden. Bei Wegpunkt ❾ nur bei trockenem Wetter in die Schlucht steigen.
Tipps: Nach der Tour durch die idyllische Altstadt von Besigheim schlendern und im Enzpark den wahrscheinlich schönsten Spielplatz der Stadt besuchen (Adresse: Riedstraße 5, Besigheim, Parken im EnzPark-Haus). In Mundelsheim kann man Kanutouren auf dem Neckar buchen (s. Freizeittipp H1).

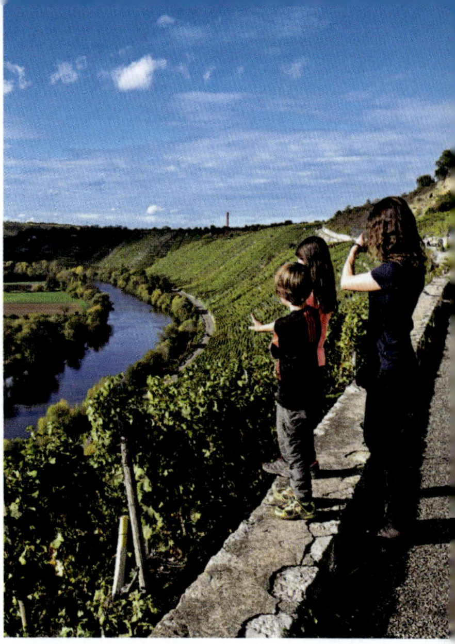

In den Weinbergen warten tolle Ausblicke auf den Neckar.

LOS GEHT'S Von der **Bushaltestelle Sattlerei Eisele** ❶ gehen wir die Straße bergab und biegen vor der Volksbank rechts ab. In die nächste Straße geht es nach links und noch einmal links in einen Weg zum **Spielplatz Schmiedewegle** ❷. Am Ende des Weges halten wir uns rechts und bleiben links, wenn sich die Straße gabelt. Wir folgen der Felsengarten-Runde und gehen noch einmal rechts und links zum **Dreschschuppen** ❸ mit kleinem Spielplatz und Sitzstufen am Ufer des Neckars. Hinter dem Schuppen wandern wir am Fluss entlang und an der Schleuse vorbei, bis wir am Ende der Linkskurve folgen.
An der Kreuzung biegen wir links ab und vor dem Autohaus rechts. Dann geht es rechts in die Kirchgasse, immer den Zeichen der Felsengarten-Runde nach, an der Kirche vorbei. Später wird der Weg zum Pfad und führt an einem Zaun entlang. Wir folgen ihm durch die Weinberge, bis an einer **Infotafel** ❹ ein Pfad nach rechts bergab abzweigt. Ab hier folgen wir der Käsberg-Runde. Der schmale Pfad führt uns auf einer der Weinbergterrassen zu ein paar Stufen. Dann geht es auf ei-

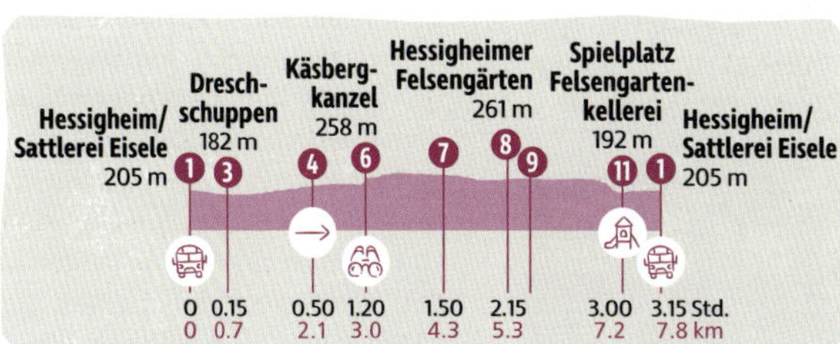

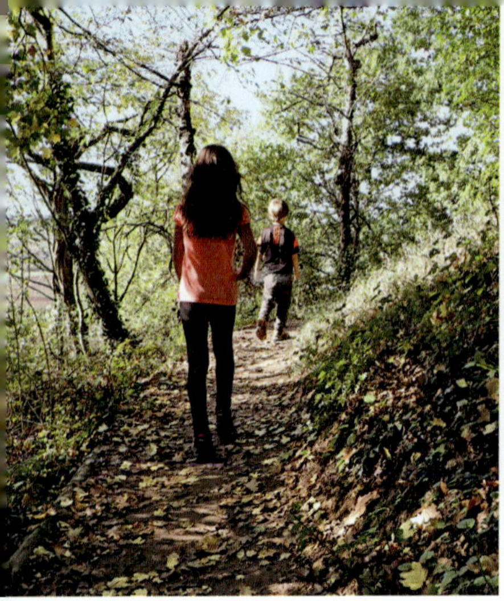

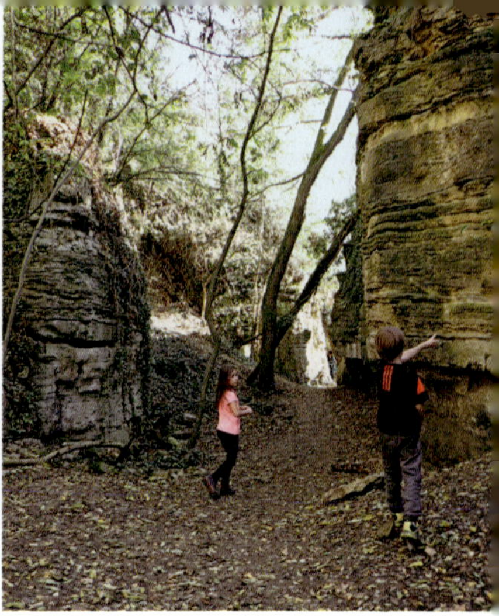

LINKS

Schmale Pfade in den Hessigheimer Felsengärten.

RECHTS

Zwischen den Felsen wartet wilde Natur auf neugierige Abenteurer.

UNTEN

Spielplatz an der Felsengartenkellerei.

nem breiten Weg bis zum **Königshäusle ❺**. Wenige Schritte vor dem Haus steigen wir eine sehr steile Steintreppe mit dem Wein- und Obstwanderweg 4 hinauf zur **Käsbergkanzel ❻**, wo sich ein schöner Ausblick über die Neckarschleife bietet.
Von hier geht es auf einer flachen Treppe weiter bergauf. Oben wandern wir links auf dem Schotterweg weiter und, wenn sich der Weg gabelt, verlassen wir die Käsberg-Runde nach rechts. Der Feldweg bringt uns zur Landstraße, die wir überqueren. Wir wandern an Silos und Ställen vorbei und können an einer **Abzweigung ❼** nach rechts einen Abstecher zu einem Bauernhof machen, wo es Eis und Hof-Produkte gibt.

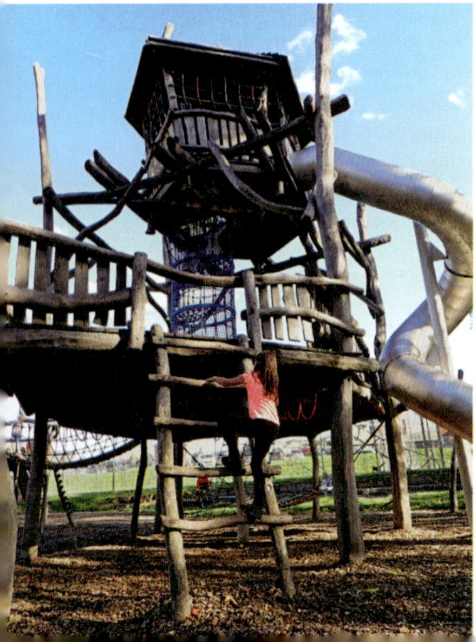

Dann geht es weiter auf dem Asphaltweg und an der nächsten Kreuzung links. Wir nehmen den übernächsten Abzweig nach rechts und wandern kurz darauf links hinab, dem Radwegzeichen nach. An der nächsten Kreuzung geht es nach rechts und wir folgen dem Weg, bis zu einem Picknicktisch am Schild Naturschutzgebiet.
Geradeaus führt ein Pfad weiter zu den **Hessigheimer Felsengärten ❽**. Wir folgen ihm und nähern uns einem Ausblick, der 2016 zur Schönsten Weinsicht gekürt wurde. Nur 150 m weiter, kurz bevor von rechts ein Pfad von oben kommend in unseren mündet, können wir links einen steilen **Pfad ❾** in eine abenteuerliche Fels-

★Highlights

Auf schmalen Pfaden durch die sonnenverwöhnten Weinberge wandern.

Vom Königshäusle die schiefen Steinstufen zur Käsbergkanzel hinaufkraxeln und die Aussicht über die Mundelsheimer Neckarschleife genießen.

Einen Zwischenstopp am Bauernhof machen und leckeres regionales Eis kaufen.

Von den Felsengärten auf den Neckar hinunterblicken und die Schlucht zwischen den Felsen erkunden.

Die Tour gemütlich an der Felsengartenkellerei ausklingen lassen, den großen Spielplatz erobern und an der überdachten Grillstelle mitgebrachte Würste brutzeln.

schlucht hinuntersteigen. Wieder zurück aus der Schlucht, wandern wir weiter auf dem Pfad, bis wir nach einigen Stufen auf einen Asphaltweg treffen, der uns links zum **Wanderparkplatz ⑩** führt. Dahinter liegt der große **Spielplatz** an der **Felsengartenkellerei ⑪**.
Von der Felsengartenkellerei gehen wir die Straße »Am Felsengarten« schräg links weiter und dann rechts in die »Seitenstraße«. Wir stoßen auf die Hauptstraße und erreichen links wieder unseren Ausgangspunkt an der **Bushaltestelle Sattlerei Eisele ①**.

Hallo Kinder!

Auf dieser Tour habt ihr fantastische Ausblicke auf den Neckar. Wusstet ihr schon, dass der Name **Neckar** keltische Wurzeln hat? Er bedeutet **wildes Wasser**. Das scheint so gar nicht zu dem friedlich dahinfließenden Wasserlauf zu passen. Früher sah das anders aus: Der Fluss konnte frei fließen, es gab viele Seitenarme und Schlingen. Heute ist er größtenteils ausgebaut und es gibt Staustufen, die den Fluss bändigen. Eine davon seht ihr, wenn ihr an der Schleuse in Hessigheim vorbeikommt. Wenn ein Schiff flussaufwärts möchte, fährt es in eine Schleusenkammer und das Tor wird hinter ihm geschlossen. Dann wird die Kammer mit Wasser gefüllt, bis es so hoch steht wie der obere Teil des Flusses. Das Schiff kann oben aus der Schleuse herausfahren, und weiter geht die Fahrt.

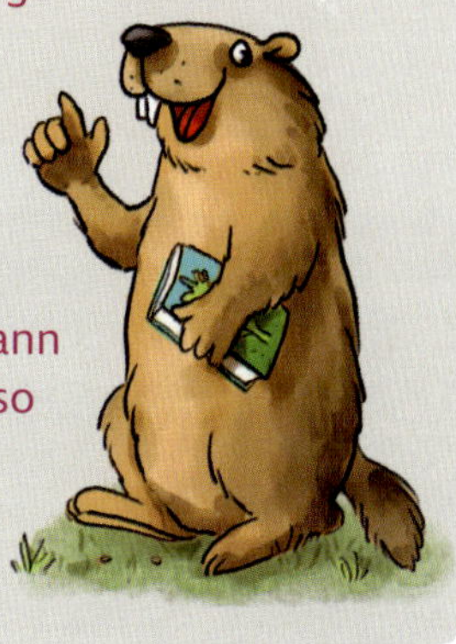

3 Leudelsbachtal

RUNDTOUR AM PLÄTSCHERNDEN BACH BEI MARKGRÖNINGEN

3.30 STUNDEN

8,7 KILOMETER

↗ 130 HÖHENMETER

↘ 130 HÖHENMETER

MITTEL ab 7 Jahren

Auf dieser Tour gibt es ganz viel Natur: Das beruhigende Plätschern des Baches, Vögel zwitschern, Libellen tanzen durch die Luft, bunte Blumen blühen. Immer wieder gibt es Gelegenheiten, direkt ans flache Wasser zu gehen und am Bach zu spielen. Im Frühsommer erstrahlt das Naturschutzgebiet im satten Grün der frischen Blätter und saftigen Wiesen. Und es gibt kleine besondere Orte zu entdecken: Wir können einen verfallenden Bunker der Neckar-Enz-Stellung aus dem 2. Weltkrieg erkunden, uns mitten im Wald beim Enzeckstüble stärken, im Kunstgarten eine entspannte Pause machen und zum Abschluss im Flohberghaus einkehren.

Ausgangspunkt: Markgröningen Bushaltestelle Steinbeisstraße, Anfahrt ab Stuttgart Hbf mit S5 nach Asperg, weiter mit Bus 532 oder 531. – Mit dem Auto: Wanderparkplatz Ölmühle, Markgröningen (Navi: 71706 Markgröningen, Tammer Straße 2). Die Tour verkürzt sich auf 6,1 km.
Ausrüstung: Feste Wanderschuhe, ggf Ersatzkleidung.
Anforderungen: Meist ebene Schotter- oder Asphaltwege. Vom Enzeckstüble bergauf steiler und steiniger Abschnitt auf einem Waldpfad. Der schöne, aber schmale Pfad ab Wegpunkt 8 mit steilen Treppen kann auf dem Forstweg umgangen werden. Zum Schluss ein steiler Abschnitt bergab zurück zum Parkplatz.
Einkehr: Enzeckstüble, So/Fei geöffnet, 74321 Markgröningen, Tel. +49 7154 28743. Flohberghaus mit schönem Biergarten, Sa/So geöffnet, Am Rotenackerwald 7, 71706 Markgröningen, Tel. +49 7145 5280.
Kurzvariante: Der ebene Weg ab Wanderparkplatz Ölmühle bis zum Enzeckstüble ist gut für Kinderwagen/(Lauf-)Rad geeignet sowie überwiegend schattig (6,0 km, leicht, ab 5 Jahren; zurück auf demselben Weg).
Hinweise: Nach längeren Regenfällen kann der Bach über die Ufer treten und den Weg überschwemmen. Achtung, viele Radfahrer im Leudelsbachtal!

Die Indische Scheinerdbeere, die am Bach wächst, sieht aus wie eine leckere Walderdbeere, schmeckt aber leider völlig fade.

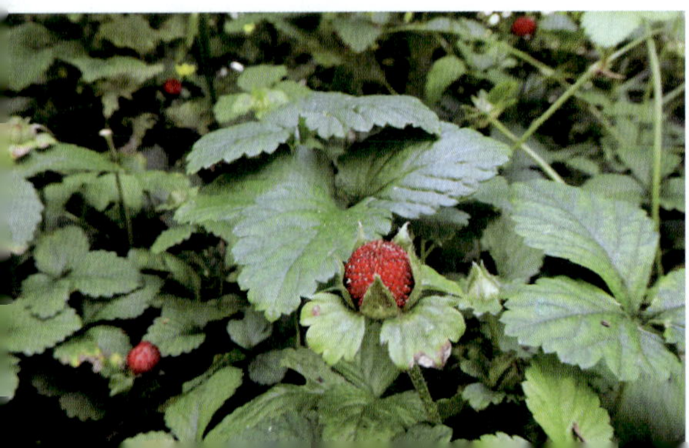

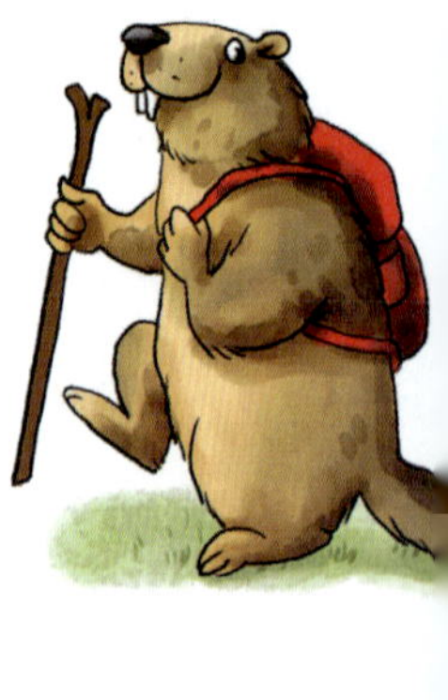

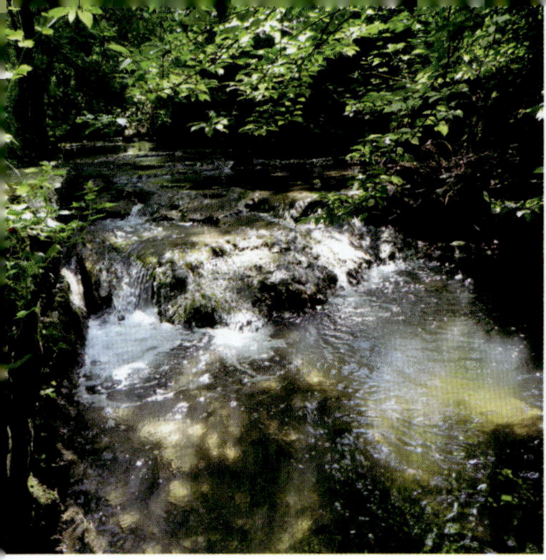

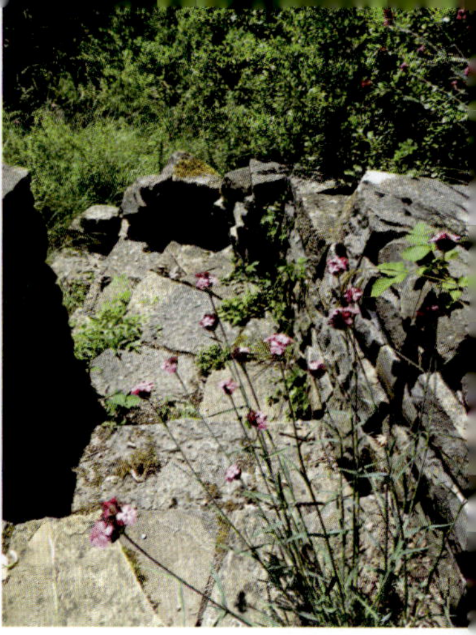

LOS GEHT'S Von der **Bushaltestelle Steinbeisstraße ①** gehen wir den Weg parallel zur Straße ortsauswärts, bis wir nach links ins Leudelsbachtal abbiegen und den Verkehrslärm gegen Vogelgezwitscher eintauschen. Wir folgen dem »Rundweg 5«. An einer Kreuzung mit einer Bank gehen wir rechts und kommen über die Straße zum **Wanderparkplatz Ölmühle ②**. Am Ende des Parkplatzes, bei einer Outdoor-Fitness-Station, nehmen wir den »Rundweg 6« nach links und spazieren immer am Bach entlang durchs idyllische Tal. Der Asphaltweg führt zur Kläranlage, wir folgen jedoch dem Schotterweg, der kurz vorher rechts abzweigt.

Wir wandern durch abwechslungsreiche Landschaft: Wiesen, Gartengrundstücke mit alten Weinbergmauern und Auenwälder wechseln sich ab. Wir kommen an **Kopfweiden ③** vorbei und überqueren den Bach später zweimal über Brücken. Dann geht es durch eine Heide, auf der vielleicht gerade Schafe weiden.

Ein Weg, der für Radfahrer verboten ist, bringt uns links zur Enz hinunter. Wer mit Kinderwagen oder Laufrad unterwegs ist, lässt sein Fahrzeug an den Stufen stehen, die zum **Enzeckstüble ④** führen.

LINKS

Der Leudelsbach begleitet uns auf dem Weg durchs Tal.

RECHTS

Karthäusernelken tanzen auf langen Stielen am Wegesrand.

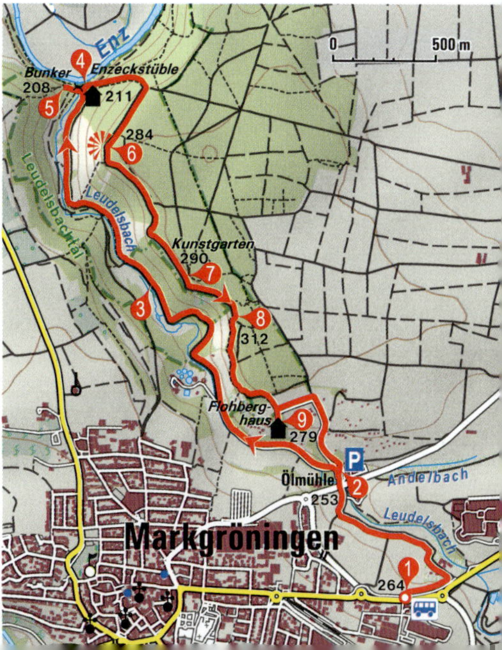

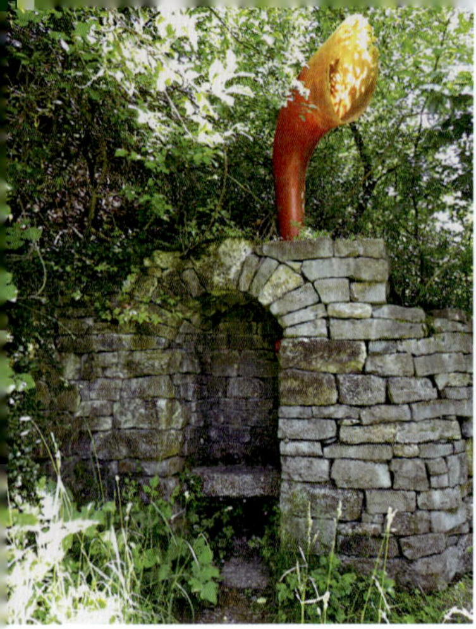

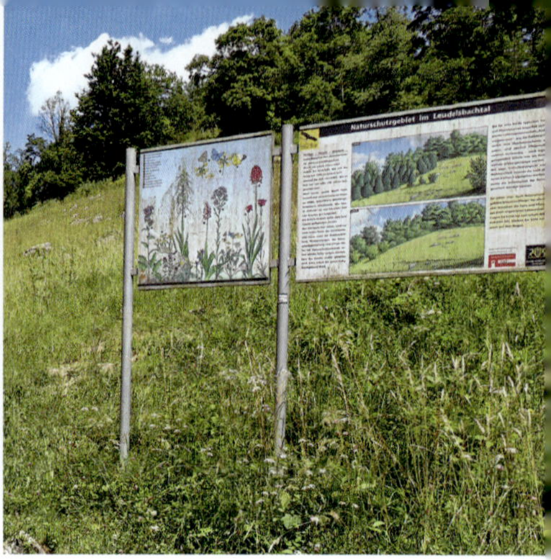

LINKS
Am großen Höhrrohr im Kunstgarten einfach mal die Natur belauschen.

RECHTS
In den bunten Wiesen am Hang wohnen seltene Tiere und Pflanzen.

Abenteuerlustige können die Überreste eines **Bunkers** ❺ erkunden. Über die Holzbrücke folgen wir dazu dem Wanderzeichen »Rotes Kreuz«. Wenig später liegt links die Ruine, die man von allen Seiten begutachten kann (Betreten auf eigene Gefahr. Eltern haften für ihre Kinder).

Vom **Enzeckstüble** ❹ gehen wir wieder die Steinstufen hinauf und geradeaus weiter auf einen Baum zu mit dem Zeichen »Rotes Kreuz«, dem wir die nächsten Kilometer folgen. Wir queren den Waldweg und nehmen den schmalen Weg, der geradeaus bergauf führt. An einem alten Grenzstein nehmen wir den rechten Abzweig, oben gehen wir rechts. Der steile Anstieg wird mit einer schönen Aussicht über die **Enz** ❻ belohnt.

Am sonnigen Waldrand folgen wir dem »Roten Kreuz« auf einem ebenen Schotterweg. Im **Kunstgarten** ❼ sind noch ein paar Kunstwerke zu sehen. Vor allem aber gibt es schöne Plätze zwischen den alten Weinbergmauern, um sich ein paar Minuten auszuruhen.

Wir folgen dem Weg weiter und können nach einer Bank an einem rostigen **Tor** ❽ steile Stufen nach unten steigen (wer es einfacher mag, bleibt auf dem Schotterweg). Hier wandern wir auf einem schmalen Pfad durch sonnige Wiesen. An einem ehemaligen Steinbruch knickt der Pfad nach links ab. Wenn er sich gabelt, gehen wir rechts. Wir stei-

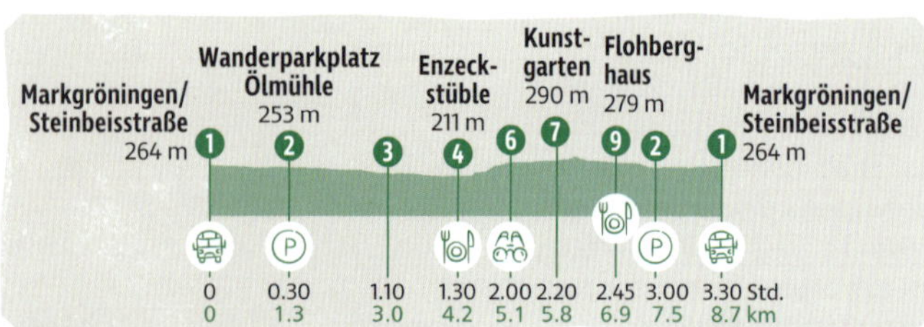

Hallo Kinder!

Habt ihr schon die **Kopfweiden** am Bach gesehen? Aus einem dicken Stamm wachsen viele dünne und lange Zweige mit schmalen Blättern. Im Frühjahr bieten die flauschigen Weidenkätzchen den Bienen die erste Nahrung. Die Kopfweide ist keine eigene Baumart, sondern entsteht dadurch, dass alle Äste immer wieder auf derselben Höhe abgeschnitten werden. Mit der Zeit verdickt sich das Ende des Stammes und der »Kopf« der Weide entsteht. Aus den abgeschnittenen Ruten werden schon seit Tausenden von Jahren Körbe oder Zäune geflochten. Vielleicht habt ihr auch schon **Weidentipis oder -tunnel** gesehen, in denen man spielen kann. Die Weidenruten werden dazu direkt in den Boden gesteckt und miteinander verflochten. Und das Erstaunliche daran ist: Sie wachsen einfach weiter, auch wenn ihr sie ohne Wurzeln in die Erde steckt.

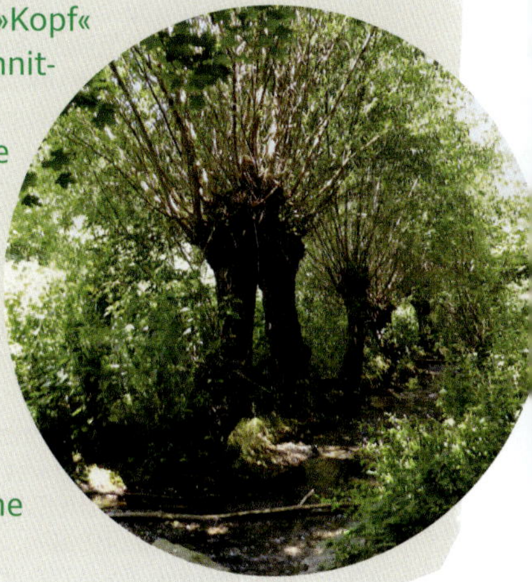

gen zwei steile Treppen hinunter und folgen dem Pfad weiter. Er mündet schließlich wieder in den Schotterweg. Nach einer Linkskurve verlassen wir diesen aber schon wieder und ein schmaler Weg nach rechts bringt uns über einen Parkplatz zum **Flohberghaus** ❾.
Zurück über den Parkplatz, folgen wir dem Weg nach rechts, wo uns der zweite Abzweig rechts bergab wieder zum **Wanderparkplatz Ölmühle** ❷ führt. Zur **Bushaltestelle** ❶ nehmen wir den vom Hinweg bekannten Weg.

★Highlights

Im idyllischen Leudelsbachtal am Wasser spielen und durch Wald und Wiesen bis zur Enz wandern.

Am Enzeckstüble im Wald rasten und an der Enz die Überreste eines verfallenen Bunkers aus dem 2. Weltkrieg erkunden.

Ausblicke über blühende Wiesen und steile Weinberge genießen.

Im lauschigen Kunstgarten ganz entspannt eine kleine Pause einlegen.

Zum Schluss im Biergarten des Flohberghauses einkehren.

4 Auf die Nippenburg

DURCHS IDYLLISCHE GLEMSTAL BEI SCHWIEBERDINGEN

2.45 STUNDEN

6,9 KILOMETER

↗ 130 HÖHENMETER

↘ 130 HÖHENMETER

MITTEL ab 5 Jahren

Auf abenteuerlichen Pfaden zur Burgruine: Die Nippenburg erhebt sich seit fast 900 Jahren auf einem Bergsporn über das Glemstal. Sie gilt als älteste Burgruine in der Region Stuttgart. Als im 17. Jahrhundert das Herrenhaus Schloss Nippenburg nebenan gebaut wurde, verfiel die Burg immer mehr. Trotzdem ist noch einiges davon erhalten und die Mauern wurden restauriert. Heute können wir die Ruine erkunden und uns ausmalen, wer wohl früher in Verlies, Bergfried und Kemenate gelebt hat. Aber zuerst tauchen wir ein in die Wildnis der Glemsaue. Ein abenteuerlicher Pfad führt uns durchs Unterholz, wir klettern über umgestürzte Baumstämme und hüpfen von Stein zu Stein über den Bach. Dann geht es aufwärts. Wir erkunden die Burgruine, den Burggraben und die hohen Mauern. Nach einem Abstecher zum Biergarten kommen Tierliebhaber auf ihre Kosten: Auf einem Bauernhof kommen wir den Kühen ganz nahe und können gleich ihre frische Milch am Automaten kaufen. Dann begleiten wir wieder die Glems, die hier naturnah in langen Schleifen durchs Tal fließt. Zum Schluss wartet ein toller Kletterspielplatz auf uns.

Ausgangspunkt: Bahnhof Schwieberdingen, Anfahrt ab Stuttgart mit S6 bis Korntal, weiter mit der Bahn Richtung Heimerdingen. – Mit dem Auto: Parkplätze am Bahnhof Schwieberdingen (Navi: 71701 Schwieberdingen, Bahnhofstraße).
Ausrüstung: Feste Wanderschuhe, lange Hosen (Brennnesseln), ggf. Ersatzkleidung. Wer Rohmilch kaufen möchte, kann eine leere Milchflasche einpacken.
Anforderungen: Schmaler Pfad durch die Glemsaue, es müssen Baumstämme überstiegen werden und hier wachsen Brennnesseln. Steiler steiniger Weg zur Burg. Sonst Schotter- und Asphaltwege.
Einkehr: s'Heinzel, geöffnet Di–Fr ab 16.00 Uhr, Sa–So ab 12.00 Uhr, Unter der

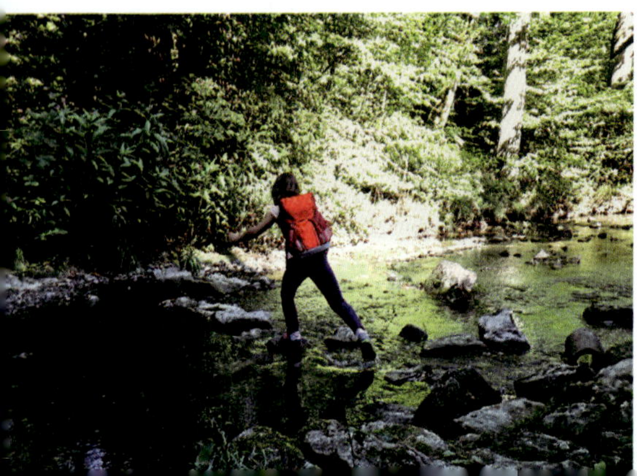

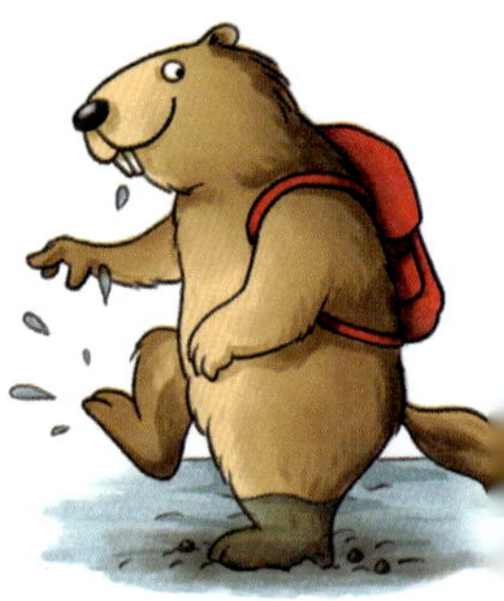

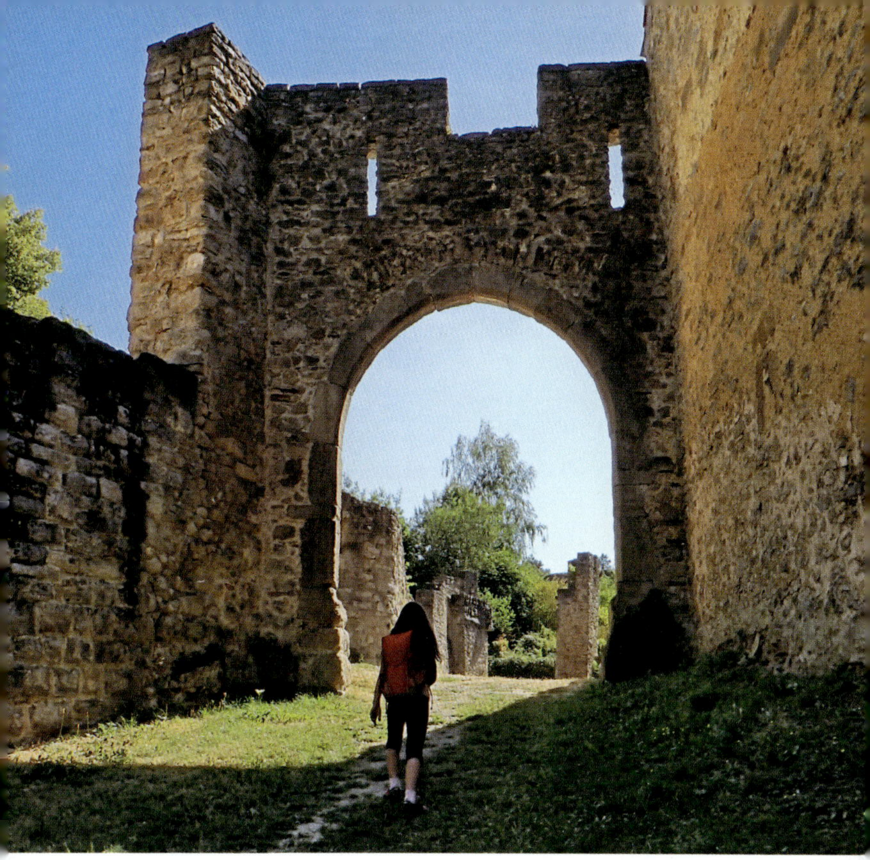

Glems 1, 71282 Hemmingen, Tel. +49 7150 9197977, facebook.com/sheinzelhemmingen.

Kinderwagen-Variante: Bedingt für geländegängige Kinderwagen geeignet, da steiler Weg von der Burg hinab ins Glemstal. Bei 2 die Straße rechts zur Nippenburg 3 hinauf, weiter wie in der Hauptroute beschrieben.

Tipp: Mit 1700 PS nach Schwieberdingen. Ab Korntal fährt an einigen Tagen im Jahr der Feurige Elias, ein Museums-Dampfzug auf der Strohgäu-Bahn (s. Freizeittipp K1).

Die Ruine Nippenburg lädt mit gut erhaltenen Mauerresten zum Erkunden ein.

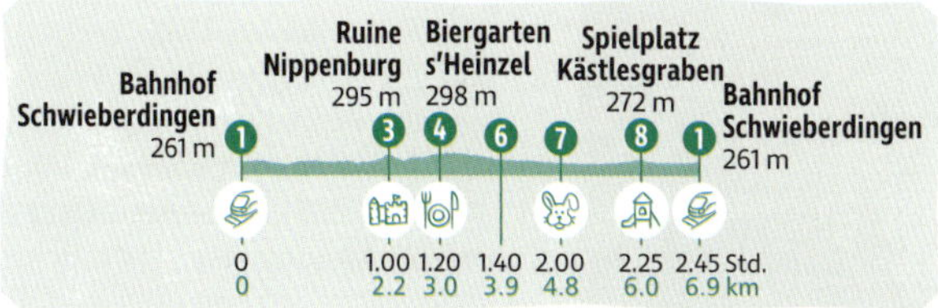

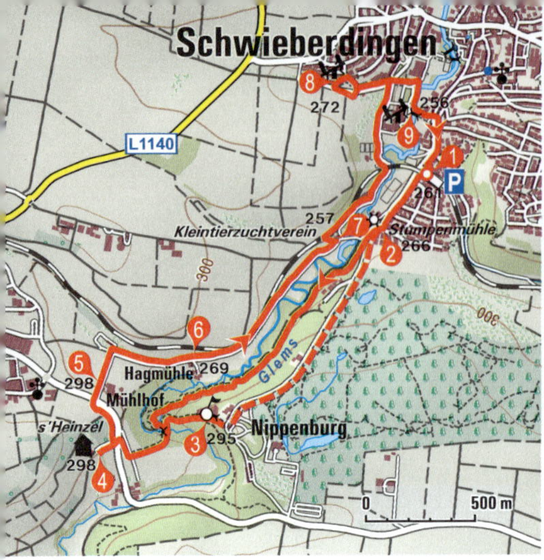

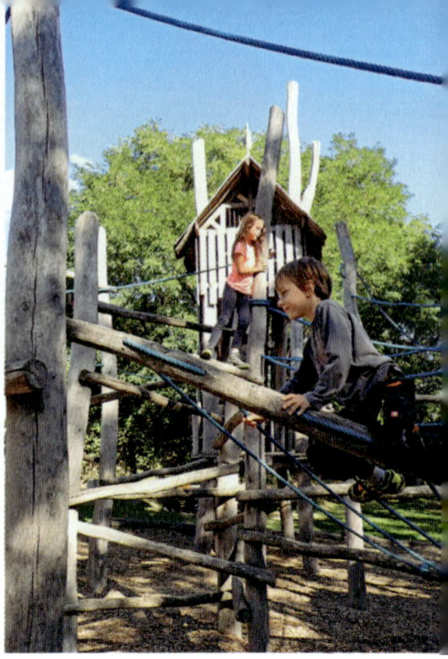

LOS GEHT'S Am **Bahnhof Schwieberdingen ❶** überqueren wir am Bahnübergang die Gleise und wandern an der Straße entlang. Auf dem Gehweg passieren wir die **Stumpenmühle ❷** und folgen dem Abzweig nach rechts Richtung Kleintierzuchtanlage. Wir gehen aber nicht über die Brücke, sondern wandern geradeaus auf dem schmaler werdenden Weg. Erst geht es am Mühlkanal entlang, dann an der Glems. Nach einem Backsteinhäuschen führt ein schmaler Pfad in die Wildnis der Glemsaue. Wir wandern durchs Unterholz und steigen über umgestürzte Baumstämme. Von Stein zu Stein hüpfen wir über den Fluss und balancieren schließlich über ein Wehr und eine Fischtreppe.

Am Weg angekommen, folgen wir dem »Blauen Kreuz« hinauf zur **Ruine Nippenburg ❸**. Gleich dahinter liegt das Herrenhaus. Ist jeder Winkel erkundet, geht es auf demselben Weg hinab und weiter dem »Blauen Kreuz« nach über die Brücke. Ein Schotterpfad führt bergauf, aus dem Wald hinaus. Wir gehen auf einem Asphaltweg nach rechts, dann links und überqueren die Landstraße. Auf dem Asphaltweg können wir nach links einen Abstecher zum **Biergarten s'Heinzel ❹** machen oder direkt rechts weiterwandern, bis wir wieder die Landstraße überqueren und den **Mühlhof ❺** erreichen. Von dort geht es weiter auf dem Sträßchen bergab und unten folgen wir dem Radweg nach rechts, vorbei an der **Hagmühle ❻**. Wir verlassen den Asphaltweg nach rechts auf den geschotterten Radweg. Vor dem weißen Gebäude des **Kleintierzuchtvereins ❼** gehen wir scharf links und dann rechts, vor den Hühner-Volieren

OBEN

Auch größere Kletterfans finden eine Herausforderung auf dem Spielplatz Kästlesgraben.

UNTEN

Kälbchen auf dem Mühlhof.

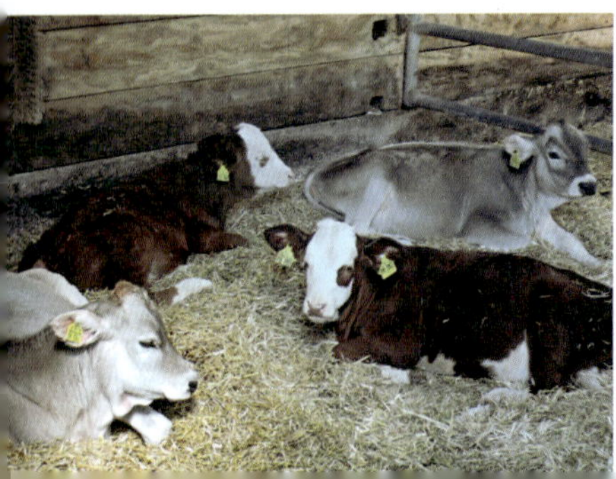

Hallo Kinder!

Der Wildnispfad entlang der Glems ist ganz schön abenteuerlich. Hier seht ihr auch **Brennnesseln** wachsen. Und die haben nicht den besten Ruf. Für viele sind sie lästiges Unkraut und anfassen will sie natürlich auch niemand. Aber sie bieten vielen Tieren Lebensraum, z. B. den Raupen des wunderschönen Tagpfauenauges. Und wusstet ihr, dass man ganz schön viel aus ihnen machen kann? Früher wurden die Fasern der Stängel zu Schnüren gezwirbelt. Sogar Textilien wurden daraus hergestellt und Wolle kann man damit färben. Viel spannender für uns heute: Aus den Blättern kann man richtig **leckere Brennnessel-Chips** machen. Ganz einfach und schnell: die Spitzen der Pflanze mit den obersten vier bis acht Blättern abknipsen. Dann nacheinander ein paar Sekunden in heißem Öl frittieren. Ein Hauch Salz und Paprikapulver darauf und ... genießen! Und wenn ihr eure Eltern davon überzeugen wollt: Sehr gesund ist die Brennnessel natürlich auch.

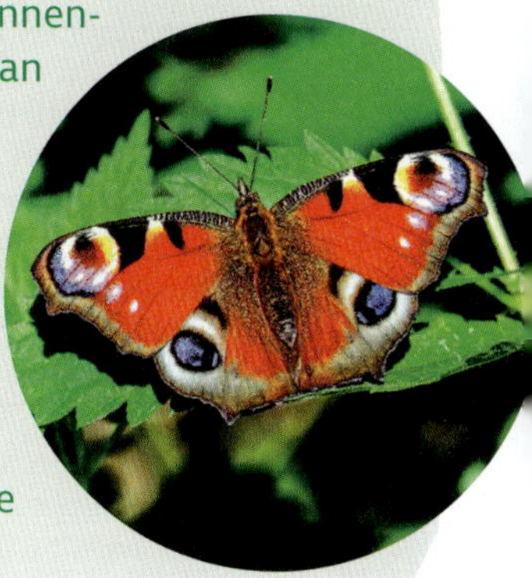

entlang. Wir folgen schräg links dem Asphaltweg, an einem Pferdehof und an der Schule vorbei. Dann biegen wir in die nächste Straße links ein und wandern zum **Spielplatz Kästlesgraben** ❽ hinauf, wo Kletteraffen über Seile und Holzstämme klettern können.
Wir gehen zurück zur Kreuzung und geradeaus den schmalen Weg weiter. An der Rutsche aus vier Edelstahlrohren halten wir uns rechts, dann überqueren wir am **Spielplatz Glemstalschule** ❾ links die Brücke. Noch einmal links und gleich wieder rechts, stoßen wir auf die Bahnhofstraße, der wir nach rechts zum **Bahnhof** ❶ folgen.

★Highlights

Auf dem wilden Pfad durchs grüne Dickicht der Glemsaue streifen und von Stein zu Stein über den Bach hüpfen.

Die alten Gemäuer der Nippenburg erkunden.

Am Mühlhof Kühe und Kälbchen ganz aus der Nähe sehen und beim Kleintierzuchtverein große und kleine Hühner beobachten.

Den fantasievoll gestalteten Kletterspielplatz Kästlesgraben erobern.

5 Durchs Buchenbachtal

VON BURGSTALL AN DER MURR INS NATURSCHUTZGEBIET

3.45 STUNDEN

9,0 KILOMETER

↗ 130 HÖHENMETER

↘ 130 HÖHENMETER

MITTEL ab 7 Jahren

Über alte Steinbrücken und auf schmalen Pfaden am plätschernden Wasser entlang: Eines gibt es auf dieser Tour garantiert – ganz viel Natur! Durchs Naturschutzgebiet geht es immer entlang des idyllischen Buchenbaches. Wir wandern über wunderschöne alte Steinbogenbrücken aus handbehauenen Natursteinen und haben immer wieder die Möglichkeit, direkt ans Wasser zu gehen. Auf Wald- und Wiesenpfaden entdecken wir das Tal und können bis zum Weiler Steinächle wandern – oder schon früher wieder zurück nach Burgstall. Die Länge ist beliebig veränderbar. Von einer knapp 5 km kurzen Tour bis zu einer 9 km langen Route ist alles möglich.

Ausgangspunkt: Bahnhof Burgstall (Murr), Anfahrt ab Stuttgart mit S4. – Mit dem Auto: Parkplätze am Bahnhof Burgstall (Murr).
Ausrüstung: Feste und wasserdichte Wanderschuhe, lange Hosen (evtl. zip off) empfehlenswert, ggf. Ersatzkleidung.
Anforderungen: Hauptsächlich ebene Wald- und Wiesenpfade. Dazu kurze steile Abschnitte, auch mit Stufen und ein kurzer Abschnitt, bei dem über Steine im Bach balanciert werden muss. Nicht kinderwagengeeignet.
Einkehr: Am Weg keine. Im Bahnhof Burgstall La Coccinella, Mi Ruhetag, Bahnhof 1, 71576 Burgstetten-Burgstall, Tel. +49 7191 9796380, lacoccinella-burgstall.de.
Kurzvariante: Kurz nach der Wolfsöldener Mühle 4 am Abzweig 5 links und durch Wald und Wiesen nach Burgstall: Wanderzeichen »Blauer Punkt« bis zum Bahnhof (4,9 km, mittel, ab 5 Jahre).

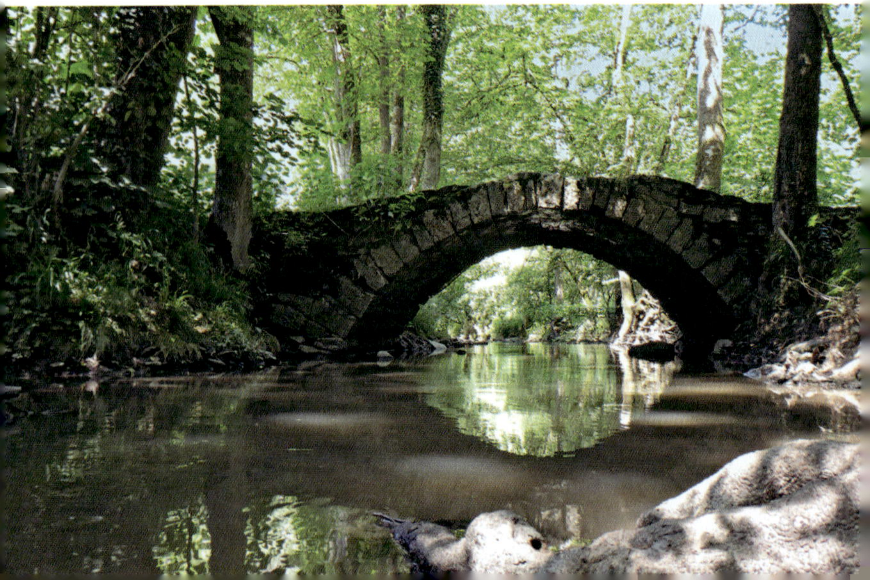

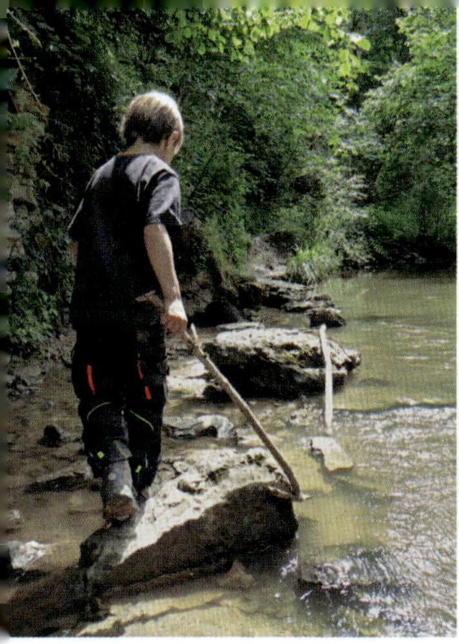

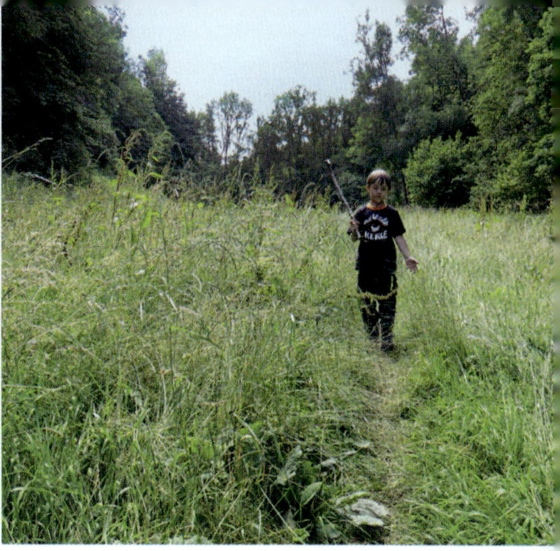

OBEN

Auf Trittsteinen und Wiesenpfaden durchs Buchenbachtal.

LINKS UNTEN

Alte steinerne Bogenbrücken führen über den Buchenbach.

LOS GEHT'S

Vom Haupteingang des **Bahnhofs Burgstall ❶** gehen wir die Treppen hinunter und folgen der Straße nach rechts. Ein Schotterweg bringt uns zu einem **Spielplatz am Ortsrand ❷**. Hier verlassen wir den breiten Weg und wandern geradeaus weiter auf einem schmalen Pfad in den Wald hinauf. Der Pfad mündet in einen Feldweg, dem wir nach rechts folgen. Später wählen wir den Weg, der nach schräg rechts abzweigt und uns bergab führt. An der nächsten Weggabelung wandern wir wieder rechts auf dem etwas breiteren Weg weiter. Neben einem Jägersitz führt der Pfad weiter geradeaus hinab ins Tal. Rechts sehen wir eine große blaue Eisenbahnbrücke (s. Hallo Kinder). Nach einer Treppe folgen wir dem schmalen Wiesenpfad ins **Buchenbachtal ❸** nach links und erreichen den Bach. Wir balancieren ein Stück über Steine und eine Felskante am Ufer entlang. Wiesenpfade führen uns zu einer kleinen Steinbogenbrücke, wir gehen aber weiter auf dem schmalen Pfad zu einer zweiten Brücke. Diese überqueren wir und halten uns auf dem Wiesenpfad ein kurzes Stück geradeaus, um dann nach links bergauf zu wandern. Wir ignorieren einen Abzweig nach rechts und gehen durch den Wald und am Waldrand bis zur **Wolfsöldener Mühle ❹**. Über die

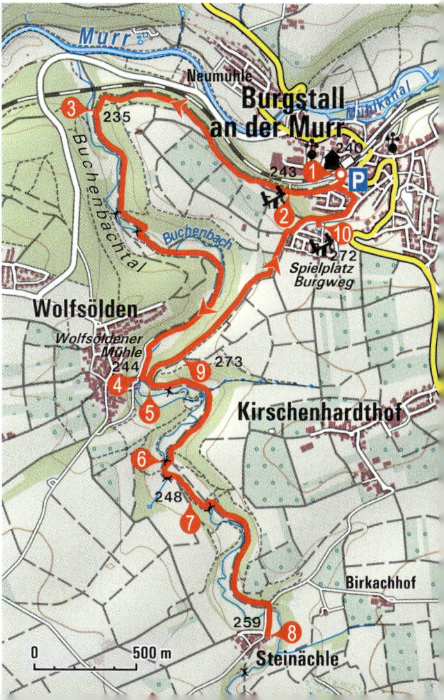

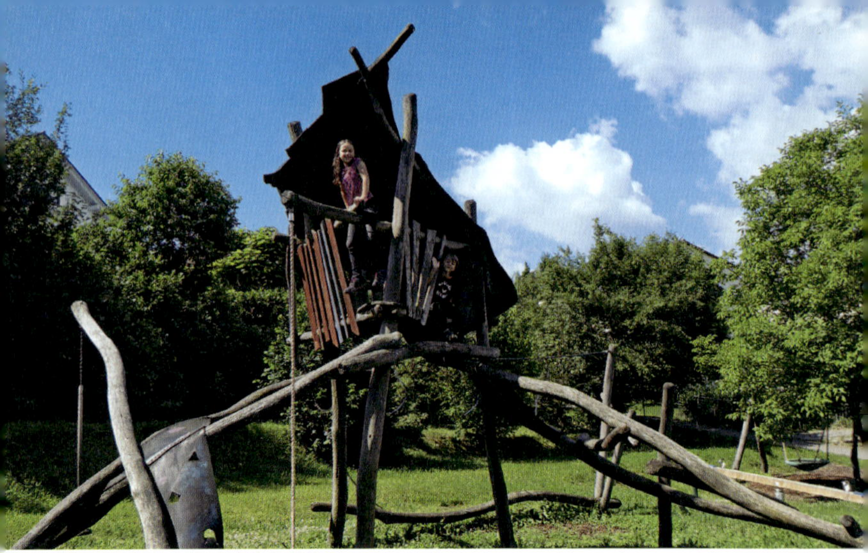

Und zum Schluss noch eine Pause auf dem schönen Spielplatz.

Brücke überqueren wir den Bach und nach wenigen Metern zweigt ein Schotterweg nach links ab 5. Wer die 5 km lange Tour gehen möchte, folgt hier der Markierung »Blauer Punkt« nach links bergauf zurück nach Burgstall (Wegbeschreibung s. letzter Absatz).

Wer länger wandern möchte, geht einfach weiter durchs Buchenbachtal und kann bis Steinächle wandern oder schon früher wieder umkehren. Nach einigen Hundert Metern überqueren wir eine **Steinbrücke 6** und können an einer Infotafel mehr über die alten Brücken lernen. Wir folgen dem Wiesenpfad, kommen wieder in den Wald und an einem kleinen alten **Steinbruch 7** vorbei. Dann geht es über eine Wiese und noch einmal über eine Steinbrücke. Danach wenden wir uns nach rechts und folgen dem Weg bis zu einer Asphaltstraße, die rechts nach **Steinächle 8** hinaufführt. Im ersten Gebäude links liegt hinten in der Scheune der »Kunstraum«, der unregelmäßig bei gutem Wetter geöffnet hat. Eine Künstlerin (fritzlefuchs.de) zeigt dort ihre farbenfrohen Arbeiten.

Zurück geht es auf demselben Weg bis zum **Abzweig 5** kurz vor der Wolfsöldener Mühle, wo wir scharf rechts hinaufwandern. Wir folgen

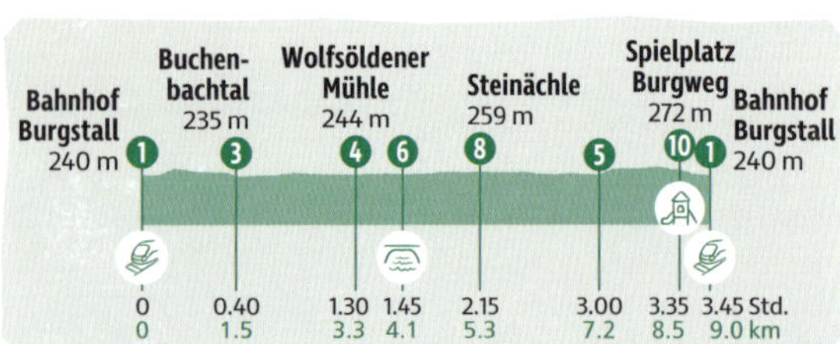

Hallo Kinder!

Kurz bevor ihr das Buchenbachtal erreicht, seht ihr rechts die **blaue Eisenbahnbrücke** nach Affalterbach. Findet ihr nicht so spektakulär? Auch wenn es nicht so aussieht, der Bau war ganz schön aufwendig. Das Buchenbachtal ist nämlich Schutzgebiet und so musste die Brücke von außerhalb mit einem riesigen Kran an ihre Position gehievt werden. Im Jahr 2018 rollte dafür der **drittgrößte Kran der Welt** an. Er kann zwar nur 1,4 km/h fahren, hebt dafür aber Lasten von bis zu 1000 Tonnen und eben auch eine Eisenbahnbrücke. Zuerst wurden die beiden Hälften einer Hilfsbrücke eingebaut, von denen jede 45 Tonnen wog. Zwei Jahre später kam der Kran noch einmal, baute die Hilfsbrücke wieder aus und hob die Brücke, die ihr heute dort seht, an ihren Platz.

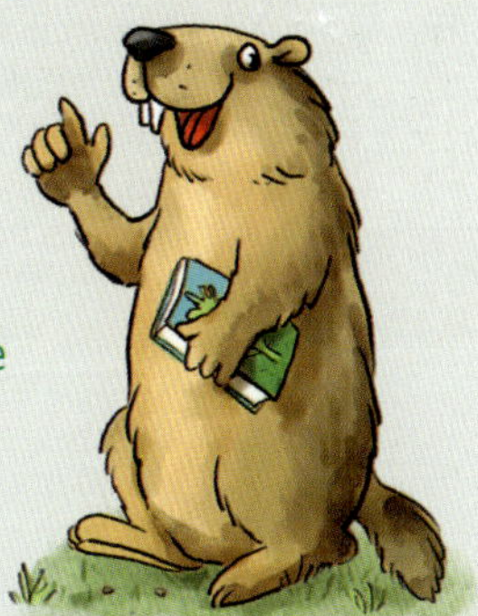

der steilen Linkskurve und dem Wanderzeichen »Blauer Punkt«. Nach etwa 250 m zweigt, etwas versteckt, ein **schmaler Pfad** ⑨ nach links ab. Wir wandern auf dem relativ ebenen Pfad durch den Wald und an einer Obstwiese entlang. An einem Holzschuppen mündet der Weg in einen Asphaltweg und wir folgen dem »Blauen Punkt« nach links. Am Ortsrand von Burgstall entlang führt uns das Wanderzeichen bergab. Wir haben eine schöne Aussicht über den Ort und machen kurz darauf rechts einen Abstecher zum **Spielplatz Burgweg** ⑩. Weiter geht es auf dem Weg hinunter in den Ort. Die zweite Straße nach links, der Grabenweg, führt uns wieder zum **Bahnhof** ①.

★Highlights

Auf schmalen Pfaden das idyllische Naturschutzgebiet Buchenbachtal entdecken.

Den plätschernden Bach auf wunderschönen alten Steinbogenbrücken überqueren.

An heißen Tagen die Füße im kühlen Wasser erfrischen und beobachten, wie die hübschen Libellen durch die Luft tanzen.

Zwischenstopps an zwei Spielplätzen einlegen.

Im »Kunstraum« in Steinächle Pause machen und Kraft für den Rückweg tanken.

6 Kinderwanderweg Spiegelberg

RUNDTOUR MIT ABSTECHER ZUM WETZSTEINSTOLLEN

2.30 STUNDEN

4,9 KILOMETER

↗ 240 HÖHENMETER

↘ 240 HÖHENMETER

SCHWER | ab 6 Jahren

Eine Gartenbahn, eine abenteuerliche Schlucht und weite Blicke vom Juxkopfturm: Auf dem Spiegelberger Kinderwanderweg ist Abwechslung geboten. Erst können wir einer Mini-Eisenbahn bei ihrer Fahrt durch einen Garten zuschauen und an manchen Sonntagen sogar eine Runde mitfahren. In der wildromantischen Hüttlenwaldschlucht kraxeln wir über Sandstein-Felsen durch wilde Natur, vorbei an steilen Abhängen, kleinen Grotten und Wasserfällen – eine fast schon alpine Herausforderung für kleine und große Bergwandernde. Danach geht es zum 22 Meter hohen Juxkopfturm, der sonntags geöffnet ist und eine tolle Aussicht über den Schwäbischen Wald bis zur Schwäbischen Alb bietet. Nach einem Spielplatzstopp oder einer Einkehr in Jux wandern wir dann auf schönen Pfaden zurück nach Spiegelberg. Wer mag, kann von Jux zum Besucherbergwerk Wetzsteinstollen hinunterwandern und eine spannende Führung unter Tage machen. Hier wurden vor über 100 Jahren Steine zum Wetzen von Sensen und Sicheln abgebaut.

Ausgangspunkt: Bushaltestelle Löwensteiner Straße, Spiegelberg, Anfahrt ab Stuttgart mit der Bahn nach Sulzbach an der Murr, von dort weiter mit Räuberbus 385. – Mit dem Auto: Wanderparkplatz Feuerwehr (Navi: 71579 Spiegelberg, Im Sterngarten 13).

Ausrüstung: Unbedingt festes, gut profiliertes Schuhwerk, lange Hosen empfehlenswert.

Anforderungen: Der Kinderwanderweg ist von der Bushaltestelle und vom Wanderparkplatz aus gut ausgeschildert und führt sowohl über breite Schotter- und Asphaltwege als auch über schmale Waldwege und Naturpfade. In der Hüttlenwaldschlucht ist Trittsicherheit gefragt, z. T. muss über Felsen gekraxelt werden. Der Pfad kann vor allem nach Regen rutschig sein, stellenweise ist er mit einem Seil gesichert. Nicht kinderwagengeeignet.

Einkehr: Juxkopfturm, geöffnet April–Oktober So/Fei, tuerme-wanderheime.albverein.net/aussichtstuerme/juxkopfturm-bei-spiegelberg-rems-murr-kreis. Gasthof Hirsch, geöffnet ab 17.00 Uhr, So/Fei ab 11.00 Uhr, Mo und Di Ruhetag, Dorfplatz 29, 71579 Spiegelberg-Jux, Tel. +49 7194 954600, fvv-spiegelberg.de/gastronomie.html. Gasthof Löwen, geöffnet ab 17.00 Uhr, So/Fei ab 11.00 Uhr, Di und Mi Ruhetag, Dorfplatz 25, 71579 Spiegelberg-Jux, Tel. +49 7194 295, fvv-spiegelberg.de/gastronomie.html.

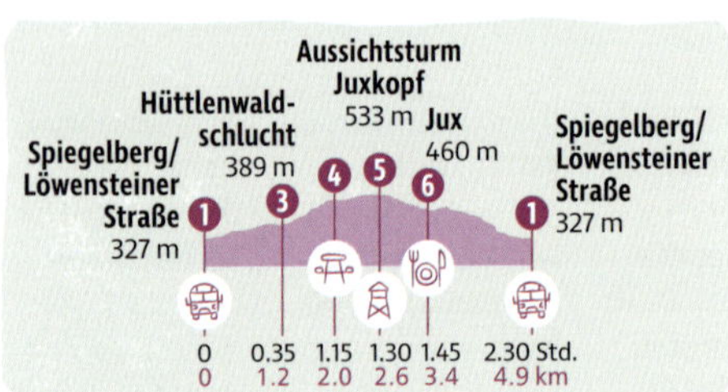

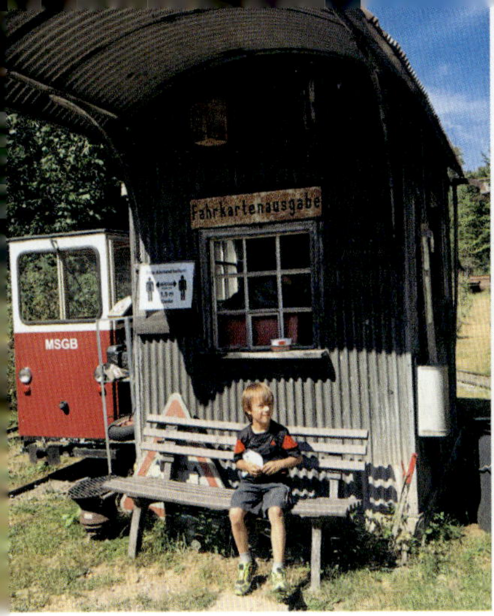

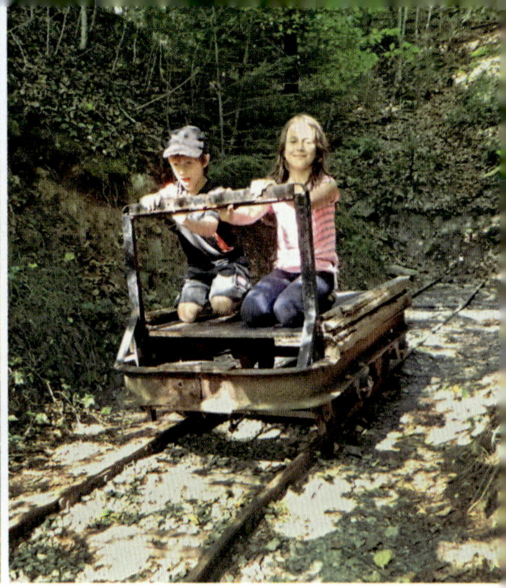

LINKS

An manchen Tagen dreht die Gartenbahn ihre Runden.

RECHTS

Eine Fahrt mit der Lore gehört zum Pflichtprogramm bei der Führung durch den Wetzsteinstollen.

Variante: Der Weg zum Wetzsteinstollen lohnt sich, wenn dieser am 2. und 4. Sonntag im Monat (z. T. auch an Feiertagen) geöffnet ist (s. Freizeittipp F1). In der Ortsmitte von Jux hinter dem Gasthaus Löwen nach rechts und die Treppen hinunter. An der braunen Holzhütte mit dem Wanderzeichen GFW nach links, durch die Rechtskurve auf dem Weg am Bach bergab. Wenn sich der Weg im Wald gabelt, links dem GFW-Zeichen nach und auf schönem Pfad bergab. An einer Brücke geradeaus vorbei (nicht nach rechts über die Brücke). Am Bach treffen wir auf die erste Infotafel des Bergbaulehrpfades. Wenig später über einige Stufen links hinauf und an alten Gleisen vorbei zum Wetzsteinstollen. Eine Führung lohnt sich!
Mit Kindern ab 8 Jahren wieder zurück nach Jux auf demselben Weg, weiter auf dem Kinderwanderweg (2,9 km zusätzlich). Mit jüngeren Kindern vom Wetzsteinstollen mit dem Räuberbus nach Spiegelberg (die Länge der Tour verändert sich nicht).
Hinweise: Am besten die Tour an einem der Öffnungstage von Wetzsteinstollen und Juxkopfturm machen. An manchen Feiertagen und am Tag des Schwäbischen Waldes (erster Sonntag nach den Sommerferien) gibt es die Chance, eine Fahrt mit der Gartenbahn zu machen (Fahrtermine auf msgb.de).

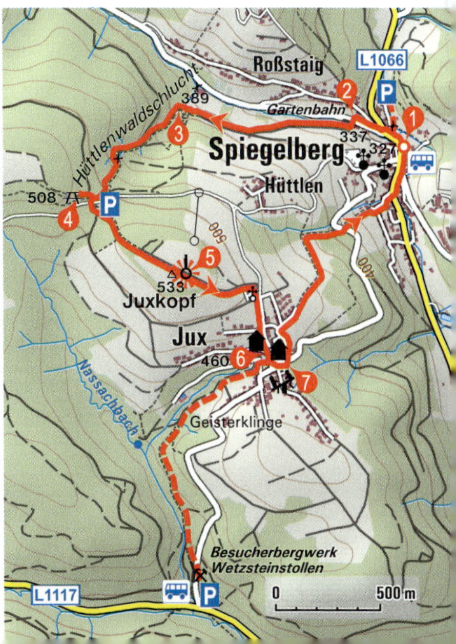

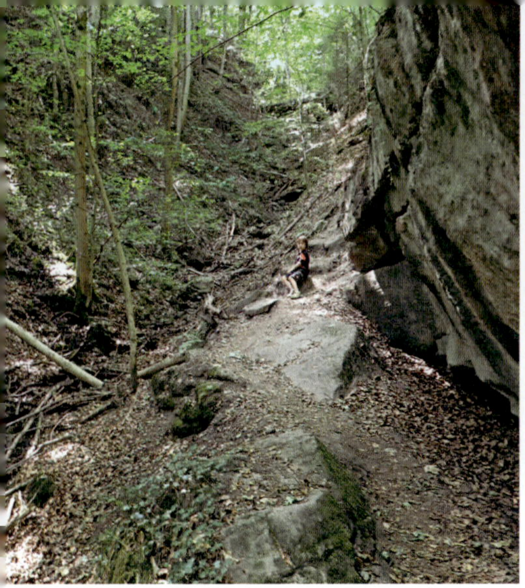

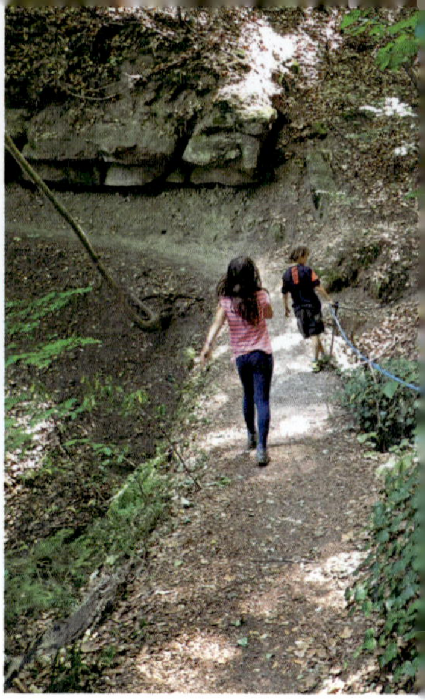

LINKS
Auf wilden Pfaden durch die Hüttlenwaldschlucht.

RECHTS
Manche Abschnitte der Hüttlenwaldschlucht sind mit einem Seil gesichert.

LOS GEHT'S Von der **Bushaltestelle Löwensteiner Straße** ❶ gehen wir die Hauptstraße hinauf und nach links in die Prevorster Straße. Wer am Wanderparkplatz Feuerwehr startet, geht ein Stück auf dem Anfahrtsweg zurück und quert die Hauptstraße. Links entlang der Prevorster Straße erreichen wir **Manfred Schaibles Gartenbahn** ❷ und können uns die Waggons anschauen. Hinter dem Wellblechschuppen steigen wir dann den schmalen Pfad bergauf. Oben geht es auf dem Feldweg nach rechts, bis wir nach einem großen Schafstall links einen Pfad in die **Hüttlenwaldschlucht** ❸ hinabsteigen. Je weiter wir in die Schlucht kommen, desto abenteuerlicher wird der Weg. Große Felsen liegen im Wald und an manchen Stellen kraxeln wir den steilen Pfad hinauf durch die wildromantische Schlucht. Vorsicht, hier kann es auch im Sommer an manchen Stellen rutschig sein. Auf halber Strecke queren wir einen Forstweg. Oben erreichen wir dann den **Parkplatz Zollstock** und etwas weiter (dem Wanderzeichen J4 folgend) lädt ein **Grillplatz** ❹ zu einer Rast ein.

Anschließend folgen wir auf der anderen Seite der Straße weiter dem Kinderwanderweg, erst durch den Wald, dann über Felder und Wiesen zum **Juxkopfturm** ❺. Wenn der Turm geöffnet ist, gibt es oft Kaffee und Kuchen und wir können hinaufsteigen und die Aussicht über die Wälder und Berge des Schwäbischen Waldes genießen. Hinter dem Turm liegt eine Grillstelle.

Vom Turm wandern wir weiter den Berg hinunter nach **Jux**. Am **Dorfplatz** ❻ laden zwei Gasthöfe zur Einkehr ein. Hier startet auch die Variante zum Wetzsteinstollen (s. Variante). Beim Gasthof Hirsch gehen wir nach links und gleich noch einmal links in die Kirchgasse. Wir können

★Highlights

Manfred Schaibles Gartenbahn bestaunen oder sogar eine Runde mitfahren.

Über Felsen klettern und auf abenteuerlichen Pfaden durch die wildromantische Hüttlenwaldschlucht kraxeln.

Am Grillplatz Zollstock an den Feuerstellen grillen.

An Sonn- und Feiertagen den Aussichtsturm auf dem Juxkopf erklimmen.

Durchs Nassachtal zum Besucherbergwerk Wetzsteinstollen wandern, auf den Infotafeln viel über die Geologie und den Bergbau in der Region erfahren und eine Führung durch den Stollen machen.

aber auch noch einen kurzen Abstecher auf die andere Straßenseite machen, wo ein **Spielplatz** ❼ auf die Kinder wartet.
Am Ende der Kirchgasse biegen wir nach rechts in die Straße »Höhenweg«, die als Wiesenweg weiter zwischen Weidezäunen entlangführt. Der schmale Weg bringt uns hinab zur Gäbeleklinge. Wir wandern entlang der kleinen Schlucht bergab, bis wir die Landstraße erreichen. Wir überqueren sie, kommen auf der anderen Seite an einer Bank vorbei und steigen über einen Wiesenpfad bergab. Wenn wir Spiegelberg erreichen, gehen wir erst schräg rechts, dann schräg links durch eine Gasse. Unten an der Hauptstraße gelangen wir nach links zurück zur **Bushaltestelle** ❶ bzw. zum Parkplatz.

Hallo Kinder!

Kennt ihr den Spruch: **»Im dunklen Wald, da sind die Räuber«**? Ja, hier im Schwäbischen Wald gab es tatsächlich vor über 200 Jahren eine **gefürchtete Räuberbande**. Sie trieb ihr Unwesen in den dunklen Wäldern und tiefen Schluchten. In Sandsteingrotten und wilden unwegsamen Tälern konnten sie sich gut verstecken. Am Anfang raubten die Mitglieder der Bande vor allem Lebensmittel, um sich und ihre bettelarmen Familien durchzubringen. Später überfielen sie Postkutschen und Reisende auf den engen Handelswegen, die von Stuttgart und Heilbronn nach Schwäbisch Hall führten. Der Spuk endete erst, als schließlich einer der Räuber gefasst wurde. Er verriet die Namen seiner Kumpanen und 68 Räuber wurden angeklagt.

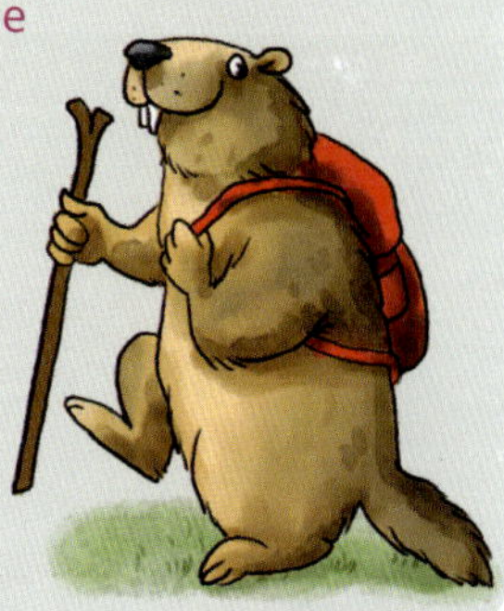

7

Felsenmeer bei Murrhardt

RUNDTOUR AM RANDE DER SCHWÄBISCHE-WALD-METROPOLE

2.45 STUNDEN

6,5 KILOMETER

↗ 170 HÖHENMETER

↘ 170 HÖHENMETER

MITTEL ab 5 Jahren

Auf Feenspuren durch den Schwäbischen Wald: Am stillen Römersee im Wald geht es vorbei zum Felsenmeer, wo sich steile Pfade durch die Steinblöcke schlängen. Wir kraxeln über moosbewachsene Felsen zwischen hohen Bäumen. Wurzelpfade führen zu sonnigen Wiesen und wieder in den Wald zu mysteriösen Symbolen, die wir auf alten Grenzsteinen entdecken. Weite Aussichten über die Wipfel des Waldes können wir dann vom Riesbergturm genießen. Die Infotafeln der Waldfee bieten immer wieder spannende Geschichten für Groß und Klein. Am Weg gibt es urwüchsige Natur und manch unerwartetes Kleinod zu entdecken.

Ausgangspunkt: Unterer Riesbergparkplatz, Murrhardt (Navi: 71540 Murrhardt, Riesbergstraße 81) alternativ: Oberer Riesbergparkplatz 8 (Navi: N48.965664, E9.581269). – Mit ÖPNV leider nicht möglich.
Ausrüstung: Feste, gut profilierte Wanderschuhe.
Anforderungen: Hauptsächlich auf schmalen Waldpfaden, z. T. auch auf Forstwegen, steile Abschnitte. Für das Felsenmeer ist Trittsicherheit notwendig. Bei Nässe und im Winter kann es sehr rutschig sein, gutes Schuhwerk ist Pflicht. Nicht kinderwagengeeignet.
Einkehr: Keine.
Kurzvariante: Nach dem Felsenmeer auf dem ausgeschilderten Weg zum Riesbergturm wandern, dann wie beschrieben zum Parkplatz (2,5 km, mittel, ab 4 Jahren). Schattig und gut an heißen Tagen geeignet.
Hinweise: Die Tour verläuft entgegen der von der Gemeinde vorgeschlagenen Richtung, da ein steiler Anstieg durchs Felsenmeer einfacher ist als ein Abstieg.
Tipps: Vor der Tour in Murrhardt die Ausstellung des Naturparkzentrums Schwäbisch-Fränkischer Wald anschauen (täglich ab 9.30 Uhr geöffnet, www.naturpark-sfw.de/der-naturpark/das-naturparkzentrum) oder ins Carl-Schweizer-Museum gehen (carl-schweizer-museum.de).

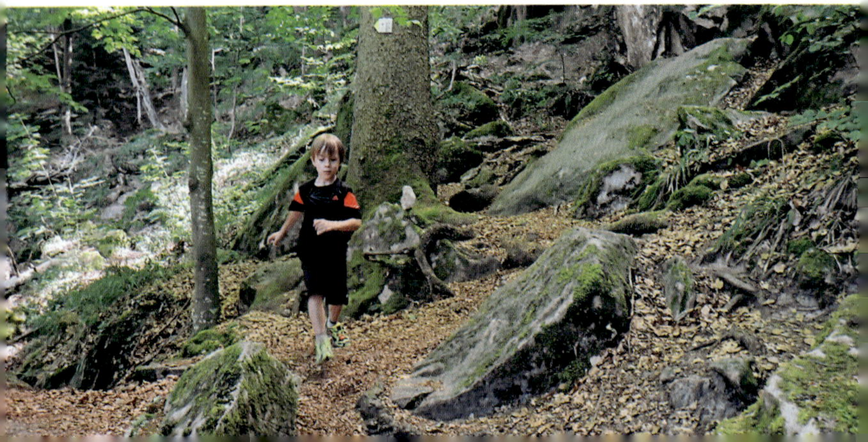

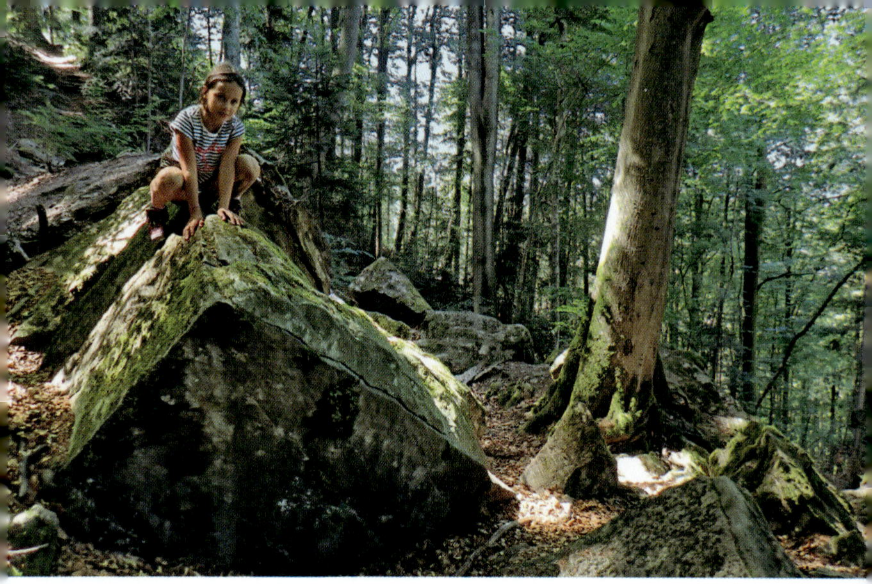

LOS GEHT'S Vom **Unteren Riesbergparkplatz ❶** geht es bergauf durch die Schranke. Nach der Linkskurve wandern wir auf einem Pfad weiter, der rechts vom Forstweg abzweigt. Die Feenspur-Wanderzeichen, denen wir auf der ganzen Tour folgen, führen uns nach rechts zu einem Grillplatz mit Schutzhütte und wenig später zum **Römersee ❷**. Wenige Meter nach dem kleinen See folgen wir dem Pfad nach rechts zum **Felsenmeer ❸**. Dort verläuft unser Weg im Zickzack bergauf und wir steigen durch und über beeindruckende Felsbrocken, die hier einst herabgestürzt sind. Oben treffen wir auf einen Pfad, dem wir nach rechts folgen. Ein Steg bringt uns über die Hotzenklinge, eine tiefe Schlucht, die hier durch Erosion entstanden ist.

Der sandige Pfad mündet in einen Weg und wir folgen der Feenspur nach links. (Hier ist es auch möglich, die Tour nach rechts abzukürzen und über den Riesbergturm wieder zum Parkplatz zu

OBEN

Kraxelspaß im Felsenmeer.

LINKS UNTEN

Auf steinigen Pfaden durchs Felsenmeer.

Kraxelfreunde aufgepasst, im Wald gibt es tolle Felsen zum Klettern und Verstecken!

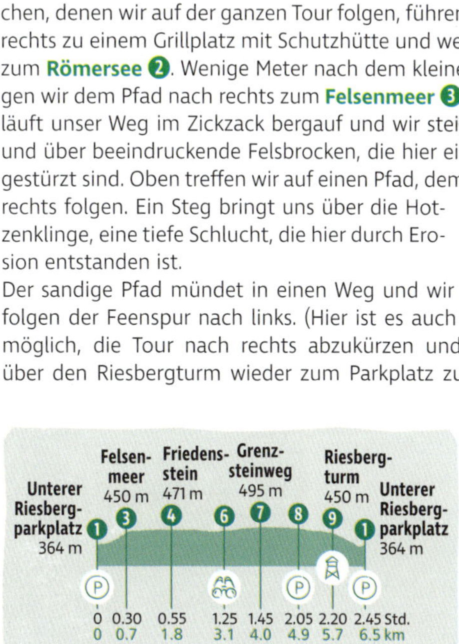

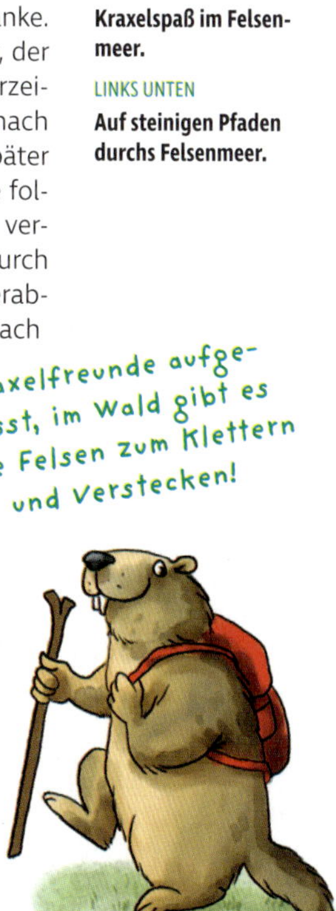

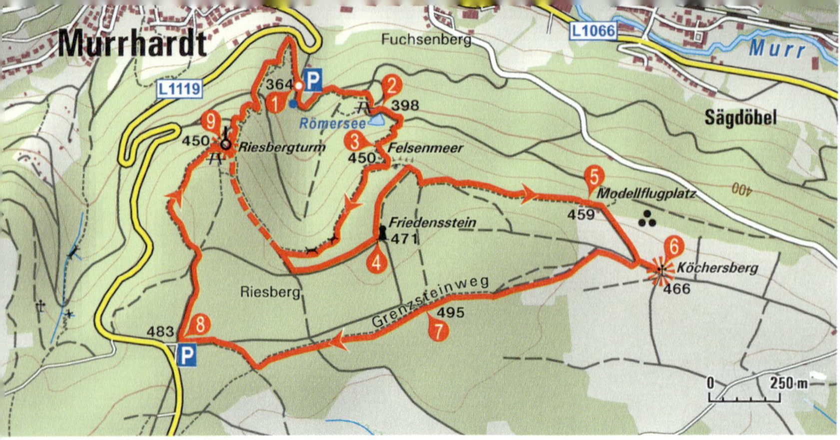

wandern.) An einer Bank nehmen wir den breiten Forstweg nach links zum **Friedensstein ❹**, der daran erinnert, dass hier im Kalten Krieg Atomraketen stationiert waren. Hier wenden wir uns nach links, folgen den Feenspur-Zeichen und wandern dann nach rechts auf einem schönen Pfad an der Hangkante entlang. Wir verlassen den Wald und gehen nach links über eine Wiese, an einem **Modellflugplatz ❺** vorbei, dessen Grillstelle Mitgliedern vorbehalten ist. Ein Asphaltweg führt uns aufwärts und wir machen einen kleinen Abstecher nach links zum **Aussichtspunkt Köchersberg ❻**.

Nach der kurzen Pause geht es wieder zurück und auf dem Feldweg geradeaus bis zu einer Holzhütte, wo wir nach links abzweigen. Die Fahrspuren führen uns zu einem Feld am Waldrand und wir gehen rechts davon auf einem Trampelpfad über die Wiese. Wir wandern auf dem schmalen Waldweg geradeaus in den Wald hinein. Hier müssen wir genau auf die Feenspur-Zeichen achten und folgen ihnen immer weiter. Den Abzweig zum **Grenzsteinweg ❼** nach links kann man leicht übersehen.

Oben auf dem Riesbergturm angekommen gibt es viel zu sehen.

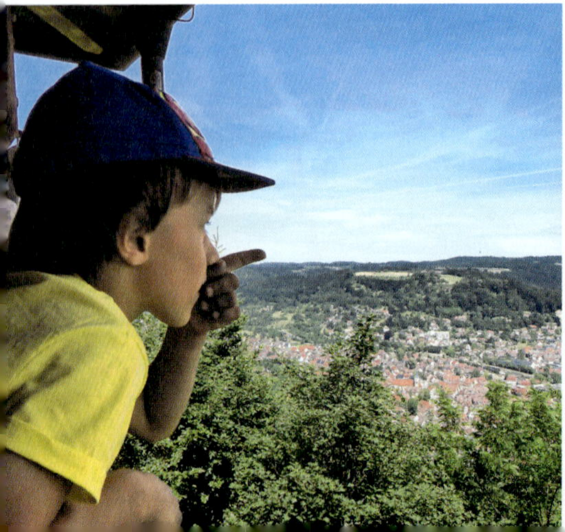

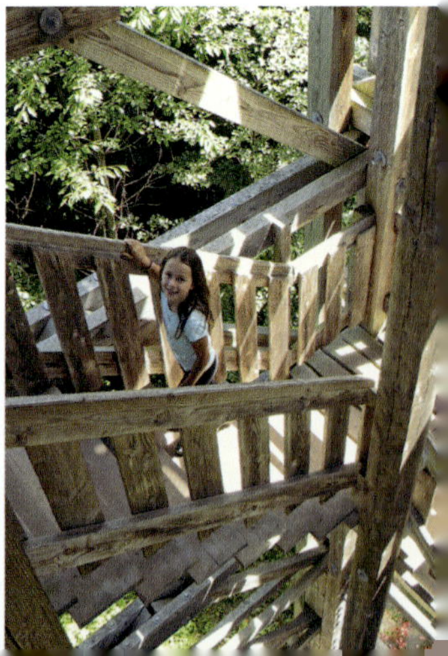

Hallo Kinder!

Am Grenzsteinweg stoßt ihr immer wieder auf **alte Grenzsteine** mit **mysteriösen eingemeißelten Zeichen**. Aber es ist gar nicht schwer, den Code zu knacken: Jedes Symbol steht für einen bestimmten Besitzer des Grundstückes. Ist ein oben gebogener Stab in den Stein eingekerbt, gehörte das Grundstück dem Kloster. Ein Grenzstein mit zwei Stäben oder der Abkürzung »SM« markierte ein Flurstück, das der Stadt Murrhardt gehörte. Das Zeichen der Waldbauern, eine Pflugschar, sieht fast aus wie ein Weihnachtsbaum.

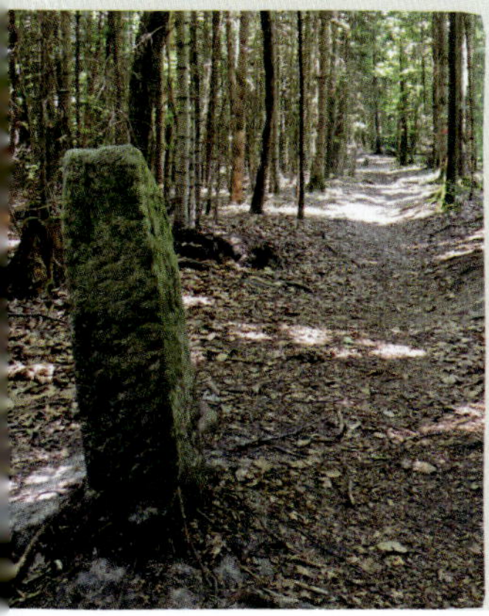

Wenn unser Pfad zum zweiten Mal einen anderen quert, wenden wir uns nach rechts und treffen bald auf einen breiten, fein geschotterten Weg, der uns nach links zum **Oberen Riesbergparkplatz 8** führt. Dort folgen wir den Wegweisern zum Aussichtsturm nach rechts. An einer Bank zweigen wir nach links ab und stoßen nach einem Stück bergab auf einen breiten Schotterweg, der nach rechts zum **Riesbergturm 9** führt.

An den Grillstellen vorbei kommen wir zu einer Felswand und wandern scharf links auf einem Waldpfad bergab. Kurz bevor der Pfad auf einen breiten Schotterweg stößt, gehen wir scharf rechts. Der Pfad schlängelt sich den Berg hinunter. Wir queren einen Schotterweg und folgen später der Feenspur nach rechts zurück zum **Unteren Riesbergparkplatz 1**.

★Highlights

Die Stille auf der Himmelsliege am Römersee genießen.

Über die riesigen moosbewachsenen Sandsteinbrocken durchs Felsenmeer kraxeln.

Vom Limes ist hier zwar nichts mehr zu sehen, aber die Aussicht am Köchersberg, wo die Grenze des Römischen Reiches verlief, ist immer noch schön.

Am Grenzsteinweg die geheimnisvollen alten Zeichen auf den Steinen deuten.

Auf den Riesbergturm steigen, ins Murrtal blicken und sich anschließend eine gebratene Wurst auf dem Grillplatz schmecken lassen.

8 Ebnisee und Gallengrotte

AUF SCHMALEN PFADEN AM WELTERBE LIMES ENTLANG

2.30 STUNDEN

5,9 KILOMETER

↗ 150 HÖHENMETER

↘ 150 HÖHENMETER

MITTEL ab 5 Jahren

Auf zur geheimnisvollen Grotte im Wald: Wo sich heute weite Wälder ausdehnen, sah es vor zweitausend Jahren ganz anders aus. Ein gut bewachter Grenzwall verlief mitten durch den Wald und Wachtürme mit Legionären sicherten das römische Reich. Heute können wir immer noch die Spuren der alten Römer entdecken. Und noch viel mehr. Die Tour verläuft im schattigen Wald und ist damit perfekt für einen warmen Sommertag. Der Ebnisee bietet erfrischenden Wasserspaß für Groß und Klein und mit mehreren Einkehrmöglichkeiten Kulinarisches für jeden Geschmack. Dann geht es durch eine schattige Schlucht, an deren Ende wir das Naturdenkmal Gallengrotte entdecken können. Schon vor der Grotte liegen große moosbewachsene Stubensandsteinfelsen im Wald und rund um die Grotte gibt es viel zu erkunden.

Ausgangspunkt: Kostenfreier Parkplatz beim Römischen Kleinkastell Ebni (Navi: N48.926664, E9.619421), alternativ: gebührenpflichtiger Parkplatz Ebnisee ❹ (Navi: 73667 Kaisersbach, Ebnisee 9). – Mit ÖPNV: Bushaltestelle Ebnisee, Kaisersbach ❺, Anfahrt ab Stuttgart mit S3 nach Winnenden, weiter mit Bus 330.
Ausrüstung: Festes Schuhwerk, ggf. Badesachen.
Anforderungen: Hauptsächlich schmale Pfade durch den Wald, teilweise auch breite Wege. Der Wurzelpfad zur Gallengrotte ist uneben und kann matschig sein. Der steile Pfad von der Gallengrotte bergauf verlangt Trittsicherheit. Nicht für Kinderwagen geeignet.
Einkehr: Restaurant Himmelreich, geöffnet Mi–Fr ab 16.00 Uhr, Sa–So ab 12.00 Uhr, Ebnisee 2, 73667 Kaisersbach, Tel. +49 7184 2938020, hotel-reich-ebnisee.de. Kiosk am Ebnisee – Biker Treff, täglich geöffnet, Winnender Str. 2/1, 73667 Kaisersbach. Kiosk Seeblick, de-de.facebook.com/egon.strobel.5. Raders Waldschänke & Bootsvermietung am Ebnisee, Biergarten am Nordufer, Bootsverleih am Südufer, täglich geöffnet, Klösterle 100, 73667 Kaisersbach, Tel. +49 7184 293692, biergarten-ebnisee.de.
Hinweise: Die Tour folgt dem Rundweg »Idyllische Straße Tour G«, Wanderzeichen grünes G.

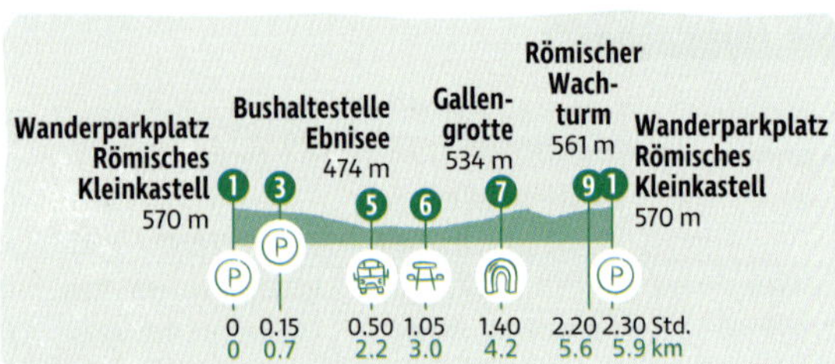

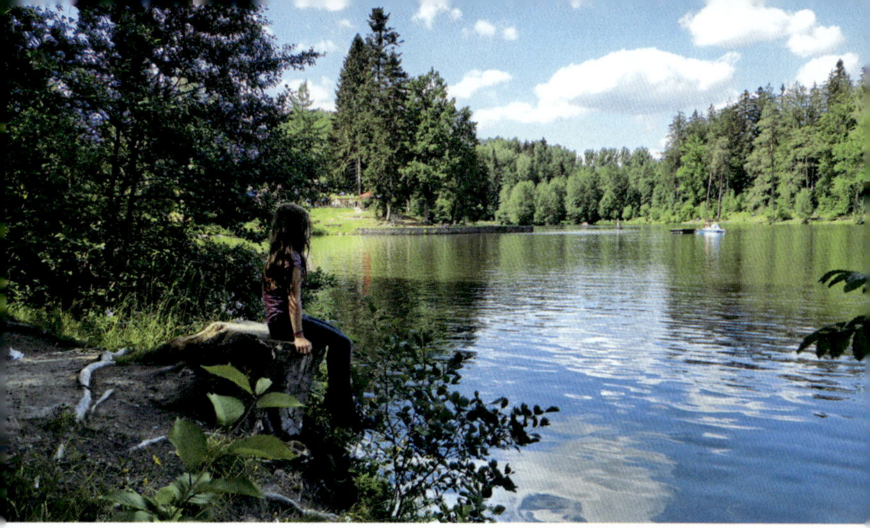

Tipps: Nicht weit von hier, in Kaisersbach locken eine Sommerrodelbahn und der Schwabenpark mit jeder Menge Action (s. Freizeittipps B3 und B4).

OBEN

Kleines Päuschen am Ebnisee.

UNTEN

Unterwegs auf schönen Wurzelpfaden.

LOS GEHT'S Am **Wanderparkplatz 1** folgen wir dem Rundweg »Idyllische Straße Tour G« Richtung Eckartsweiler. Der Pfad führt uns am **Römischen Kleinkastell Ebni 2** vorbei, an das jetzt nur noch eine Erhebung im Gelände und eine Infotafel erinnern. Es geht kurz steil hinab, wenn unser Pfad die Landstraße erreicht. Auf der anderen Straßenseite wandern wir mit dem »G« durch den Wald weiter, bis wir am **Wanderparkplatz Königseiche 3** wieder auf eine Straße treffen. Dort gehen wir nach rechts, erst am Waldrand, dann auf einem schönen Pfad durch den

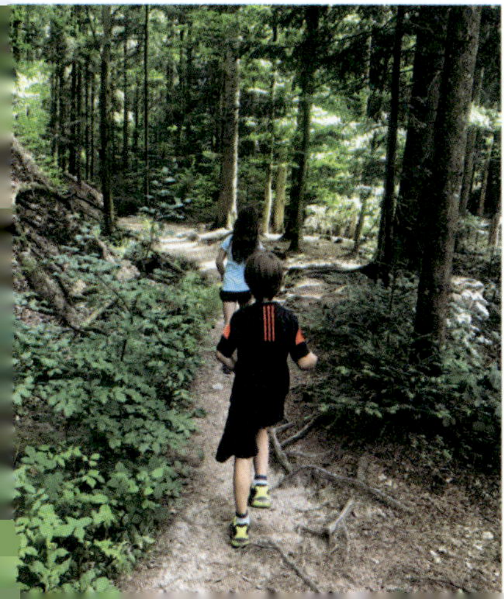

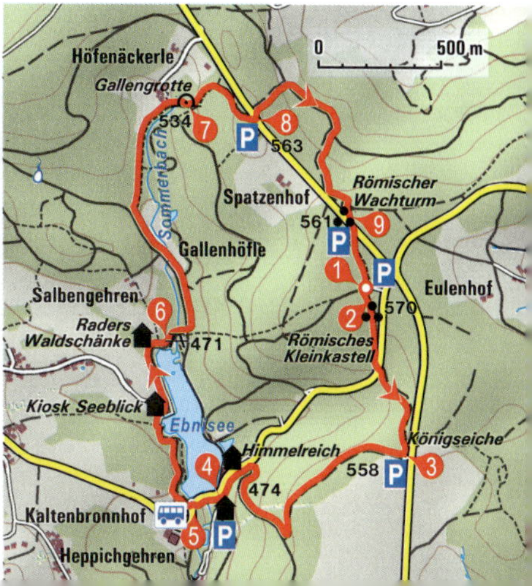

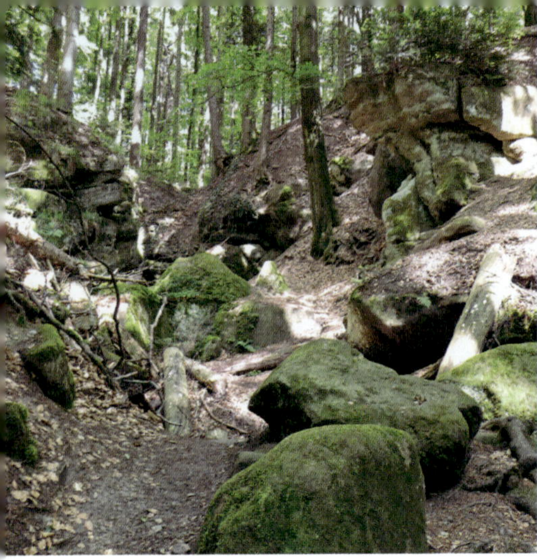

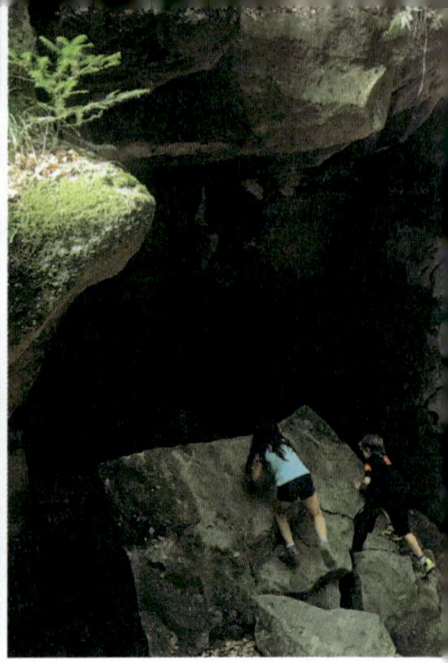

OBEN

Über Steine und Felsen führt der Pfad zur Gallengrotte.

UNTEN

Die Grundmauern lassen erahnen, wie der römische Wachturm einmal ausgesehen hat.

Wald, der stellenweise matschig ist. Wenn wir auf einen Schotterweg stoßen, halten wir uns rechts bergab, bis wir einen Parkplatz sehen. Wir gehen an der Straße nach links, bis wir nach wenigen Metern den großen **Parkplatz am Ebnisee ④** erreichen. Wer eine Pause braucht, kann sich am Kiosk oder im Restaurant stärken oder ein Boot mieten und über den See schippern. Alle, die in der Sonne wandern möchten, bleiben am rechten Seeufer und treffen am Nordende des Sees wieder auf die Hauptroute. Der schattigere Weg führt am linken Ufer entlang, das wir erreichen, indem wir über den Damm und an der **Bushaltestelle ⑤** vorbeigehen. Wir passieren zwei Biergärten und eine **Grillstelle ⑥**. Danach verlassen wir den See und gehen an der Kreuzung weiter auf der »Idyllischen Straße Tour G« in Richtung Gallengrotte. Wir passieren das Gallenhöfle und biegen nach etwa 300 Metern am Wegweiser nach rechts ab. Ein Wurzelpfad, der mit jedem Schritt uriger wird, führt uns am kleinen Sommerbach entlang zur **Gallengrotte ⑦**.

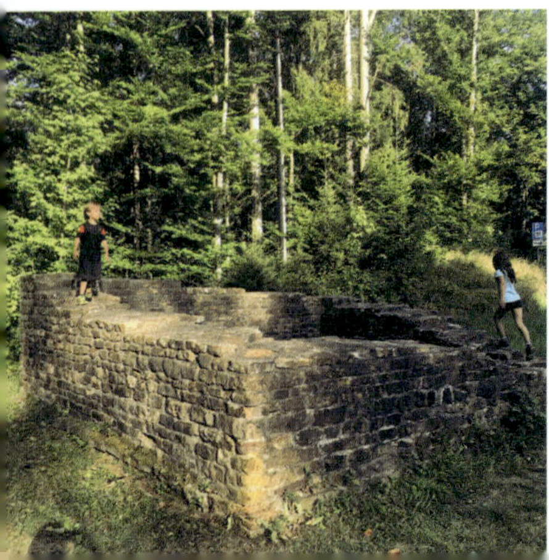

Unseren Weiterweg finden wir ein paar Meter vor der Grotte, wo ein schmaler Wurzelpfad rechts steil hinauf durch die Felsen führt, das Wanderzeichen mit dem »G« und ein blaues Schild Richtung Kaisersbach weisen uns den Weg. An einem **Parkplatz ⑧** überqueren wir die Landstraße. Am Schild »70 km/h« führt ein schmaler Weg bergab, an dem duftende Minze wächst. Wir stoßen auf einen breiten Schotterweg und wenden uns auf ihm nach rechts. Bald da-

Hallo Kinder!

Die Geschichte, wie die **Gallengrotte** zu ihrem Namen kam, wurde zwar vor 100 Jahren nur erfundenen, ist aber trotzdem romantisch. Während die Römer den Limes bewachten, soll Heinz, ein Germane, dort gelebt haben. Er war unsterblich verliebt in die Tochter des Römers Gallus. Eines Tages griffen die Germanen den Limes an und Heinz versteckte Gallus samt dessen Tochter in der Grotte. Dort waren sie in Sicherheit. Die Geschichte geht gut aus und der Germane und die Römerin leben am Ende glücklich zusammen.
In Wirklichkeit geht der Name der Grotte aber wohl eher auf die **Glasherstellung** zurück, die hier im Schwäbischen Wald eine lange Tradition hat. Wird Glas gemacht, bleibt grüne Schlacke – die Galle – übrig. Die wurde hier in der Grotte abgeladen. Vielleicht findet ihr ja noch etwas davon.

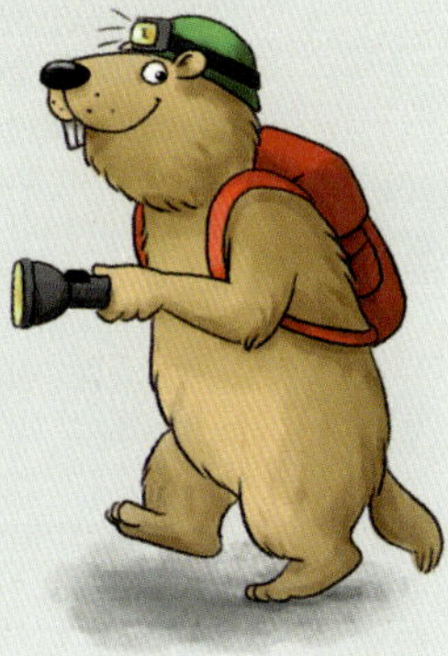

rauf führt der Limesweg Richtung Römerturm wiederum nach rechts. Wir folgen ihm bis zur Straße, nehmen dort den Weg nach links und wenig später am Wegweiser Richtung Kleinkastell Ebnisee den nach rechts abzweigenden Pfad. Er bringt uns über einen Hügel, der vor zwei Jahrtausenden der Grenzwall des Römischen Reiches war. Dann erreichen wir erneut die Straße, neben der die Grundmauern eines **Römischen Wachturmes** ❾ stehen. Auf der anderen Straßenseite wandern wir am Parkplatz auf dem Pfad durch den Wald wieder zu unserem **Ausgangspunkt** ❶.

★Highlights

Am Welterbe Limes entlangwandern und die Spuren entdecken, die die Römer hier hinterlassen haben.

Am Ufer des Ebnisees schlendern, Tretboot fahren oder im See schwimmen.

Am Sommerbach auf Wurzelpfaden durch die Schlucht wandern und über schmale Stege balancieren.

Die geheimnisvolle Gallengrotte am Ende der Schlucht erkunden und auf die großen moosbewachsenen Felsblöcke klettern.

Die Reste der Mauern eines Römischen Wachturmes erforschen.

9 Strümpfelbachtal und Ebnisee

DURCH DIE EINSAME SCHLUCHT ZUM LEBHAFTEN BADESEE

3.45 STUNDEN

8,6 KILOMETER

↗ 200 HÖHENMETER

↘ 200 HÖHENMETER

MITTEL ab 7 Jahren

Eine (Na)Tour zum Genießen: Durch idyllische Wiesen, Wälder und Weiler wandern, wo glückliche Hühner, Kühe und Schafe hinaus auf die Weide dürfen. Und dann den Pfad hinab zum Sahnehäubchen dieser Wanderung: Es geht ins wildromantische Strümpfelbachtal. Hier im Naturschutzgebiet darf die Natur sein, wie sie ist – wild und ursprünglich, unaufgeräumt und einfach wunderschön. Umgestürzte Baumstämme liegen kreuz und quer im Tal und über dem Bach. Kleine Wasserfälle stürzen über die härteren Sandsteinschichten. Immer wieder sprudeln kleine Quellen aus dem Hang und sorgen dafür, dass der Weg auch im Sommer stellenweise recht matschig ist. Das Plätschern des Wassers begleitet uns und wir wandern über urige Stege und an moosbedeckten Felsen vorbei. Am Ende der Tour erreichen wir über schöne Pfade den beliebten Ebnisee. Hier ist an sonnigen Tagen immer etwas los. Groß und Klein freuen sich über eine Einkehr im Biergarten, baden im See oder können sich ein Tretboot ausleihen.

Ausgangspunkt: Bushaltestelle Ebnisee, Kaisersbach, Anfahrt ab Stuttgart mit S3 nach Winnenden, weiter mit Bus 330 (Ankunft direkt am Parkplatz Ebnisee ❶). – Mit dem Auto: Gebührenpflichtiger Parkplatz Ebnisee (Navi: 73667 Kaisersbach, Ebnisee 9).
Endpunkt: Wer mit dem Bus angereist ist, findet die Abfahrtshaltestelle am Wegpunkt ❷.
Ausrüstung: Feste wasserdichte Wanderschuhe, ggf. Ersatzkleidung, Badesachen.
Anforderungen: Schotter- und Asphaltwege, Wurzel- und Wiesenpfade. Der naturbelassene Weg durch die Strümpfelbachschlucht ist uneben und zum Teil matschig. Er führt über mehrere Holzstege und -treppen. Bei Nässe kann es hier rutschig sein. Nicht kinderwagengeeignet.

Am Bach könnt ihr wunderbar Steinmännchen bauen!

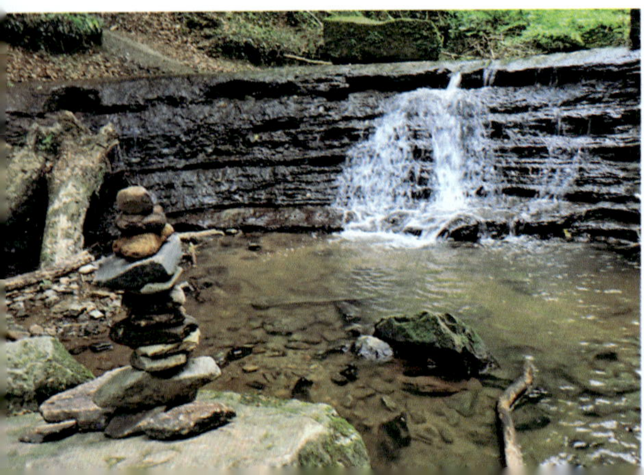

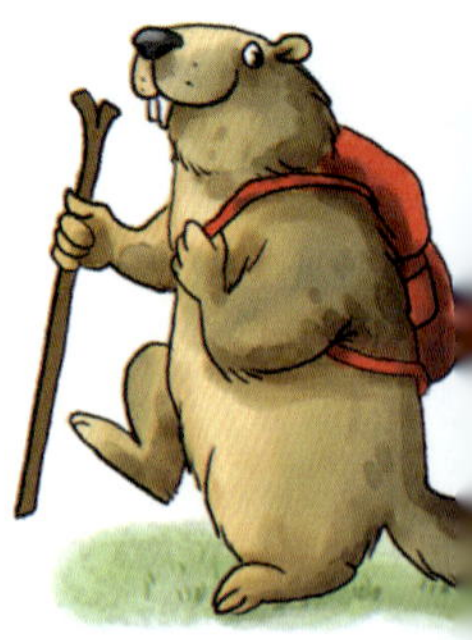

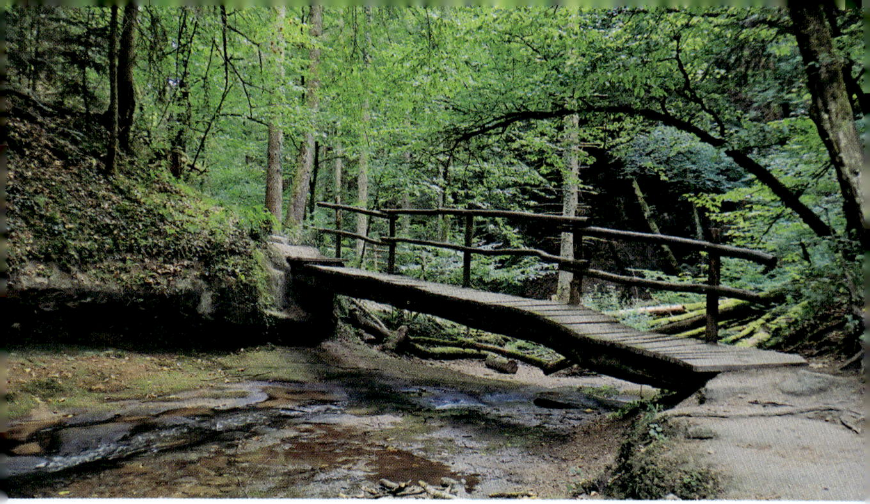

Auf kleinen Holzbrücken überqueren wir den Bach.

Einkehr: Strohbecks, geöffnet 11.30–21.00 Uhr, Mo und Di Ruhetag, Oberer Voggenhof, Voggenhof 5/1, 71566 Althütte, Tel. +49 7183 428020, strohbecks.de (kurzer Abstecher vom Mittleren Voggenhof). Gajas Welt, vegane Gerichte, geöffnet Fr–Sa 17.30–21.00 Uhr, So 12.00–20.00 Uhr, Tischreservierung erforderlich, Winnender Str. 81, 73667 Kaisersbach, Tel. +49 7184 601, gajas-welt.de (kurzer Abstecher in Ebni). Kiosk Seeblick, de-de.facebook.com/egon.strobel.5. Raders Waldschänke & Bootsvermietung am Ebnisee, Biergarten am Nordufer, Bootsverleih am Südufer, täglich geöffnet, Klösterle 100, 73667 Kaisersbach, Tel. +49 7184 293692, biergarten-ebnisee.de.
Hinweise: Die ganze Tour folgt dem Strümpfelbachweg (Wanderzeichen 2, violett), häufiger ist sie aber mit rotem bzw. blauem Kreuz und Punkt markiert.

LOS GEHT'S An der **Bushaltestelle/Parkplatz Ebnisee** ❶ gehen wir an der Straße am Südufer des Sees entlang zur **Bushaltestelle** ❷ beim Holzhäuschen. Dort halten wir uns links und folgen den Wegweisern Richtung Geldmachersklinge bis zum nächsten Abzweig, wo uns das Wanderzeichen »Blaues Kreuz« nach

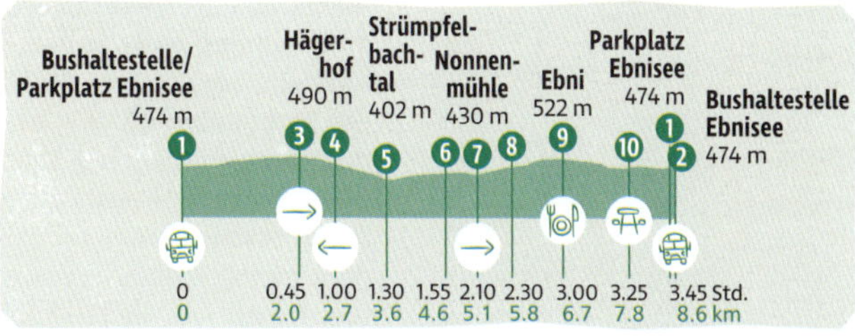

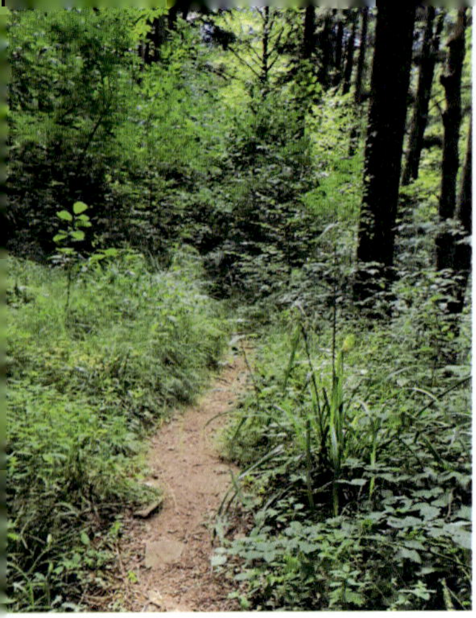

Schmale Pfade führen ins Tal.

rechts schickt. Nach der Linkskurve des Forstwegs zweigt ein Pfad nach rechts ab und führt uns an Heidelbeersträuchern vorbei bis zum Asphaltsträßchen bei Heppichgehren. Dort geht es nach links an der kaum befahrenen Straße entlang. Am **Abzweig ❸** zum Hägerhof folgen wir dem »Blauen Punkt« und gehen nach rechts durch den Wald auf das Dorf zu, dann vorbei an Kuhweiden und Hühnergehegen. Beim Schafstall in **Hägerhof ❹** weist uns ein Wegweiser nach links in Richtung Klaffenbach und Strümpfelbachtal. Am Backhaus unter der Linde folgen wir dem »Blauen Punkt« nach rechts und gehen an einem Snackautomaten vorbei bergab.

Nach dem letzten Weidezaun biegen wir in einen Hohlweg nach rechts ein. Kurz vor dem Schild Naturschutzgebiet zweigt ein schmaler Pfad nach links ab und wir überqueren mit einem großen Schritt das kleine Bächlein. Durch die Schlucht geht es bergab. Wir wandern über eine Brücke und nehmen den Pfad, der nach rechts ins **Strümpfelbachtal ❺** abzweigt. An einer Hinweistafel des Drei-Schluchten-Weges geht es hinein in die Schlucht. Wir folgen dem Bach und wandern an schmalen Stellen über Holztreppen und -stege. Beim fast hundert Jahre alten **Pumpenhaus ❻** können wir das geheimnisvolle Gemäuer inspizieren. Mit einer Taschenlampe ist durch das Fenster noch die alte Pumpe zu sehen. Die Brücke wenig später lassen wir links liegen und erreichen bei einem Haus mit alter Scheune wieder die Zivilisation.

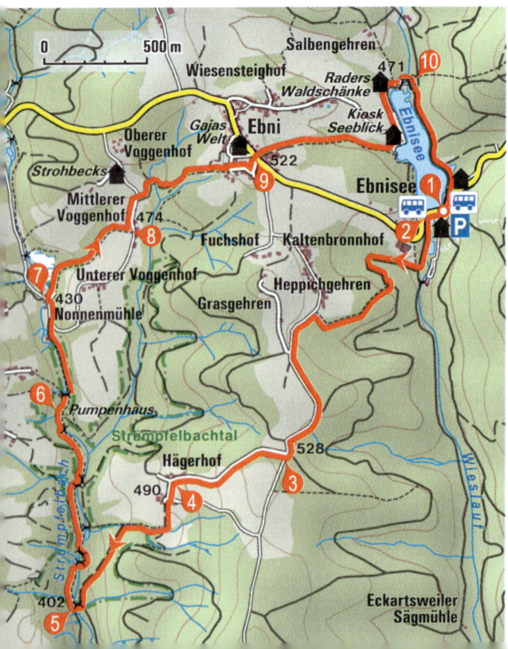

Der Asphaltweg führt weiter zur **Nonnenmühle ❼**, wo wir vor dem großen Neubau rechts dem Wegweiser zum Ebnisee folgen. Ab hier orientieren wir uns am Wanderzeichen »Rotes Kreuz«. Kurz nach dem Gebäude gabelt sich der Pfad und wir wandern rechts hinauf. Später geht es am Waldrand entlang und an Koppeln vorbei zum **Mittleren Voggenhof ❽**. Wir wandern nach links auf der Straße bis zum letzten Haus. Wer bei Strohbecks einkehren möchte, geht hier geradeaus. Ansonsten folgen wir dem »Roten

Hallo Kinder!

Habt ihr entdeckt, was im Strümpfelbachtal auf Steinen und Baumstämmen wächst? Genau, **Moos**! Die weichen grünen Polster sind spannender, als sie vielleicht aussehen. Wusstet ihr, dass Moose die **ältesten Landpflanzen der Erde** sind? **Tausend verschiedene Arten** gibt es allein in Deutschland! Moose sind mit Grünalgen verwandt und wachsen ganz ohne Wurzeln. Durch feine Härchen sind sie mit dem Untergrund verbunden, nehmen damit aber kein Wasser auf. Auch die winzigen Blättchen sind anders aufgebaut als bei anderen Pflanzen. Sie können Wasser gut speichern, trockenen aber auch schnell aus. Das kommt im schattigen Wald nicht allzu häufig vor und die dichten Polster halten die Feuchtigkeit lange. Wenn sie doch mal vertrocknen, vollbringen sie etwas, was fast keine andere Pflanze kann. Das scheinbar tote Moos quillt auf, wenn es wieder feucht wird, und erwacht zu neuem Leben.

Kreuz« nach rechts bergab. An der nächsten Gabelung gehen wir rechts und wandern bergauf durch eine kleine Schlucht.

Oben erreichen wir auf einem Wiesenpfad den Ort Ebni. Dort folgen wir links und gleich wieder rechts dem Wegweiser, gehen dann links und überqueren am Zebrastreifen die Hauptstraße von **Ebni 9**. Wer Lust auf vegane Köstlichkeiten hat, macht hier einen Abstecher nach links zu Gajas Welt. Geradeaus auf dem Schotterweg geht es an einem Bauernhof vorbei. Ein Pfad führt uns durch den Wald direkt zum **Ebnisee**. Am Ufer können Eilige nach rechts zum Parkplatz gelangen. Unsere Tour führt aber auf dem Weg um den See nach links, wo wir uns in einem der Biergärten stärken, an der **Grillstelle 10** grillen oder im See baden können. Dann geht es am Ostufer zum **Parkplatz Ebnisee 1** oder zur **Bushaltestelle 2**.

★Highlights

- Durch Weiler, Wald und Wiesen und an Bauernhöfen vorbei wandern.
- Das wildromantische Strümpfelbachtal entdecken und immer ganz nah am Wasser sein.
- Über urige Holzstege am munter gurgelnden Bach entlanggehen.
- Die vielen kleinen Wasserfälle bestaunen.
- Im Ebnisee baden oder ein Boot ausleihen und über den See schippern.
- Sich stärken in einer der Einkehrmöglichkeiten oder selbst Gegrilltes direkt am Ebnisee genießen.

10 Bahnerlebnispfad Welzheim

MIT DER DAMPFLOK DURCH DEN SCHWÄBISCHEN WALD

3.30 STUNDEN

8,3 KILOMETER

↗ 170 HÖHENMETER

↘ 170 HÖHENMETER

MITTEL ab 7 Jahren

Durch zwei wildromatische Schluchten zum Römerkastell: Wir kombinieren eine Fahrt mit der Dampfeisenbahn oder alten Diesellok mit einer wunderbaren Wanderung. Kaum sind wir ausgestiegen, tauchen wir auch schon ein, in die tief eingeschnittene Wieslaufschlucht. Idyllisch liegt die Klingenmühle im Tal. Es geht durchs Naturschutzgebiet, vorbei an tosenden Wasserfällen. Im naturbelassenen Edenbachtal wandern wir auf urigen Wurzelpfaden und über rustikale Holzstege. Und dann gibt es noch Kultur und Geschichte: auf dem Bahnerlebnispfad, entlang der über 100 Jahre alten Wieslaufbahn. Neben Infotafeln mit Text wird auch eine kurzweilige Audio-Tour zum Hören angeboten – auf Schwäbisch. Auf dem Römerspielplatz in Welzheim lässt sich Geschichte dann sogar spielend erleben. Im Ostkastell gibt es Einblicke ins römische Leben und Limes-Cicerones in historischen Gewändern nehmen uns mit auf eine Zeitreise zu den Alten Römern.

Ausgangspunkt: Welzheim Busbahnhof, Anfahrt ab Stuttgart mit S2 oder MEX13 nach Schorndorf, weiter mit Bus 263 Richtung Kaisersbach. – Mit dem Auto: Parkplatz am Bahnhof Welzheim (Navi: 73642 Welzheim, Bahnhofstr. 53).
Ausrüstung: Feste wasserdichte Wanderschuhe, ggf. Ersatzkleidung.
Anforderungen: Der Weg durch die Schluchten ist schmal, teilweise steil und uneben. Breite Wege aus Feinschotter oder Asphalt führen nach und durch Welzheim. Nicht kinderwagengeeignet.
Einkehr: Bahnhof Laufenmühle, spanische Küche, geöffnet Do–Fr ab 17.00 Uhr, Sa ab 14.00 Uhr, So ab 11.00 Uhr, Laufenmühle 2, 73642 Welzheim, Tel. +49 7182 49220, restaurant-laufenmuehle.de. Klingenmühle, geöffnet Sa und So, Klingenmühle 1, 73642 Welzheim, Tel. +49 7182 9399061, klingenmuehle.com. Expresso Gleis 1, Café & Bistro im Eisenbahnwaggon, geöffnet So, Ropbachweg 3, 73642 Welzheim, Tel. +49 162 8691503, expressogleis1.business.site. Welzheimer Biergarten, Mo Ruhetag, Tannwiese 4, 73642 Welzheim, Tel. +49 7182 5009 117, welzheimer-biergarten.de. Pizzeria Da Camillo, Mi Ruhetag, Tannwiese 3, 73642 Welzheim, Tel. +49 7182 4973396, facebook.com/pizzeriadacamillo.

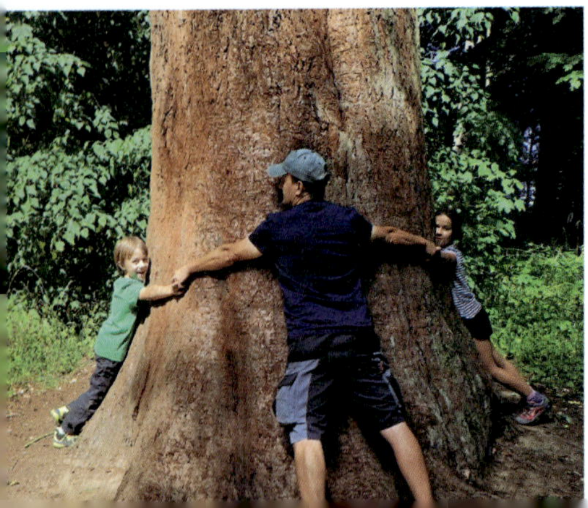

Kurzvariante: Wer an heißen Tagen wandert oder sich unsicher ist, ob er die ganze Tour schafft, parkt am Wander-

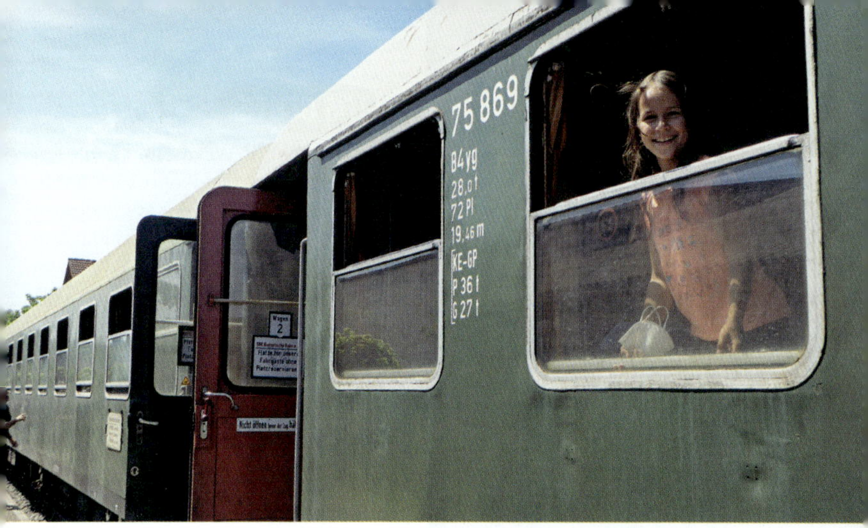

parkplatz Wellingtonien (Navi: 73642 Welzheim, Schorndorfer Str. 126) und geht zum Bahnhof Tannwald, hinter dem Römerspielplatz. Von dort mit der Bahn zur Laufenmühle. Nach 5,7 km wieder am Parkplatz angekommen, entscheiden, ob man noch 1,5 km zum Ostkastell und auf demselben Weg wieder zurückwandern möchte (mittel, ab 6 Jahre).

Hinweise: Die Schwäbische Waldbahn fährt nur an Sonn- und Feiertagen zweimal täglich. Daher mit der ersten Fahrt um 12 Uhr zur Laufenmühle fahren. Für diesen Abschnitt gilt der Kurzstreckentarif (s. Freizeittipp K2). An den anderen Tagen mit Bus 228 oder 330 zur Haltestelle Klingenmühle.

Tipps: An Sonn- und Feiertagen gibt es im Sommer im Ostkastell Kurzführungen (s. Freizeittipp A1). Bei der Laufenmühle lohnt sich der Besuch des Eins+Alles, dem Erfahrungsfeld der Sinne (s. Freizeittipp B5).

OBEN

Mit der Schwäbischen Waldbahn geht's los zur Klingenmühle.

LINKS UNTEN

Ganz schön dick, die Mammutbäume von Welzheim.

★Highlights

Mit der historischen Dampflok oder einer alten Diesellok der Schwäbischen Waldbahn zum Startpunkt der Wanderung fahren.

Rauschende Wasserfälle an der Klingen- und der Laufenmühle sehen.

Durch die wildromantische Wieslauf- und Edenbachschlucht wandern.

Am GeoErlebnisPfad Neues über den Boden unter den Füßen lernen.

Auf dem Bahnerlebnispfad mehr über die Schwäbische Waldbahn erfahren.

Unter mächtigen Mammutbäumen picknicken.

Auf dem 2022 neu gestalteten Römerspielplatz das Kastell erobern, den Kletterparcours meistern oder am Wasserspielplatz matschen.

Im Ostkastell mehr über das Leben der Römer am Limes erfahren.

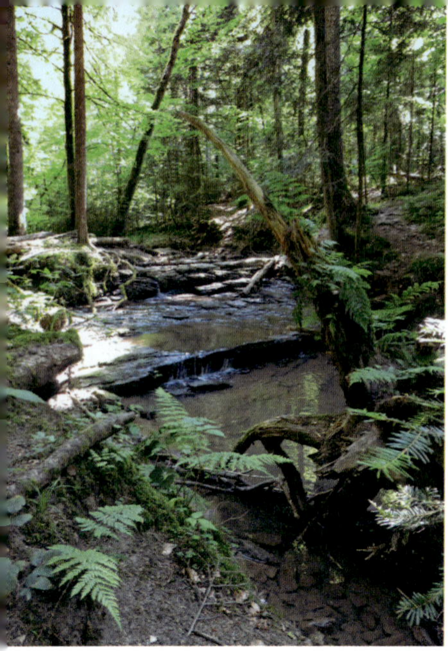

Urwüchsige Natur im Edenbachtal.

LOS GEHT'S Sonn- oder feiertags fahren wir vom **Bahnhof Welzheim** ❶ mit der Schwäbischen Waldbahn zum **Bahnhof Laufenmühle** ❷ (sonst nehmen wir den Bus zur Haltestelle Klingenmühle). Wir gehen am Bahnhof an den Gleisen in Fahrtrichtung des Zuges. Der Pfad verläuft entlang der Straße, dann überqueren wir die Schienen und wandern links an ihnen entlang. Am Bahnübergang für Autos steigen alle in die Tour ein, die mit dem Bus gefahren sind. Hier geht es über Treppen in die **Wieslaufschlucht** hinunter. Unten sehen wir eine Ruine und gehen an der Brücke vorbei links zur **Klingenmühle** ❸ mit einem Wasserfall und einer Einkehrmöglichkeit im Künstlercafé. Von dort gehen wir wieder zurück zur Brücke, überqueren sie, wandern den Wurzelpfad hinauf und halten uns dann links. Dabei kommen wir an Stationen des neuen GeoErlebnisPfades vorbei. Der breite Weg führt an einem **Spiel- und Grillplatz** ❹ bei einem ehemaligen Steinbruch vorbei. Kurz danach erreichen wir den **Wanderparkplatz Laufenmühle Viadukt** ❺, hier können wir links zum Bach abbiegen und kommen zu den Wasserfällen. Dann geht es auf dem breiten Schotterweg am Parkplatz vorbei und nach einem weiteren Parkplatz nach links, wo wir ein grünes Wanderzeichen des Bahnerlebnispfades sehen.

Wir kommen in die **Edenbachschlucht** und halten uns nach dem **Grillplatz** ❻ rechts. Auf dem Pfad, der immer uriger und unebener wird, wandern wir durch das schöne Tal. Später, an einem Wegweiser, folgen wir dem Erlebnisweg nach links und überqueren die Gleise. Oben an der Infotafel der Feenspuren gehen wir rechts. Wenn die nächsten Andreaskreuze in Sichtweite kommen, biegen wir vorher links in einen Wiesenpfad ab. Er führt uns entlang der Schienen zum nächsten Bahnübergang. Wir überqueren die Gleise und stoßen auf einen Forstweg,

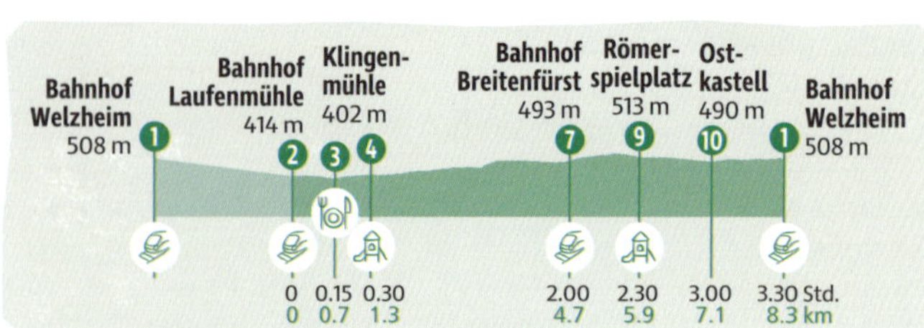

Hallo Kinder!

Wer am Bahnhof Welzheim auf die **Schwäbische Waldbahn** wartet, kann zuschauen, wie die **Dampf-Lokomotive** an einem riesigen Wasserhahn mit Wasser betankt wird. Bis zu 9000 Liter passen in die Lok. Moment mal. Wasser? Klingt ja nach einem sehr umweltfreundlichen Verkehrsmittel, wenn nur Wasser im Tank ist. Nein, leider nicht ganz ... Angetrieben wird die Lok mit **Kohle**, die verbrannt wird. Aber das Wasser spielt trotzdem eine wichtige Rolle. Es wird im Kessel durch die Hitze der verbrannten Kohle zu Dampf. Der **heiße Dampf** drückt auf den Kolben in einem Zylinder und bewegt ihn. Diese Bewegung wird über Stangen auf die Räder übertragen, die sich dadurch drehen. Und die Dampflokomotive setzt sich in Bewegung.

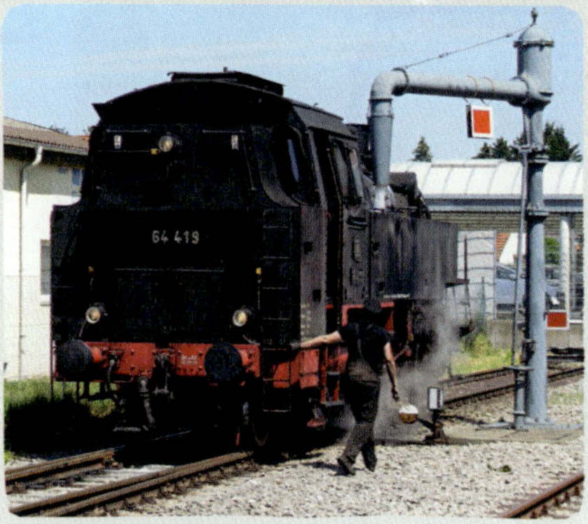

Vusstet ihr, dass der
griff »Lokomotive« aus
em Lateinischen kommt
nd bedeutet »sich von
der Stelle bewegen«?

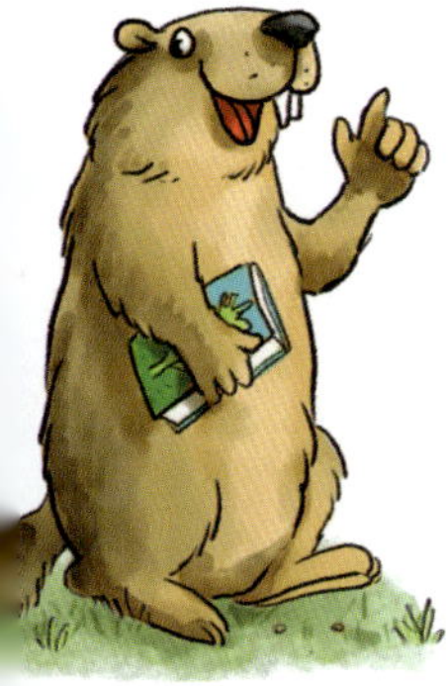

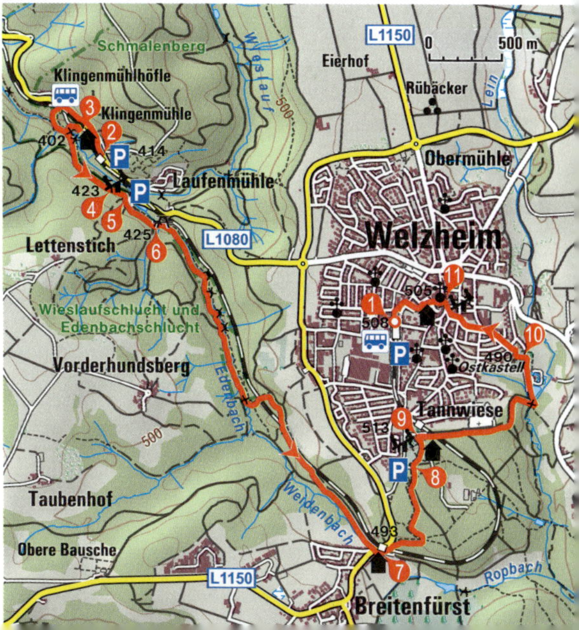

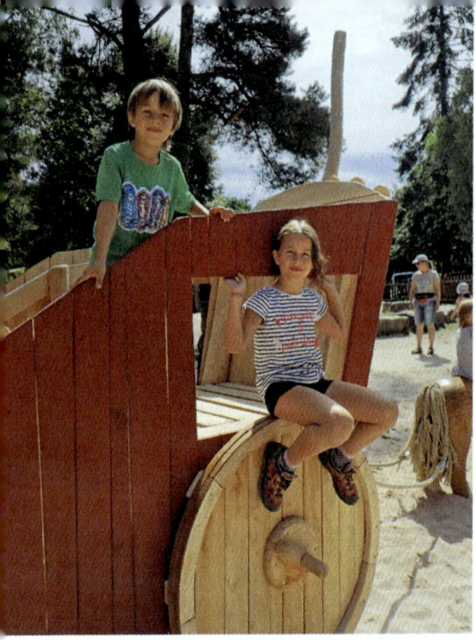

auf dem wir dem Erlebnisweg nach links folgen. Nach einem Kneipp-Becken verlassen wir den Wald und gehen über die Landstraße zum **Bahnhof Breitenfürst ⑦** mit Café in einem alten Eisenbahnwaggon.

Wir verlassen den Bahnerlebnisweg und wandern 100 m auf dem Fußweg an der Straße bergauf. Wir folgen dem rechts abzweigenden Waldweg und biegen bald scharf nach links auf einen Weg aus Feinschotter. Ab hier orientieren wir uns am Wanderzeichen »Feenspuren Römerwald« und folgen der Rechtskurve. An Mammutbäumen vorbei erreichen wir den **Wanderparkplatz Wellingtonien ⑧**. Durch den Park geht es zum **Römerspielplatz ⑨**, wo wir das Kastell erobern können.

OBEN
Im Streitwagen auf dem Römerspielplatz.
UNTEN LINKS
Das rekonstruierte Tor des Ostkastells.
UNTEN RECHTS
Im Ostkastell winken römische Statuen.

Am Biergarten vorbei überqueren wir die Gleise, den »Feenspuren Römerwald« nach. Den ersten Wegweiser zum Ostkastell ignorieren wir und folgen den Feenspuren. Dann nehmen wir den schmaleren Weg, der schräg links abzweigt. Bei einem Bach und Fischteichen überqueren wir eine Brücke nach links und verlassen die Feenspuren. Wir wandern am Bach und erreichen geradeaus das **Ostkastell ⑩**.

Zurück zum Bahnhof geht es durch das rekonstruierte Westtor des Kastells. Nach rechts hinauf kommen wir am Info-Pavillon vorbei. Auf der Straße geht es weiter, den Wegweisern zur Innenstadt folgend. Der **Spielplatz an der Kirche ⑪** bietet noch eine Gelegenheit zum Toben. Vom Hauptportal der Kirche spazieren wir an der Pizzeria vorbei und gelangen dann auf dem »Postweg« in die »Bahnhofstraße« und zurück zum **Bahnhof Welzheim ①**.

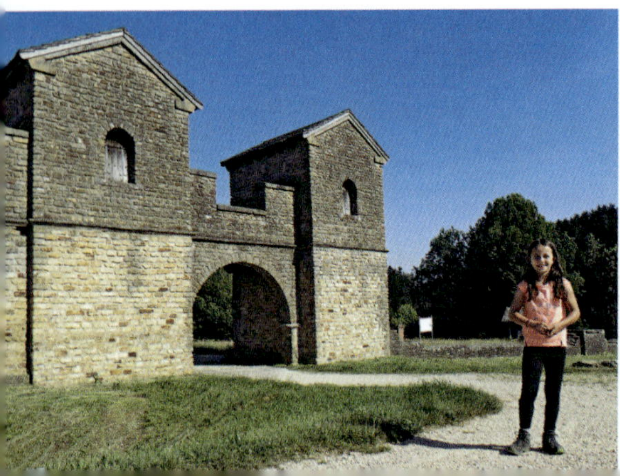

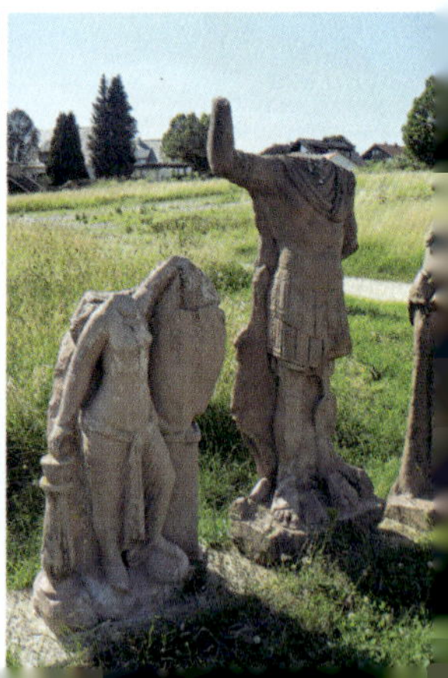

Auf Römerspuren bei Lorch

11

RUNDTOUR DURCHS STAUFERLAND

Eine Schlucht voller origineller Wasserspiele, eine mystische Grotte und römische Wachtürme am Limes: Diese Tour bietet ursprüngliche Natur, faszinierende Technik und spannende Geschichte. Beim Kloster Lorch können wir einen Wachturm am Limes besteigen und uns fühlen wie die Römer vor fast 2000 Jahren. Die fantasievollen Wasserspiele in der Schelmenklinge sind einmalig. Von der Kugelmühle über das kleine Backhaus bis zur Miniatur-Hammerschmiede – alles wird hier von Wasserrädern angetrieben und überall plätschert und gurgelt es. Auf steilen Pfaden machen wir kurze Abstecher zur wildromatischen Schillergrotte und zum Bemberlesstein mitten im Wald. Der Rückweg führt über den Limeswanderweg, wo wir die Grundmauern von Römertürmen entlang des Welterbes erkunden und mysteriöse Wagenspuren im Gestein entdecken.

5.30 STUNDEN

12,7 KILOMETER

↗300 HÖHENMETER

↘300 HÖHENMETER

ab 10 Jahren

SCHWER

Ausgangspunkt: Kloster Lorch, Anfahrt ab Stuttgart mit MEX 13 oder S2 bis Lorch (Württemberg), weiter mit Bus 268 bis Haltestelle Lorch Kloster. – Mit dem Auto: Parkplatz beim Kloster Lorch (Navi: 73547 Lorch, Klosterstraße 2).
Ausrüstung: Feste, gut profilierte Wanderschuhe, ggf. Ersatzkleidung.
Anforderungen: Überwiegend schmalere Wege und Pfade, mehrere Abschnitte auf Asphalt und Schotter. Sehr steile Treppen und unebene Naturpfade aus der Schelmenklinge hinauf. Der Abstecher zur Schillergrotte ist steil, kann rutschig sein und erfordert Trittsicherheit. Die Kurzvariante ist für Kinderwagen geeignet, die Hauptroute nicht.
Einkehr: Am Weg keine. Klostercafé, Kloster Lorch, geöffnet Mi–So 11.00–18.00 Uhr, Klosterstraße 2, 73547 Lorch, Tel. +49 7172 928497, kloster-lorch.com/klostercafé.
Kurzvariante: Für kleinere Kinder ist die Wanderung zu den Wasserspielen der Schelmenklinge ein Erlebnis. Vom Kloster-Parkplatz ❶ oder Wanderparkplatz Echo ❷ starten, am Ende der Schelmenklinge vor den Treppen umkehren und denselben Weg wieder zurück (4,9 bzw. 4,3 km, leicht, ab 4 Jahren, auch kinderwagengeeignet).
Hinweise: Die Wasserspiele in der Schelmenklinge sind jedes Jahr von Mai bis Oktober zu sehen (schelmenklinge.de).
Auf dem Bauernhof kurz vor Bruck läuft ein Wachhund frei herum. Wer auf Nummer sicher gehen möchte, überquert die Straße nicht, sondern geht links entlang der Straße über die Wiese nach Bruck.

Der rekonstruierte römische Wachturm kann auch von innen besichtigt werden.

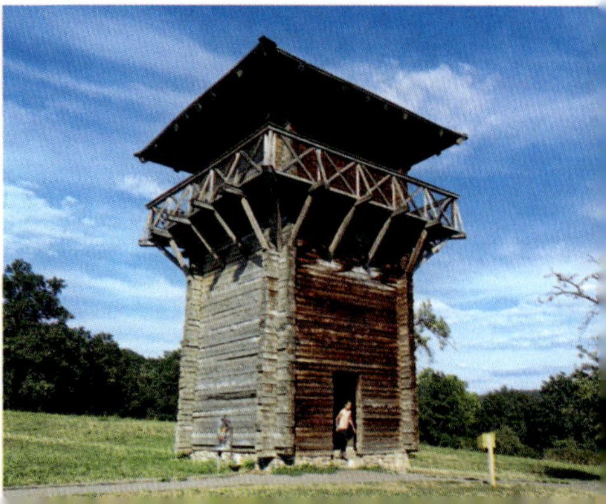

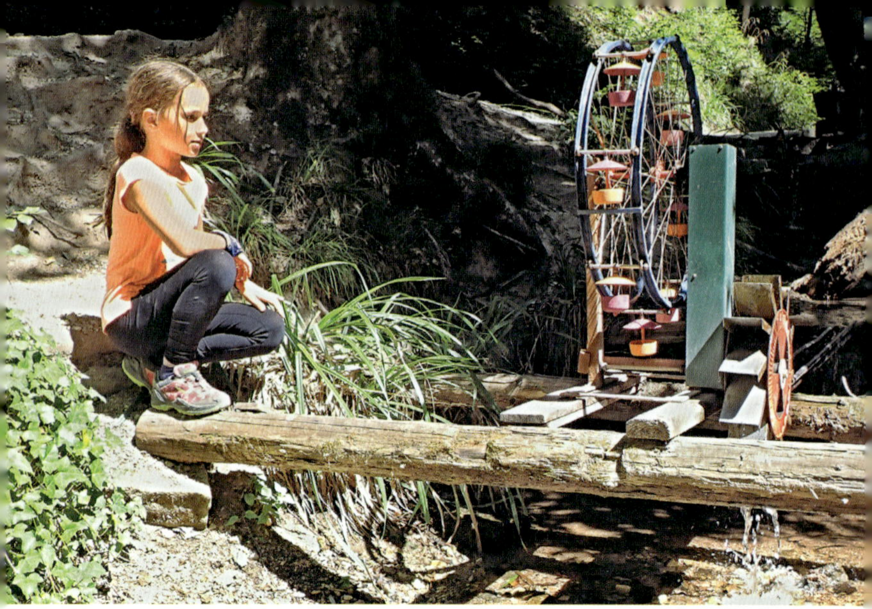

Faszinierendes Wasserrad in der Schelmenklinge.

LOS GEHT'S Vom **Klosterparkplatz ❶** und der Bushaltestelle sind es nur wenige Schritte zum **Römischen Wachturm**. Nachdem wir ihn bestiegen haben, überqueren wir die Landstraße und gehen auf dem Weg gegenüber der Klosterzufahrt auf den Wald zu. Wir folgen dem »Naturerlebnisweg LO1« Richtung Schelmenklinge, treffen auf eine Straße und wandern auf ihr kurz nach links (mit dem Kinderwagen nach rechts auf der Straße). Der Schotterweg bergauf führt uns zu einer Kreuzung, wo wir rechts in einen Hohlweg einbiegen. Am **Wanderparkplatz Echo ❷** vorbei geht es in der Linkskurve der Straße geradeaus weiter und wir folgen nun den Wegweisern hinab zur **Schelmenklinge ❸**, wo kunterbunte Wasserspiele auf uns warten.

Am Ende der schönen Schlucht steigen wir Treppen und wurzelige Pfade steil hinauf zu einem überdachten Picknicktisch. Dann geht es über die Landstraße und nach links an einem Bauernhof vorbei (s. Hinweise). In Bruck überqueren wir die Straße noch einmal und wandern

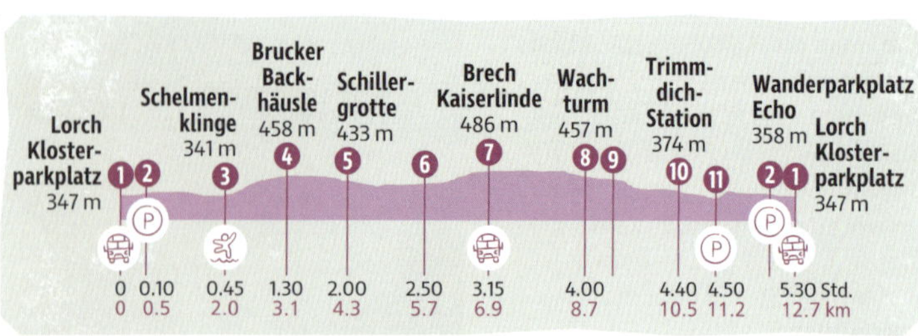

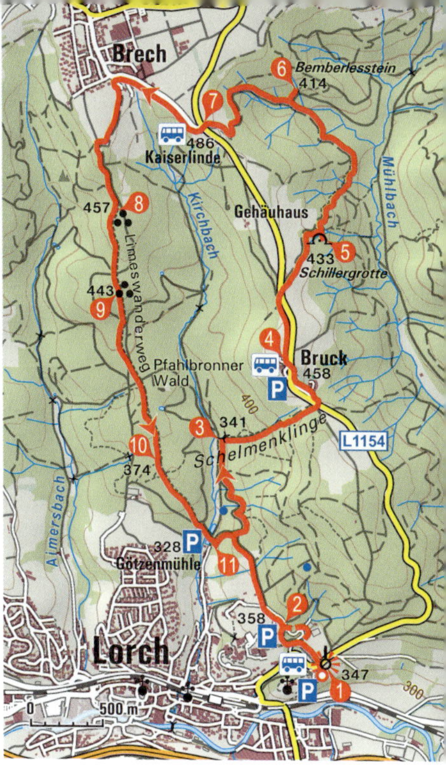

an ihr entlang bis zum letzten Haus, dem **Brucker Backhäusle** ❹, wo es Eis gibt.

Auf dem Weg oberhalb der Straße wandern wir weiter bis zu einem Parkplatz mit Bushaltestelle. Dahinter queren wir die Landstraße und folgen dem Schotterweg bergab. Am Wegweiser zur **Schillergrotte** ❺ machen wir einen schwierigen Abstecher nach rechts, einen steilen Pfad hinab zur Unteren Grotte mit kleinem Wasserfall. Es gibt noch eine Obere Grotte, zu der auf dem Rückweg ein schmaler zugewachsener Pfad nach links führt.

Wir verlassen hier den LO1-Weg und gehen wieder zurück auf den Schotterweg. Dort folgen wir dem Hasen-Rundweg nach rechts. Wenig später führt uns das Wanderzeichen mit dem Hasen auf einem Pfad nach links in den Wald. Hier halten wir uns erst links, dann wandern wir schräg rechts auf eine Schlucht zu, an der wir weiter bergab gehen. Wir überschreiten das Bächlein und steigen auf der anderen Seite wieder hinauf bis zu einem Schotterweg. Diesem folgen wir nach rechts bergab. Am nächsten Abzweig gehen wir mit dem Hasenweg nach rechts und machen einen Abstecher zum **Bemberles-**

Die liebevoll konstruierten Wasserspiele liegen direkt am Weg.

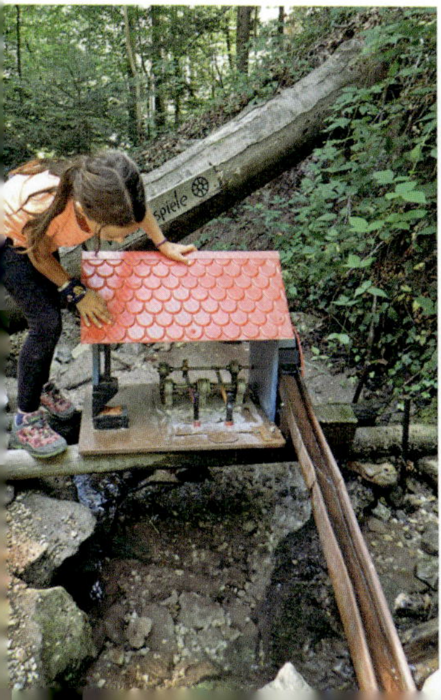

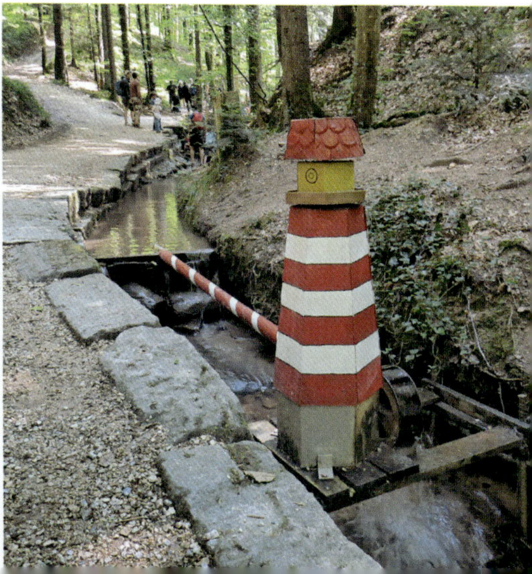

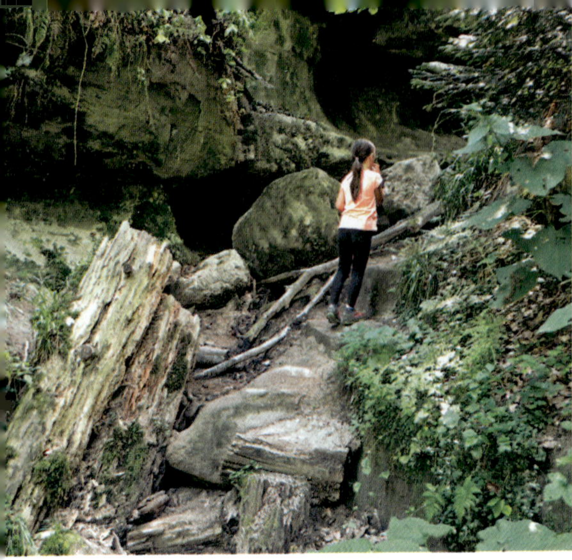

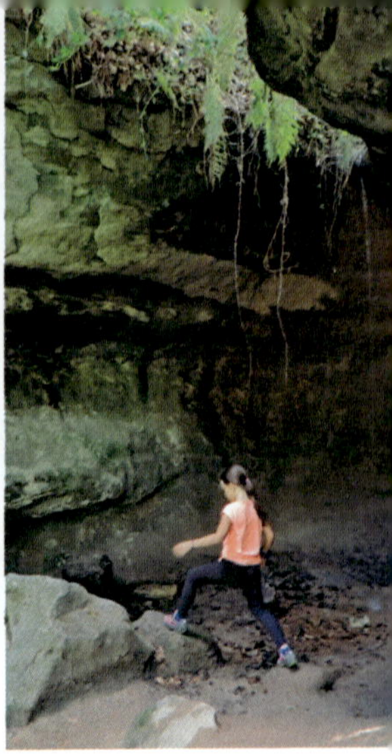

LINKS

Über Stock und Stein geht es hinauf zur Schillergrotte …

RECHTS

… wo ein kleiner Wasserfall plätschert.

stein ❻. Hier liegen Felsblöcke im Wald, zu denen ein Pfad hinaufführt.
Dann kehren wir auf dem Schotterweg wieder zurück zum letzten Abzweig und verlassen den Hasenweg nach rechts auf einem Schotterweg bergauf. Oben kommen wir aus dem Wald und überqueren die Landstraße an der **Bushaltestelle Brech Kaiserlinde ❼**. Wir wandern auf dem Weg parallel zur Straße nach Brech, gehen dort die zweite Straße nach links hinein (»Kirchbachhalde«) und folgen dem Feldweg, bis wir auf den Limeswanderweg stoßen. Auf ihm wandern wir nach links und nach 500 m nach rechts auf einem Pfad zu den Grundmauern eines **Wachturms ❽**. Der gut ausgeschilderte Limesweg verläuft nun fast nur noch bergab. Etwas später sehen wir seltsame Linien im Stein und erfahren, woher sie stammen. Wir queren einen Schotterweg, kommen am **Wachturm am Bemberlesstein ❾** vorbei und halten uns an einer großen Kreuzung schräg rechts. Unsere Route verläuft nun auf dem Wall des Limes. Nachdem wir einen weiteren Forstweg überquert haben, kommen wir zu fünf historisch aussehenden Holzstumpen, die sich als Station eines Trimm-dich-Pfades aus dem späten 20. Jahrhundert entpuppen. Etwas später, an der **Trimm-dich-Station ❿** mit Ringen und Boxsack, verlassen wir den Trimm-dich-Pfad und gehen den schmalen Pfad geradeaus, hinauf zu den Grundmauern eines abgebrannten Wachtpostens.

Wenn ihr am Götzensee genau hinschaut, seht ihr auf der Insel ein paar Tiere, die eigentlich auf der anderen Seite der Erde leben.

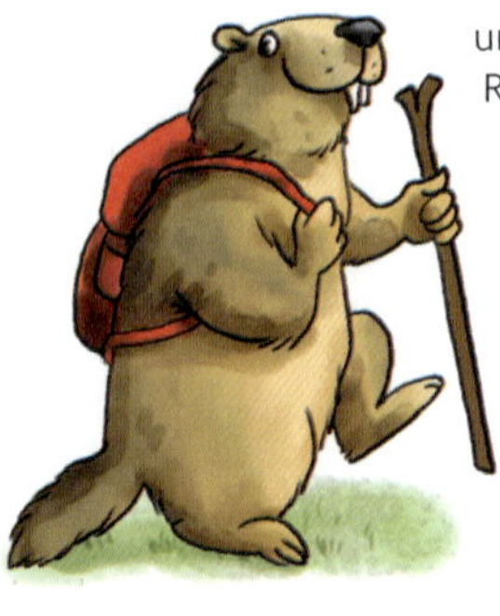

★Highlights

Den rekonstruierten römischen Wachturm beim Kloster besteigen und sich wie ein Römer oder eine Römerin fühlen.

Den Verlauf des Limes erahnen, der beim Kloster durch die hohen Holzpalisaden angedeutet und auf dem Limesweg erlebbar wird.

Sich von den bunten Wasserspielen in der Schelmenklinge faszinieren lassen: Miniatur-Riesenrad, Sägewerk, bimmelnde Glöckchen – hier setzt das Wasser einiges in Gang.

Den steilen Pfad zur Schillergrotte hinabsteigen, die tief im Wald verborgen liegt.

Zum Bemberlesstein wandern und die Sandsteinfelsen erkunden.

Die Reste römischer Wachttürme am Limesweg entdecken.

Nach der Tour einen Blick ins Kloster werfen (kostenpflichtig) oder – für alle, die früh genug zurück sind – um 15.00 Uhr eine Greifvogel-Flugschau der Stauferfalknerei besuchen (stauferfalknerei.de).

Am nächsten Querweg folgen wir nicht mehr dem Pfad geradeaus, sondern dem Schotterweg nach links und dann nach rechts. Es geht zwischen zwei Teichen hindurch und dann nach rechts am Ufer entlang. Am **Parkplatz Götzensee ⓫** biegen wir scharf links in einen Schotterweg. Er führt uns wieder hinauf zum Weg, auf dem wir zur Schelmenklinge gewandert sind. Wir halten uns nun rechts und gehen ein letztes Stück bergauf, bis wir wieder den **Wanderparkplatz Echo ❷** erreichen und auf dem Limeswanderweg zurück zum **Klosterparkplatz ❶** wandern.

Hallo Kinder!

In Lorch haben nicht nur die **Alten Römer** gelebt. Später, im Mittelalter, haben die **Staufer** in der Region eine wichtige Rolle gespielt. Einer der bekanntesten Staufer ist **Kaiser Friedrich I., genannt Barbarossa**, wegen seines roten Bartes. Die Staufer haben im Wäscherschloss und auf dem Hohenstaufen gelebt, die gar nicht so weit von hier entfernt sind (s. Freizeittipp A2 und A3). Das Kloster Lorch wurde vor 900 Jahren von ihnen gegründet. Stauferkaiser **Friedrich II.** war ein begeisterter Falkner. Er hatte viele Falken und Habichte. Sein Buch zur Falknerei war weit über das Mittelalter hinaus das bedeutendste Buch zur Falknerei und Vogelkunde. Die alte Tradition der Jagd mit Greifvögeln könnt ihr heute noch bei einer **Greifvogel-Flugschau** beim Kloster Lorch bewundern.

12 Zwei Erlebniswege bei Urbach

BERGRUTSCHWEG UND WALDERLEBNISPFAD

3.00 STUNDEN

6,8 KILOMETER

↗ 250 HÖHENMETER

↘ 250 HÖHENMETER

MITTEL ab 6 Jahren

Geologie entdecken und bunte Kugeln über Murmelbahnen flitzen lassen: In Urbach gibt es doppelten Spaß. Erst erkunden wir den Bergrutschweg mit der 17 Meter hohen Steilwand, die die gewaltigen Kräfte der Natur 2001 ins Gelände gerissen haben. Die Erdmassen sind längst überwachsen, aber hier und da erinnern noch tote Bäume an den Bergrutsch, mit dem sie hinuntergestürzt sind. Heute ist das Bergrutschgelände ein Naturschutzgebiet, wo wir Ziegen, Schafe und Rinder beobachten können. Zwischen Bergrutschweg und Walderlebnispfad wartet mitten im Wald ein toller Spielplatz auf uns, wo wir auch grillen können. Dann begleiten uns große bunte Vögel aus Holz über den Walderlebnispfad. An den spannenden Stationen können wir selbst aktiv werden: Staudämme bauen wie ein Biber oder Klettern wie die Eichhörnchen. Bunte Kugeln sausen über Murmelbahnen und zeigen uns, ob wir die Quizfragen richtig beantworten.

Ausgangspunkt: Bushaltestelle Banrain, Urbach, Anfahrt ab Stuttgart mit S2 oder MEX 13 nach Urbach, weiter mit Bus 249. – Mit dem Auto: Parkplatz am Freibad Urbach (Navi: 73660 Urbach, Hagsteige 1).
Ausrüstung: Feste Wanderschuhe, 50-Cent-Stücke für die Kugelautomaten, ggf. Ersatzkleidung und Badesachen für das Freibad.
Anforderungen: Längerer Asphaltweg bergauf, dann geschotterte Waldwege und Naturpfade mit einigen Höhenunterschieden. Der Walderlebnispfad ist mit geländegängigen Kinderwagen machbar (kurze Ausweichstrecken bei Station 3, 4 und 7), der Bergrutschweg nicht, da er lange schmale Treppen enthält.
Einkehr: Keine.
Kurzvarianten: Mit Kindern im Kindergartenalter oder mit Kinderwagen nur den Walderlebnispfad wandern: von Wegpunkt 3 direkt zu 7 weitergehen (5,1 km ab Bushaltestelle, mittel). Zum Schluss den Abstecher zum Waldspielplatz 5 machen (ca. 600 m zusätzlich). Noch kürzer (3,3 km) und immer im schattigen Wald ab Wanderparkplatz Bux (Zufahrt So/Fei gesperrt; Navi: N48.824022, E9.601085).
Tipps: Die Tour mit einem Besuch der Forscherfabrik in Schorndorf verbinden (s. Freizeittipp D3). In der spannenden interaktiven Ausstellung darf ganz viel selbst gemacht und erforscht werden. Nicht verpassen: den fantasievollen Spielplatz im Stadtpark gleich beim Museum.

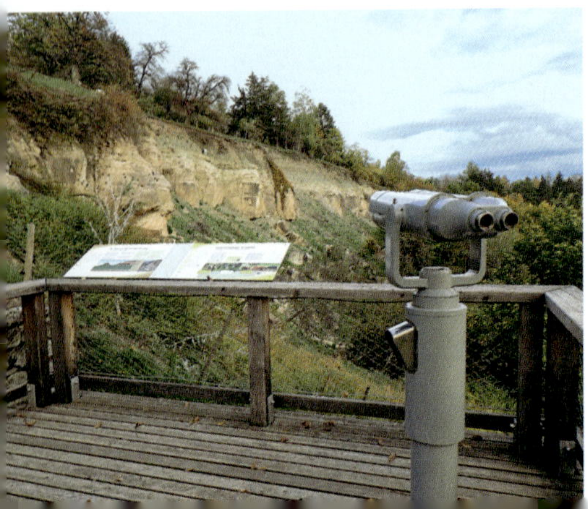

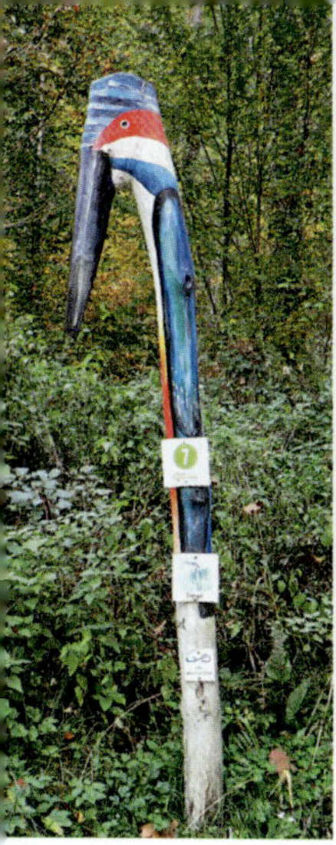

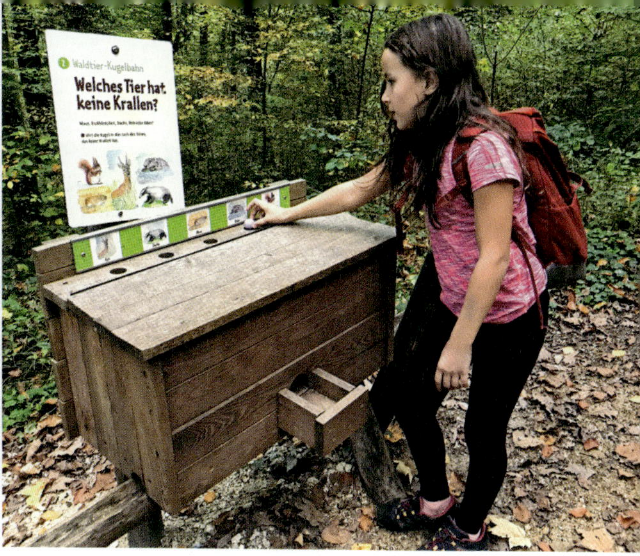

LOS GEHT'S Von der **Bushaltestelle Banrain 1** geht es durch die Straße »Banrain« und dann links in die »Hagsteige« zum **Freibad 2**. Wir gehen an der Schranke vorbei bergauf und sehen schon von Weitem den Bergrutsch. Am **Wegweiser Hagsteige West 3** an einer Bank zweigt der Bergrutschweg ab. Doch bevor wir die Stufen hinuntersteigen, können wir von der Aussichtsplattform ein paar Meter weiter bergauf den Bergrutsch durch ein Fernrohr anschauen.
Dann wandern wir den ausgeschilderten Bergrutschweg »UR5« hinunter, bis sich der Pfad gabelt. Wir gehen rechts, an einem Stall vorbei und steigen die schmale Treppe hinauf. Rechter Hand sehen wir das Gebiet, in dem die 70.000 m³

OBEN LINKS
Kunterbunte Vögel weisen den Weg am Walderlebnispfad.

OBEN RECHTS
Nur bei der richtigen Antwort kullert die Kugel in die Murmelbahn.

LINKS UNTEN
Durchs Fernrohr lässt sich der Bergrutsch anschauen.

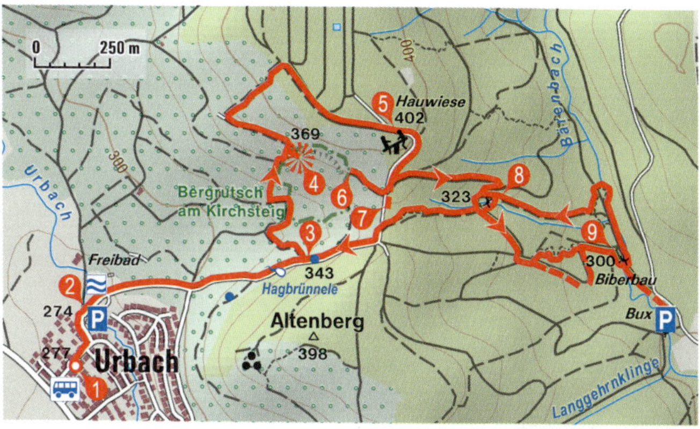

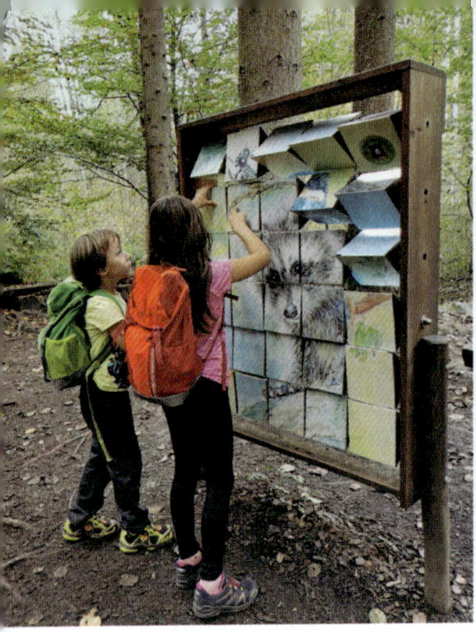

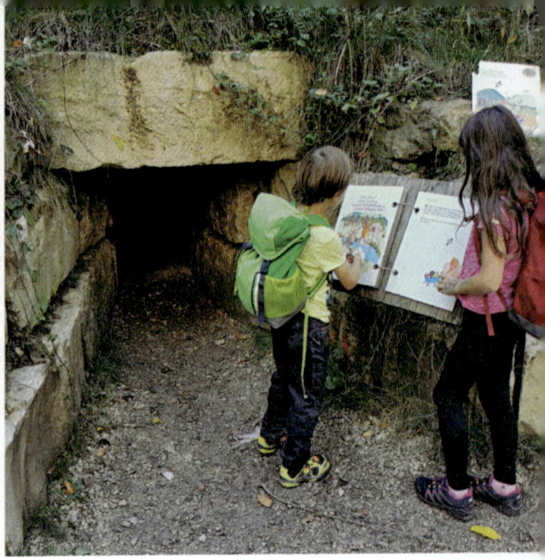

OBEN LINKS

Kreative Stationen gibt es zuhauf auf dem Walderlebnispfad.

OBEN RECHTS

Vor der Bärenhöhle endet die Geschichte über den Bären am Bärenbach.

UNTEN

Klettern wie ein Eichhörnchen.

Erde und Gestein des Bergrutsches gelandet sind. Wir treffen auf einen Weg und gehen eine weitere lange Treppe hinauf bis zu einer **Aussichtsplattform am Steilhang ❹**. Nach wenigen Stufen gehen wir entlang von Trockenmauern und folgen der Rechtskurve, die der Weg später macht. Oben stoßen wir auf einen Schotterweg, der uns rechts zum **Waldspielplatz Hauwiese ❺** bringt.

Dann wandern wir den steilen Weg weiter hinunter und an Streuobstwiesen entlang. Ein Abstecher nach rechts führt uns noch einmal direkt an die Grenze des **Naturschutzgebietes ❻**. Zurück auf dem breiten Weg, stoßen wir ein paar Meter weiter auf die erste Station des **Walderlebnispfades ❼**. Von hier gehen wir einige Schritte zurück zum Stieglitz und folgen nun immer dem Wanderzeichen »UR4«. Kugelbahnen begleiten uns bergab, und wenn wir auf einen anderen Schotterweg stoßen, gehen wir scharf rechts. Am Bach steigen wir in eine tiefe **Schlucht ❽**. Auf der anderen Seite biegen wir links ab und der Eichelhäher führt uns zu einer Balancier-Strecke. Links weist uns der Wiedehopf den Weg zu Station 4 und auf schmalen Pfaden lauschen wir den Tönen der Klangkugelbahn (Kinderwagen bleiben auf dem Forstweg). Unten am Bärenbach kom-

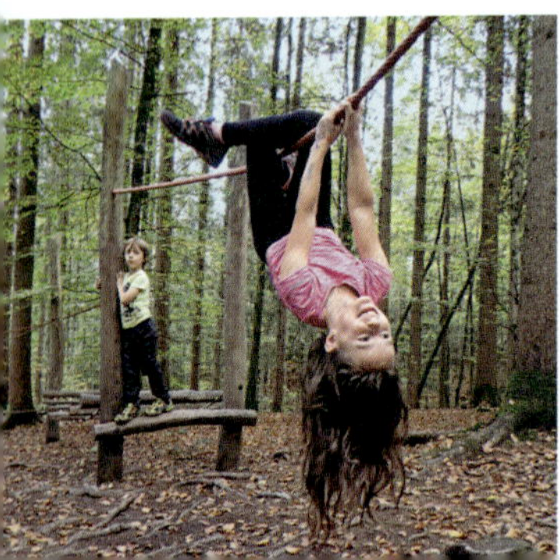

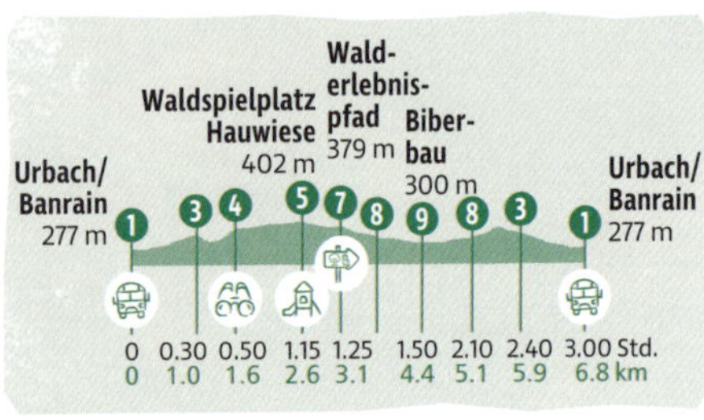

Hallo Kinder!

Habt ihr ein paar der **kuscheligen Landschaftspfleger** an den Hängen des Bergrutsches erspäht? Hier sind nämlich **Ziegen, Schafe und zottelige Hochlandrinder** für die Beweidung zuständig. Sie fressen das Gras und vor allem auch junge Triebe von Sträuchern und Bäumen. Ohne sie würde der Hang verbuschen und früher oder später würde hier Wald wachsen. Ihr fragt euch, warum man der Natur nicht einfach freien Lauf lässt? Wald ist ja schließlich auch schön! Das Problem: Nicht alle Tiere und Pflanzen können im Wald leben. Es gibt Arten, die genau auf diese abwechslungsreiche Landschaft hier angewiesen sind. In Streuobstwiesen und offenen Bereichen fühlen sich zum Beispiel seltene Vogelarten, aber auch Eidechsen, Wildbienen und Schmetterlinge wohl. Vielleicht entdeckt ihr ja ein paar davon?

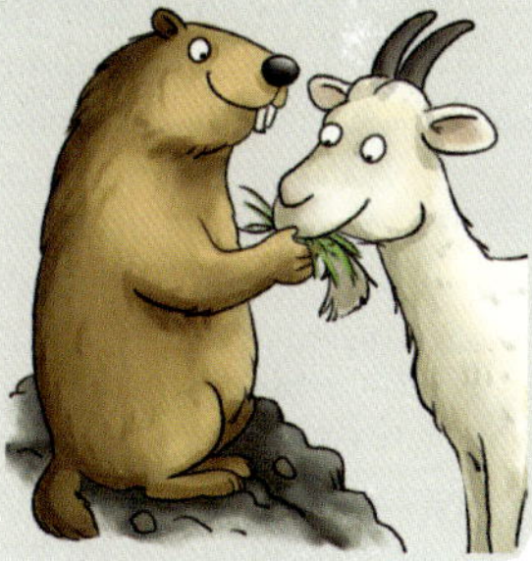

men wir rechts zu einem **Biberbau** ❾ und können selbst Dämme bauen. Von dort geht es mit dem Eisvogel zur siebten Station, wo wir mehr über den Bach und seine Bewohner lernen können. Der Zick-Zack-Pfad gegenüber der Bachstelze führt uns durchs Unterholz (Kinderwagen fahren zurück zum letzten Abzweig und gehen rechts). Dann geht es nach rechts und wir können die Geschichte eines Bären lesen und sogar in seine Höhle kriechen. Wir erreichen wieder die **Schlucht** ❽ und folgen diesmal der Blaumeise nach rechts zur Eichhörnchen-Station. Ein Schlängelpfad führt später parallel zum Waldweg. Oben stoßen wir wieder auf den Asphaltweg, der uns links zurück zum **Freibad** ❷ und zur **Bushaltestelle** ❶ bringt.

★Highlights

Von den Aussichtsplattformen den imposanten Bergrutsch durch Fernrohre anschauen.

Auf dem schönen Waldspiel- und Grillplatz »Hauwiese« nach Herzenslust toben und spielen.

Sich von großen farbigen Vögeln durch den Walderlebnispfad leiten lassen.

Die bunten Murmeln durch Kugelbahnen und Quizboxen flitzen lassen.

An vielen Erlebnis- und Mitmach-Stationen Spannendes lernen.

13 Märchenweg Weinstadt

RUNDTOUR AN DEN HÄNGEN DES REMSTALS

2.15 STUNDEN

5,0 KILOMETER

↗ 130 HÖHENMETER

↘ 130 HÖHENMETER

LEICHT ab 4 Jahren

Mit dem Zauberer durch den Märchenwald und in die Weinberge: Zauberer Zacharias Zuckerbein nimmt uns mit in den Märchenwald. Denn bei Dornröschen, Frau Holle und den sieben Zwergen ist so einiges durcheinander gekommen. An den zwölf Stationen haben sich ganze 260 Fehler in die Geschichten eingeschlichen. Auf den liebevoll gezeichneten Bildern gibt es – oft ziemlich lustige – Ungereimtheiten zu entdecken. Anschließend steigen wir das Himmelhoch-Treppla hinauf und wandern durch die Weinberge zum Schützenhüttle mit wunderbarer Aussicht über das Remstal. Am Naturdenkmal Klingenkopf können wir unter hohen Kiefern über die Weinberge blicken. Der Grillplatz am Karlstein wurde zur Gartenschau 2019 ganz neu gestaltet. Bis die Würstchen duften, kann unter Apfelbäumen auf Schaukel und Wippe oder im Wald gespielt werden. Auf schönen Pfaden geht es dann wieder zum Märchenweg.

Ausgangspunkt: Wanderparkplatz Rainwald, an der K1864 zwischen Aichelberg und Beutelsbach, Zufahrt in einer Serpentine (Navi: N48.789450, E9.384977). – Mit ÖPNV leider nicht möglich.
Ausrüstung: Bei Nässe feste Wanderschuhe.
Anforderungen: Einfacher Weg mit Steigungen, überwiegend auf Feinschotter, z. T. auf schmalen Pfaden, in den Weinbergen auf Asphalt. Die Waldwege können bei Nässe matschig sein. Durch das lange Himmelhoch-Treppla nicht kinderwagengeeignet.
Einkehr: Landgut Burg, Mi–So 12.00–14.00 Uhr und 17.30–20.00 Uhr, Mo und Di Ruhetag, um Tischreservierung wird gebeten, Landgut Burg 1, 71384 Weinstadt, Tel. +49 7151 99330, landgut-burg.de.
Kurzvariante: Nur den (nicht separat ausgeschilderten) 2,4 km langen, schattigen Märchenweg wandern: nach dem Himmelhoch-Treppla links.
Tipp: Die Märchenweg Web-App maerchenweg-weinstadt.de funktioniert auf Smartphone und PC.

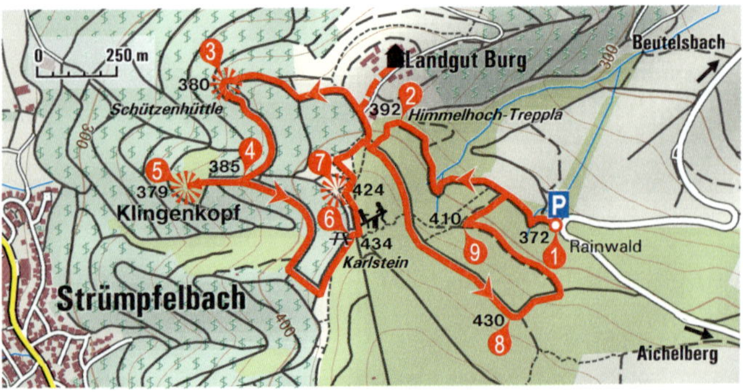

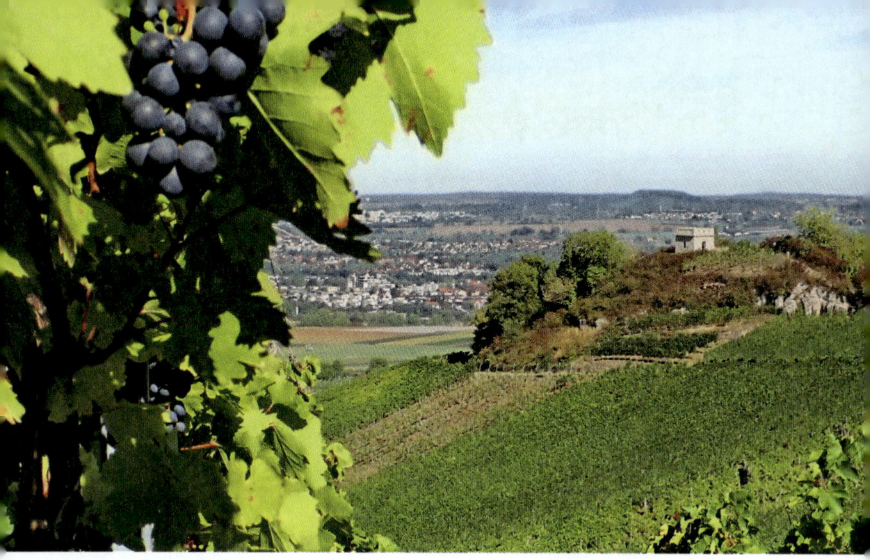

LOS GEHT'S Vom **Parkplatz Rainwald 1** aus folgen wir den Wanderzeichen »Himmel Hoch WE2« bergauf in den Wald. Bald lernen wir den Zauberer kennen und die Suche auf den Märchenbildern kann beginnen. Nach Station 3 lassen wir den Abzweig links liegen und kommen am Waldkindergarten vorbei. An der kleinen Schlucht nach Station 4 lässt sich wunderbar am Bächlein spielen. Dann geht es über eine Holzbrücke und das **Himmelhoch-Treppla 2** hinauf. Der Hauptweg führt nach rechts. Wer nur den Märchenweg gehen möchte, biegt links ab und liest im letzten Abschnitt weiter.

OBEN
Das Schützenhüttle mitten in den Weinbergen.

UNTEN
Zacharias Zuckerbein und sein Kaninchen führen Märchenfans durch den Zauberwald.

Wir verlassen den Himmel-Hoch-Weg und den Wald. Nach der Schranke gehen wir geradeaus. Beim Parkplatz können Hungrige einen Abstecher nach rechts machen zum Landgut Burg. Sonst geht es geradeaus weiter. Wir folgen die nächsten Kilometer dem Kurt-Entenmann-Weg. Der asphaltierte Weg führt uns nach links in die Weinberge. An der

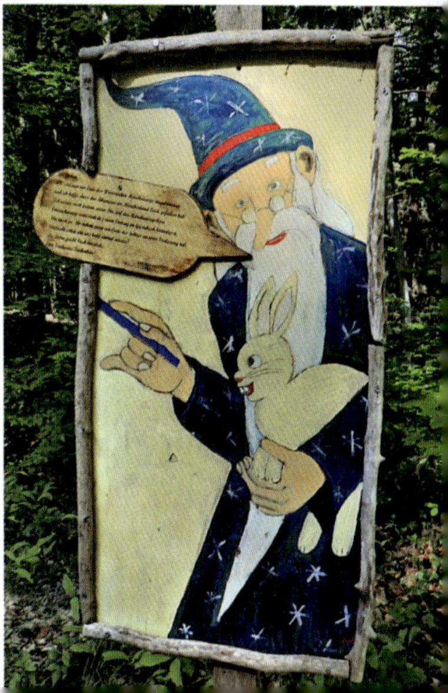

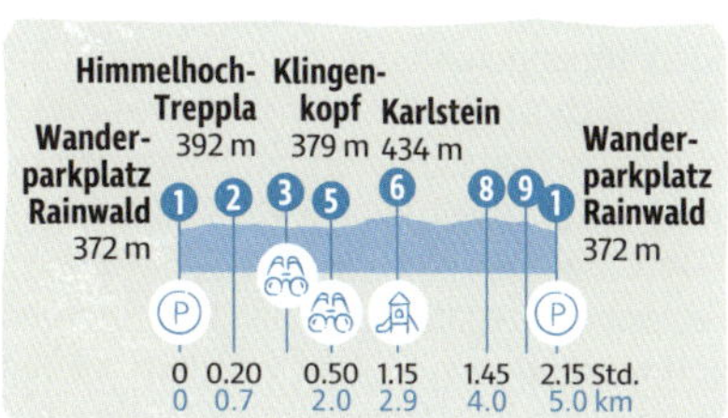

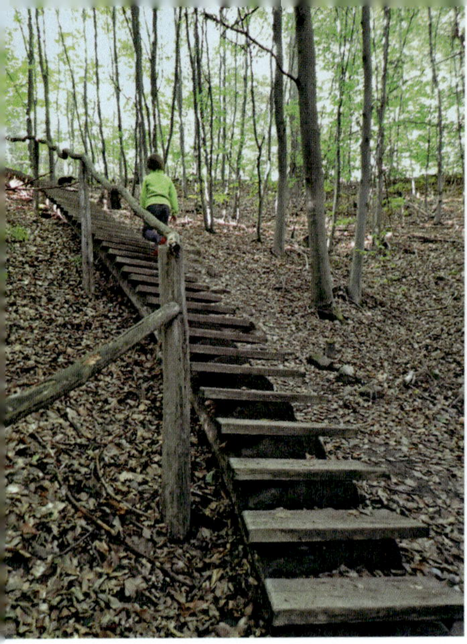

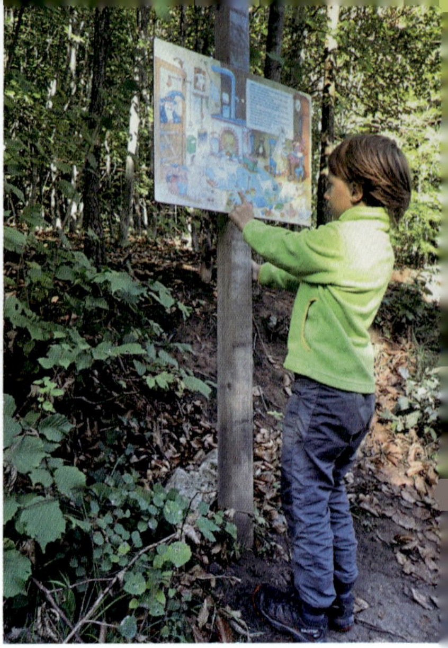

LINKS

Stairway to heaven – das Himmelhochtreppla.

RECHTS

Wo ist der nächste Fehler im Märchenbild?

nächsten Kreuzung wandern wir schräg rechts und bald blitzt schon das weiße **Schützenhüttle** ❸ durch die Bäume. Ein Pfad bringt uns hinauf. Auf einem steinigen Pfad geht es danach wieder auf den Asphaltweg hinunter, dort kurz bergab und dann nach links. Wir folgen dem Weg bis zu einem **großen Felsen** ❹ unter Bäumen, der an die Rebflurbereinigung erinnert. Hier machen wir einen Abstecher bergab zum **Naturdenkmal Klingenkopf** ❺. Am Insektenhotel vorbei erreichen wir den schönen Aussichtsplatz unter Kiefern. Dann geht es wieder zurück zum **großen Felsen** ❹, wo wir nun dem rechten Weg bis zu einem Abzweig nach links folgen. Dann noch einmal nach links und der Grill- und Spielplatz am **Karlstein** ❻ kommt in Sicht.

Zwischen den witzigen Stationen des Märchenwegs könnt ihr am Trimm-dich-Pfad balancieren oder an Ringen schaukeln.

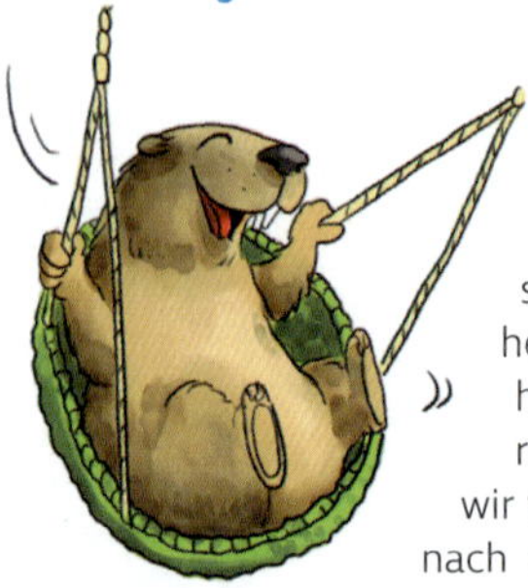

Nach der Rast geht es weiter am Waldrand entlang. An der Gabelung nehmen wir den rechten Weg (die beiden Wege treffen später wieder aufeinander), zwischen den Pollern hindurch, zum **Hirschkopf** ❼. Wir wandern über den Platz und steigen am anderen Ende schmale Stufen und einen Pfad bergab. An der Kreuzung mehrerer Wege steigen wir noch einmal einige Stufen hinab und gehen zwischen Pferdekoppeln bis zu einem Backsteinhäuschen. Dort nehmen wir den Wiesenweg nach rechts und erreichen bergab wieder den Weg, auf dem wir vorher schon gewandert sind. Hier wandern wir nun nach rechts und kommen am Himmelhoch-Treppla vor-

★Highlights

Auf dem Märchenweg mit dem Zauberer durch die Märchenwelt wandern und viele lustige Details in den Bildern entdecken.

Vom kleinen Schützenhüttle den tollen Blick über die Weinberge und das Remstal genießen.

Am Naturdenkmal Klingenkopf etwas über Wildbienen erfahren und an diesem wunderbaren Ort einfach mal abschalten.

Auf dem Grillplatz am Karlstein mit toller Aussicht rasten und spielen.

bei wieder auf den Märchenweg. Nach der **Station mit Frau Holle** ❽ gehen wir links hinab, beim Dornröschenschloss halten wir uns noch einmal links. An der **letzten Station** ❾ verabschiedet sich Zacharias Zuckerbein und wir wandern rechts hinunter. Unten geht es dann nach rechts wieder zum **Parkplatz Rainwald** ❶.

Hallo Kinder!

Dem **Naturdenkmal Klingenkopf** gibt ein lichtes Kiefernwäldchen seinen besonderen Charme. Über dem felsigen Untergrund liegt nur eine dünne Schicht Erde. Pflanzen, die hier wachsen, müssen mit Trockenheit, Hitze und wenigen Nährstoffen zurechtkommen. Aber das tut der Blütenpracht keinen Abbruch. Im Gegenteil: Im Frühjahr könnt ihr violette **Veilchen** und gelbe **Schlüsselblumen** entdecken, im Sommer blaue **Glockenblumen** und kleine pinkfarbene **Karthäusernelken**. Auch **Orchideen** und andere seltene Pflanzen fühlen sich auf den Trockenrasen wohl.

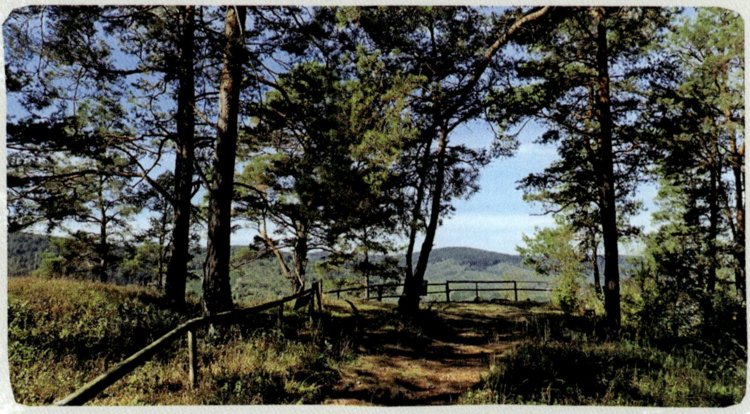

14 Herzogliche Kugelbahn Stetten

RUNDTOUR MIT AUSBLICKEN AUFS REMSTAL

3.15 STUNDEN

7,1 KILOMETER

↗ 180 HÖHENMETER

↘ 180 HÖHENMETER

MITTEL ab 6 Jahren

Zu Burg, Kugelbahnen und Kletterfelsen: Durch weite Weinberge und über gepflasterte Stäffele steigen wir hinauf zur Yburg und erkunden die alten Gemäuer der Ruine. Das absolute Highlight der Tour sind die originellen Kugelbahnen mit insgesamt 800 Metern Länge. Wir lassen an 25 Stationen bunte Kugeln durch hölzerne Rinnen sausen. Kugeln und Kinder durchlaufen den Prozess des Weinkelterns, bis die Kugeln zielgenau in Weinfässer katapultiert werden. Die Holzkugeln werden auf Förderbändern nach oben transportiert oder spielen Melodien. Wir kommen zu Flipperbahnen, Sägewerken und Katapulten. Da ist Abwechslung garantiert. Danach gibt es an den Felsen des Klettergartens mutige Kletterer und Kletterinnen zu beobachten. Am ruhigen Eichensee können wir dem Zwitschern der Vögel lauschen, im Haldenbach die Füße abkühlen. Zum Abschluss steuern wir einen tollen Spiel- und Grillplatz an, mit erfrischendem Wasserspielbereich und außergewöhnlichen Klettermöglichkeiten.

Ausgangspunkt: Bushaltestelle Stetten i.R. Kelter, Anfahrt von Stuttgart mit S3 nach Fellbach, weiter mit Bus 212. – Mit dem Auto: Parkplatz Weinstraße, Kernen i.R., Ortsteil Stetten (Navi: 71394 Kernen im Remstal, Weinstraße 16).
Ausrüstung: Feste Wanderschuhe (Kurzvariante ggf. auch mit Turnschuhen machbar), 50-Cent-Stücke für die Kugelautomaten, Sonnenschutz, ggf. Kletterschuhe zum Bouldern.
Anforderungen: Mittelschwere Wanderung, teils auf breiten Wegen, teils auf schmalen, mitunter steileren Pfaden über Stock und Stein. Nicht kinderwagengeeignet.
Einkehr: Keine am Weg, diverse Möglichkeiten in der Ortsmitte Stetten.
Kurzvariante: Jüngere Kinder gehen nach der Kugelbahn direkt zum Spielplatz ❾: den Klettergarten durchqueren, dann rechts. Zwischen den Reben und einem eingezäunten Grundstück den schmalen Pfad bergab. Unten rechts, dann links, beim Felsen nach rechts zum Spielplatz (5 km, mittel, ab 4 Jahren).

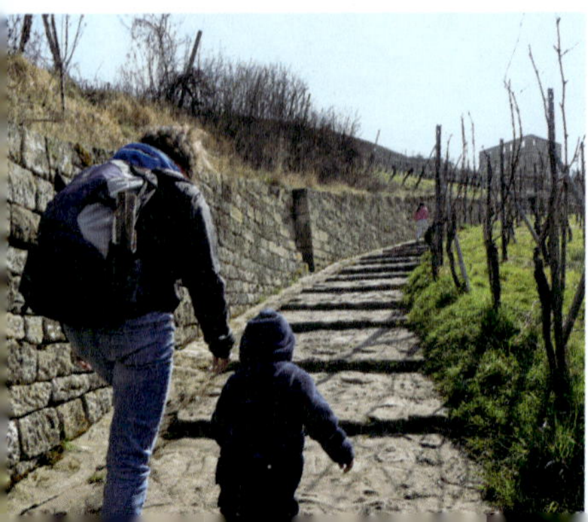

LOS GEHT'S Von der **Bushaltestelle Kelter ❶** geht es in die Weinstraße und am **Parkplatz ❷** vorbei. An der Kreuzung bei der Glockenkelter halten wir uns links und sehen über uns schon die Yburg. Wir wandern auf dem Gehweg bis zur »Kleinen Steige«, auf der wir rechts bergauf gehen. Dann folgen wir dem »KE1 Rundweg Stetten«

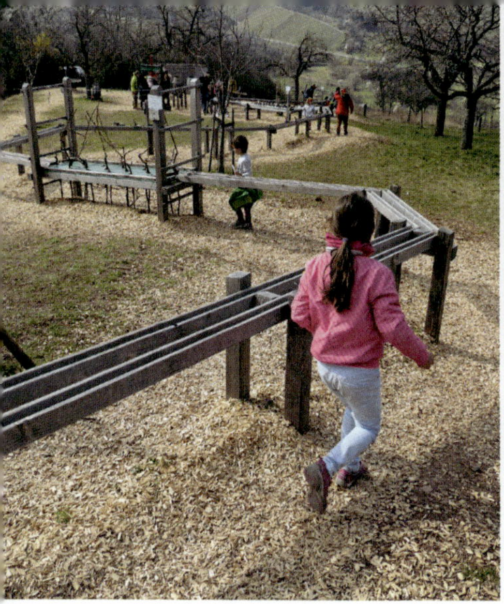

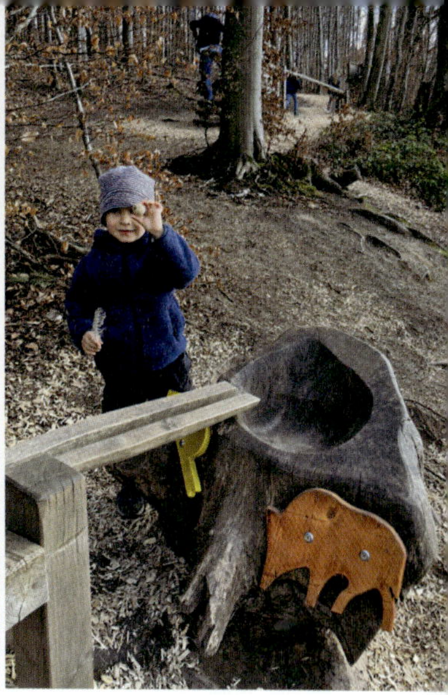

nach rechts über alte Steinplatten weiter hinauf zur **Yburg ❸** und können die gut erhaltene Ruine von außen und innen erkunden.

Von der Bank hinter der Burg nehmen wir den Wiesenweg, gehen rechts, dann links und wieder rechts, bis Stufen uns zum **Aussichtspunkt Sieben Linden ❹** hinaufführen. Oben folgen wir dem Pfad, der uns später in einer Rechtskurve wieder auf einen asphaltierten Weg bringt. Wir gehen bergauf bis zur – selten befahrenen – Straße. Der markierte Weg führt auf der Asphaltstraße nach rechts zum **Sängerheim ❺**. Hier fängt der Kugelspaß an! An roten Kaugummi-Automaten gibt es bunte Holzkugeln, die wir über die herzoglichen Bahnen flitzen lassen.

OBEN LINKS

An der Kugelbahn erleben die Kinder den ganzen Prozess des Weinanbaus und Kelterns.

OBEN RECHTS

Da ist sie wieder, die Kugel.

LINKS UNTEN

Auf schönen Wegen geht es zur Yburg hinauf.

★Highlights

Auf Wegen mit altem Natursteinpflaster zur Yburg hinaufsteigen, die Ruine erkunden und ihre in Bronze gegossenen Bewohner des Künstlers Karl Ulrich Nuss kennenlernen.

Natur und Aussicht beim Naturdenkmal Sieben Linden genießen.

Am Automaten eine bunte Holzkugel ziehen und sie die 25 unterschiedlichen Kugelbahnen hinabflitzen lassen oder an den Geschicklichkeitsstationen Geduld beweisen.

In die Stille am Eichensee eintauchen.

Beim schattigen Rastplatz am Haldenbach in der Hängematte schaukeln und am gurgelnden Bach spielen.

Auf dem Spiel- und Grillplatz im Tal am Wasserlauf matschen, über den Seilparcours balancieren oder an den Kletterfelsen bouldern und natürlich grillen.

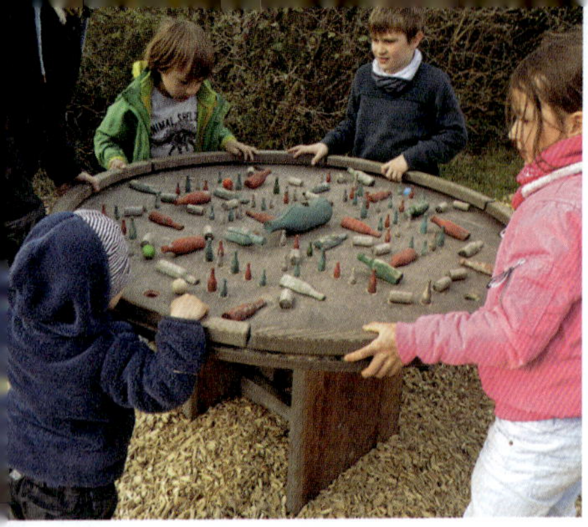

Weiter geht's auf der Straße unterhalb des Sängerheims, immer dem Kugelsymbol nach. Nachdem wir links abgebogen sind, kommen wir bald an einer Kugelbahn nach der anderen vorbei: die Kugelbahnmacher haben sich einiges einfallen lassen.

Am **Klettergarten 6** des Alpenvereins erreichen wir die letzte Station und können Kletterer und Kletterinnen an den Felsen des ehemaligen Steinbruchs beobachten. Hier darf nur mit eigener Kletterausrüstung geklettert werden. Wer Seil und Karabiner gerade nicht zur Hand hat, kommt später am Spiel- und Grillplatz im Tal an den Boulderfelsen noch voll auf seine Kosten. Die Kurzvariante führt ab hier direkt zum Spielplatz.

Mit vereinten Kräften werden die Kugeln durch die Flaschen bugsiert.

Vom Klettergarten gehen wir wieder ein paar Schritte zurück, dann rechts bis zu einer olivgrünen Hütte. Hier steigen wir die Stufen hinunter zum »Grimmelshäuser Wegle«, überqueren einen Holzsteg und wandern dann am Abzweig rechts zum **Eichensee 7** und am Ufer entlang bis zur Bank auf der anderen Seite. Am Holzgeländer weist uns die Markierung »KE1« bergab. Auf geschotterten Fahrspuren geht es an Kleingärten vorbei, bis wir auf einen Asphaltweg stoßen. Hier gehen wir links und erreichen einen **Rastplatz 8** mit Hängematte. Wir überqueren den Bach, gehen geradeaus hinauf in den Wald und folgen ab hier dem Wanderzeichen »Blauer Strich« nach rechts und oberhalb des Baches entlang. An einer Aussichtsplattform blicken wir auf das Feuchtbiotop Jägersumpf, später kommen wir an einem alten Steinbruch vorbei. Nachdem wir den Bach ein weiteres Mal überquert haben, geht es scharf rechts zum **Spiel- und Grillplatz im Tal 9**.

Die »Tälesstraße« führt danach leicht bergab, vorbei an einem Wanderparkplatz. Wir folgen dem dritten Abzweig nach links, wo uns geschotterte Fahrspuren zurück zum **Parkplatz 2** und zur **Bushaltestelle Kelter 1** bringen.

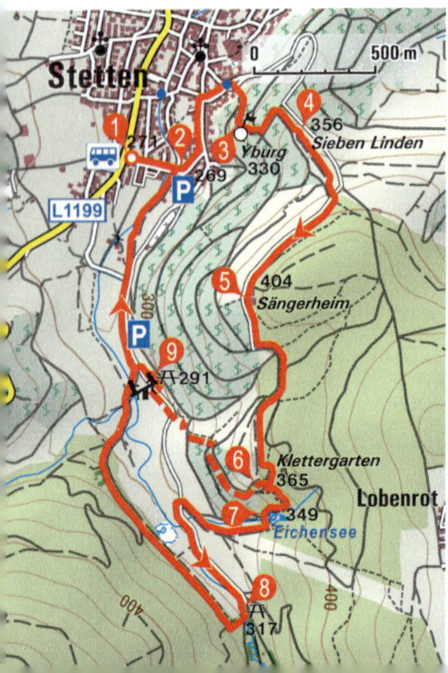

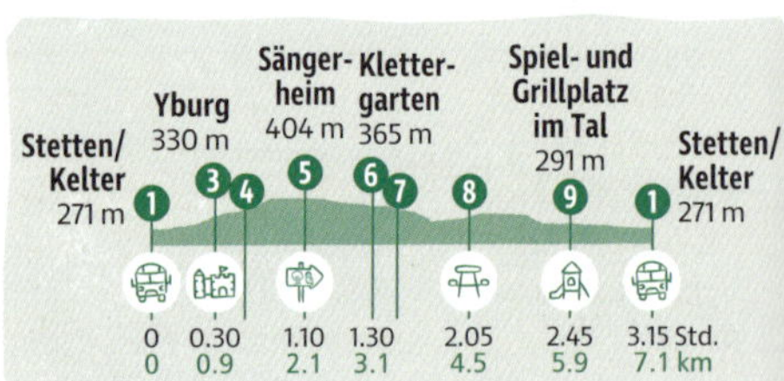

Hallo Kinder!

An den Felsen auf dem Spielplatz im Tal könnt ihr auch ohne Seil nach Herzenslust klettern. Denn beim Bouldern klettert ihr in Absprunghöhe. Was aber nicht heißt, dass es hier keine Herausforderungen gibt. Das Tolle am Bouldern ist, dass ihr ohne spezielle Ausrüstung loslegen könnt. Hilfreich sind Kleidung mit viel Bewegungsfreiheit und Kletterschuhe, falls ihr welche habt. Turnschuhe gehen aber auch.

Die wichtigsten Tipps für Anfänger:

1. Arbeitet mit den Beinen. Die Beine sind stärker als die Arme. Also mehr mit den Beinen abdrücken, als mit den Armen nach oben zu ziehen.
2. Haltet die Hüfte nah an der Wand.
3. Schaut dorthin, wo ihr euren Fuß hinsetzt. Schaut erst nach oben, wenn ihr festen Halt habt.
4. Es spart Kraft, die Arme nicht zu lange gebeugt zu halten. Versucht sie nur anzuwinkeln, wenn ihr euch hochzieht. Beim Festhalten den Arm lang machen.
5. Bleibt geduldig: Wenn ihr nicht weiterkommt, schaut euch in Ruhe um, wo ihr Fuß oder Hand als nächstes hinsetzen könnt.

Haltet immer den Raum unter einem Boulderer frei, damit ihr euch nicht beim Absturz eines anderen verletzt!

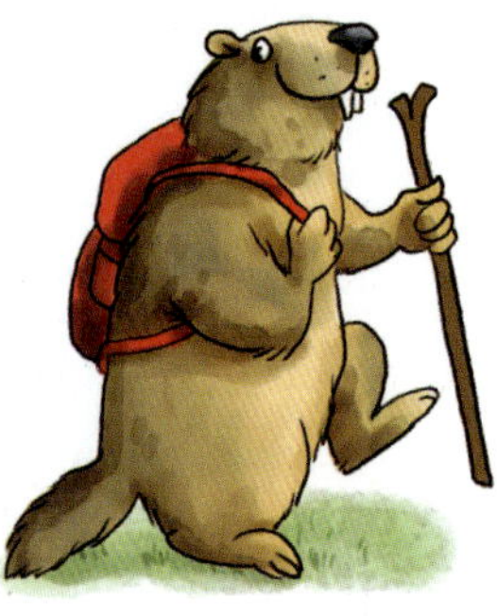

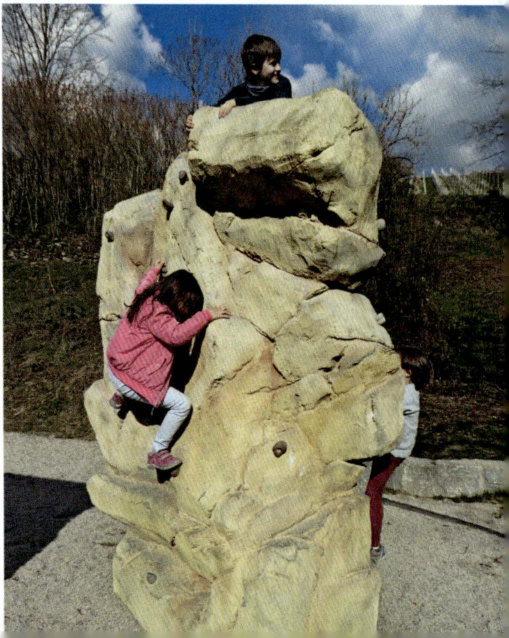

15 Auf den Kernenturm

VOM REMSTAL DURCH WEINBERGE ZUR TIERANLAGE FELLBACH

3.15 STUNDEN

6,7 KILOMETER

↗ 240 HÖHENMETER

↘ 240 HÖHENMETER

MITTEL ab 6 Jahren

Sprechende Papageien in der »Kleinen Wilhelma«: Der Kernenturm ist Baden-Württembergs erster Aussichtsturm. Und noch immer ist er ein beliebtes Ausflugsziel – das übrigens nur zu Fuß zu erreichen ist. Schmale Waldpfade führen uns hin und es geht 155 Stufen hinauf, um eine grandiose Aussicht über die Baumwipfel zu genießen. Eine Stärkung gibt es am Kiosk nebenan, etwas weiter bietet das Naturfreundehaus hausgemachte Kuchen. Und es gibt noch mehr im Remstal: Wir treffen auf moderne Architektur in traditionsreichen Weinbergen und sogar ein Zoobesuch ist in dieser Tour inklusive. Die Tieranlage der Aquarien- und Vogelfreunde lässt die Herzen von Tierliebhabern höherschlagen. In der »Kleinen Wilhelma« warten exotische Vögel, Schildkröten und Fische auf uns.

Ausgangspunkt: Wanderparkplatz Gartenfreunde bei Trattoria Toscana, Rommelshausen (Navi: N48.794440, E9.313984). – Mit ÖPNV leider nicht möglich.
Ausrüstung: Feste Wanderschuhe.
Anforderungen: Schotter- und Asphaltwege, aber auch Natur- und Wurzelpfade. Schmale unebene Stufen bergab nach dem Naturfreundehaus. Der sehr steile Wurzelsepp-Trail und ein unwegsamer Abschnitt zur Tieranlage können umgangen werden.
Einkehr: Kiosk am Kernenturm, geöffnet Sa–So, Tel. +49 152 28690395, facebook.com/Kernerturm. Naturfreundehaus Kappelberg, geöffnet Sa, So/Fei, Im Röhrach 1, 70734 Fellbach, Tel. +49 711 589475, nf-fellbach.de. Biergarten der Aquarien- und Vogelfreunde Fellbach, geöffnet April–Oktober, So/Fei, Haldenbach, 70734 Fellbach, aquarien-vogelfreunde-fellbach.de.

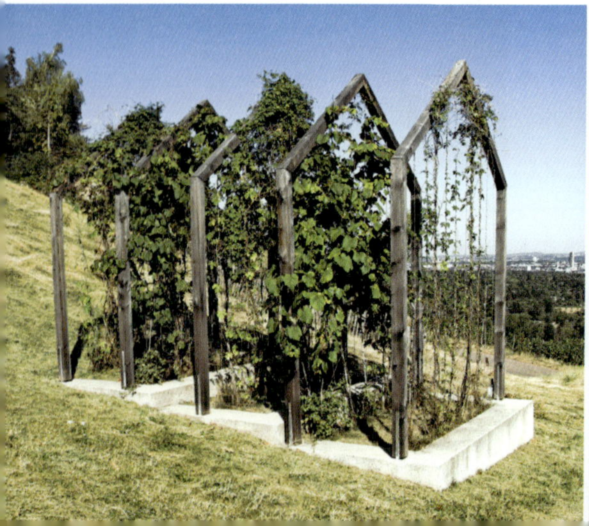

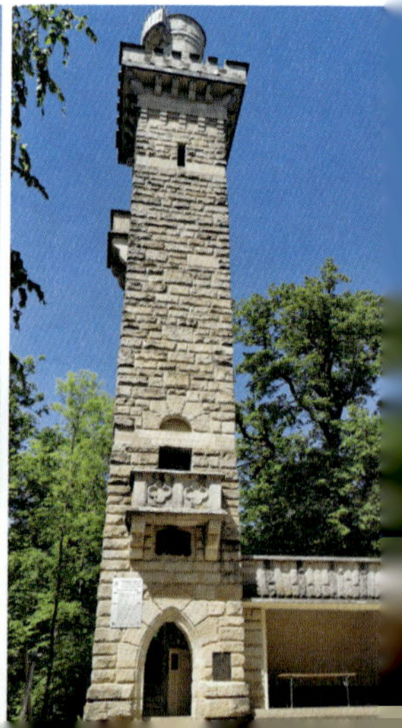

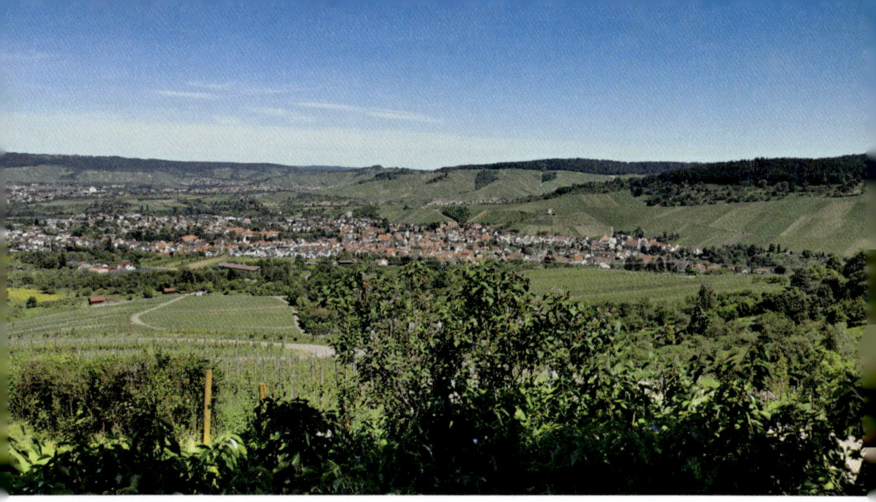

LOS GEHT'S Vom **Wanderparkplatz Gartenfreunde ❶** wandern wir auf der Straße ein Stück zurück und gehen scharf rechts durch das Kleingartengebiet auf den Wald zu. Kurz nach einem kleinen Wanderparkplatz kommen wir mit einer Linkskurve zum **Spielplatz Blaues Loch ❷**. Wir folgen der Markierung »Kernenturmweg KE2« bergauf, ignorieren zwei abzweigende Wege und gelangen dann in die Weinberge. Wenn sich der Weg gabelt, geht es rechts hinauf zu zwei modern interpretierten **Wengerter Häuschen ❸**. In den eingezäunten Pflückgärten am Hang darf genascht werden. Wer mag, kann am nächsten Abzweig rechts hinauf zum oberen Haus gehen. Wieder unten verläuft unsere Route auf dem Asphaltweg zwischen Wald und Weinberg weiter.

Vom **Rastplatz Raubern ❹** mit Hängematte haben wir einen wunderbaren Blick über die Weinberge. Ein Pfad führt uns an der wellenförmigen Bank in den Wald hinauf. Wir treffen auf einen Forstweg, folgen ihm kurz nach links und nehmen dann den nächsten Pfad nach rechts. Beim asphaltierten Weg wandern wir nach rechts zum **Kernenturm ❺**. Hier können wir uns am Kiosk stärken oder grillen und natürlich die Aussicht vom Turm genießen.

Dann verlassen wir den »Kernenturmweg« und folgen dem »Fellbacher Höhenweg FE 1« bzw. dem »Georg-Fahrbach-Weg« (Roter Strich) Rich-

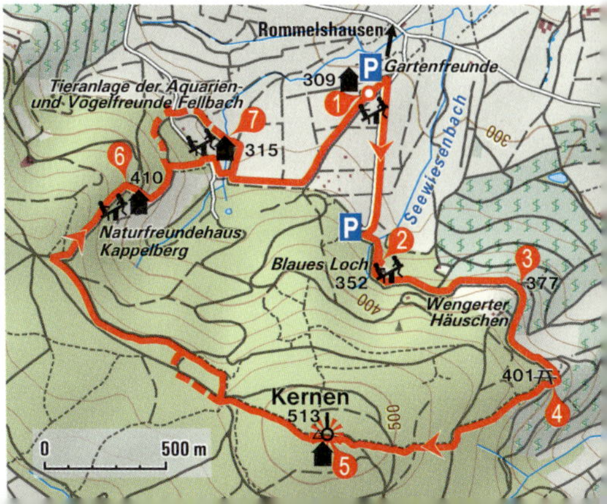

OBEN
Ausblick ins Remstal.

UNTEN LINKS
Die modernen Wengerterhäuschen sind Teil des Architekturprojekts der Landesgartenschau 2019.

UNTEN RECHTS
155 Stufen führen auf den 27 Meter hohen Kernenturm.

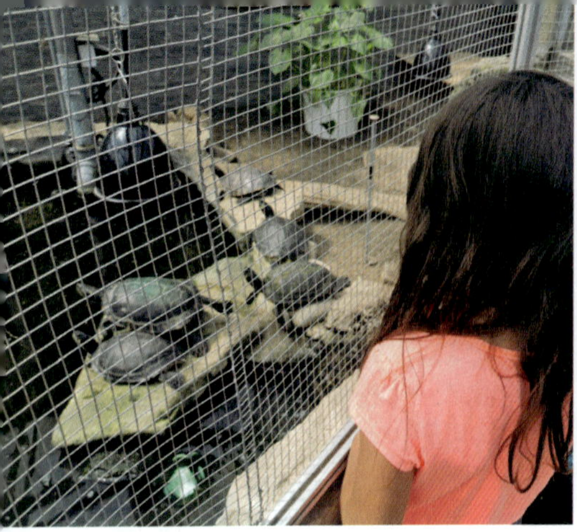

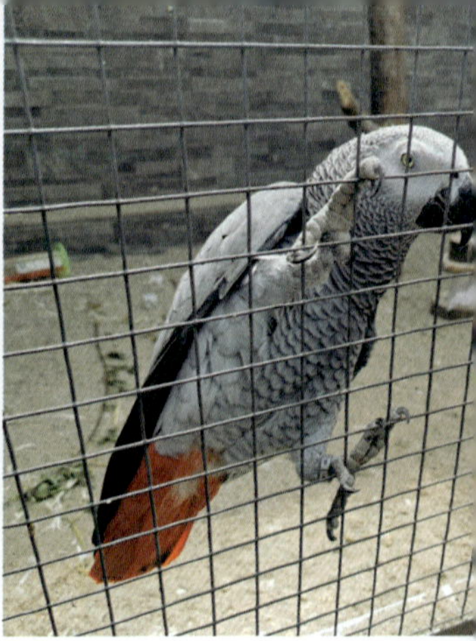

LINKS
Wasserschildkröten der »Kleinen Wilhelma«.

RECHTS
Sonntags werden Besucher der »Kleinen Wilhelma« von freundlichen Papageien begrüßt.

tung Kappelberg. Der schmale grob asphaltierte Weg bringt uns hinab zu einem Forstweg, dem wir kurz nach links folgen. Anstatt dem »FE 1« weiter zu folgen, biegen wir bei trockenem Wetter rechts in den »Wurzelsepp«-Trail ein, der von Mountainbikern und Wanderen gemeinsam genutzt wird. (Bei Nässe dem »FE 1« weiter über den Forstweg folgen.)
Unten angekommen, gehen wir geradeaus auf dem Forstweg weiter und sind nun wieder auf dem »FE 1«. Er bringt uns fast eben bis zur Kreuzung »Birkenwald Röhrachberg«. Dort geht es weiter auf dem »FE 1« nach rechts, bis wir auf der rechten Seite den Biergarten des **Naturfreundehauses Kappelberg 6** sehen.
Wir gehen zum Haus und nehmen die schmale Treppe durch die Wiese hinunter, an der ein Schild warnt, dass das Begehen auf eigene Gefahr geschieht. Unten wenden wir uns nach links. Hinter dem Zaun des letzten Kleingartens führt ein abenteuerlicher Pfad bergab. Er wird später stellenweise sehr steil und ist etwas zugewachsen. (Wem der Pfad zu unwegsam erscheint, kann auf dem Asphaltweg bleiben, unten links und gleich den nächsten Weg rechts gehen und erreicht so die Tieranlage.) Wo der Pfad einen Asphaltweg erreicht, sehen wir den oberen Eingang zur Tieranlage, der aber verschlossen ist. Wir wenden uns nach rechts, dann dreimal nach links und stehen vor der **Tieranlage der Aquarien- und Vogelfreunde Fellbach 7**.

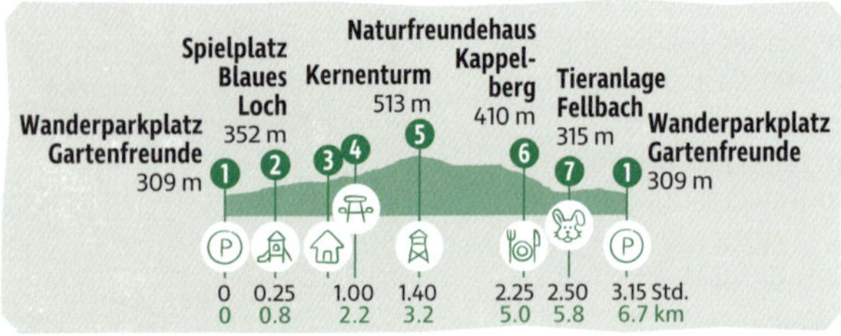

Hallo Kinder!

Obwohl **Papageien** keine Stimmbänder und keinen Kehlkopf haben, können sie sprechen lernen. Wie geht das? Viele Papageien ahmen gerne Laute und Geräusche nach. Sie haben eine enorm bewegliche Zunge und sind sehr intelligent. Aber nicht nur das. In ihrem Gehirn unterscheidet sich das Zentrum für das **vokale Lernen** von anderen Vögeln. Dieser Bereich des Gehirns ist dafür zuständig, **Laute nachzuahmen**. Forscher haben herausgefunden, dass die Hülle um diesen Bereich umso dicker ist, je besser ein Vogel sprechen kann. Das könnte erklären, warum es einige Arten gibt, die besonders gut sprechen. Der Graupapagei gilt als einer der besten Sprecher. Vögel sind übrigens die einzigen Tiere, die lernen können, wie ein Mensch zu sprechen. Dazu ist es natürlich wichtig, immer wieder mit ihnen zu reden. Manche der schlauen Tiere sagen dann sogar in der richtigen Situation das Richtige und begrüßen ihre Besitzer morgens mit einem freundlichen »Guten Morgen«.

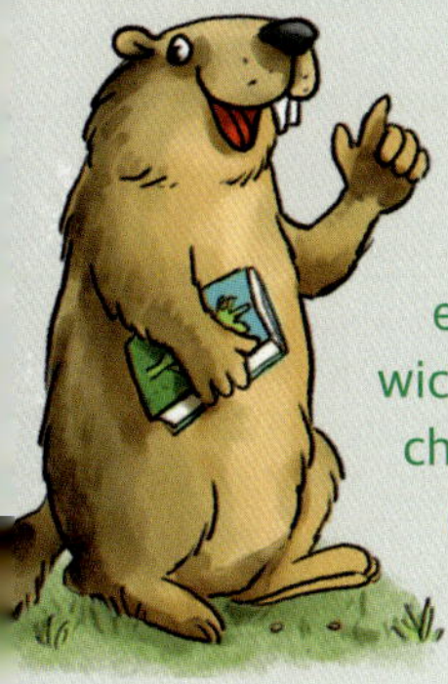

Wenn wir die Tieranlage wieder verlassen, wenden wir uns nach rechts, gehen noch einmal rechts, dann links und wandern am schattigen Waldrand entlang. Am übernächsten Weg biegen wir schräg links ab und kommen geradeaus wieder zum **Wanderparkplatz Gartenfreunde ❶**.

★Highlights

Für Abwechslung sorgen die Spielplätze am Ausgangspunkt, am »Blauen Loch« und bei den Einkehrmöglichkeiten.

Bei den Wengerter Häuschen in die Ferne blicken und in den Pflückgärten am Hang naschen.

Beim Rastplatz Raubern in der Hängematte schaukeln und mit Gedichten am Dichterblick die schöne Aussicht genießen.

Den über 100 Jahre alten Kernenturm erklimmen und über die Baumwipfel schauen.

Am Naturfreundehaus rasten und danach die schmalen Steinstufen durch blühende Wiesen hinabsteigen.

Exotische Vögel, Schildkröten und Fische in der »Kleinen Wilhelma« bestaunen und mit den sprechenden Papageien plaudern.

16 Steinzeitrundweg Korb

RUNDTOUR AUF DEN KLEINHEPPACHER KOPF

2.15 STUNDEN

4,8 KILOMETER

↗ 190 HÖHENMETER

↘ 190 HÖHENMETER

MITTEL ab 4 Jahren

Zu Höhlenbären und wilden Mammuts: Steil hinauf durch die Weinberge führt uns diese Tour in die Steinzeit. Am Wegesrand warten immer wieder Silhouetten von Tieren auf uns, die hier vor Tausenden von Jahren gelebt haben. Infotafeln geben Einblicke in das Leben der Tiere und Menschen. Oben auf dem Kleinheppacher Kopf gönnen wir uns dann auf dem großen Waldspiel- und Grillplatz eine wohlverdiente Pause. Vielleicht können wir dort sogar Wagemutige beobachten, die sich mit ihren Gleitschirmen lautlos in die Lüfte schwingen.
Selbst auf Fernsehen müssen wir auf dieser Tour nicht verzichten. Der Turm »Fernsehen in Korb« wurde als eines von 16 Architektur-Highlights der Remstal-Gartenschau gebaut. Zwei Holztreppen führen im Inneren hinauf und aus den quadratischen Fenstern bieten sich immer neue Ausblicke auf die Landschaft.

Ausgangspunkt: Bushaltestelle Heckbachstraße, Korb-Kleinheppach, Anfahrt von Stuttgart mit S2, S3 oder Bahn bis Waiblingen, weiter mit Bus 209. – Mit dem Auto: Am Ev. Gemeindehaus nahe der Bushaltestelle (Navi: 71404 Korb-Kleinheppach, Großheppacher Straße 5), alternativ Wanderparkplatz Korber Straße zwischen Korb und Kleinheppach, je nur wenige Parkplätze.
Ausrüstung: Leichte Wander- oder Trekkingschuhe, Sonnenschutz.
Anforderungen: Steiler Anstieg auf asphaltierten Weinbergwegen, auf dem Kleinheppacher Kopf auch steinige Pfade und Schotterwege. Mit Kinderwagen machbar, wenn er auf dem holprigen Pfad vom Gipfel hinunter ca. 100 m ohne Kind geschoben wird.
Einkehr: Am Weg keine. Gasthaus zur Krone, Di und Mi Ruhetag, Kelterstr. 1, 71404 Korb-Kleinheppach, Tel. +49 7151 64351, krone-kleinheppach.de. Gasthof zum guten Tröpfle, Schulstr. 14, 71404 Korb-Kleinheppach, Tel. +49 7151 62539, troepfle-korb.de.
Hinweise: Kaum Schatten in den Weinbergen, ideal für kühlere sonnige Tage.

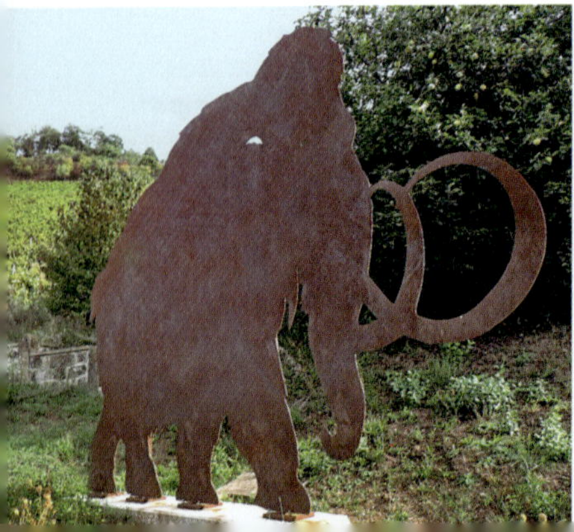

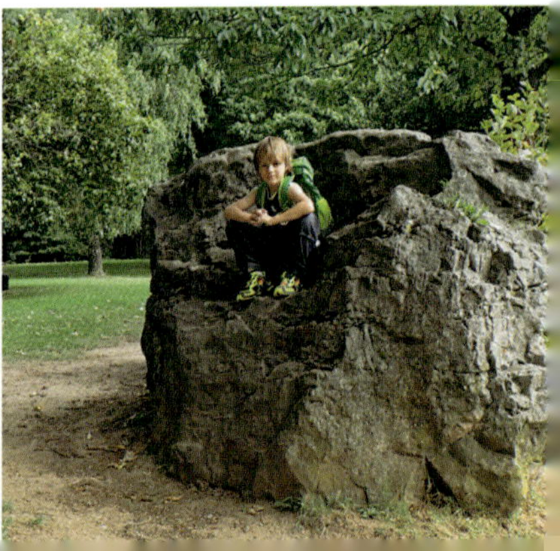

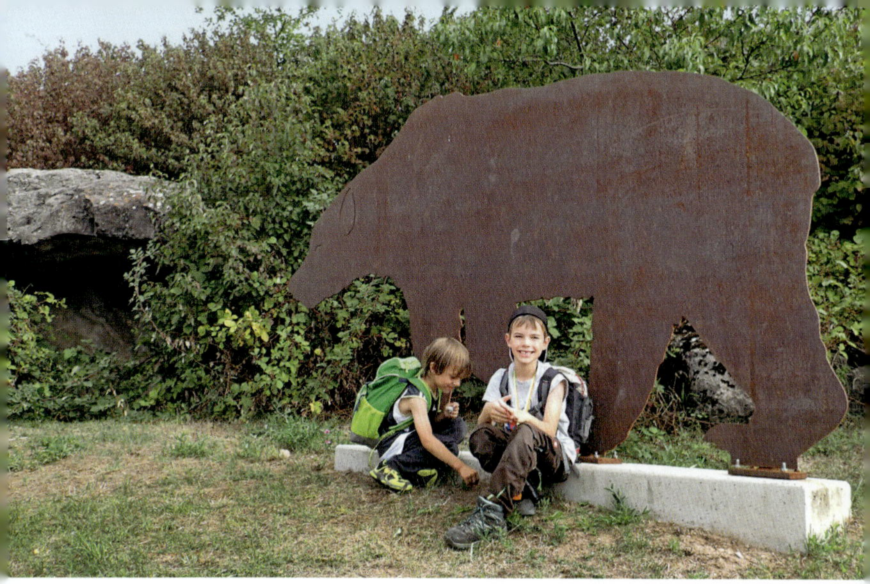

Tipp: Das Steinzeitmuseum in Kleinheppach hat am 1. und 3. Sonntag im Monat 14.00–17.00 Uhr geöffnet, Tel. +49 7151 1734062, www.korb.de/de/freizeit-kultur/bildung-wissen/steinzeitmuseum.

OBEN

Der Höhlenbär vor seiner Behausung.

UNTEN LINKS

Mammuts wurden von eiszeitlichen Jägern auch im Remstal gejagt.

UNTEN RECHTS

Pause machen auf dem Kleinheppacher Kopf.

LOS GEHT'S

Von der **Bushaltestelle Heckbachstraße** ❶ folgen wir dem »Steinzeitrundweg KO 4« Richtung Weinberge. Nach einer Kirche wandern wir rechts hinauf. Den ersten Abzweig lassen wir links liegen und treffen auf ein imposantes **Wollnashorn** ❷. Wir folgen der scharfen Linkskurve und gehen bergauf, bis zur Bank, an der ein **Mammut** ❸ auf uns wartet. Hier erfahren wir mehr darüber, wie die Menschen in der Steinzeit gejagt haben. Dann biegen wir rechts ab und finden am Wegesrand wild wachsende Kakteen. An einem **Brunnen** ❹ können wir kurz rasten und die Hände im kühlen Wasser erfrischen. Dahinter geht es scharf links und am nächsten Abzweig wieder rechts, zur kleinen **Bärenhöhle** ❺ und ihrem Bewohner. Wir wandern wei-

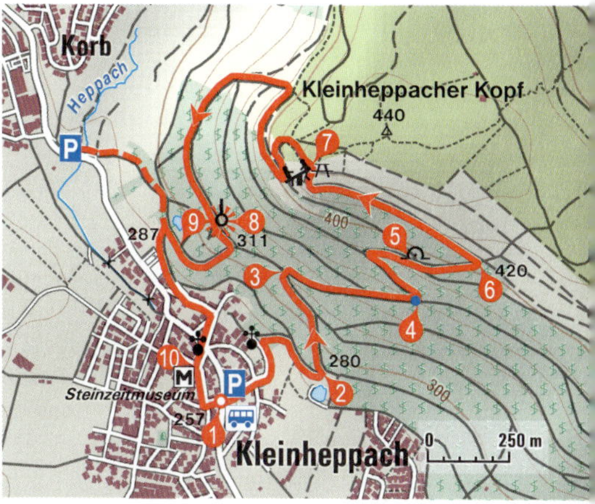

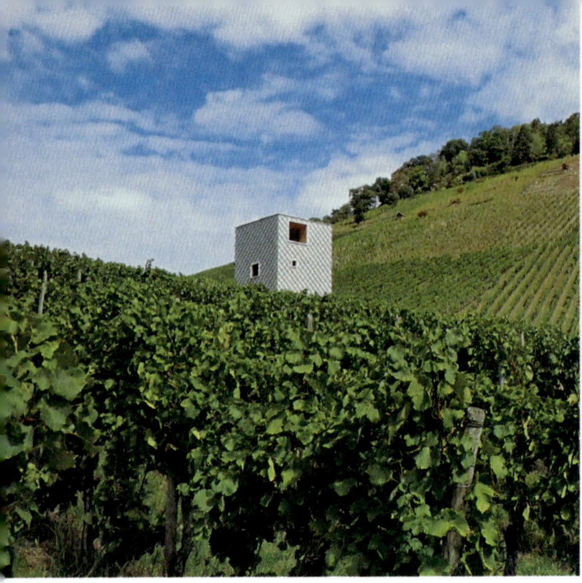

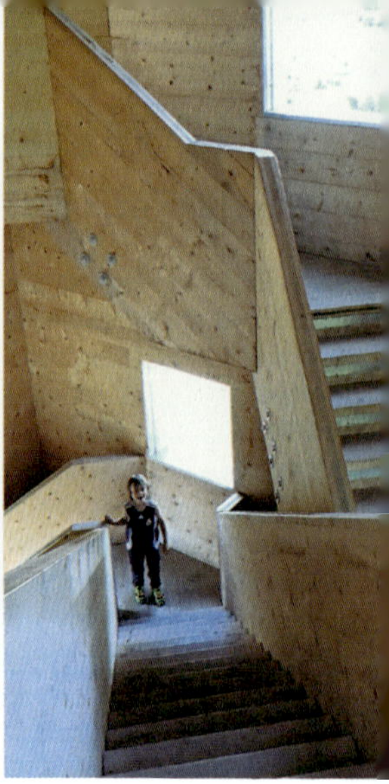

Mitten in den Weinbergen am Kleinheppacher Kopf steht der Aussichtsturm »Fernsehen in Korb«.

ter auf dem Weg bergauf. An der Station, an der die **Landwirtschaft ⑥** der Steinzeit erklärt wird, haben wir den größten Höhenunterschied geschafft und können es uns auf der Holzliege bequem machen, bevor wir nach links weitergehen.

Dann sind wir da! Am **Waldspielplatz Kleinheppacher Kopf ⑦** ist eine ausgiebige Pause natürlich ein Muss. Danach wandern wir links an der Seilbahn vorbei und den steilen holprigen Pfad hinab. An der nächsten Kreuzung wenden wir uns nach links und am darauffolgenden Abzweig rechts, vorbei am Startplatz der Gleitschirmflieger.

Später folgen wir dem Weg nach links und über Rasengittersteine abwärts. Unten geht es auf einem Asphaltweg links weiter. Wenn sich der Weg gabelt, halten wir uns links und kommen zum **Aussichtsturm »Fernsehen in Korb« ⑧**, wo ein Neandertaler uns begrüßt.

Vorsicht Kinder, die feinen Dornen der Opuntien sind winzig und schwer wieder aus der Haut zu bekommen!

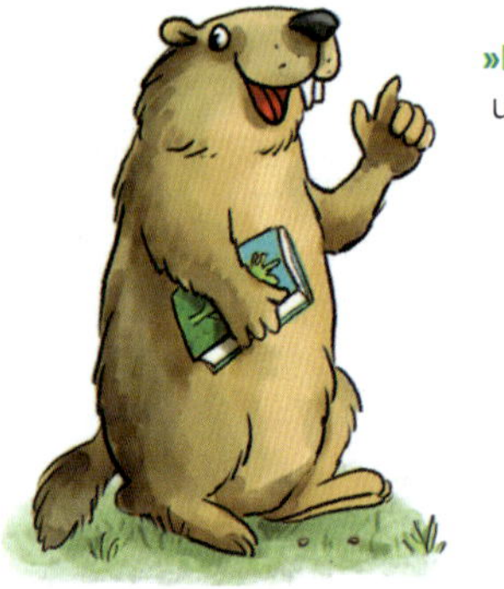

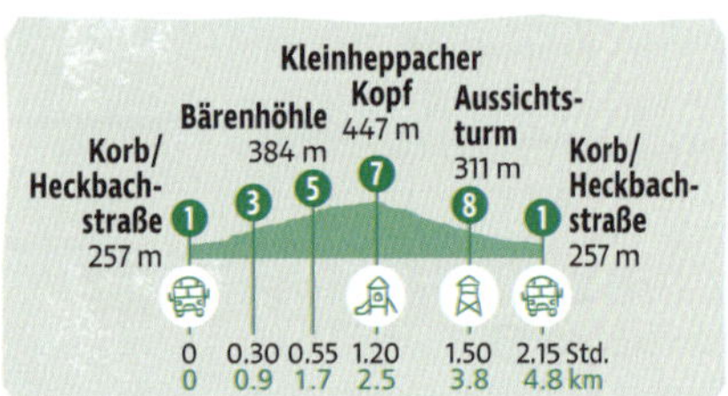

★Highlights

Auf dem Steinzeitrundweg wilden Tieren und Steinzeitmenschen begegnen und die kleine Bärenhöhle erkunden.

Eine gemütliche Pause am Kleinhepacher Kopf machen, den Waldspielplatz erobern, grillen und die grandiose Aussicht genießen.

Bei guter Thermik den wagemutigen Gleitschirmfliegern beim Starten zusehen.

Die beiden Holztreppen im Aussichtsturm »Fernsehen in Korb« erklimmen und aus den Fenstern die Fernsicht genießen.

Im Steinzeitmuseum mehr über diese spannende Zeit erfahren.

Danach folgen wir dem Weg weiter bis zur nächsten Bank, biegen dort rechts ab und treffen an der letzten Station des Steinzeitweges auf ein **Rentier 9**. Kurz darauf geht es nach links und immer weiter bergab. Am Ende der »Weinsteige« biegen wir schräg rechts in die »Vordere Straße« ein. Geradeaus über den Zebrastreifen erreichen wir das **Steinzeitmuseum 10**. Schließlich folgen wir dem Steinzeitrundweg durch die »Brunnenstraße«, nehmen einen Fußweg nach links und sind wieder an der **Bushaltestelle 1**.

Hallo Kinder!

Habt ihr die Kakteen am Wegesrand entdeckt? Sie heißen mit wissenschaftlichem Namen **Opuntia**, sind winterhart und mögen die Sonne und Wärme hier im Weinberg. Die ovalen Teile der Pflanze sehen aus wie Blätter, sind aber gar keine. Sie sind die Sprosse, also der »Stamm« der Pflanze. Dort speichert der Kaktus das Wasser. Die richtigen Blätter hat die Pflanze zu Dornen umgewandelt. Ursprünglich kommen alle Kakteen-Arten aus Amerika, Opuntien wachsen aber auch am Mittelmeer, in Südafrika oder Australien. Im Frühjahr könnt ihr die wunderschönen Blüten sehen, im Herbst tragen sie rötliche Früchte. Diese **Kaktusfeigen** könnt ihr sogar essen.

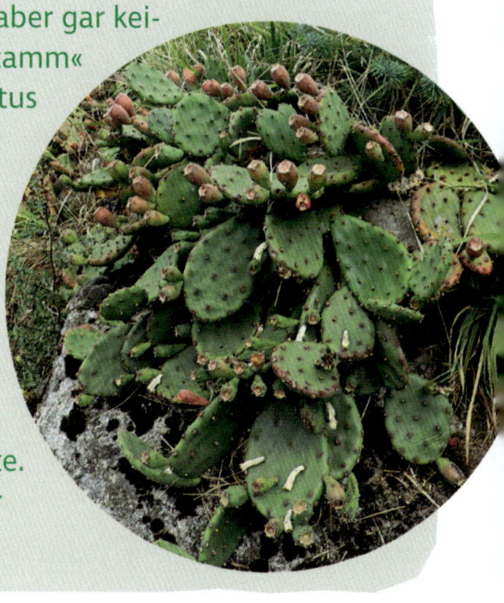

17 Durch die Talaue in Waiblingen

RUNDTOUR DURCH DEN LANDSCHAFTSPARK

1.45 STUNDEN

4,6 KILOMETER

↗ 30 HÖHENMETER

↘ 30 HÖHENMETER

LEICHT ab 4 Jahren

Wasser, Spiel und Abenteuer: In der Talaue erleben wir die grünen und die künstlerischen Seiten von Waiblingen. Kunst klingt langweilig? Die Kunst an diesem Weg ist anders: zum Anfassen, Draufsetzen, Spielen. Apropos Spielen: Etliche tolle Spielplätze liegen an unserem Weg. Kleine Abstecher führen zu versteckten wunderschönen Orten. Wir schauen in idyllische Gärtchen, gehen durch den engen Wehrgang der Stadtmauer und entdecken alte und neue Wasserräder. Es gibt immer wieder schöne Möglichkeiten, Pausen zu machen und die Füße ins Wasser zu stecken. Und wir können im Biergarten unter hohen Kastanien einkehren.

Ausgangspunkt: Bushaltestelle Waiblingen Bürgerzentrum (Hallenbad), Anfahrt ab Stuttgart mit S2, S3 oder Bahn bis Waiblingen, dann weiter mit Bus 201, 204, 207 oder 209. – Mit dem Auto: Gebührenpflichtiger Parkplatz Hallenbad (Navi: 71334 Waiblingen, An der Talaue 10) oder gebührenfreier Parkplatz Rundsporthalle (Navi: 71334 Waiblingen, Beinsteiner Str. 160), von dort flussabwärts und am Luisensteg 5 in die Tour einsteigen.
Ausrüstung: Leichte Wander-, Trekking- oder Turnschuhe. Ggf. Badesachen, Wasserschuhe und Ersatzkleidung.
Anforderungen: Einfache ebene Tour auf Asphalt, Pflaster oder Feinschotter. Kinderwagen-, radgeeignet und barrierearm, wenn der Mauergang durch die Altstadt umgangen wird (s. Kinderwagen-Variante).
Einkehr: Gästehaus Insel, Übernachtungsmöglichkeit, täglich Frühstücksbüffet bis 9.30 Uhr und Mittagstisch, Sa–So/Fei Frühstücksbüffet bis 11 Uhr, Winnender Str. 2, 71334 Waiblingen, Tel. +49 7151 9866980, jugendgaestehaus-insel.diakonie-stetten.de. Biergarten Schwaneninsel, im Sommer täglich ab 11.00 Uhr geöffnet, Winnender Str. 4, 71334 Waiblingen, Tel. +49 7151 986970, biergarten-schwaneninsel.de.
Kinderwagen-Variante: An der Kirche 6 weiter geradeaus und nach der Mauer, kurz vor dem Familienzentrum KARO, rechts abbiegen. Dann wieder rechts auf die Kirche zu, durch den Durchgang. Nach dem Nonnenkirchle links über den Elsbeth- und Herrmann-Zeller-Platz. An der VHS links, dann rechts in die Fußgängerzone und den pinkfarbenen Wegweisern des barrierefreien Talaue-Kunstwegs folgen bis zum Marktplatz. Diesen überqueren, rechts in die »Lange Straße« und an einer Linde links in die »Mittlere Sackgasse«. An der Galerie Stihl zur Rems und dann flussaufwärts zum Beinsteiner Tor 8. Weiter wie beschrieben. Die Tour verlängert sich um 300 m.

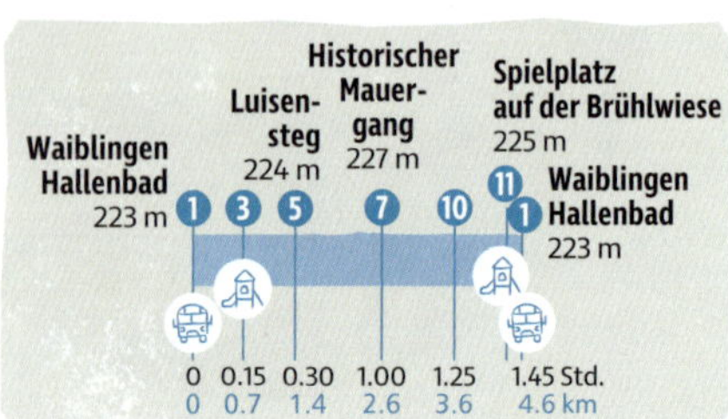

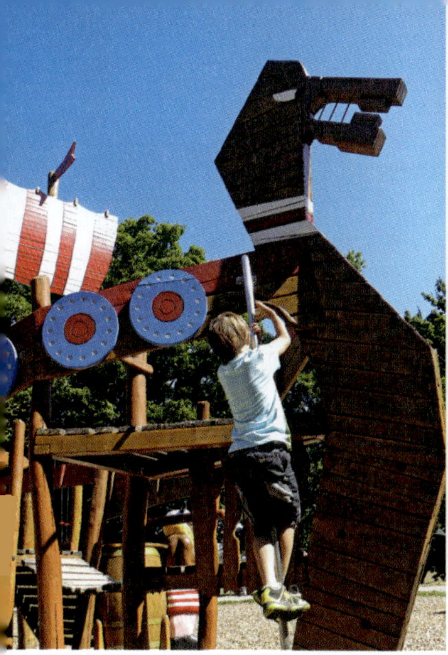

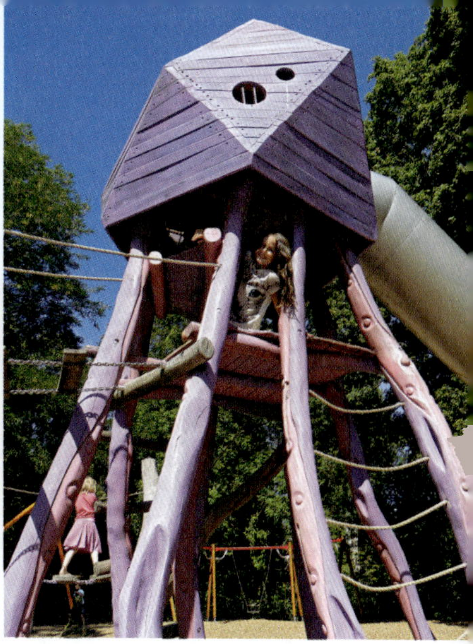

Tolle Spielplätze gibt es gleich mehrere in der Talaue.

Tipps: Die Tour lässt sich mit vielen Aktivitäten kombinieren: Ein Kanu oder SUP ausleihen (s. Freizeittipp H2), bei »Spiel!-Golf« etwas anders Minigolf spielen (s. Freizeittipp K1) oder durch die Altstadt schlendern. Auch Frei- und Hallenbad liegen am Weg. Das Bieneninformationszentrum Alvarium hat an Infotagen auch innen geöffnet.

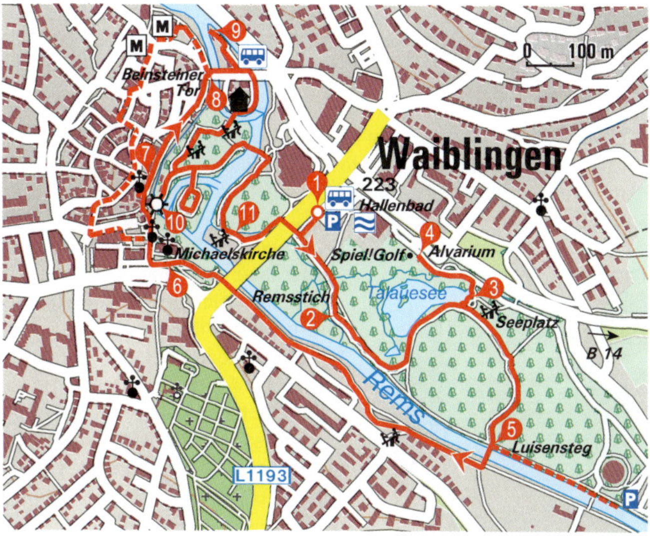

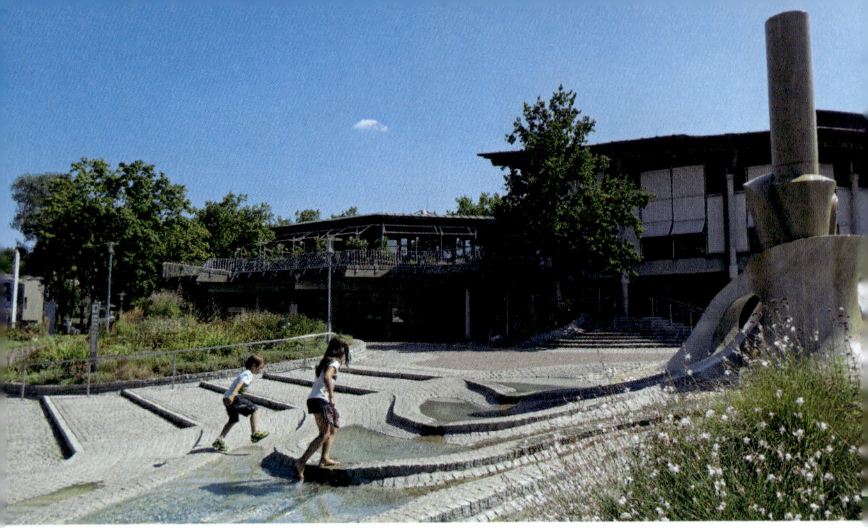

OBEN

Kunst kann ganz schön erfrischend sein.

UNTEN

Das Weiße Haus liegt versteckt hinter hohen Gräsern und blühenden Stauden.

LOS GEHT'S Wir starten am **Hallenbad 1** und gehen den Weg zur Rems auf die Graffitiwand zu. Sie ist bereits Teil des »Talaue-Kunstwegs WA1«, dem wir in weiten Teilen folgen. Am Fluss gehen wir nach links und können einen Schotterpfad rechts hinunter ans Wasser nehmen. Hier im **Remsstich 2** gibt es viel wilde Natur und mit etwas Glück lassen sich Schottische Hochlandrinder erspähen.

Wenn wir den Weg wieder erreichen, biegen wir kurz vor dem Holzdeck links ab, wo sich in der Wiese eine Hängematte versteckt. Vorbei am Talauesee kommen wir zum **Seeplatz 3** mit großem Spielplatz. Von hier können wir einen Abstecher nach links zum **Alvarium 4** machen, wo wir viel über Bienen erfahren. Wer noch ein paar Schritte weitergeht, kann bei Spiel!Golf sein Handycap auf dem Kunstrasen verbessern. Dann geht es zurück über den **Seeplatz 3** und weiter nach links auf dem »WA1« im Schatten alter Bäume. Über den **Luisensteg 5** erreichen wir das andere Ufer der Rems. Es geht nach rechts am Fluss entlang, wo ein Spielplatz und der Remsstrand Gelegenheit zum Pausemachen bieten.

Später sehen wir die **Michaelskirche 6** vor uns und gehen an ihr vorbei, bis ein Weg nach rechts abzweigt (für Kinderwagen s. Variante). Wir gehen die Treppen hinunter, über die Brücke und durch ein Tor. Über drei Stufen hinauf gelangen wir rechts durch ein Tor in den Apothekergarten, ein paar Stufen weiter oben liegt der idyllische Pfarrgarten. Danach geht's wieder hinab und links in den **historischen Mauergang 7**. Der schmale Weg durch die mittelalterliche Stadtmauer führt

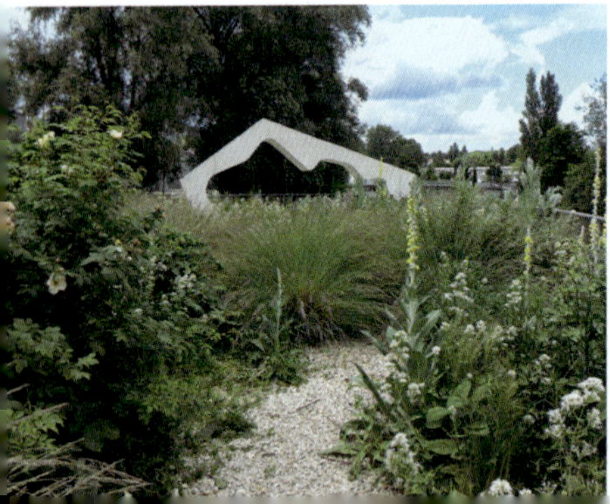

Hallo Kinder!

Habt ihr am Remsstich die **Schottischen Hochlandrinder** entdeckt? Sie sind eine der ältesten Rinderrassen und ihre langen Hörner sehen ganz schön gefährlich aus. Aber keine Angst, sie gelten als sehr gutmütig und gelassen. Hier in der Talaue arbeiten sie als ökologische Rasenmäher. Sie können das ganze Jahr draußen sein und brauchen keinen Stall. Ihr zotteliges Fell schützt sie vor Regen, Wind und Kälte. Es isoliert so gut, dass sogar Schnee darauf liegen bleibt.

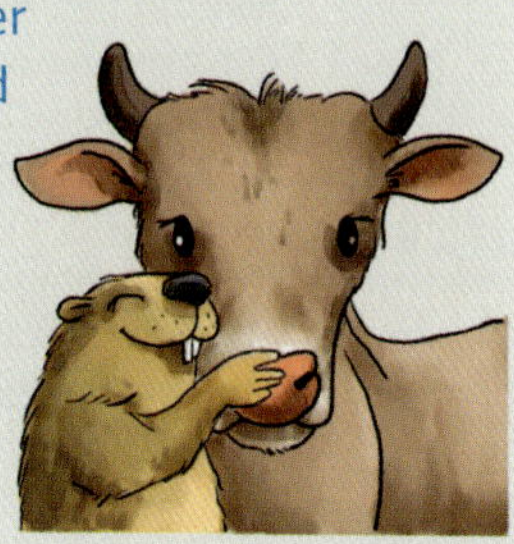

zum **Beinsteiner Tor** ❽, Waiblingens letztem erhaltenen Stadttor. Dort gehen wir über die Brücke und vor der Bushaltestelle links bis zum Ende des Parkplatzes, wo wir durch ein kleines Metalltor das **Weiße Haus** ❾ erreichen. Der schmale Kiesweg führt durch Gräser und Blumen (auf denen auch Bienen sitzen können, Vorsicht!). Zurück gehen wir auf das Kulturhaus Schwanen zu. Dahinter liegt der **Biergarten auf der Schwaneninsel**. Der Steg bringt uns von dort zur **Großen Erleninsel**, wo uns links ein Spielplatz mit Tischkicker und Brettspielen erwartet. Wir umrunden die Insel gegen den Uhrzeigersinn. An einem Spielplatz vorbei kommen wir zur **Hahn'schen Mühle** ❿. Heute stehen die alten Mühlräder still und eine Turbine erzeugt umweltfreundlichen Strom.
Dann geht es wieder ein paar Schritte zurück. Ein Steg bringt uns hinüber zur **Kleinen Erleninsel**. Anschließend spazieren wir weiter zu den Remsterrassen ans Wasser. Der nächste Steg führt zu einem Brunnen am Bürgerzentrum, an dem wir uns abkühlen können. Von dort sehen wir schon das Wikingerschiff auf dem großen **Spielplatz auf der Brühlwiese** ⓫. Danach halten wir uns links und gelangen durch die Unterführung zurück zum **Hallenbad** ❶.

★Highlights

Jede Menge toll gestaltete Spielplätze entdecken.

Mit etwas Glück zotteligen vierbeinigen Landschaftspflegern bei der Arbeit auf den Wiesen an der Rems zuschauen.

Im Pfarr- und Apothekergarten an duftenden Blumen und würzigen Kräutern schnuppern.

Den mittelalterlichen Mauergang erkunden, der bis zum Beinsteiner Torturm führt.

Auf Kiespfaden durch ein Meer aus Blüten und Gräsern zum »Weißen Haus« auf der Schwaneninsel wandern.

18 Rund um Remseck

AUF DEM NECKAR-REMS-WEG IM UNTEREN REMSTAL

3.00 STUNDEN

7,2 KILOMETER

↗ 100 HÖHENMETER

↘ 100 HÖHENMETER

LEICHT – ab 5 Jahren

Strand, Schatzsuche und Bauernhof-Tiere: Rund um den Ort, wo die Rems in den Neckar fließt, gibt es eine bunte Mischung zu entdecken: den Neckarstrand mit Spielboot und einen alten Steinbruch, der heute Naturschutzgebiet und Zufluchtsort für seltene Tiere und Pflanzen ist. Beim Weg durch die Rems-Auen fliegt vielleicht sogar eine Wasseramsel oder ein Eisvogel vorbei. Über eine App mit Audiotour erfahren wir mehr über die Natur und sie hilft uns beim Lösen der Fragen der Quiztour. Wer alles richtig beantwortet hat, kann die Schatzkiste öffnen! An einem Bauernhof gibt es Kälber, Hühner und Schafe zu entdecken und, während die Eltern sich einen Fair-Trade-Kaffee aus dem Automaten gönnen, können die Kinder sich auf dem Spielplatz austoben. Auf dem Weg durch die Streuobstwiesen streifen wir den Obstwiesenweg, bevor wir wieder hinunter an den Neckar kommen.

Ausgangspunkt: Stadtbahn-Haltestelle Remseck Neckargröningen, Anfahrt ab Stuttgart mit U12. – Mit dem Auto: Parkplatz am Schifferclub 6 (Navi: 71686 Remseck am Neckar, Am Neckarstrand 5), Mo–Fr nur 2 Std., Sa–So unbegenzt parken. Alternativ entlang der Mühlstraße oder »Am Remsufer« parken.

Ausrüstung: Leichte Wander- oder Trekkingschuhe, Sonnenschutz. Ein kleines Spielzeug, das man im Tausch für das herausgenommene in die Schatzkiste legen kann.

Anforderungen: Einfache Tour, meist auf befestigten Wegen, mit mäßigen Steigungen. Gut mit Kinderwagen machbar, kurze Abschnitte auf Wiesenwegen können umgangen werden.

Einkehr: VFB Vereinsheim »Schöne Aussicht«, Mo Ruhetag, Marbacher Straße, 71686 Remseck am Neckar, Tel. +49 7146 2840193, vfb-vereinsheim-schone-aussicht.business.site. Schifferclub, Mo Ruhetag, Am Neckarstrand 5, 71686 Remseck am Neckar, Tel. +49 7146 3243. Bootshaus am Hechtkopf, Mo Ruhetag, Marktplatz 5, 71686 Remseck am Neckar, Tel. +49 7146 2809990, bootshausamhechtkopf.net.

Geht ihr auch so gerne auf Schatzsuche? Dann macht doch mit bei der Quiztour!

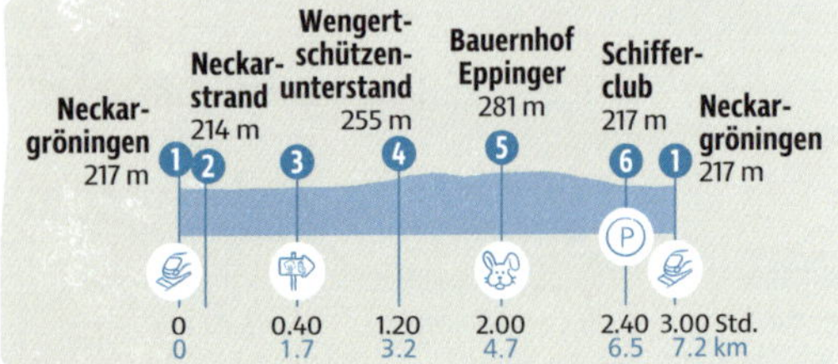

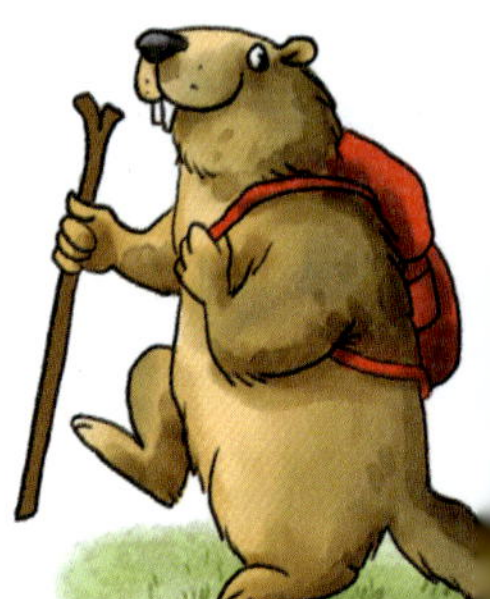

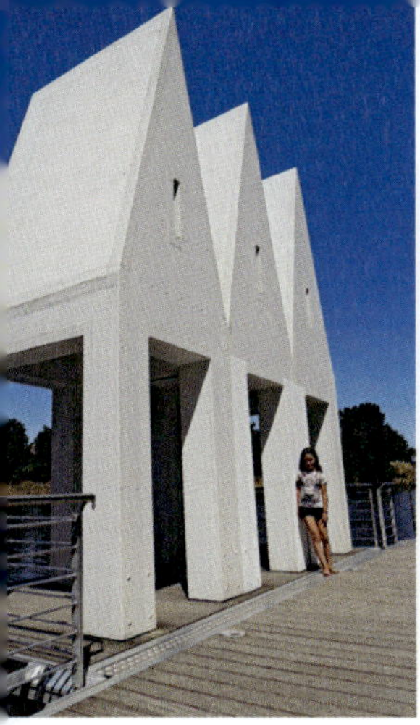

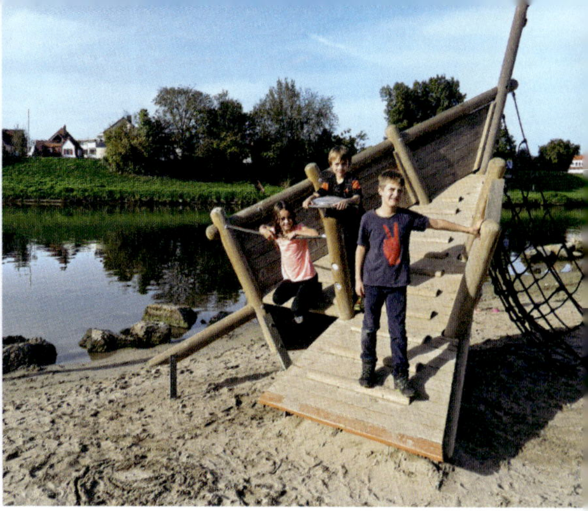

Tipps: Vorab die App »Unterwegs im Naturschutzgebiet« auf das Smartphone laden und an der Rems ab Wegpunkt ❸ der Audiotour lauschen. Darin gibt es Tipps für die Quiztour »Auf der Suche nach dem Schatz des Wengertschützen«. Das Quiz gibt es zum Ausdrucken: stadt-remseck.de/ceasy/resource/?id=8601&download=1 oder in der App (Internet-Empfang nicht durchgehend vorhanden). Es ist für Kinder ab der 3. Klasse geeignet.
Beim Parkplatz am Schifferclub ❼ gibt es einen Minigolfplatz und man kann Kanus und SUPs ausleihen (s. Freizeittipp H1).

LINKS

Auch wenn man am Badehaus nicht in den Neckar hüpfen darf, ein Blickfang ist es auf jeden Fall.

RECHTS

Das Schiff am Neckarstrand wird natürlich sofort geentert.

LOS GEHT'S

Von der **Stadtbahn-Haltestelle** ❶ steuern wir die Unterführung an und der Fußgängersteg bringt uns über den Neckar. Am »Bootshaus« vorbei geht es auf einem weiteren Steg über die Rems. Dann gehen wir links und die Treppen hinunter zum **Neckarstrand** ❷ (mit Kinderwagen weiter geradeaus und dann scharf links). Am Badehaus mit seinen drei weißen Giebeln vorbei wandern wir über den Steg, der auf dem Wasser schwimmt. Er mündet in einen Fußweg entlang der Rems, dem wir mit dem Wanderzeichen »RE2« folgen. Wir kommen an einer Fußgängerbrücke vorbei und biegen an der dritten Treppe links in die »Hintere Straße«.

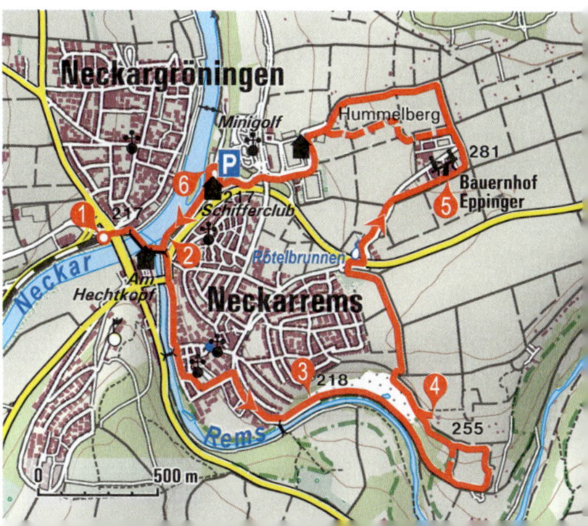

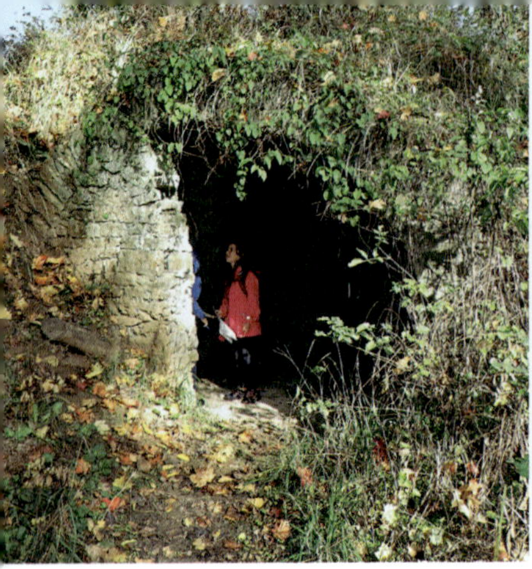

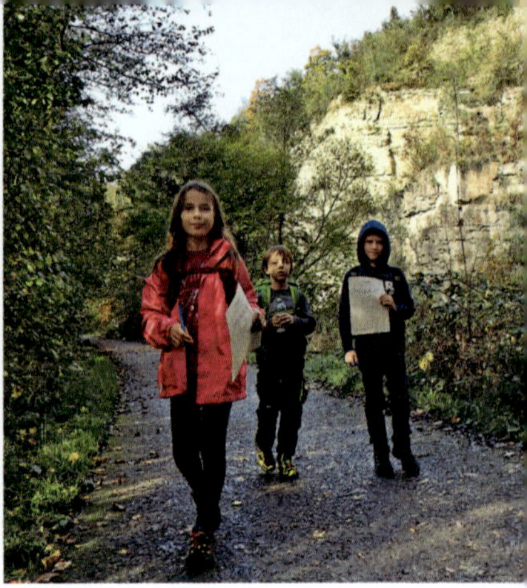

OBEN LINKS

Auf Schatzsuche beim Wengertschützenunterstand.

OBEN RECHTS

Mit der ausgedruckten Rallye spannende Rätsel lösen.

UNTEN

Die Gruhe, früher wie heute ein Ort zum Pause machen.

Dann wandern wir links bergauf und am Ende nach rechts. Es geht wieder hinunter an die Rems und auf dem Radweg am Fluss entlang.

Beim ehemaligen **Steinbruch 3** startet die Audio- und die Quiztour (s. Tipp). Wir folgen dem breiten Weg durch die Flussaue. Wenn wir den Wald verlassen, fahren Kinderwagen auf dem Asphaltweg nach links, während Schatzsucher geradeaus weitergehen. Am Schild Landschaftsschutzgebiet an einer Bank nehmen wir den Wiesenpfad, der nach links abzweigt. Wir stoßen oben auf einen Weg und folgen ihm nach links. Er mündet wieder in den kinderwagengeeigneten Asphaltweg, auf dem wir nach rechts bergauf wandern. An der »Gruhe« biegen wir rechts in den schmalen Pfad ein, der uns zum **Wengertschützenunterstand 4** führt. Wer das Quiz gelöst hat, findet mithilfe des Hinweises dort den Schatz. Der Trick ist hier, an der Seite zu schauen und die Holzscheibe nach oben zu drehen.

Dann geht es weiter auf dem Asphaltweg mit Ausblick auf den Steinbruch. Wir nehmen den nächsten Abzweig nach rechts und gehen gleich wieder links. Nach 200 m kommen wir an eine weitere »Gruhe« und folgen dem Weg danach weiter bis zur Unterführung, durch die wir die Straße unterqueren. Nach etwa 300 m biegen wir am Wegweiser »Neckarrems Rötelbrunnen« schräg rechts ab zum **Bauernhof Eppinger 5**.

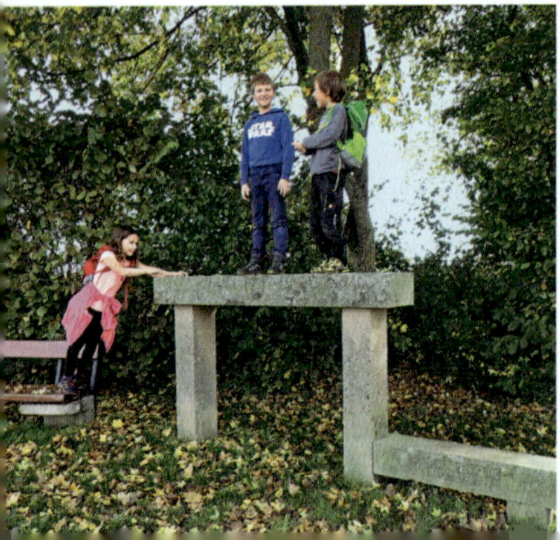

Hinter dem Bauernhof-Spielplatz wandern wir nach links. Mit dem Kinderwagen geht es dann geradeaus weiter und an der Kreuzung mit einer Bank nach links. Wer über unbefestigte Wege abkürzen möchte, biegt schon früher, an der ersten Tafel des

★Highlights

Am Neckarstrand die Füße im kühlen Nass erfrischen und das kleine Spielboot entern.

Das weiße Badehaus bewundern, während man über den Schwimmsteg schlendert.

Durchs Naturschutzgebiet »Unteres Remstal« wandern, der Audiotour lauschen und knifflige Quizfragen beantworten.

Am Wengertschützenunterstand den versteckten Schatz finden.

Auf dem Bauernhof Epplinger Kühe, Kälbchen, Schafe und Hühner anschauen, im Hofladen Eis und Hof-Produkte kaufen und dann – ab auf den schönen Spielplatz!

Obstwiesenweges, links ab, geht dann rechts in den Wiesenweg und nach 100 m links. Beide Wege erreichen dann die Sportanlagen am Hummelberg und folgen der Asphaltstraße weiter bergab (Achtung, hier fahren wieder Autos!). An der Feuerwehr kommen wir zu einer Ampel, an der wir die Straße überqueren. Vor dem Friedhof gehen wir den Weg hinunter Richtung Neckarrems. Wir stoßen auf eine Asphaltstraße und gehen dort scharf rechts.
Unten erreichen wir den **Parkplatz am Schifferclub ⑥**. Wer mag, kann gleich den Wegweisern zum Neckarstrand folgen oder einen Abstecher in die andere Richtung machen und eine Runde Minigolf spielen. Daneben gibt es auch einen Kanuverleih und eine Grillstelle.
Der **Neckarstrand ②** bietet sich für eine entspannte Pause an. Von dort geht es wieder hinauf zu den Fußgängerstegen und zurück zur **Stadtbahn-Haltestelle ①**.

Hallo Kinder!

Das **Untere Remstal** ist ein Paradies für Vögel. In den Auwäldern, Wiesen und Gebüschen sind **150 verschiedene Vogelarten** zu Hause. Habt ihr schon welche gesehen? Im ehemaligen Steinbruch ziehen Wanderfalke, Kolkrabe, Dohle und Uhu ihre Jungen groß. An der Rems taucht der bunt schillernde Eisvogel blitzschnell ins Wasser. Dort fängt er Insekten, kleine Fische und Kaulquappen. Wenn ihr wissen wollt, welcher Piepmatz gerade vor euch sitzt, helfen ein Bestimmungsbuch oder eine Vogel-App.

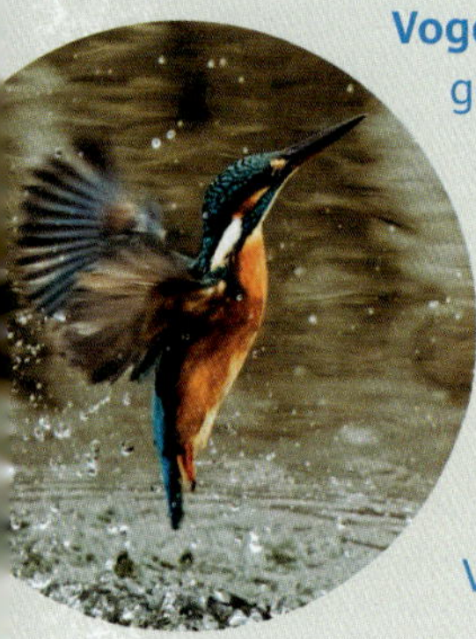

19 Max-Eyth-See und Burg Hofen

RUND UM DEN BELIEBTEN SEE IM NORDEN STUTTGARTS

3.00 STUNDEN

6,8 KILOMETER

↗ 120 HÖHENMETER

↘ 120 HÖHENMETER

MITTEL ab 6 Jahren

Wasser, Weinberge und Burgruine: Im Biergarten mit Blick aufs Wasser sitzen, Tretboot fahren oder ein Eis am Strand – der Max-Eyth-See hat viel zu bieten. Gar nicht weit weg davon entdecken wir auf dieser Tour ein paar weniger bekannte Orte. Drei schöne Spielplätze, viele Einkehrmöglichkeiten und eine der am besten erhaltenen Burgruinen der Stadt. Die Burg Hofen steht schon seit 900 Jahren über dem Neckar. Wir erkunden die hohen Mauern und genießen den Blick über den Fluss. Eine kürzere Variante fast ohne Steigungen ist gut mit Kinderwagen oder Laufrad machbar. Wer jedoch vor langen Treppen nicht zurückschreckt, wird mit wunderbaren Aussichten über Stuttgart belohnt. Oben im Tapachpark wartet ein großer Spielplatz mit Seilbahn, Kletterwand und Wasserspielbereich. Wieder zurück am See können wir den Tag am Ufer ausklingen lassen.

Ausgangspunkt: Stadtbahn-Haltestelle Elbestraße in Stuttgart, Anfahrt mit U14. Rückfahrt ab Haltestelle Max-Eyth-See mit U12 oder U14. – Mit dem Auto: P+R-Parkplatz Max-Eyth-See (Navi: 70378 Stuttgart, Mühlhäuser Str.), von dort an der Mühlhäuser Straße entlang nach Süden, den Neckar überqueren und bei der Stadtbahn-Haltestelle Elbestraße die Tour starten. Die Tour verlängert sich um 400 m.
Ausrüstung: Leichte Wander-, Trekking- oder Turnschuhe. Ggf. Ersatzkleidung und Wasserschuhe.
Anforderungen: Die Wege um den See und zur Burg sind meist asphaltiert oder gepflastert. Die steile Treppe zum Tapachpark hinauf verlangt Durchhaltevermögen, steiler Asphaltweg bergab.
Einkehr: Riverhouse, Apr.–Okt. So geöffnet, Austraße 370, 70376 Stuttgart-Münster, Tel. +49 711 550422444, riverhouse.de. Biergarten Doc Snyder, Mrz.–Okt. täglich geöffnet, Mühlhäuser Staße. 271, 70376 Stuttgart, Tel. +49 172 7914925, docksnyder.de. Haus am See, Mo Ruhetag, Mühlhäuser Straße 311, 70378 Stuttgart, Tel. +49 711 534197, haus-am-see-stuttgart.de. DLRG Gaststätte Treffpunkt am See, täglich geöffnet, Mühlhäuser Straße 305, 70378 Stuttgart, Tel. +49 711 5302615, treffpunktamsee.de. Besenwirtschaft Scheef, im Sommer Mo–Sa ab 16.00 Uhr, Wolfgangstraße, 70378 Stuttgart, Tel. +49 157 32298261, weinbauscheef.de

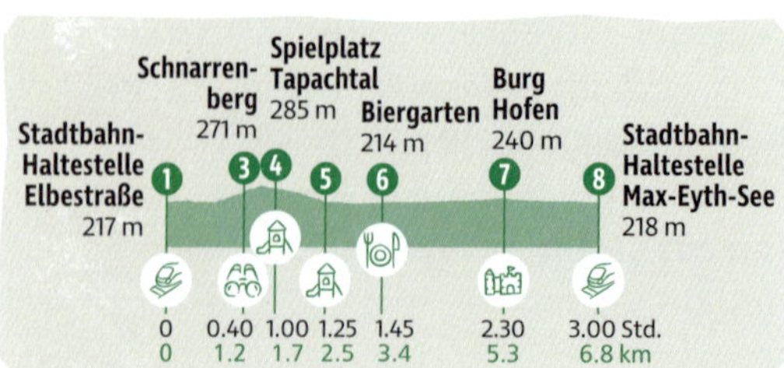

Kurzvariante: Wer mit kleinen Kindern, mit Laufrad oder Kinderwagen unterwegs ist, nimmt nach Wegpunkt 3 nicht den Abzweig zur Treppe, sondern geht weiter am Neckar entlang und trifft am Spielplatz Austra-

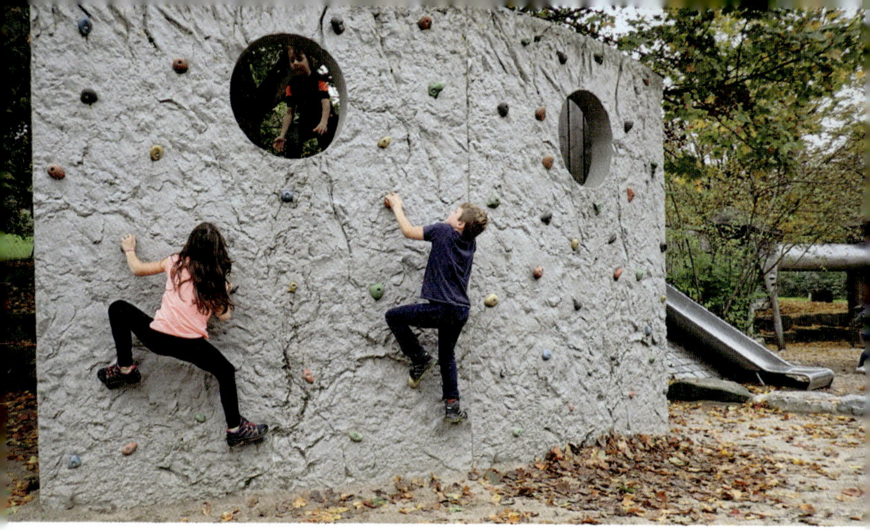

ße ❺ wieder auf die Hauptroute. Die dann leichte Tour verkürzt sich auf 5,8 km (ab 4 Jahren). Wer auch den Abstecher zur Burg Hofen weglässt, ist nur 3,9 km unterwegs.
Tipps: Zwei Bootsverleihe versprechen Spaß auf dem Wasser: Riverboat beim Wasserspielplatz Austraße ❺: Elektoboote, Kanus und SUPs (online reservieren), stattreisen-stuttgart.de/index/wasser-neckar.html. Bootsvermietung beim Biergarten am Max-Eyth-See ❻: Ruder-, Tret- und Elektroboote, miet-ein-boot.de.

Der Spielplatz im Tapachpark lockt mit tollen Spielmöglichkeiten.

LOS GEHT'S Von der **Stadtbahn-Haltestelle Elbestraße ❶** gehen wir auf den Parkplatz zu und nehmen den Weg, der zwischen Kleingärten und Vereinshäusern hinauf zum **Spielplatz ❷** führt. Durch die Unterführung kommen wir zum Kleintierzüchterverein und können über den Zaun sehen, was dort kreucht und fleucht.
Wir biegen danach rechts ab und später links auf den »Neckarweg« mit dem »Blauen N«. Kurz darauf verläuft parallel zum breiten Weg ein schmaler Weg bergauf (mit Kinderwagen rechts bleiben und am Flussufer entlang bis zum Wasserspielplatz Austraße ❺). In die Weinberge und ins Tapachtal folgen wir dem schmalen Neckarweg bergauf und steigen die lange Trep-

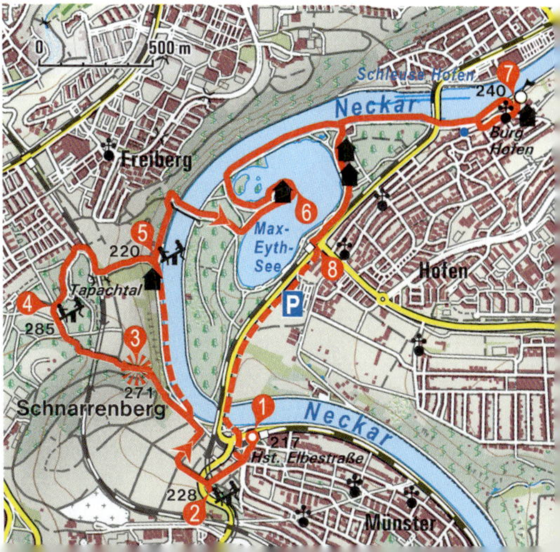

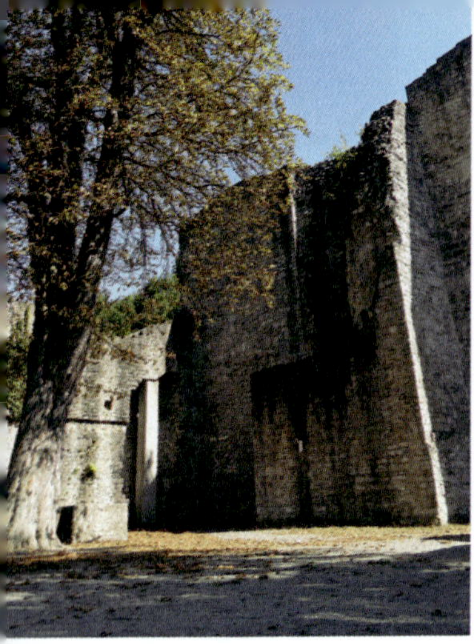

pe hinauf. Hier ist Ausdauer gefragt, aber mit ein paar Verschnaufpausen ist es bald geschafft. Oben geht es scharf links und eine wunderbare Aussicht vom **Schnarrenberg 3** belohnt uns für die Anstrengung.
Wir folgen der Rechtskurve des Weges und wandern zwischen Kleingärten und Weinbergen. Nach den Kleingärten biegen wir nach rechts in den Tapachpark ab und folgen dem Wanderzeichen »Blauer Strich« über einen Weg aus Kopfsteinpflaster. Unten stoßen wir auf einen Weg, verlassen den »Blauen Strich« und gehen geradeaus weiter zum **Spielplatz Tapachtal 4**.
Nach der Spielpause geht es rechts an der Holzhütte vorbei und die Treppen hinunter. Dann halten wir uns links, folgen dem Weg zum Ende des Parks und biegen vor den ersten Häusern rechts ab. Der steile Asphaltweg führt durch einen Tunnel und weiter zum Neckar. Am Ufer liegt der **Wasserspielplatz Austraße 5** mit Imbiss und Bootsverleih Riverboat nebenan.

Am Ufer des Neckars erheben sich die hohen Mauern der Burgruine Hofen.

Dann geht es auf dem breiten Weg flussabwärts. Der moderne Max-Eyth-Steg bringt uns ans andere Ufer. Geradeaus erreichen wir den **Max-Eyth-See**, wo wir nach links auf die Halbinsel zum **Biergarten 6** wandern. Hier gibt es einen Sandstrand und einen Bootsverleih.
Auf dem Rückweg halten wir uns nach dem Tor rechts und wandern am Seeufer entlang. Durch den Zaun können wir die gefiederten Bewohner der Vogelinsel beobachten. Hier, mitten in der Großstadt, brütet der stark gefährdete Nachtreiher, von dem es in Deutschland nur noch wenige Brutpaare gibt.
Wir wandern am Neckarufer stromabwärts und lassen den See hinter uns. Es geht durch eine Unterführung und

Am Sandstrand des Max-Eyth-Sees fühlt man sich fast wie im Urlaub!

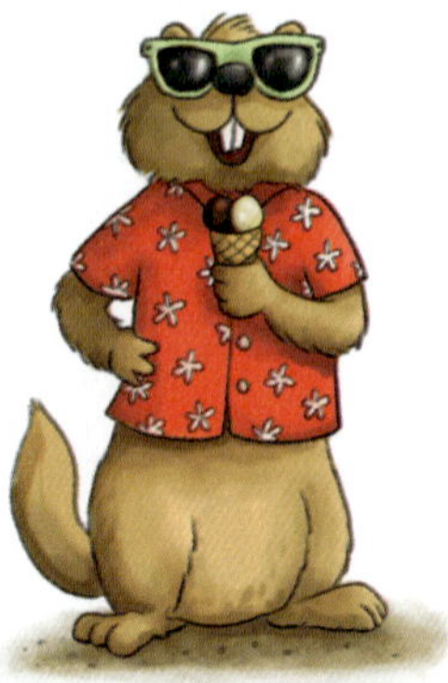

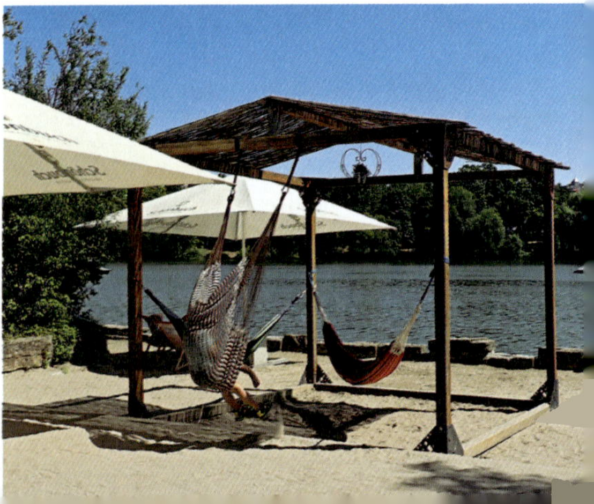

Hallo Kinder!

Am Wasserspielplatz Austraße lässt sich nicht nur toll spielen. Im Sommer könnt ihr dort leckere Früchte ernten, die es fast nie im Laden zu kaufen gibt: **Maulbeeren**. Gleich neben dem Eingangstor des Spielplatzes wächst ein hoher Maulbeerstrauch. Die **fast schwarzen Früchte** sehen aus wie längliche Brombeeren. Sie schmecken saftig süß und versorgen euch sogar mit vielen gesunden Vitaminen. Ihr könnt sie frisch vom Strauch essen. Sie halten nämlich nicht lange und werden schnell matschig. Das ist auch der Grund, warum ihr sie kaum im Supermarkt findet. Übrigens: Seidenraupen werden mit den Blättern des Maulbeerbaums gefüttert. Aus ihren Kokons werden Seidenfäden gewonnen und zu feinen Stoffen gewebt.

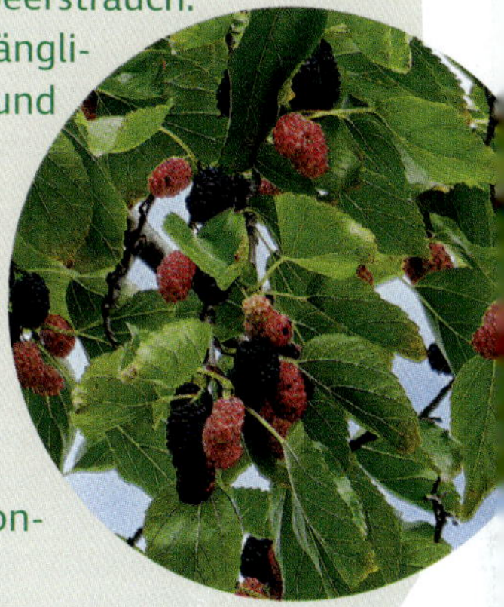

am Wasserkraftwerk vorbei. Um die **Burg Hofen ⑦** barrierefrei zu erreichen, nehmen wir nach der Unterführung die erste Straße rechts und gleich wieder links. Geradeaus durch die Scillawaldstraße kommen wir zur einzigen Burgruine in Stuttgart mit aufragenden Mauerresten. In Sichtweite hat im Sommer eine Besenwirtschaft geöffnet.
Zurück gehen wir entweder auf demselben Weg oder über die Stufen hinunter und nach links am Fluss entlang. Wenn wir den See wieder erreichen, gehen wir im Uhrzeigersinn am Ufer entlang und können einkehren oder die Segler beobachten. ÖPNV-Nutzer steigen an der **Stadtbahn-Haltestelle Max-Eyth-See ⑧** ein. Wer mit dem Auto angereist ist, überquert dort Gleise und Straße und geht bis zum **Parkplatz**.

★Highlights

- Drei tolle Spielplätze erobern.
- Stolz auf sich sein, wenn man die vielen steilen Stufen zu den Weinbergen hochgestiegen ist.
- Vom Max-Eyth-Steg den Blick auf Neckar und Weinberge genießen.
- Auf der Halbinsel im Max-Eyth-See am Sandstrand liegen oder ein Boot mieten und über den See schippern.
- Die alten Gemäuer der Burgruine Hofen erforschen.
- Zum Schluss im Biergarten einkehren und zuschauen, wie die Segelschüler ihr Boote geschickt manövrieren.

20 Killesberg und Rosensteinpark

ZU DEN GRÜNEN PERLEN STUTTGARTS

3.30 STUNDEN

8,7 KILOMETER

↗ 130 HÖHENMETER

↘ 130 HÖHENMETER

LEICHT ab 6 Jahren

Spiel und Spaß, Tiere und Blumen: Hier gibt es so viel zu sehen, dass selbst kleine Wandermuffel gar nicht merken, dass sie ordentlich Strecke machen. Wer eine Tour mit vielen Attraktionen sucht, ist hier genau richtig. Auf dem Killesberg können die Kinder auf Spielplätzen toben, Pferde streicheln und den filigranen Killesbergturm erklimmen. Etliche Einkehrmöglichkeiten bieten kulinarische Highlights. Im Rosensteinpark sorgen dann ein Spielplatz, lebensgroße Dinos und die Zootiere der Wilhelma für Abwechslung. Auch ein Museumsbesuch lässt sich gut mit der Tour verbinden. Dinofans sollten sich das Museum am Löwentor nicht entgehen lassen. Schloss Rosenstein bietet Einblicke in unterschiedlichste Lebensräume der Welt, samt tierischer Bewohner.

Ausgangspunkt: Stadtbahn-Haltestelle Pragsattel, Anfahrt mit U6, U7, U13, U15 und U16 sowie Bus 43 und 57. Die Anreise mit ÖPNV ist empfehlenswert! – Mit dem Auto: Kleiner Parkplatz am Freibad (Beim Höhenfreibad 37, Zufahrt über Lenbachstraße, 70192 Stuttgart). Über die Heidestraße in den Park und bei Wegpunkt 3 in die Tour einsteigen.
Ausrüstung: Leichte Wander-, Trekking- oder Turnschuhe. Evtl. Ersatzkleidung, Wasserschuhe, Picknickdecke.
Anforderungen: Hauptsächlich Asphaltwege, Straßen werden sicher über Fußgänger-Stege gekreuzt (nur einmal an einer Ampel). Die Route hat Steigungen, ist aber stufenfrei und für Kinderwagen geeignet. Im Höhenpark Killesberg kann oft über Treppen abgekürzt werden.
Einkehr: Schwäbische Weinstube, Mo Ruhetag, Beim Höhenfreibad 15, Tel. +49 176 40795429, weinstube-killesberg.de. Höhencafé, Mo Ruhetag, Thomastr. 101, Tel. +49 711 2560520, hoehencafe.de. Biergarten Höhenberg, Fr, Sa, So geöffnet, Stresemannstr. 39, Tel. +49 711 45145401, hoehenberg-stuttgart.de. Bellevue, vegetarisch und vegan, Di u. Mi Ruhetag, Stresemannstr. 38, Tel. +49 711 253 500 22, bellevuestuttgart.de. Ins Blaue, Mo u. Di Ruhetag, Wartbergstr. 40, Tel. +49 711 95864845, facebook.com/insblauestuttgart. Café Fossil im Museum am Löwentor, Mo Ruhetag, Nordbahnhofstr., Tel. + 49 711 8936-0, www.naturkundemuseum-bw.de.

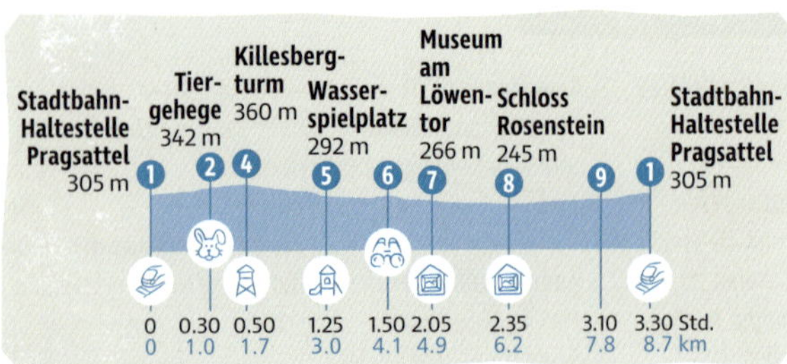

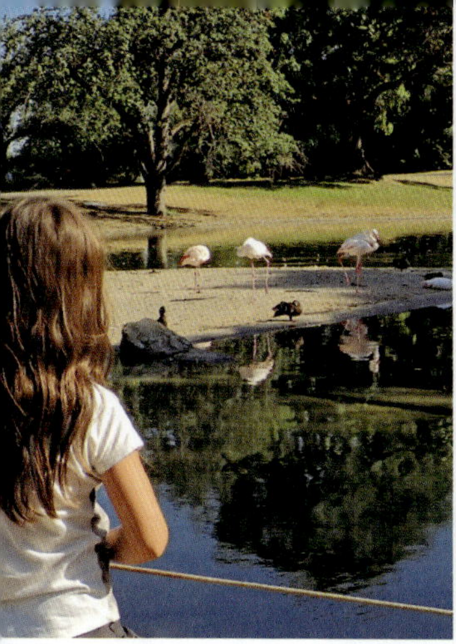

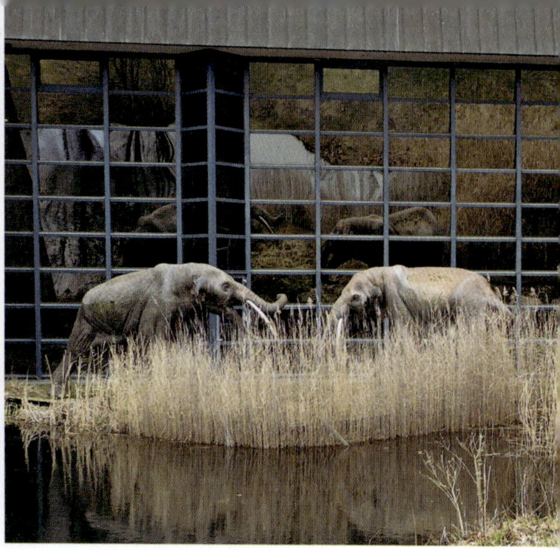

Kurzvarianten: Den Teil durch den Rosensteinpark weglassen und von der Bastion Leibfried direkt den Weg nach Norden zum Pragsattel einschlagen (4,6 km, ab 4 Jahre).
Am Ende kann die Tour abgekürzt werden: dazu am Löwentor **9** zu den Stadtbahn-Haltestellen und nicht zurück zum Pragsattel.

LINKS

Am Flamingosee staksen lange pinkfarbene Beine durchs Wasser.

RECHTS

Das Museum am Löwentor empfängt Dinofans mit zwei Urweltelefanten.

LOS GEHT'S Von der **Stadtbahn-Haltestelle Pragsattel 1** gehen wir durch die kleine Grünanlage zur ruhigen Stresemannstraße, der Parallelstraße zur gleichnamigen Hauptverkehrsstraße. Später überqueren wir die vierspurige Straße an der Ampel zum **Höhenpark Killesberg**. Nach dem Eingangsgebäude gehen wir nach rechts und biegen vor der Schwäbischen Weinstube nach links ab zum **Tiergehege 2**. Dort freuen sich Ziegen, Lamas, Alpakas, Hühner und Schweine auf Futter aus dem Automaten. Der **Flamingosee** und der große **Spielplatz 3** sind auch gleich um die Ecke. Ein paar Schritte weiter beobachten uns Po-

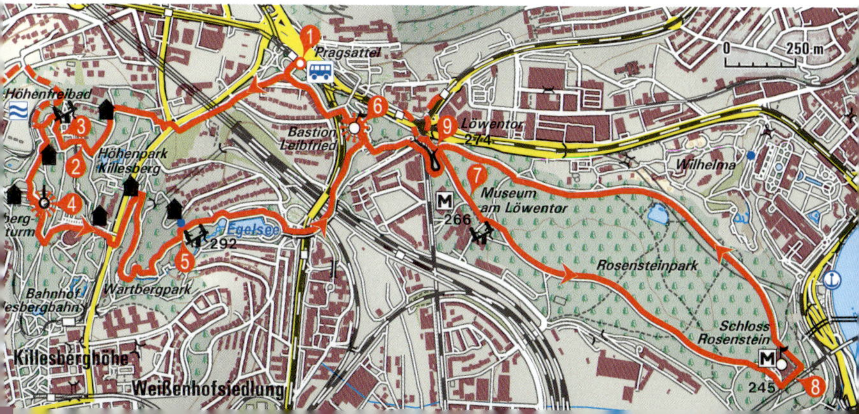

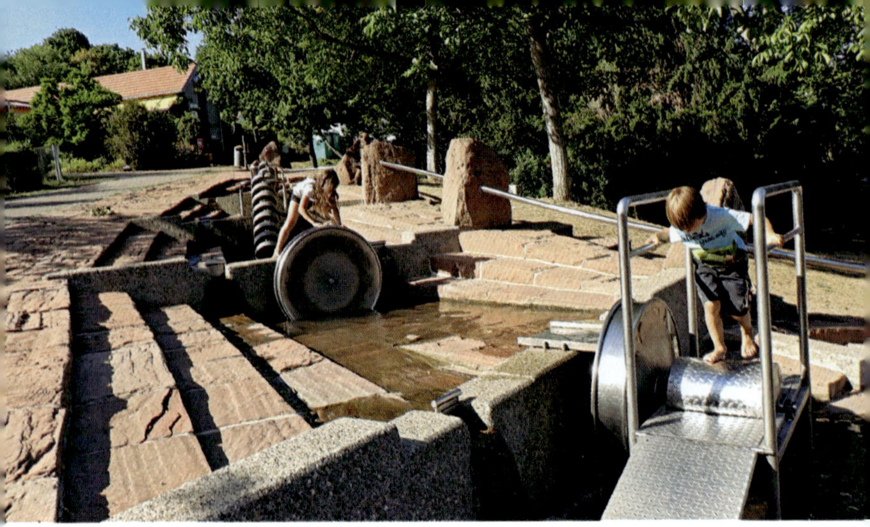

Technik spielerisch entdecken auf dem Wasserspielplatz im Wartbergpark.

nys und Esel. Nach ausgiebigen Streicheleinheiten wenden wir uns vom Zaun ab und gehen links am Toilettenhäuschen vorbei zur Milchbar. Von dort geht es weiter durch ein Natursteinhäuschen und geradeaus, bis uns der Weg links hinauf zum **Killesbergturm 4** führt.

Dann wandern wir den steilen Weg mit Blick aufs Tal der Rosen hinab. Wir gehen scharf links und kommen im Sommerhalbjahr zu **Eliszi's Jahrmarkttheater**. Wir nehmen den Schotterweg nach dem Theaterzelt, zwischen den beiden Steinblöcken, schräg rechts, vorbei an Blumenbeeten. Nach dem Biergarten Höhenberg kommen wir über eine Brücke in den **Wartbergpark**. Wir wenden uns erst nach rechts, dann scharf nach links, vorbei am Restaurant Bellevue. Wir folgen der Rechtskurve bergab, gehen geradeaus und passieren verschiedene Kunststationen. Beim Picknickplatz verdeutlichen riesige rot-weiße Vermesser-Stäbe den Höhenunterschied zum Tal. Der Weg führt weiter zum **Wasserspielplatz 5**. Oberhalb befindet sich das kleine Restaurant Ins Blaue. Am Windrad vorbei führt uns der Weg zum **Egelsee**.
Über Seilnetzbrücken folgen wir den Wegweisern Richtung Rosensteinpark zum Leibfriedschen Garten. Die **Bastion Leibfried 6** erinnert an einen riesigen Maulwurfshügel und wir können auf die Aussichtsplattform steigen.
Weiter den Wegweisern zum Rosensteinpark folgend spazieren wir durch das pyramidenförmige Gate of Hope und über den Lodzer Steg. Dann geht es nach rechts zum Eingang des **(Dino-)Museum am Löwentor 7**, wo es lebensgroße Dinos zum Anfassen gibt. Gleich daneben liegt der tolle Dino-Spielplatz. Wir folgen dem Weg durch den Landschaftspark. Am anderen Ende liegt das **Schloss Rosenstein 8**. Im Museum können die Ökosysteme der Welt durchschritten werden. Wer lebendige Tiere sehen möchte, geht hinter dem Schloss zum Zaun der Wilhelma weiter. Dort lassen sich Schneeleoparden, Bisons und Ka-

★Highlights

Jede Menge Tiere – ganz ohne Eintritt: auf dem Killesberg Pferde, Alpakas und Hühner füttern und streicheln, im Flamingosee rosa Langbeine und im Rosensteinpark über den Zaun Kamele und Schneeleoparden der Wilhelma beobachten.

Mit Wasserrädern und -schrauben das Wasser auf dem Wasserspielplatz im Wartbergpark bergauf transportieren und wieder fließen lassen.

Den modernen, filigranen Killesbergturm und die Bastion Leibfried besteigen und die Aussicht auf Stuttgart genießen.

Im Sommer Eliszi's Jahrmarkttheater mit Kasperletheater, historischem Karussell und Schiffschaukel besuchen.

Eine Runde mit der Killesbergbahn durch den Park fahren (Info: ssb-ag.de/erleben/killesbergbahn).

In den beiden Naturkundemuseen Dinos sehen oder eine Reise zu den verschiedenen Lebensräumen der Erde machen (s. Freizeitipp D6).

mele beobachten. Die breiten Trampelpfade entlang des Zauns sind nicht zu verfehlen und wir gelangen auf ihnen schließlich zum **Löwentor ❾**. Wer mit dem ÖPNV angereist ist, kann die Tour hier abkürzen und zu einer der beiden Stadtbahn-Haltestellen gehen. Für alle anderen führt der Weg zurück über den Lodzer Steg zur **Bastion Leibfried ❻**. Auf der Nordseite des Hügels den Weg zum Samarasteg nehmen und dann nach rechts zur **Haltestelle Pragsattel ❶**.

Hallo Kinder!

Wusstet ihr, dass es in der **Wilhelma** vor hundert Jahren noch gar keine Tiere gab? Ursprünglich wuchsen in dem königlichen Garten nur Pflanzen. Wilhelma-Direktor Schöchle sorgte Mitte des 20. Jahrhunderts dafür, dass auch Tiere den Zoo bevölkerten. Irgendwann gab es dann so viel Getier in der Wilhelma, dass die sparsamen Stuttgarter Verwaltungsbeamten genug hatten. Es sollten nicht noch mehr Tiere werden. Schöchle stimmte zähneknirschend zu, versicherte sich aber, dass er ein neues Tier anschaffen dürfte, wenn er dafür ein anderes verkaufte. Und so ersetzte er ein Kaninchen durch einen Löwen oder eine Maus durch einen Gorilla. Die Anzahl der Tiere blieb ja gleich ...

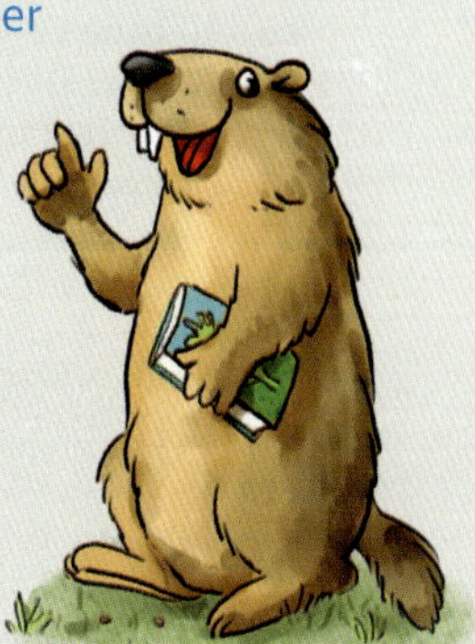

21 Bärensee im Rotwildpark

DURCHS KÖNIGLICHE JAGDREVIER BEI STUTTGART

2.30 STUNDEN

6,6 KILOMETER

↗ 60 HÖHENMETER

↘ 60 HÖHENMETER

LEICHT ab 6 Jahren

Ein Schlössle am See und viel Natur: Kaum zu glauben, wie viel Natur es so nah bei Stuttgart gibt. Zwischen stark befahrener Autobahn und quirliger Großstadt ist der Rotwildpark nördlich von Vaihingen eine Oase der Ruhe. Malerische Seen glitzern in der Sonne, Bächlein plätschern durch Wälder mit uralten Eichen und Buchen. Ein weitläufiger Spielplatz auf einer Waldlichtung bietet angenehm unspektakuläre Spielmöglichkeiten. Wir erobern einen riesigen umgestürzten Baum, erspähen Hirsche und erkunden die Grundmauern eines römischen Hauses. Direkt über dem Bärensee thront das kleine Bärenschlössle, das König Wilhelm von Württemberg einst als Jagdpavillon errichten ließ. Heute gibt es hier schwäbische Köstlichkeiten und Wildgerichte aus der Jagd vor Ort. An sonnigen Tagen ist immer etwas los. Mit einem Eis in der Hand, Sonnenstrahlen im Gesicht und Blick aufs Wasser kann man hier wunderbar die Seele baumeln lassen.

Ausgangspunkt: Kreisverkehr an der Bushaltestelle Schattengrund, Stuttgart, Anfahrt mit S2 bis Universität, dann Bus 92 Richtung Stadtmitte. – Mit dem Auto: Parkplätze am Kreisverkehr Kreuzung Magstadter Straße und Mahdentalstraße (können an Wochenenden schnell voll sein; Navi: N48.75597, E9.09186).

Ausrüstung: Leichte Wander- oder Trekkingschuhe. Evtl. Fernglas zum Beobachten der Hirsche und Wasserschildkröten, evtl. Picknickdecke.

Anforderungen: Geschotterte Wege und Naturpfade fast ohne Steigungen durch den Wald (auch gut an heißen Tagen geeignet). Zwei Abschnitte, wo die Pfade schmal und manchmal matschig sind, können mit Kinderwagen umfahren werden: Bei den Teichen am Bernhardsbach ❷ den Weg über die Brücke zum Forsthaus nehmen, dort links auf Asphalt bis zum Spielplatz ❸. Von dort nicht durch den Wald, sondern den Asphaltweg zurück und links abbiegen.

Einkehr: Bärenschlössle, SB-Restaurant, Wildgerichte aus Jagd vor Ort, auch vegane Gerichte, Mo Ruhetag, Mahdentalstraße 14, 70569 Stuttgart, Tel. +49 711 69 25 50, baerenschloessle-stuttgart.de.

Kurzvariante: Einfach um die Seen gehen und dann beim Bärenschlössle einkehren. Eine Runde um den Neuen See ist ca. 2,5 km lang und kann

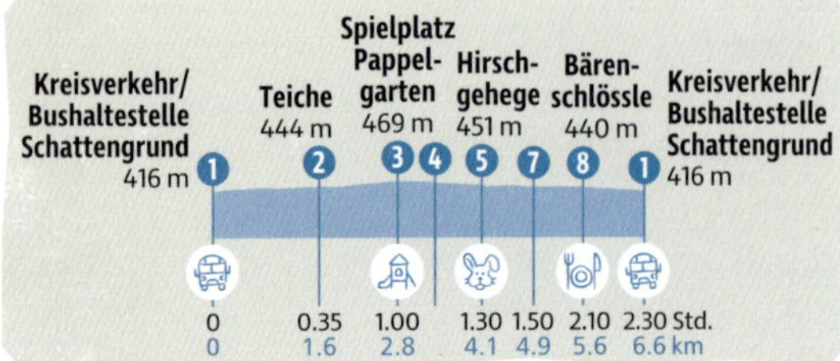

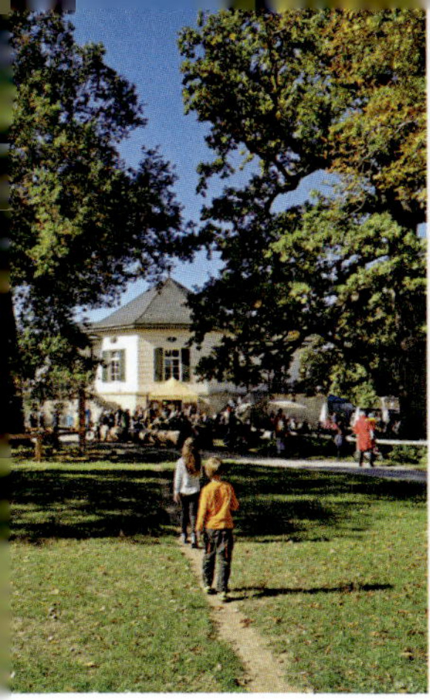

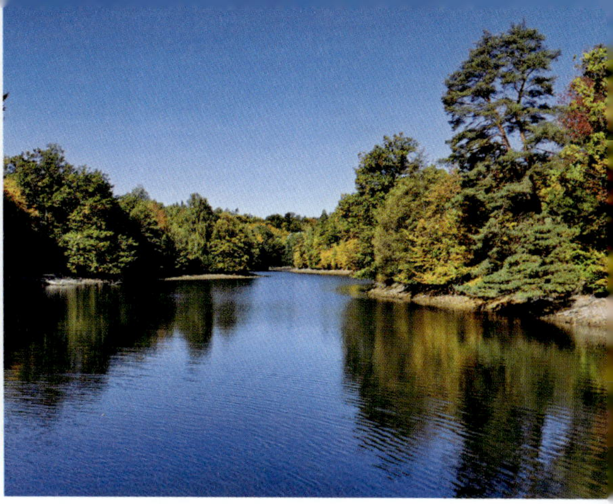

noch um den Bärensee oder den Pfaffensee verlängert werden (ab 3 Jahren). Gut für Kinderwagen/Laufrad geeignet.
Hinweise: In den Seen darf nicht gebadet werden.
Tipp: Nur wenige Autominuten entfernt liegt der Birkenkopf, auch Monte Scherbelino genannt. Es lohnt sich, hinauf zu steigen und den Blick über Stuttgart schweifen zu lassen (s. Freizeittipp L1).

LINKS
Viel Platz zum Picknicken auf der Wiese beim Bärenschlössle.

RECHTS
Der Bärensee.

LOS GEHT'S Vom **Kreisverkehr 1** aus gehen wir über den nördlichen Parkplatz ins Naturschutzgebiet und auf dem kürzesten Weg zu den Seen. Nach links wandern wir zuerst am Neuen See, dann am Bärensee entlang. Wir sehen das einladende Bärenschlössle, in dem wir zum Schluss einkehren können, gehen jetzt aber an der Brücke vorbei, den See zu unserer Rechten.
Je weiter wir wandern, umso ruhiger wird es. Dicke Äste und Baumstämme liegen malerisch am Ufer des Sees. Unter schattenspenden Bäumen erreichen wir den Bernhardsbach und mehrere kleine **Teiche 2**, die idyllisch im Wald liegen. Hier und da gibt es schöne Möglichkeiten, am Wasser zu spielen. Dann folgen wir beim Fahrradwegweiser dem Weg schräg rechts in Richtung Weilimdorf. Der Bachlauf plätschert erst rechts, dann links des Weges. Etwa 500 Meter nach dem Fahrradwegweiser bringt uns ein Weg nach

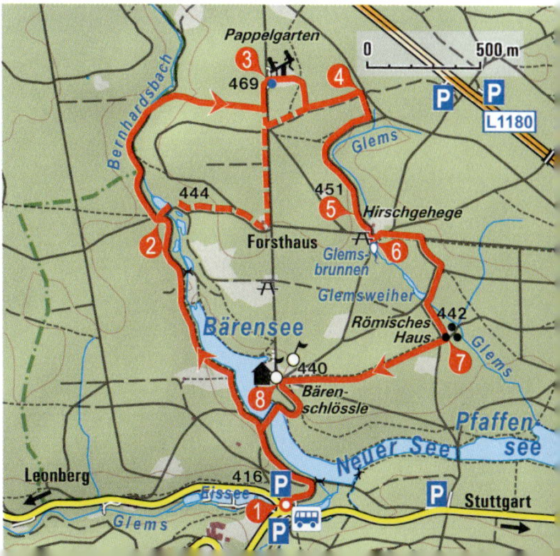

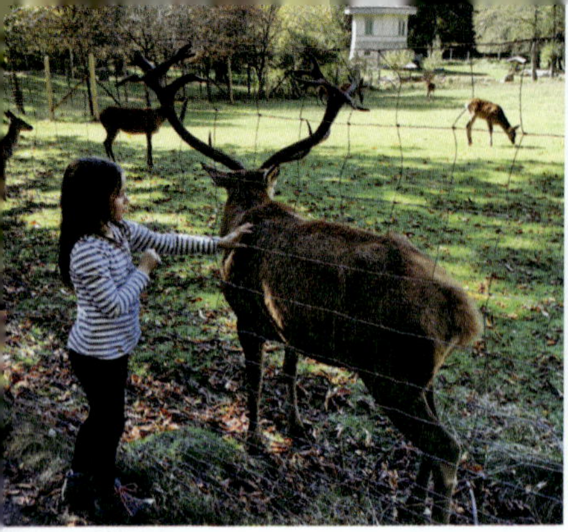

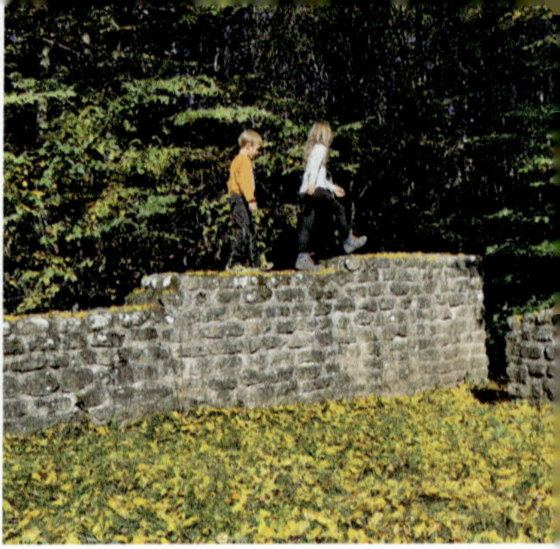

OBEN LINKS

Geduldig lässt der Hirsch sich streicheln.

OBEN RECHTS

Auf den Grundmauern einmal rund ums Römische Haus.

UNTEN

Die beeindruckende Wurzel eines vor Langem umgestürzten Baumes.

rechts hinauf in den Wald und wir folgen dem manchmal matschigen Pfad, bis wir auf den Asphaltweg stoßen. Wir wenden uns nach links und kommen zur Lichtung am **Spielplatz Pappelgarten** ❸ mit zwei überdachten Grillstellen.

Wir überqueren die Spielwiese und gehen an ihrem südöstlichen Ende (»hinten rechts«) auf einem schmalen Pfad in den Wald. Wir folgen ihm nach rechts. Wenn er sich gabelt, halten wir uns links, bis wir auf einen Schotterweg stoßen, dem wir nach links folgen. Der nächste Abzweig nach rechts ist mit einem riesigen **umgestürzten Baumstamm** ❹ versperrt, der natürlich unbedingt erklettert werden muss. Die knorrige Wurzel ist auch ein wunderbares Fotomotiv!

Am Stamm vorbei gelangen wir direkt zum Hirschgehege. Wenn keine Geweihspitzen durchs Unterholz blitzen, stehen die Chancen gut, dass wir die Tiere beim Fressen sehen. Dazu wenden wir uns nach rechts und gehen am Zaun entlang zur **Futterstelle** ❺ beim historischen Turm. Ein paar Schritte weiter liegt rechts vom Weg die Glemsbrunnen-Grillhütte mit überdachter Grillstelle. Gleich gegenüber sprudelt das Quellwasser aus dem **Glemsbrunnen** ❻. Wir überqueren den Holzsteg und gehen den Pfad weiter, der neben dem breiten Forstweg entlangführt. Am nächsten Abzweig rechts und an der nächsten Kreuzung wieder auf dem rechten Weg zum Glemsweiher. Beim Teich führt uns ein Weg nach links zum **Römischen Haus** ❼, dessen Grundmauern noch erhalten sind. Nachdem die uralten Steine inspiziert sind, nehmen wir den Weg nach rechts, der uns direkt zur großen Wiese am **Bärenschlössle** ❽ bringt. Hier kann man wunderbar picknicken oder zwischen den beiden großen Eichen zum Schlössle gehen und einkehren. Im Wald liegt die Ruine eines steinernen Hauses, die von innen und außen entdeckt werden will.

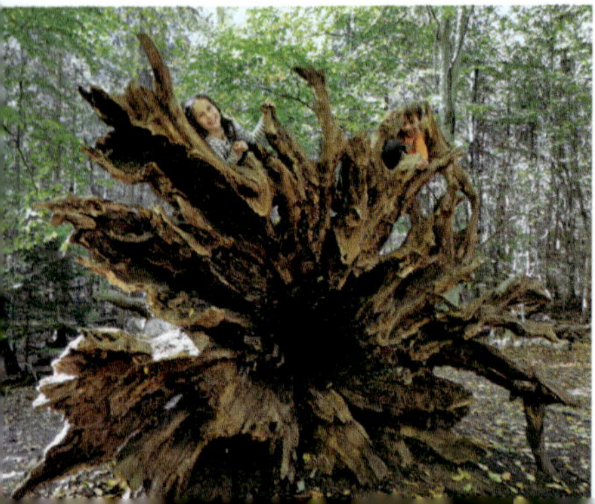

Hallo Kinder!

Bambi, das Rehkitz aus dem Disney-Film, kennt ihr sicher. Im Film wird Bambi von seinem Vater, einem stattlichen Hirsch, beschützt. Aber da stimmt doch was nicht! Kann ein Hirsch der Vater eines Rehkitzes sein? Viele Menschen glauben, dass das weibliche Wild Reh heißt und Hirsch die Bezeichnung für das männliche Wild ist. Das ist aber nicht so. **Hirsche** und **Rehe** sind **unterschiedliche Tierarten**, können also zusammen keinen Nachwuchs bekommen. Das passende Gegenstück zum Hirsch ist die Hirschkuh. Bei den Rehen heißt das Männchen Rehbock und das Weibchen Ricke. Hirsche – die ihr hier im Rotwildgehege sehen könnt – sind viel größer als Rehe und haben auch ein größeres Geweih. Der Fehler im Film beruht übrigens auf einem Übersetzungsfehler: das englische Wort »deer« kann sowohl mit »Hirsch« als auch mit »Reh« übersetzt werden. Das deutsche Buch, auf dem der Film beruht, dreht sich um die Geschichte eines jungen Rehkitzes. Da es in den USA keine Rehe gibt, wurde Bambi zum Hirsch. Bei der Übersetzung des Films ins Deutsche ist aus Bambi dann wieder ein Reh geworden. Im Film ist Bambi also eigentlich ein Hirschkalb.

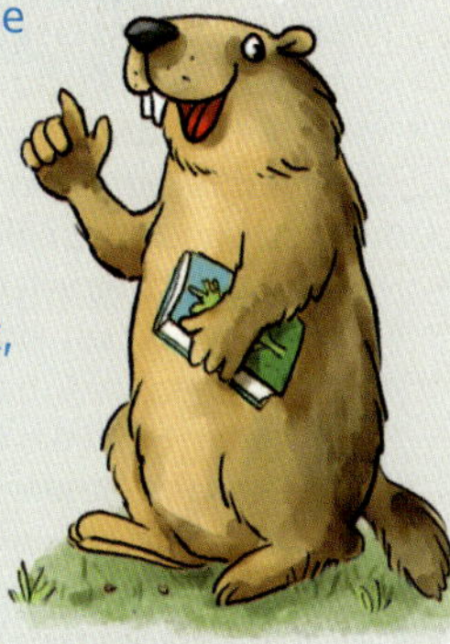

Dann wandern wir den steilen Weg zum See hinab. Über den Damm, der den Neuen See und den Bärensee voneinander trennt, stoßen wir wieder auf den Weg, den wir schon kennen und folgen ihm nach links zurück zum **Kreisverkehr** ❶.

★Highlights

- Am Ufer von Neuem See und Bärensee entlangspazieren und die hübschen Wasserschildkröten beobachten.
- Auf dem naturnahen Spielplatz Pappelgarten toben und grillen.
- Im Hirschgehege die imposanten Geweihträger erspähen und vielleicht sogar streicheln.
- Einmal um die Grundmauern des römischen Hauses gehen.
- Beim Bärenschlössle einkehren, den Blick auf den See genießen und dahinter im Wald die Ruine eines alten Steinhauses erkunden.

22 Stuttgarts wilder Süden

SCHWÄLBLESKLINGE UND HESLACHER WASSERFÄLLE

3.45 STUNDEN

8,2 KILOMETER

↗ 190 HÖHENMETER

↘ 190 HÖHENMETER

SCHWER ab 7 Jahren

Seilbahn fahren und durch Wälder und Schluchten wandern: Die ersten 87 Höhenmeter legen wir ganz bequem zurück: mit der historischen Standseilbahn. Und wir können uns in den Teakholzwagen ein bisschen fühlen wie in Lissabon oder San Francisco. Von Stuttgarts wohl schönstem Friedhof geht es in die idyllische Schwälblesklinge hinab. Deutschlands ältestes Waldheim bietet auf der anderen Talseite eine schöne Einkehr mit großem Spielplatz. Viel schattiger Wald macht diese Tour ideal für warme Tage. Der fast schon alpine Weg zu den Heslacher Wasserfällen führt über hölzerne Stege und steile Treppen. Das Wasser ergießt sich über die großen Felsen im Bachbett. Durch den Wald geht es zum Spielplatz Heslacher Wand, bevor wir wieder den Südheimer Platz erreichen.

Ausgangspunkt: Stadtbahn-Haltestelle Südheimer Platz, Anfahrt mit U1, U9 und U34. – Mit dem Auto: Parkplatz Waldfriedhof (Navi: 70597 Stuttgart, Eugen-Dolmetsch-Straße), bei ❸ in die Tour einsteigen.
Ausrüstung: Feste wasserdichte Wanderschuhe, ggf. Ersatzkleidung.
Anforderungen: Sowohl breite Waldwege und Abschnitte auf Asphalt als auch schmale, z.T. schwierige Pfade. Der Abschnitt bei den Heslacher Wasserfällen ist steil, teilweise matschig und führt über rutschige Stufen – laut einem Schild vor Ort ist alpine Erfahrung notwendig. Bei Kindern im Grundschulalter ist ggf. das wachsame Auge und die helfende Hand der Eltern gefragt. Nicht kinderwagengeeignet.
Einkehr: Waldheim Heslach, zertifiziertes Fleisch, vegetarische/vegane Gerichte, Mi Ruhetag, Dachswaldweg 180, 70569 Stuttgart, Tel. +49 711 56614480, restaurant-waldheim-heslach.de.
Kurzvarianten: Die Tour an der Haltestelle Waldeck beginnen (6,3 km, ab 6 Jahren) oder an der Haltestelle Rudolf-Sophien-Stift, nach den Heslacher Wasserfällen, beenden (5,8 km, schwer, ab 6 Jahren).
Hinweise: Wer sein Auto am Waldfriedhof parkt, sollte bei der Zeitplanung bedenken, dass die letzte Seilbahn um 17.50 Uhr bergauf fährt.

LOS GEHT'S Von der **Stadtbahn-Haltestelle Südheimer Platz** ❶ überqueren wir die Straße und gehen über den Südheimer Platz, wo wir noch einen kurzen Spielplatz-Stopp einlegen können. Wir biegen rechts in die ruhige Straße ein, deren Rechtskurve wir später folgen und erreichen die **Talstation der Standseilbahn** ❷. Im historischen Holzwagen fahren wir zum Waldfriedhof hinauf.
Von der **Bergstation** ❸ der Seilbahn bzw. vom Parkplatz gehen wir zum Vorplatz des Waldfriedhofs. Dort sehen wir schon die ersten Wanderzeichen des »Josefleswegs«, dem wir einige Zeit folgen. Vor der Gärtnerei biegen wir rechts ab, gehen am Zaun des Friedhofs entlang und tauchen ein in die Ruhe des Waldes. Der schöne Weg bringt uns dann

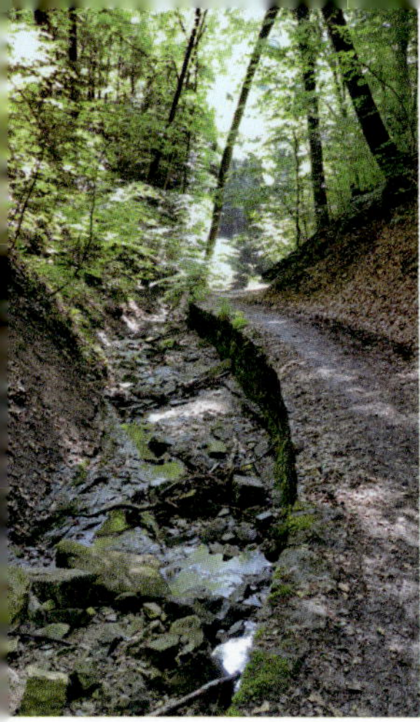

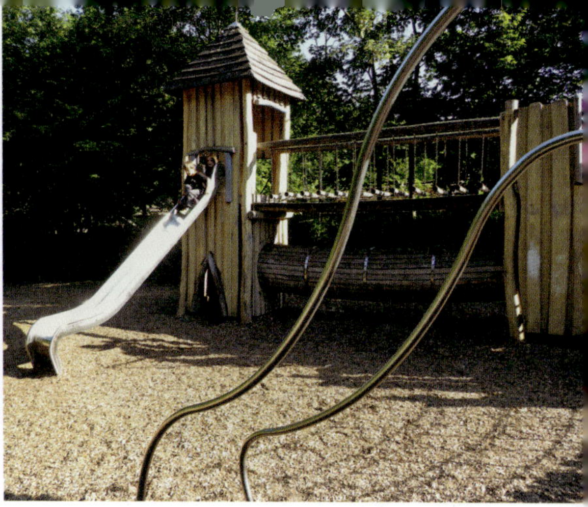

nach links hinunter in die **Schwälblesklinge**. Dort geht es vor der Brücke nach rechts, am Bach entlang und an einem großen Sandsteinblock vorbei. Wenn sich der Weg gabelt, gehen wir rechts. Dann wenden wir uns nach links, überqueren den **Staudamm** ❹ und folgen dem Joseflesweg durch den Wald.

Wenn wir auf eine ruhige Straße stoßen, verlassen wir den Joseflesweg, gehen nach rechts und überqueren die Böblinger Straße nahe der **Stadtbahn-Haltestelle Waldeck** ❺ an der Ampel. Dann gehen wir nach rechts. Wir folgen nun dem »Stuttgarter Rundwanderweg« und gehen an den Schienen entlang, bis uns Holzstufen schräg links in den Wald führen. Oben führt uns der Stuttgarter Rundwanderweg nach links und wir folgen ihm bergan bis zu einer scharfen Linkskurve. Dort nehmen wir den schmaleren Weg, der geradeaus hinauf zum Tor des **Waldheims Heslach** ❻ führt.

Nach der Pause gehen wir durch das Tor und auf dem Forstweg nach links. Nachdem wir an einem Tor zu Sportplätzen vorbeigekommen sind, gehen wir rechts in einen Pfad. Wenn er sich gabelt, nehmen wir den linken Pfad. Unten angekommen wenden wir uns nach links. An einer Kleingartenanlage führt, beim Wegweiser »Blauer Punkt«, ein schmaler Weg nach rechts in den Wald. Über steile Stufen

LINKS

Der idyllische Weg führt direkt am Bach durch die Schwälblesklinge.

RECHTS

Bei dem tollen Spielplatz am Waldheim darf es gerne länger dauern, bis das Essen fertig ist.

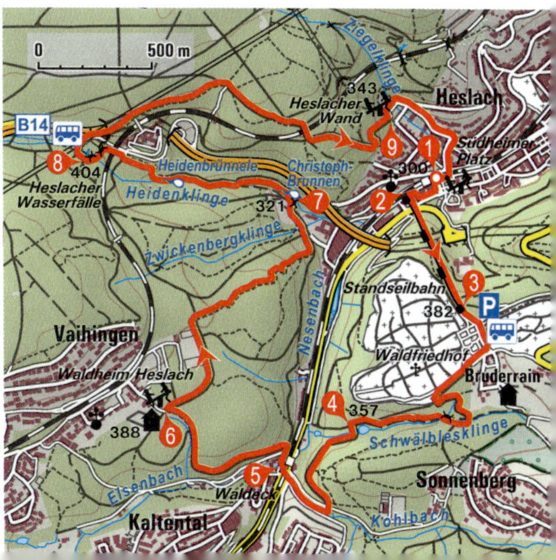

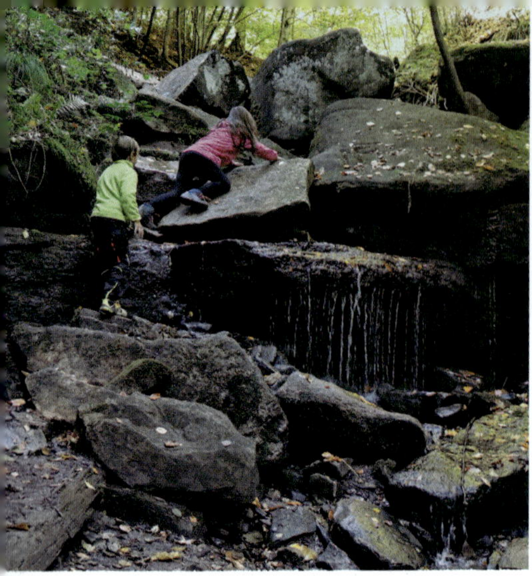

Wenn ihr gerne über Felsen kraxelt, seid ihr bei dieser Tour genau richtig!

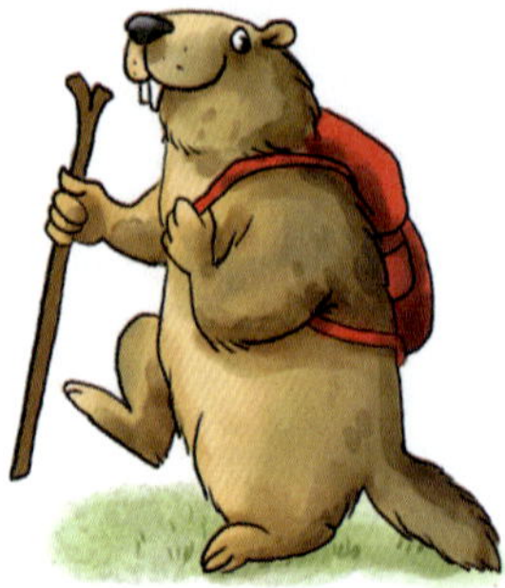

Wilde Natur am Rande der Großstadt, die Heslacher Wasserfälle.

erreichen wir den **Christoph-Brunnen 7**. Neben der Bank nehmen wir den steilen Wurzelpfad, der sich gleich darauf gabelt. Wir gehen rechts zu einem Waldweg und folgen diesem nach links. Durch die **Heidenklinge** wandern wir am Bach entlang, bis der Weg sich gabelt. Links können wir einen kleinen Abstecher zum Heidenbrünnele machen, den rechten Abzweig gehen wir dann hinauf Richtung Heslacher Wasserfälle (Wegweiser Parkseen).

Wir erreichen eine Straße, die uns unter einer Eisenbahnbrücke hindurchführt. Kurz danach gehen wir vor der Leitplanke links einen Pfad hinab. Ausgetretene Steinstufen führen uns zu einem Notausgang der S-Bahn. Über steile Stufen und Holzstege steigen wir in die wilde Schlucht. Dann geht es wieder aufwärts entlang der **Heslacher Wasserfälle 8**.

Vor der Brücke gehen wir links hinauf, überqueren die Brücke und gehen auf der Straße nach rechts, hinter der Bushaltestelle Rudolf-Sophien-Stift vorbei. Wir nehmen den Schotterweg, der beim grünen Zaun hinaufführt und steigen in Serpentinen bergauf. Nach einer Weile treffen wir auf das Wanderzeichen »Blauer Strich«, dem wir ein Stück folgen. An der nächsten Kreuzung gehen wir mit dem Wanderzeichen

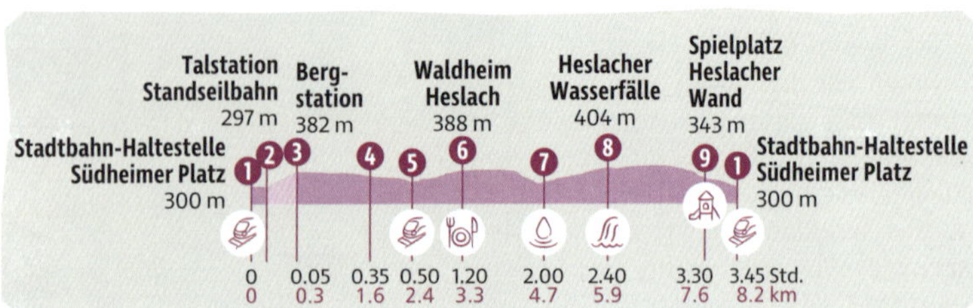

Hallo Kinder!

Manche nennen sie **»Erbschleicher-Express«** – die **Standseilbahn**, die seit fast 100 Jahren zum Waldfriedhof fährt. Und das Seil? Seht ihr erst auf den zweiten Blick. Anders als bei Seilbahnen in den Bergen verläuft es hier zwischen den Schienen. An der Bergstation könnt ihr hinter Glas die großen Triebscheiben sehen, die das dicke Stahlseil in Bewegung setzen. An den Enden des Seils sind die beiden Teakholzwagen befestigt. Und weil sie miteinander verbunden sind, fährt immer der eine Wagen nach oben, während der andere sich nach unten bewegt. Genau gleich schnell, mit bis zu 11 km/h. Warum sie trotzdem nie zusammenstoßen? Das findet ihr auf der Fahrt heraus!

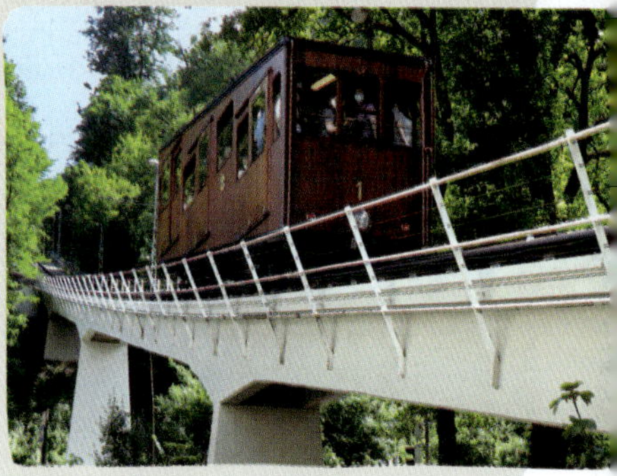

nach rechts. Wenn der Weg eine leichte Linkskurve macht, wandern wir auf dem schmaleren Weg geradeaus weiter und folgen nun nicht mehr dem »Blauen Strich«. Wir gehen zweimal rechts und überqueren die Gäubahn auf der Brücke. Dann biegen wir links ab und folgen dem Schotterweg bis zum **Spielplatz Heslacher Wand ❾**.
Wir durchqueren den Spielplatz und folgen der Straße bergab. Dann geht es in die nächste Straße nach rechts. Unten überqueren wir die Straße und gehen die Treppen hinunter zur **Stadtbahn-Haltestelle ❶**. Wer mit dem Auto gekommen ist, fährt mit der Seilbahn zum Waldfriedhof.

★Highlights

In die idyllische Schwälblesklinge hinabsteigen, beeindruckende Sandstein-Formationen sehen und direkt am plätschernden Bach entlangwandern.

Im großen Biergarten des Waldheims Heslach im Grünen schlemmen und danach auf dem schönen Spielplatz klettern.

Durch eine wildromantische Schlucht über Stufen und Stege zu den Heslacher Wasserfällen wandern.

Den Spielplatz Heslacher Wand direkt am Waldrand erobern.

In den alten Holzwagen der Seilbahn mit Lissabon-Flair zum Waldfriedhof fahren.

23 Zum Haus des Waldes

DURCH DEN WALD ZWISCHEN DEGERLOCH UND SILLENBUCH

3.00 STUNDEN

8,0 KILOMETER

↗ 90 HÖHENMETER

↘ 90 HÖHENMETER

LEICHT ab 6 Jahren

Auf dem Erlebnispfad Sinneswandel und zum Stuttgarter Fernsehturm: Stuttgarts Wahrzeichen wurde 1956 als erster Fernsehturm der Welt eingeweiht. Er ist das höchste, aber nicht das einzige Highlight dieser Tour. Erst geht es zum Clara-Zetkin-Haus mit großem Spielplatz am Waldrand. Nach einer Runde durch den Eichenhain mit seinen majestätischen alten Bäumen steuern wir das Haus des Waldes an. Eine spannende Mitmach-Ausstellung zeigt uns das Thema Wald aus ganz neuen Perspektiven. Dort startet auch der Erlebnispfad Sinneswandel. Beim Klettern entdecken wir Nahrungsketten, können einen Baum von der Wurzel bis zum Wipfel anfassen und erfahren, was aus Holz alles gemacht wird. Der Pfad ist für alle gemacht und auch für rollstuhlfahrende und blinde Menschen konzipiert. Bevor wir dann den Fernsehturm erreichen, bietet der weitläufige Spielplatz am Königsträßle viele Gelegenheiten zum Austoben.

Ausgangspunkt: Stadtbahn-Haltestelle Ruhbank, Anfahrt mit U7, U8, U15. – Mit dem Auto: P+R Ruhbank, Georgiiweg, 70597 Stuttgart (Navi: N9.193883, E48.753190).
Ausrüstung: Leichte Wander- oder Trekkingschuhe. Jacken einpacken, denn auf der Aussichtsplattform des Fernsehturms kann es recht zugig sein.
Anforderungen: Einfache Tour hauptsächlich über ebene Wege aus Feinschotter. Die Kurzvariante ist barrierefrei und gut für Laufrad und Kinderwagen geeignet. Die Hauptroute enthält auch schmale Wurzelpfade durch den Wald.
Einkehr: Clara-Zetkin-Haus, Mo Ruhetag, Gorch-Fock-Straße 26, 70619 Stuttgart, Tel. +49 711 471235, waldheim-stuttgart.de. Fernsehturm, Panoramacafé, Mo und Di Ruhetag; Restaurant, geöffnet Sa und So, Jahnstr. 120, 70597 Stuttgart, Tel. +49 711 91429800, fernsehturm-stuttgart.de.
Kurzvariante: Von der Stadtbahn-Haltestelle Ruhbank **1** die Mittlere Filderstraße überqueren und nach links auf einem Pfad parallel zur Straße. Der erste Abzweig nach schräg rechts, der »Verbindungsweg«,

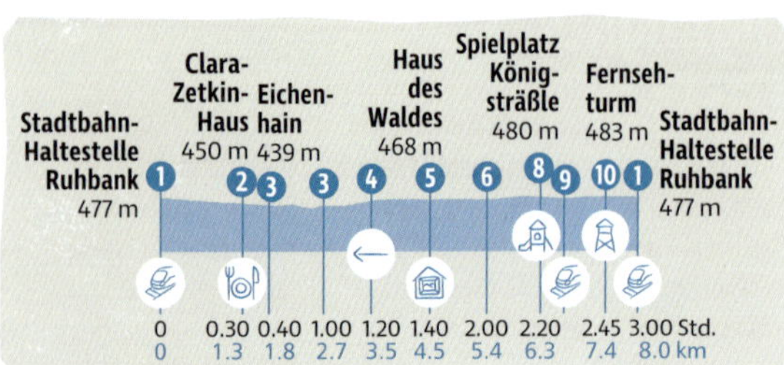

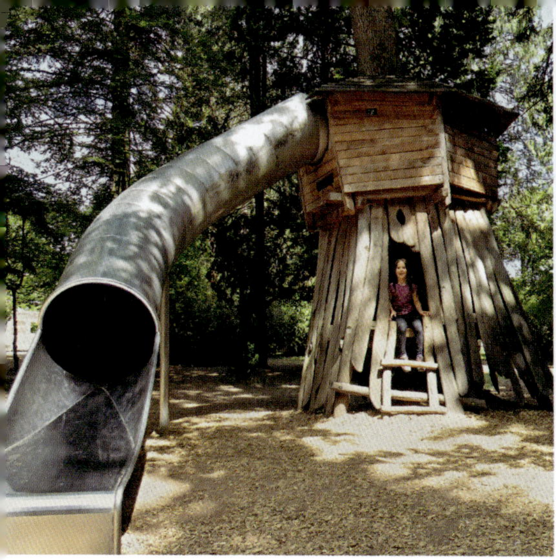

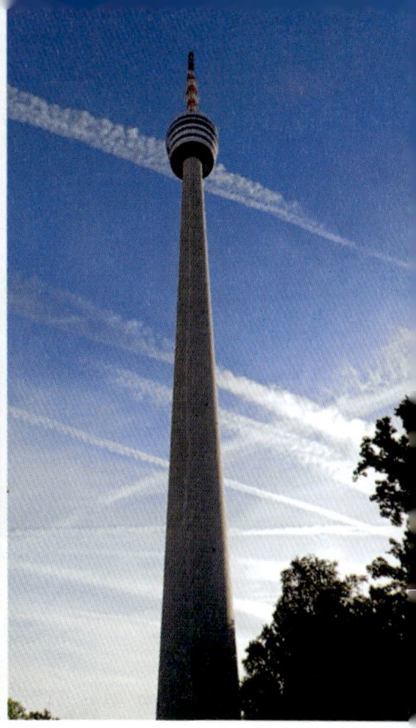

führt durch den Wald. An der Straße nach links und vor dem Hotel rechts. Immer geradeaus, dann das Königsträßle links hinunterwandern und beim Schild zum Haus des Waldes in die Tour einsteigen (5 km, leicht, ab 4 Jahren).
Tipp: Wer dem Ansturm auf dem Fernsehturm entgehen möchte, steigt zuerst – gleich um 10.00 Uhr – auf den Turm und wandert anschließend den Rest der Tour.

LINKS
Der Spielplatz Königsträßle bietet fast endlos viele Spielmöglichkeiten.

RECHTS
Kaum zu glauben – der allererste Fernsehturm der Welt steht in Stuttgart.

LOS GEHT'S Von der **Stadtbahn-Haltestelle Ruhbank ❶** gehen wir auf dem Gehweg nach Südosten, die Mittlere Filderstraße zu unserer Rechten. An der Ampel biegen wir nach links ab und folgen dem Degerlocher Fleggaweg durch den Wald. An der nächsten Kreuzung mit Bank geht es nach rechts. Wenig später verlassen wir den Fleggaweg und folgen einem Naturpfad, der links vom Schotterweg abzweigt. Wir folgen dem Pfad, der sich durchs Unterholz schlängelt. Dann überqueren wir einen Schotterweg nach schräg links und folgen weiter dem Pfad. Nach einem umgestürzten Baum gabelt sich der Pfad und wir gehen links. Wir überqueren einen Asphaltweg und erreichen den Biergarten des

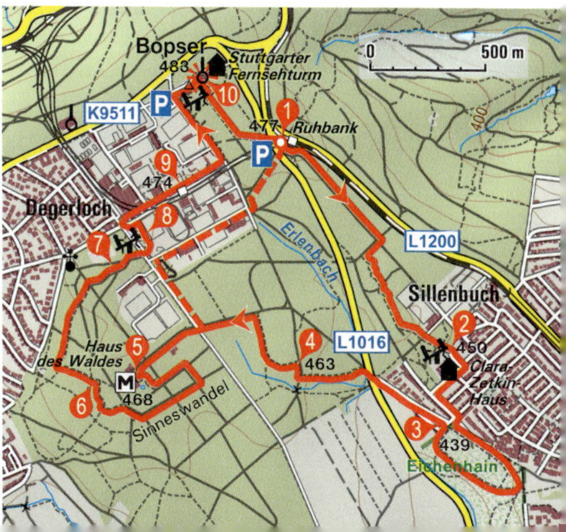

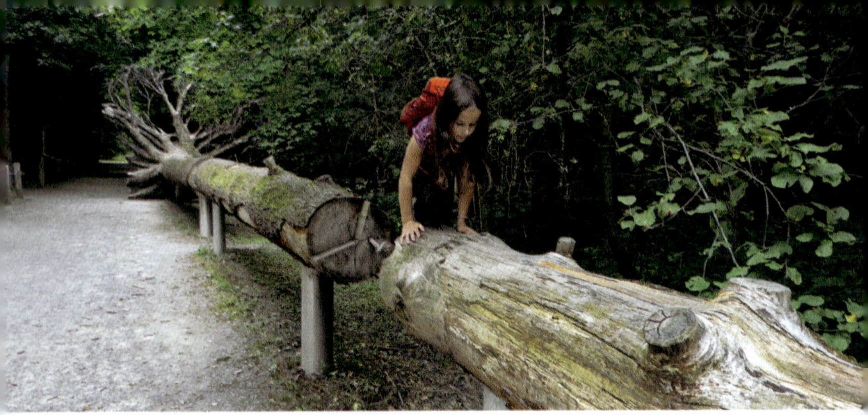

Der Erlebnispfad Sinneswandel zeigt die Natur aus neuen Blickwinkeln.

Clara-Zetkin-Hauses ❷, wo wir unter Apfelbäumen sitzen und auf dem großen Spielplatz toben können. Vorbei am Haus gehen wir auf der Gorch-Fock-Straße nach rechts und am Herrman-Löns-Weg links. An der nächsten Kreuzung queren wir die Rudolf-Brenner-Straße und biegen gleich danach rechts in den Gehweg ein. Dort empfängt uns eine Infotafel im **Naturschutzgebiet Eichenhain** ❸. Wir gehen hinein und nehmen den ersten Pfad nach links. Er mündet später in einen Schotterweg, dem wir bis zu einer Kreuzung bei einem Weidezaun folgen. Vor dem Zaun biegen wir scharf rechts in einen Pfad ein und folgen ihm über die Wiesen, bis wir wieder zur Infotafel kommen. Von dort wandern wir durch die Straße »Am Eichenhain« hinab zur Mittleren Filderstraße. Über die Ampel geht es hinüber und nach der Schranke nehmen wir den linken schmaleren Weg. Wir treffen auf einen breiteren Weg und gehen rechts bis zu einer **Lichtung** ❹, an der Mammutbäume wachsen. Dort führt uns am Rande der Wiese ein Pfad nach links, an der braunen Holzhütte vorbei.

Wenn unser Weg auf den breiten Mörikeweg trifft, wandern wir nach links und sehen an der Kreuzung das große Schild des Hauses des Waldes. Wir folgen dem Weg geradeaus. Vorbei am Forsthof erreichen wir eine Kreuzung, wo der barrierefreie Weg zum Haus des Waldes nach links abzweigt. Wer hier nicht links abbiegt, geht geradeaus und kommt wenig später zum **Haus des Waldes** ❺. Dort können wir die interaktive Ausstellung anschauen und im schönen Außenbereich Pause machen.

Der **Sinneswandel-Weg** startet am Seilkletterbereich. Wir folgen dem Rundweg, der sehr gut ausgeschildert ist, zu den fünf Stationen. Nach der fünften Station gehen wir dann nicht nach rechts zurück zum Haus des Waldes, sondern biegen links ab und kommen zu einer **Kräftigungsstation des Waldsportpfades** ❻. Hier folgen wir dem Weg weiter fast geradeaus und nehmen den nächsten Abzweig nach rechts. Wir überqueren zwei Wege. Am dritten Querweg macht unser Weg einen Knick nach schräg rechts und führt uns zur **Dehnstation des Waldsportpfades** ❼. Wir gehen weiter geradeaus und am Schild Waldsportpfad schräg rechts zum Königsträßle. Auf der anderen Straßenseite sehen wir das DAV-Kletterzentrum (kletterzentrum-stuttgart.

★Highlights

Auf dem großen Spielplatz am Waldrand beim Clara-Zetkin-Haus spielen.

Im Eichenhain unter dutzenden majestätischen Eichen hindurch spazieren.

In der spannenden Ausstellung im Haus des Waldes viel über die Natur erfahren (s. Freizeittipp D10).

Auf dem Naturerlebnispfad Sinneswandel den Wald mit ganz neuen Augen sehen.

Sich auf dem großen und vielfältigen Spielplatz Königsträßle so richtig austoben.

Den ersten Fernsehturm seiner Art besteigen und einen phänomenalen Rundumblick aus 150 Metern Höhe über die Schwabenmetropole genießen (s. Freizeittipp L3).

de), wenden uns aber vorher am Parkplatz nach links, wo wir auf den großen **Spielplatz Königsträßle** 8 treffen.
Am oberen Ende des Spielplatzes überqueren wir die Straße und gehen rechts. Wir erreichen die **Stadtbahn-Haltestelle Waldau** 9. Wer nicht auf den Fernsehturm steigen möchte, kann auch hier schon die Rückfahrt antreten. Sonst geht es weiter geradeaus. An der Kreuzung gehen wir links und wandern auf dem Weg parallel zur Straße durch den Wald. Kurz vor dem Parkplatz führt uns der Abzweig nach rechts direkt zum **Fernsehturm** 10. Nachdem der Turm von innen oder außen besichtigt ist, geht es am Spielplatz vorbei in den Wald Richtung **Ruhbank** 1, dem Wegweiser zur Stadtbahn nach.

Hallo Kinder!

Im **Naturschutzgebiet Eichenhain** wachsen 200 stattliche Bäume mit weit ausladenden Kronen. Die ältesten von ihnen sind schon 400 Jahre alt. In den großen Bäumen fühlen sich auch die **Spechte** wohl. Vielleicht habt ihr sie schon klopfen gehört? Vor allem im Frühjahr hört ihr sie schon von Weitem hämmern, meißeln und trommeln. Sie werden auch Zimmerleute des Waldes genannt. Mit bis zu 100 Schlägen pro Minute bearbeiten sie das Holz. Und das ganz ohne Kopfschmerzen zu bekommen. Sie haben nämlich verstärkte Muskeln zwischen Schnabel und Gehirn. Die wirken wie ein Stoßdämpfer.

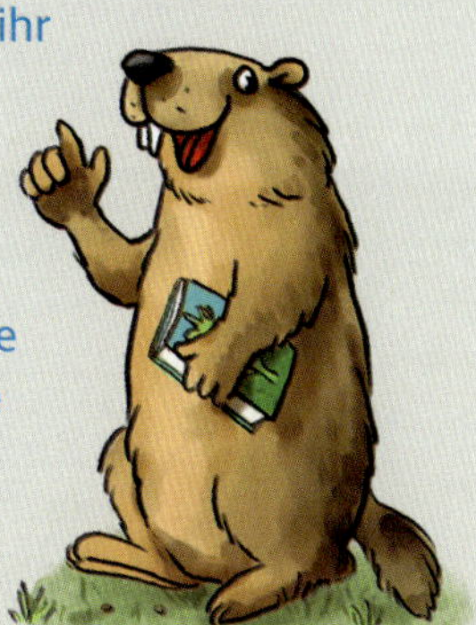

24 Spielplatztour zur Esslinger Burg

RUNDWANDERUNG DURCH ALTSTADT UND WEINBERGE

3.00 STUNDEN

7,0 KILOMETER

↗ 150 HÖHENMETER

↘ 150 HÖHENMETER

MITTEL ab 6 Jahren

Die schönsten Seiten von Esslingen spielend erleben: Eine historische Altstadt mit schönen Gassen und Plätzen, grüne Parks am Neckar und den Kanälen. Esslingen hat so einiges zu bieten. Hoch oben thront die Esslinger Burg – die eigentlich gar keine Burg ist, sondern ein Teil der mittelalterlichen Stadtbefestigung. Wer die Burg erobern will, erklimmt die steilen Stufen der Burgstaffel und geht durch den mittelalterlichen Wehrgang in den weitläufigen Park. Neben vielen weiteren Attraktionen gibt es in Esslingen für Kinder vor allem eins: tolle Spielplätze, die Spaß und Herausforderung für alle Altersklassen bieten. Diese Tour führt zu fünf kleinen und großen Spielplätzen, die alle entdeckt und erobert werden wollen. Die perfekte Tour für Spielplatz-Fans!

Ausgangspunkt: Esslingen (Neckar) Hauptbahnhof, Anfahrt von Stuttgart mit S1 oder der Bahn Richtung Tübingen. Die Anreise mit ÖPNV ist empfehlenswert! – Mit dem Auto: Gebührenpflichtige Parkmöglichkeiten in der Stadt, z. B. Tiefgarage DAS ES! (Navi: 73728 Esslingen, Martinstraße 15).
Ausrüstung: Leichte Wanderschuhe oder Turnschuhe.
Anforderungen: Meist asphaltierte oder gepflasterte Wege. Relativ steiler Anstieg über Treppen zur Burg, der aber auch mit jüngeren Kindern machbar ist. Die Kurzvariante ist für Laufrad und Kinderwagen geeignet, wenn der Aufstieg zur Burg weggelassen wird.
Einkehr: Viele Restaurants und Cafés in der Stadt. Einkehrmöglichkeiten direkt an Spielplätzen. Spielplatz auf der Burg: Trödler zur Burgschenke, Mo Ruhetag, Burg 1, 73728 Esslingen, Tel. +49 711 355558, troedler-zur-burgschaenke.eatbu.com. Spielplatz Maille: Café Uferlos mit Biergarten, täglich geöffnet, Maille 1, 73728 Esslingen, Tel. +49 711 6646966, facebook.com/uferlos1. Café Maille, Biergarten im Park, geöffnet Do–So, Wehrneckarstraße 13, 73728 Esslingen, Tel. +49 711 66468080, www.cafemaille.de.

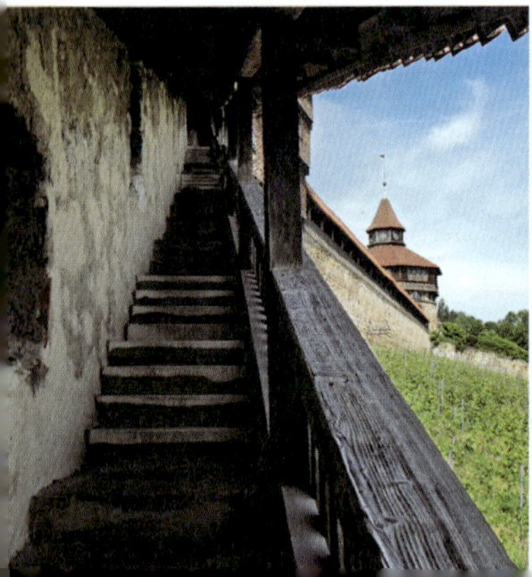

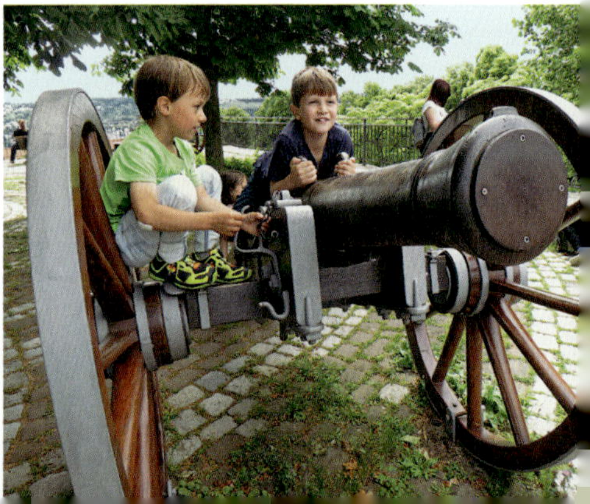

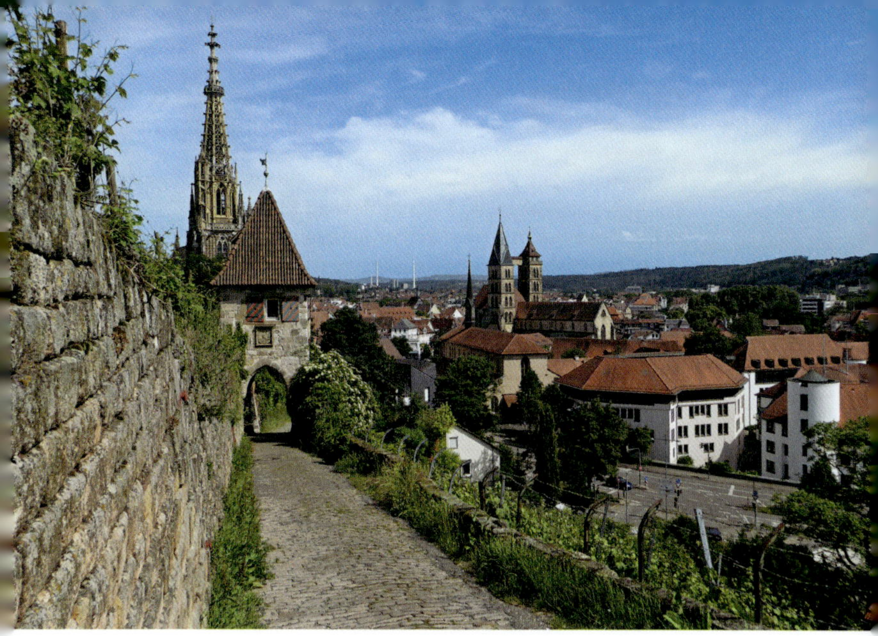

Kurzvariante: Den Weinerlebnisweg weglassen und von der Burg über die Burgstaffel direkt wieder auf den Rathaus-/ Marktplatz wandern. Durch viele Pausen an den Spielplätzen ist die Kurzvariante auch mit Kindergartenkindern ab 4 Jahren gut zu schaffen (leicht, 5 km).

Tipp: Im Advent findet in der Altstadt Süddeutschlands größter Mittelaltermarkt statt – sehr beliebt und immer gut besucht. Am Weg liegen das Stadtmuseum im Gelben Haus ❻ (Tel. +49 711 35123227, museen.esslingen.de/start/gelbes_haus.html) und das J. F. Schreiber-Museum (Tel. +49 711 35123307, museen.esslingen.de/start/schreiber_museum.html). In Letzterem gibt es Bastelangebote, eine Bilderbuch-Ausstellung und auch die Wurzelhöhle aus dem Buch »Etwas von den Wurzelkindern« ist zu sehen.

OBEN

Blick aufs Neckarhaldentor und die Kirchtürme von Esslingen.

UNTEN LINKS

Auf steilen Stufen hinauf zur Burg.

UNTEN RECHTS

Seeräuber-Feeling auf dem Kanonenbuckel.

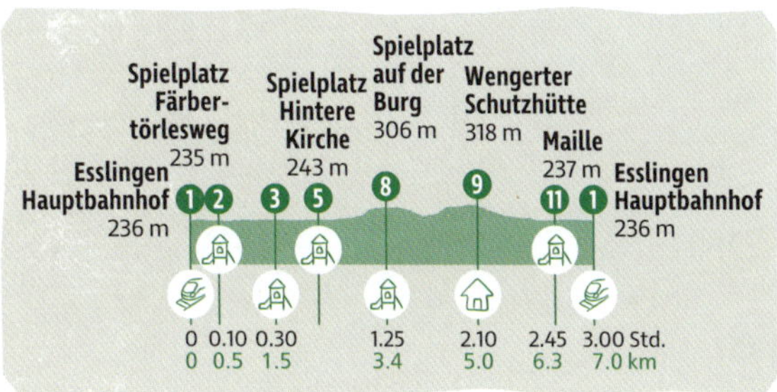

LOS GEHT'S Auf dem Vorplatz des **Bahnhofs ❶** gehen wir rechts, halten uns nach dem ZOB rechts und steuern den Fußgängersteg in der Neckarstraße an. Wir gehen hinüber und biegen nach dem Pliensauturm links ab. Eine lange Rampe bringt uns hinunter zum **Spielplatz Färbertölesweg ❷**.

Weiter geht's am Neckar, durch den Merkelschen Park und links am Landratsamt vorbei. Wenn wir auf den Hammerkanal stoßen, folgen wir ihm nach links unter der Bahnbrücke hindurch und vorbei an großen Platanen zum **Spielplatz Schäfergelände ❸**. Weiter am Wasser treffen wir auf die Maillestraße, wo wir den Kanal überqueren und gleich scharf rechts in den Mailleweg abbiegen, zum Schäferwehr. Nachdem wir das Wehr überquert haben, gehen wir links an der Baumreihe über das Gelände der Hochschule. Zwischen Gebäude 10 und Mensa geht es nach rechts und, nachdem wir die Karmeliter Passage durchquert haben, sehen wir links das **Wolfstor ❹**. Durch das Tor erreichen wir den Ottilienplatz und folgen der Straße »Im Heppächer«. Dann nehmen wir links die »Schmale Gasse«, die auf einen Zaun zuführt. Dahinter liegt der **Spielplatz Hintere Kirche ❺**.

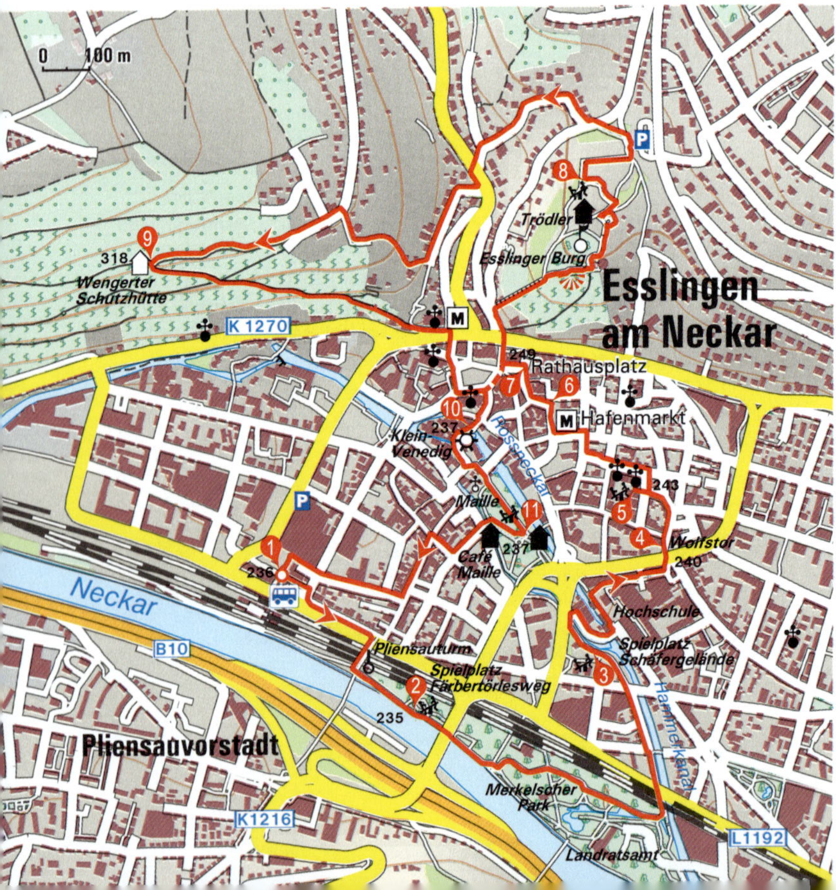

Hallo Kinder!

Die **astronomische Uhr am Alten Rathaus** ist kein gewöhnlicher Zeitanzeiger, sondern über 500 Jahre alte Hochtechnologie. Sie zeigt auf dem unteren Ziffernblatt die Zeit an. Aber Moment mal, da stimmt doch was nicht ... Hat jemand Stunden- und Minutenzeiger vertauscht? Sieht so aus, aber früher war das so üblich: **der Stundenzeiger war der große Zeiger, der Minutenzeiger der kurze**. Darüber gibt es noch ein zweites Ziffernblatt. Die Zeiger weisen auf die **Sternzeichen**, in denen sich Sonne und Mond gerade befinden. Ihr könnt hier sogar **Mond- und Sonnenfinsternisse** ablesen. Der Drachenzeiger zeigt sie an, wenn er mit den beiden anderen Zeigern in einer Linie steht. Zu jeder Viertelstunde bewegen sich die Figuren über den Uhren. Die Figur in der Mitte zeigt den **Wochentag** an. Darüber ist die **Mondphase** zu sehen. Zur vollen Stunde ist dann richtig was geboten und der Adler schlägt mit den Flügeln. Wer zur richtigen Zeit da ist, kann dem **Glockenspiel** lauschen, das ganz oben im Giebeltürmchen zu sehen ist. Die 29 Glocken lassen um 8, 12, 15, 18 und 19.30 Uhr wechselnde Melodien erklingen, von Volksliedern bis hin zu Mozart. Kaum zu glauben: Es gibt sogar regelmäßig Glockenspiel-Livekonzerte.

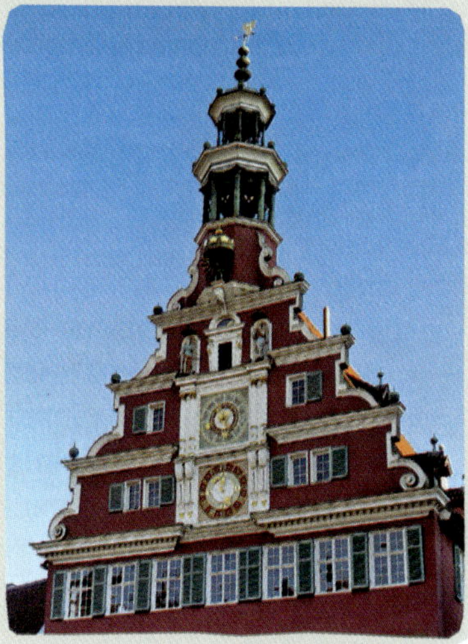

Wir gehen gegen den Uhrzeigersinn um die Kirche herum, durch die Franziskanergasse, am Blarerplatz vorbei und nach rechts in die Strohstraße. Wir nehmen die nächste links und überqueren den **Hafenmarkt** ❻ mit dem **Stadtmuseum**. Wir steuern auf das weiße Haus mit dunkelrotem Fachwerk zu. Dort führt uns die Gasse »Am Hafenmarkt« nach links, vorbei an der ältesten zusammenhängenden Fachwerkhäuserzeile des Landes. Direkt vor uns liegt das Alte Rathaus, das wir uns gleich von vorne ansehen werden. Dazu wenden wir uns nach rechts und spazieren weiter zum **Rathausplatz** ❼ mit dem Neuen Rathaus,

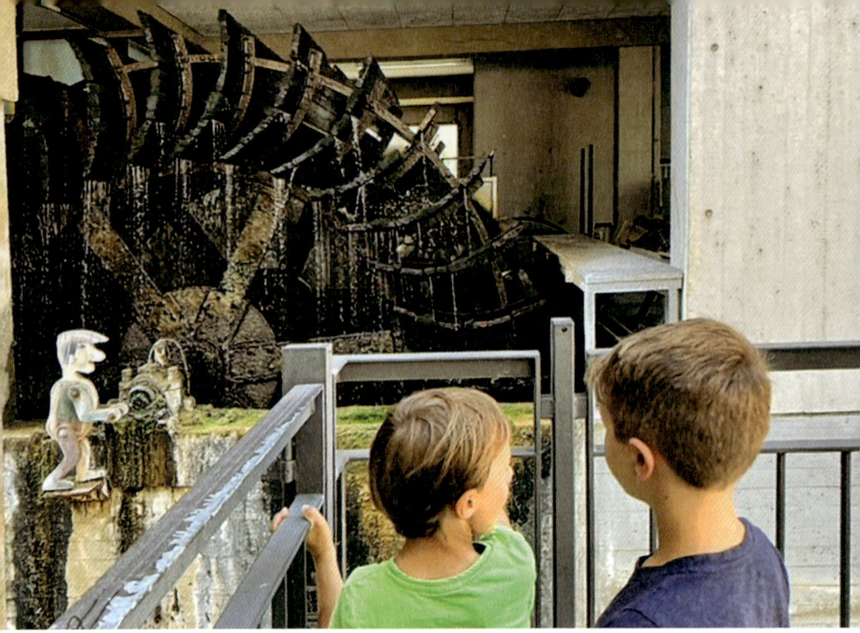

Das kleine Männchen links muss ganz schön kurbeln, um die alten Mühlräder in Klein Venedig am Laufen zu halten.

in dem der Oberbürgermeister sitzt. Einmal umdrehen und wir sehen die Renaissance-Fassade des Alten Rathauses (s. »Hallo Kinder«).

Wir durchqueren den Durchgang des Neuen Rathauses und gehen schräg links durch die Unterführung auf den Beutaubrunnen zu. Es geht die linke Treppe hinauf und schräg rechts weiter. Nach einem gelben Haus steigen wir rechts die 314 Stufen der Burgstaffel hinauf. Der anstrengende Aufstieg wird mit einer schönen Aussicht belohnt. Der Durchgang im Wehrgang führt uns in den Park, wo wir uns rechts halten. Am Dicken Turm vorbei führt eine Treppe hinauf zu Pulverturm und Kanonenbuckel. Durch das Tor neben der Burgschenke geht es zum großen **Spielplatz auf der Burg 8**. (Für die Kurzvariante auf demselben Weg zurück zum **Rathausplatz 7** und im übernächsten Absatz weiterlesen.)

Wir wandern auf den Bolzplatz hinter dem Spielplatz zu und umrunden den Bouleplatz. Bei den großen Platanen gehen wir den Weg hinab, dann gleich rechts durch die Beutauklinge weiter bergab. An der Ampel überqueren wir die Straße, gehen kurz bergab und biegen nach rechts in die Turmstraße ein. Am Ende der Sackgasse bringt uns eine schmale Treppe den J.-F.-Schreiber-Weg hinauf und wir wandern nach links in die Weinberge. An der Gabelung gehen wir rechts bis zur kleinen **Wengerter Schutzhütte 9**. Dort geht es scharf links auf

Kinder, so viele tolle Spielplätze wie in Esslingen findet man nur selten!

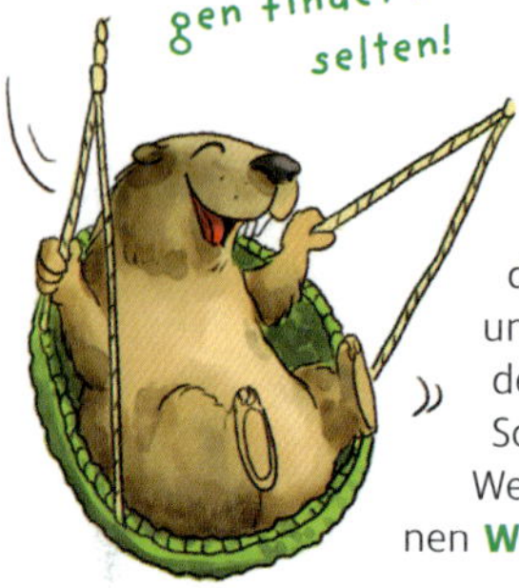

★Highlights

Fünf ganz unterschiedliche Spielplätze bieten viele Möglichkeiten zum Austoben und Spaß haben.

Die astronomische Uhr am Alten Rathaus anschauen und zusehen, wie die Figuren sich bewegen und der Adler zur vollen Stunde mit den Flügeln schlägt.

Durch den alten überdachten Wehrgang die Esslinger Burg besteigen und über die Weinberge und die Stadt ins Neckartal schauen.

Die Burg erkunden und die echten alten Kanonen anschauen.

Die schmale Treppe zu den Weinbergen hinaufsteigen und ein Stück auf dem Weinerlebnisweg wandern.

Sich an den Kanälen in Klein-Venedig ans Wasser setzen und den Mühlrädern bei der Arbeit zusehen.

dem Weinerlebnisweg bergab, an der Kirche vorbei, zum **J. F. Schreiber-Museum**.

Die Treppen rechts bringen uns in die Unterführung und zum Marktplatz (gleich neben dem **Rathausplatz** ❼). Wir gehen am Münster St. Paul vorbei und um die Stadtkirche mit ihren beiden unterschiedlichen Türmen herum, links von uns liegt die Sektkellerei Kessler. Beim Haus mit der Holztür und den vergitterten Fenstern, direkt vor uns, führt eine Rampe nach **Klein-Venedig** ❿. Hinter der malerischen Trauerweide am Roßneckar führt ein schmaler Weg links zu alten Mühlrädern. Dann folgen wir der Straße weiter und steuern die Innere Brücke an, unter deren alten Steinbögen hindurch wir die **Maille** ⓫ (sprich: »Mallje«) erreichen. Der beliebte Park im Herzen der Stadt bietet tolle Spiel- und Klettermöglichkeiten.

Am Biergarten des **Café Maille** (nicht Café Uferlos!) vorbei führt unser Weg über den Franzosensteg und weiter durch die Sirnauer Straße. Der nächsten Querstraße folgen wir nach rechts, dann gehen wir vor der (hervorragenden) Eisdiele links. In die nächste Straße »Am Kronenhof« biegen wir rechts ein und erreichen geradeaus wieder den **Bahnhof** ❶.

LINKS

Ganz schön schräg – der Spielplatz auf dem Schäfergelände.

RECHTS

Kletterspaß auf dem Spielplatz in der Maille.

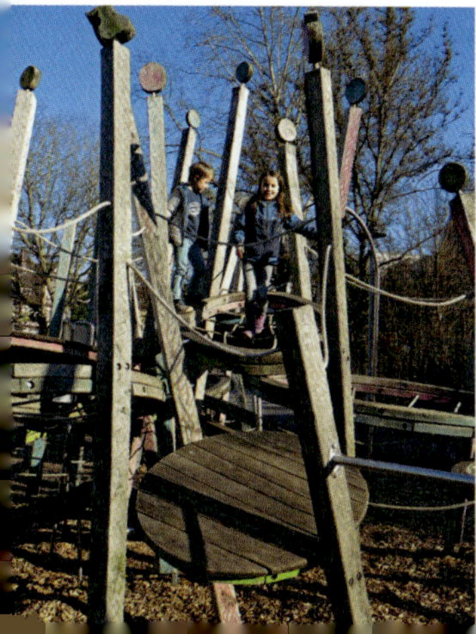

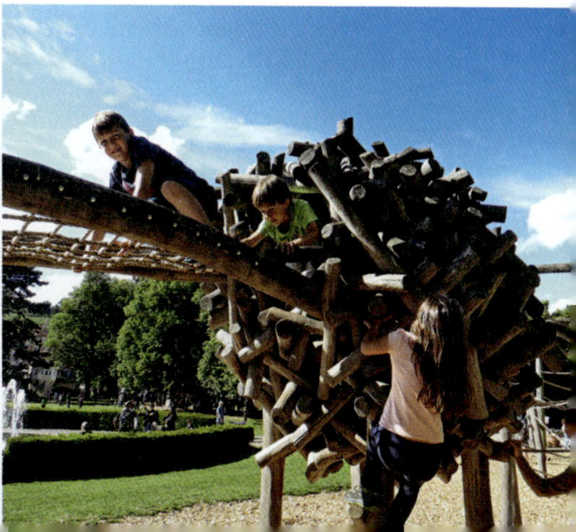

25 Durchs Siebenmühlental

ZU MÄULES- UND ESELSMÜHLE BEI LEINFELDEN-ECHTERDINGEN

4.30 STUNDEN
10,7 KILOMETER
↗ 200 HÖHENMETER
↘ 200 HÖHENMETER
MITTEL ab 8 Jahren

Esel streicheln, Spielplätze erobern und in die Zeit der Kelten eintauchen: Jüngere Kinder freuen sich nach einer kurzen Tour durch blühende Wiesen auf einen Spielplatz und die zutraulichen Esel der Eselsmühle. Die längere Variante führt aus dem Tal auf die Höhe. Es geht zu einem Waldspielplatz, einer Riesenschanze, keltischen Götterstatuen und Grabhügeln und wieder ins Tal hinunter zu zwei Mühlen. Davon gibt es im Siebenmühlental übrigens elf Stück. Hinter der Mäulesmühle ist noch das alte Mühlrad zu sehen und ein kurzer Bio-Erlebnispfad führt in Richtung Eselsmühle. Dort erklärt Didi, das Dinkelkorn, wie Bio-Getreide wächst. Beide Mühlen bieten leckere Gerichte in Bio-Qualität und im Biergarten können alle zusammen die Tour gemütlich ausklingen lassen.

Ausgangspunkt: Bushaltestelle Musberg Eselsmühle, Anfahrt ab Stuttgart mit U5, S2, S3 nach Leinfelden Bahnhof, dann mit Bus 826 Richtung Waldenbuch. – Mit dem Auto: Wanderparkplatz Eselsmühle (Navi: 70771 Leinfelden-Echterdingen, Viadukt 1 - Eselsmühle).
Ausrüstung: Feste Wanderschuhe.
Anforderungen: Steile Abschnitte wechseln sich mit ebenen Strecken ab. Wald- und Wiesenpfade, Asphalt- und Schotterwege. Die Tour lässt sich in zwei Kurzvarianten aufteilen (s. unten).
Einkehr: Ristorante Sale e Pepe, Mi Ruhetag, Randweg 6, 70771 Leinfelden-Echterdingen, Tel. +49 711 756336, ristorante-sale-pepe.de. Eselsmühle, Bio-Mühlenstube und Gartenwirtschaft, Holzofenbäckerei und Kaufladen, auch vegan, Mo Ruhetag, 70771 Musberg, Tel. +49 711 7542535, eselsmuehle.com. Mäulesmühle, Bio-Restaurant, auch vegan, geöffnet Sa–Di, Mäulesmühle 2, 70771 Leinfelden-Echterdingen, Tel. +49 711 99759610, bio-muehle.de.
Kurzvarianten: Westliche Runde zur Eselsmühle mit Abstecher zur Mäulesmühle: Am Parkplatz Eselsmühle die Stufen neben dem Viadukt zum Naturschutzgebiet Eichberg hinauf (s. vorletzter Absatz der Tourenbeschreibung, 2,9 km, ab 3 Jahren). Diese Variante ist eine einfache Tour, jedoch mit zwei steilen Abschnitten auf Schotter- bzw. Wiesenwe-

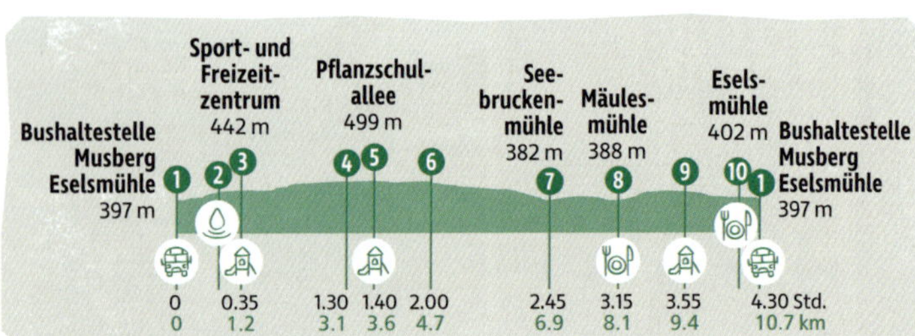

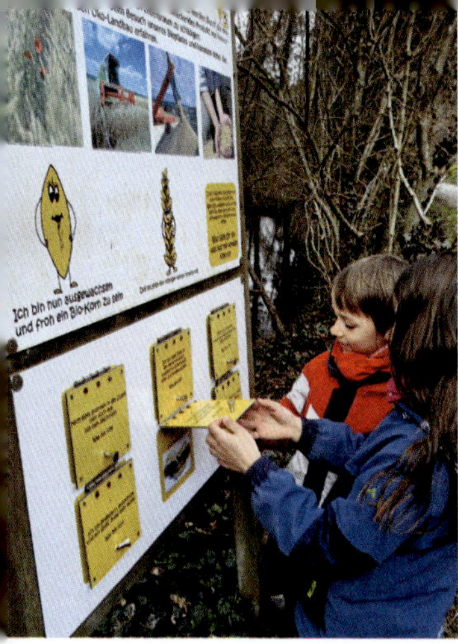

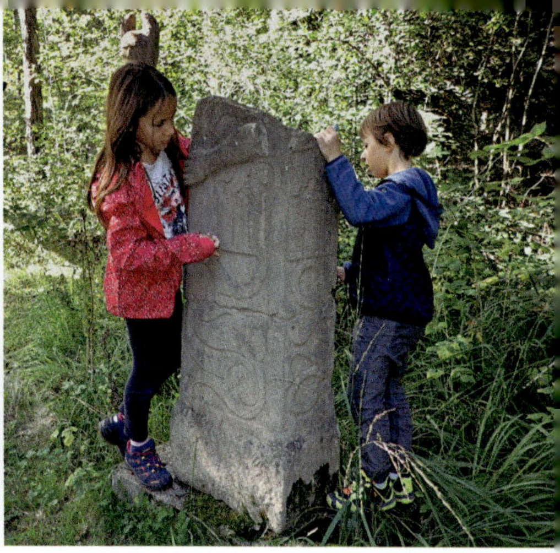

LINKS
Auf dem Bio-Erlebnispfad.

RECHTS
Keltische Götterstatuen erwarten uns im Wald.

gen. Wer sich das zutraut, kann sie auch mit dem Kinderwagen machen.
Östliche Runde zur Spiel- und Grillwiese Pflanzschulallee: Der Hauptroute folgen und den letzten Teil zur Eselsmühle weglassen (8,3 km, mittel, ab 6 Jahren). Diese Variante führt z. T. über schmale Naturpfade und holprige Wege und ist daher nicht für Kinderwagen geeignet.
Hinweise: Die Tour liegt in der Einflugschneise des Stuttgarter Flughafens. Was Erwachsene eher als störend empfinden, ist für Kinder oft eine Attraktion. Wo sonst kann man tief fliegende Flugzeuge ganz aus der Nähe sehen?
Tipp: Zehn Autominuten entfernt liegt der Kletterpark Schmellbachtal (s. Freizeittipp G3).

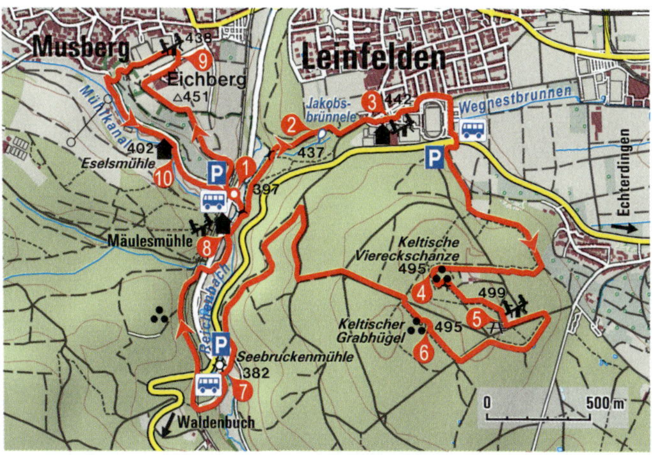

LOS GEHT'S Von **Bushaltestelle und Parkplatz Eselsmühle ❶** überqueren wir die Landstraße und starten auf dem Bio-Erlebnispfad Richtung Mäulesmühle. Noch vor der Mühle geht es nach links über eine Brücke in den Wald, wo uns ein Bach durchs Tal begleitet. Wir gehen an den beiden ersten Abzweigen nach rechts vorbei und überqueren den Bach ein weiteres Mal. Der Weg nach rechts führt uns zum **Jakobsbrünnele ❷** hinauf. Danach biegen wir erneut rechts ab und kurz darauf links. Kurz bevor wir den Ort erreichen, führt ein Weg nach rechts, an Tennisplätzen vorbei, ins **Sport- und Freizeitzentrum ❸**. Zwischen Spielplatz und Aktivpark gehen wir Richtung Sporthalle, links an ihr vorbei und um den Sportplatz herum. Wir überqueren die Straße und nehmen vor dem Parkplatz den ersten Weg nach links. Der Pfad führt uns am Waldrand entlang. In einer leichten Linkskurve folgen wir einem Abzweig nach rechts zu einer Lichtung. Wir wandern auf dem Pfad am Rande der Wiese. An einem Abzweig nach rechts gehen wir vorbei und wieder in den Wald, wo wir nochmals einen Abzweig nach rechts ignorieren. Wenn wir linker Hand eine Streuobstwiese erreichen, wenden wir uns nach rechts und folgen dem Pfad bergauf. Wir queren einen Asphaltweg nach schräg rechts und gehen auf geschotterten Fahrspuren an einem Stahlmasten vorbei, der die Einflugschneise des Flughafens markiert. Der Pfad führt uns zu einem Wall, auf dem wir nach rechts wandern. Vorbei an der Infotafel der **keltischen Viereckschanze ❹** folgen wir dem Umriss der Schanze weiter, bis ein schmaler Weg kreuzt. Hier gehen wir rechts. Am nächsten Abzweig folgen wir dem Wegweiser »Lehrpfad« nach links, dann einem Schotterweg nach rechts und erreichen den **Spiel- und Grillplatz Pflanzschulallee ❺**. Anschließend wandern wir auf der breiten Pflanzschulallee leicht bergab. Am Wegesrand warten geschnitzte Figuren auf uns. Ein Pfad führt uns scharf nach rechts zu weiteren Stati-

LINKS

Ein freundlicher Kobold am Weg.

RECHTS

Ein schöner Pfad führt zum keltischen Grabhügel im Wald.

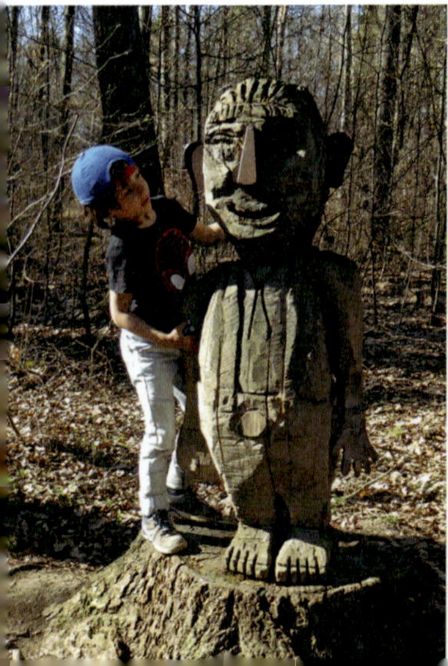

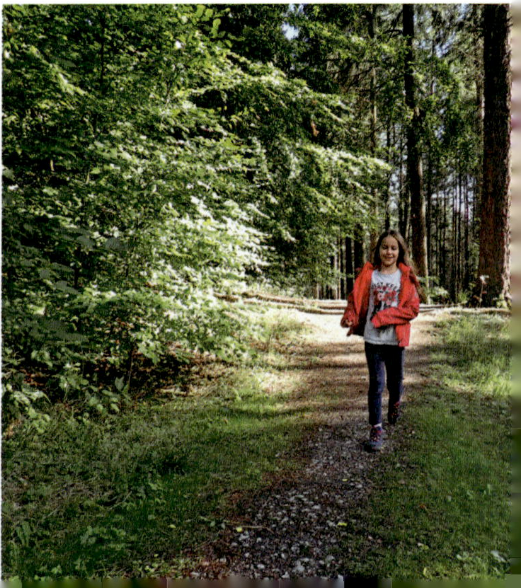

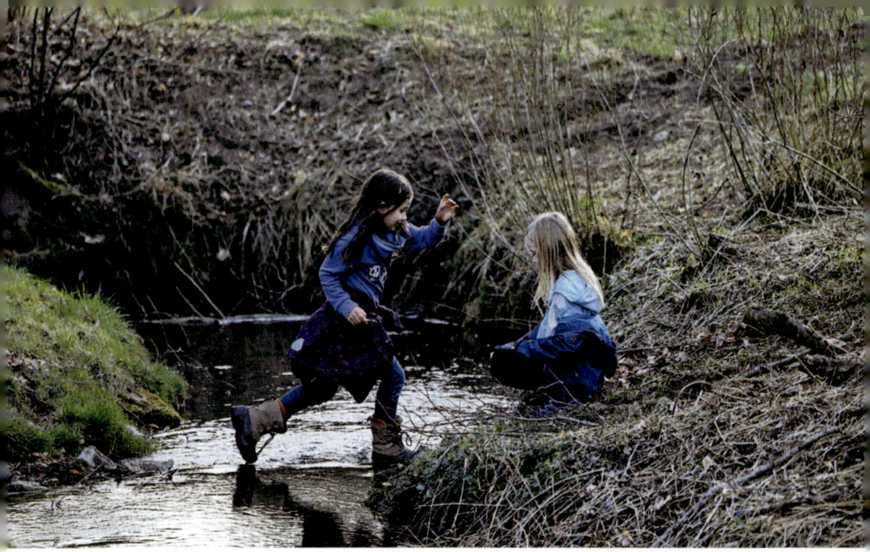

onen des Lehrpfades und einem Teich, der sich im Wald versteckt. Es geht bergauf, bis wir wieder auf einem breiten Weg stehen. Wir gehen links und der Wegweiser des Lehrpfades führt uns bald darauf auf einen Pfad nach rechts, zu einem **keltischen Grabhügel** ❻. Wenn wir den breiten Forstweg erreichen, wenden wir uns nach links und folgen nun nicht mehr dem Lehrpfad. An einer Kreuzung mit Bank wandern wir geradeaus. Dem nächsten Querweg folgen wir nach rechts und erreichen einen Hohlweg, der scharf links hinunter ins Siebenmühlental führt. Wir überqueren einen Parkplatz, um zur **Seebruckenmühle** ❼ zu kommen. Wir wandern über das Gelände der Mühle und gehen einen steilen Pfad hinauf zur ehemaligen Bahntrasse. Heute verläuft hier ein asphaltierter Rad- und Wanderweg, dem wir nach rechts folgen. Wir wandern über

Spiele am Bach machen nicht nur im Sommer Spaß!

★Highlights

Auf den Spuren der Kelten wandeln: zu einer Viereckschanze aus der Eisenzeit, einem keltischen Grabhügel und mannshohen Götterstatuen.

Auf dem Spiel- und Grillplatz Pflanzschulallee grillen und toben.

Eine Pause einlegen am kleinen Spielplatz an der Mäulesmühle und am plätschernden Bach spielen.

Auf dem Bio-Erlebnispfad von Didi dem Dinkelkorn viel über Bio-Getreide lernen.

Zusehen, wie das alte Wasserrad der Mäulesmühle sonntags um 17.00 Uhr in Betrieb genommen wird und die Mahlwerke antreibt.

Im Naturschutzgebiet Eichberg die uralten Eichen bewundern.

Freundliche Esel streicheln, geschäftige Hühner beobachten, Demetergemüse und Esel-Souvenirs im Kaufladen erstehen und im Bio-Biergarten schlemmen: all das gibt es in der Eselsmühle.

Die freundlichen Esel an der Mühle lassen sich gerne streicheln. Ihr Fell ist soooo weich!

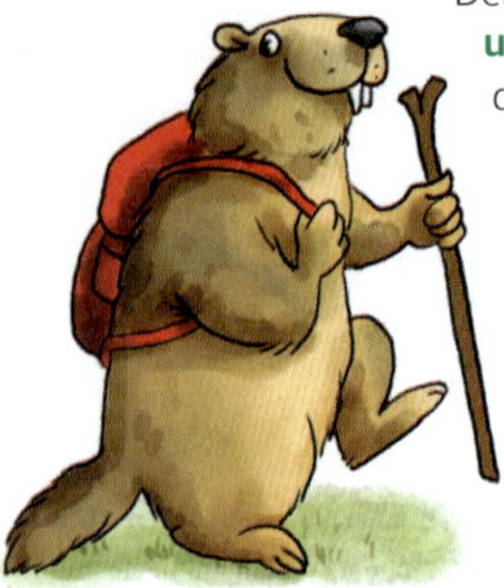

ein Viadukt und, bevor wir das nächste Viadukt erreichen, nach rechts ins Tal hinunter und über die Landstraße. Hier geht es links zur **Mäulesmühle ❽**, wo uns am Bach ein Spielplatz mit Feuerstelle und ein Mühlenmuseum (Sa–Di 14.00–18.00 Uhr geöffnet) erwarten.

Der Bio-Erlebnispfad bringt uns wieder zu **Bushaltestelle und Parkplatz Eselsmühle ❶** und zum westlichen Teil der Tour. Gleich neben dem Viadukt führt ein Weg mit lang gezogenen Stufen hinauf ins Naturschutzgebiet auf den Eichberg. Wir folgen dem Weg vorbei an stattlichen Eichen. Die Treppenstufen, an denen wir vorbeikommen, lassen wir links liegen, gehen aber wenig später links. Auf der Höhe wandern wir weiter, bis der Weg durch die Wiese eine Rechtskurve macht und uns bergab zur Eichbergschule und zu einem **Spielplatz ❾** führt. Danach geht es auf dem unterhalb gelegenen Weg nach links. An den Sportplätzen vorbei kommen wir zu einem Pfad, der uns ins Tal hinabführt. Ein Schild weist uns den Weg zum Café Eselsmühle. Wir gehen an der Oberen Mühle vorbei, die heute ein Pferdehof und nicht öffentlich zugänglich ist. Wenig später erreichen wir den Mühlkanal und die **Eselsmühle ❿**. Vorbei am Kaufladen, geht es zu den Eseln und Pferden. In Mühlenstube und Biergarten können sich alle zum Abschluss mit schwäbischen Bio-Spezialitäten stärken. Dann geht es auf dem asphaltierten Weg zurück zu **Bushaltestelle und Parkplatz Eselsmühle ❶**. Wer nur die westliche Kurzvariante gegangen ist, kann auf der anderen Straßenseite noch einen Abstecher zur Mäulesmühle machen.

Ein nostalgischer Kaufladen in der Eselsmühle.

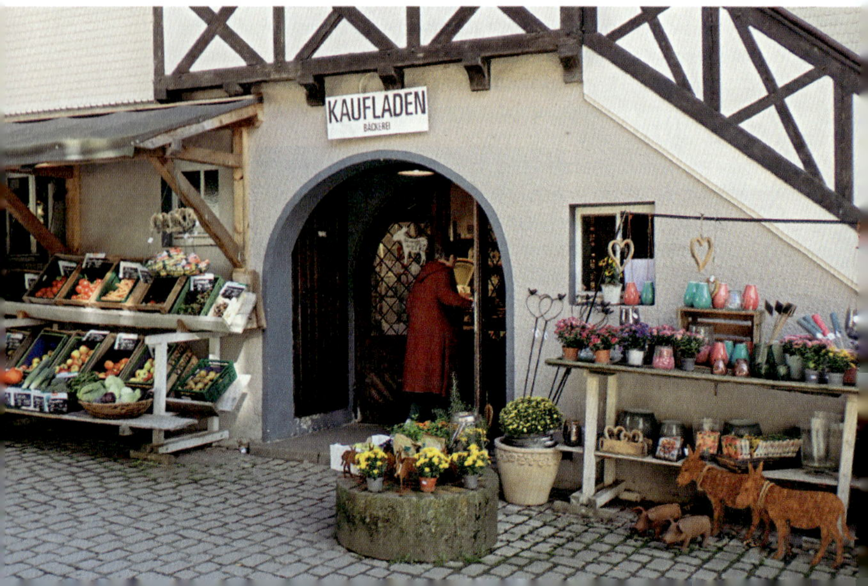

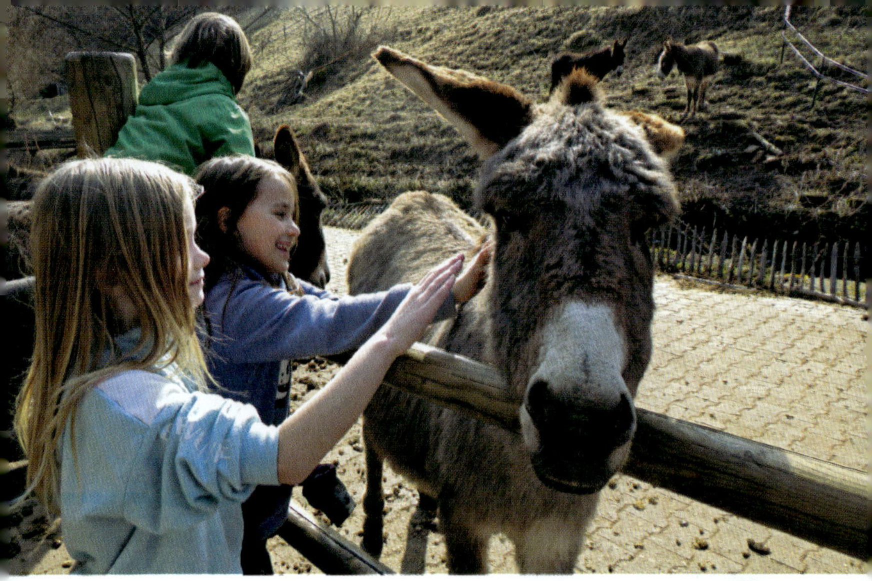

Hallo Kinder!

Habt ihr bei der Eselsmühle schon die **Esel** gestreichelt? Die grauen Langohren sind **kluge und mutige Tiere**. Sie sind **gutmütig** und **pflegen Freundschaften**. Leider haben Esel nicht den besten Ruf. Sie gelten als störrisch, faul und dumm. »Du Esel« würdet ihr sicher nicht gerade als Kompliment auffassen.
Wie kam der Esel zu seinem schlechten Ruf? Vielleicht haben früher viele Menschen den Esel nicht verstanden, weil er sich ganz anders verhält als ein Pferd: Pferde flüchten bei Gefahr, Esel bleiben wie angewurzelt stehen. Und das macht Sinn, denn ursprünglich lebten Esel im Gebirge. Im steilen und felsigen Gelände wäre es sehr gefährlich, kopflos davon zu galoppieren. Deshalb bleibt ein Esel bei Gefahr stehen und wägt erst einmal ab, was zu tun ist. Im Notfall verteidigt er sich und seine Freunde mit Bissen und Tritten.
Früher wurde ein Esel, der sich nicht vom Fleck bewegt hat, oft angeschrien oder geschlagen. Sein Besitzer dachte, das Zögern des Esels sei Dummheit. Das verstärkt aber den Stress des Tieres und es rührt sich erst recht nicht mehr vom Fleck. Nur wer geduldig und einfühlsam mit einem Esel umgeht, kann sein Vertrauen gewinnen.

26 Im Sindelfinger Stadtwald

SPANNENDE RALLYE ZUM WALDZENTRUM

2.00 STUNDEN

5,6 KILOMETER

↗ 60 HÖHENMETER

↘ 60 HÖHENMETER

LEICHT ab 4 Jahren

Erst Waldbaden, dann Pflanzen und Tieren begegnen: Eine Badewanne im Wald? Gibts in Sindelfingen! Das ist natürlich nicht ganz wörtlich zu nehmen: Auf dem Waldbadepfad geht es eher darum, mit allen Sinnen in den Wald einzutauchen. An fünf Stationen erleben wir den Wald auf ganz ungewohnte Art. Im Waldzentrum rund um den Forsthof gibt es Natur zum Anfassen. Neben Baum- und Strauchlehrpfad kommen wir zu einem Vogelbeobachtungshaus und lernen viel über den Wald und seine Bewohner. Wir können Baumstämme aufklappen und in die Höhlen von Specht, Fledermaus und Eichhörnchen schauen. Es gibt sogar Anleitungen, wie Nisthilfen für Vögel selbst gebaut werden können. In einem Pavillon können wir Vogelarten raten und unter Holzklappen nachsehen, ob wir richtig liegen. Der Grill- und Spielplatz muss natürlich auch ausprobiert werden, bevor es wieder durch den Wald zurückgeht.

Ausgangspunkt: Bushaltestelle Sindelfingen Krankenhaus, Anfahrt ab Stuttgart mit S1 nach Sindelfingen, weiter mit Bus 708 Richtung Eichholz. – Mit dem Auto: Parkplatz Wasserturm (Navi: 71065 Sindelfingen, Arthur-Gruber-Straße), die Wanderung verkürzt sich ab hier auf 4,6 km.
Ausrüstung: Leichte Wander- oder Trekkingschuhe. Ausgedruckte Aufgaben für die Waldrallye, Klemmbrett und Bleistift, ggf. Fernglas zum Vögel Beobachten.
Anforderungen: Einfache ebene Wanderung, hauptsächlich auf geschotterten Waldwegen. Zu Beginn können Kinderwagen/Laufräder auf dem Forstweg parallel zum Naturpfad fahren. Später gibt es Pfade, die mit geländegängigen Kinderwagen machbar sind.
Einkehr: Nur etwas abseits der Route im Vereinsheim des Schwarzwaldvereins.
Tipp: Die Aufgaben der Waldrallye können unter sindelfingen.de/start/Klima+Umwelt/veranstaltungsprogramm.html heruntergeladen werden. Die Rallye verläuft größtenteils auf der Route dieser Tour.

Eine Waldrallye ist eine spannende Sache! Die Aufgaben druckt ihr euch am besten vor der Tour aus.

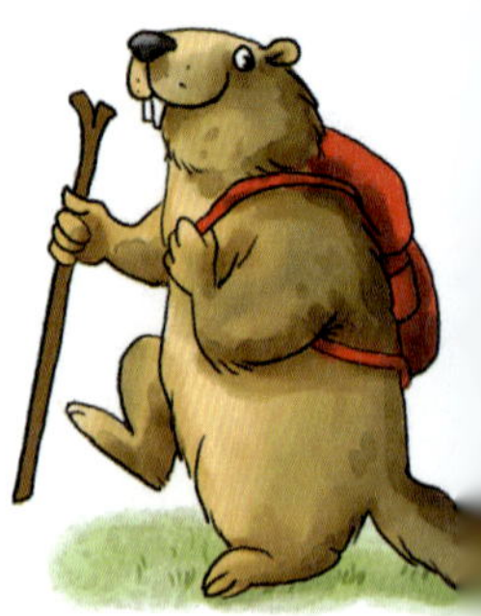

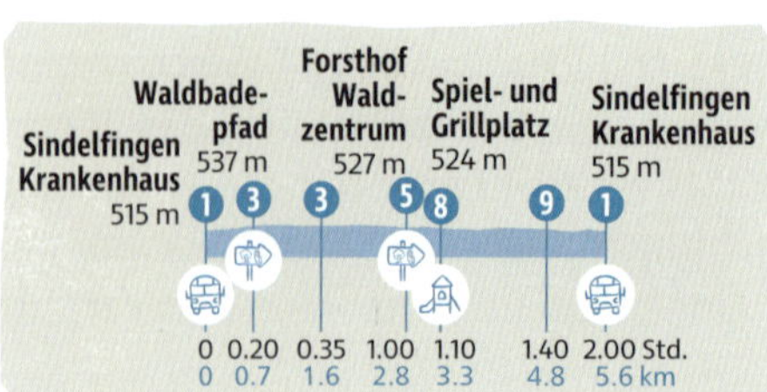

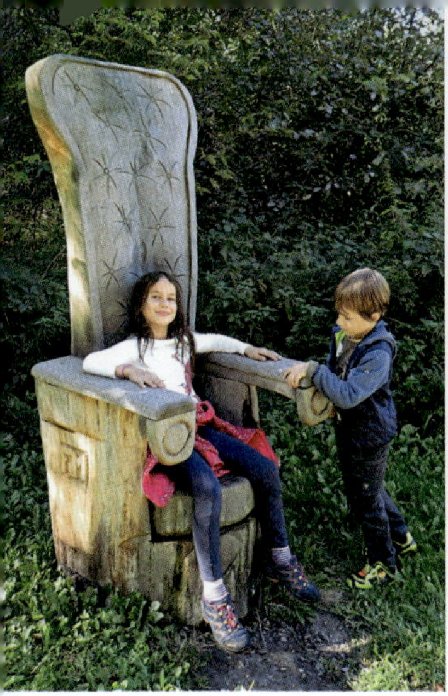

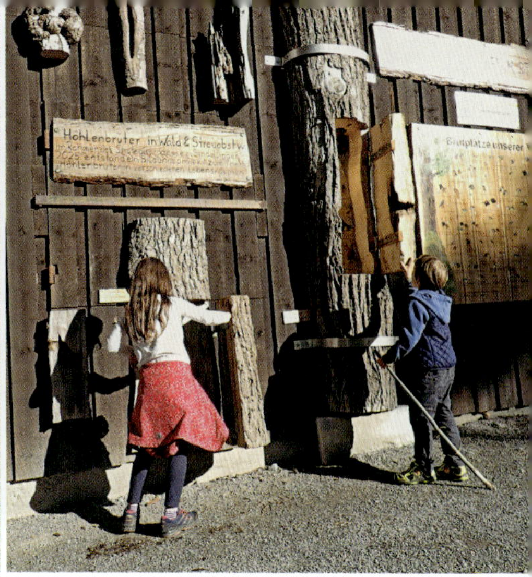

LOS GEHT'S Von der **Bushaltestelle ❶** überqueren wir die Straße zum Haupteingang der Klinik und folgen dem Plattenweg nach rechts. Er mündet in eine Straße, auf der wir geradeaus an der Notaufnahme vorbeigehen. Nach dem Parkhaus biegen wir erst links, dann gleich wieder rechts ab. Wir wandern an Parkplätzen und am **Wasserturm ❷** vorbei. An der nächsten Kreuzung lädt uns links eine hölzerne Badewanne ein, den **Waldbadepfad ❸** zu erkunden.

Nach den fünf Stationen kommen wir wieder zurück zur Badewanne, nehmen den Weg nach links und wechseln bei nächster Gelegenheit auf den Naturpfad rechts neben der »Alten Vaihinger Straße«. Nach etwa 1 km folgen wir an der großen Kreuzung dem Wegweiser nach rechts zum Forsthof. Hier beginnt der **Baumlehrpfad ❹**, auf dem wir das **Waldzentrum am Forsthof ❺** erreichen, wo es viel zu entde-

LINKS

Ein Thron aus Holz – hier kann sich jeder mal fühlen wie Prinzessin oder Prinz.

RECHTS

Am Waldzentrum gibt es viel zu entdecken.

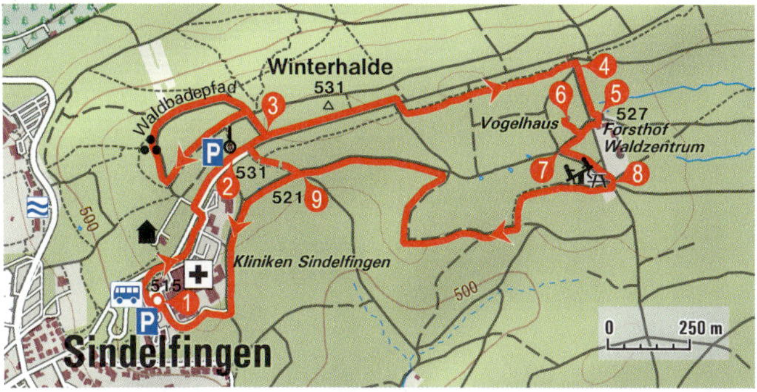

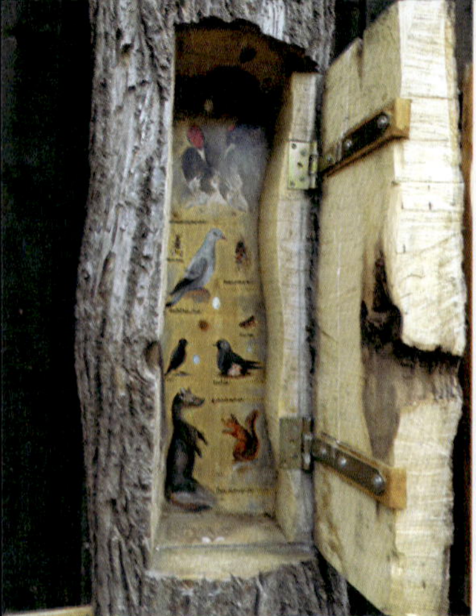

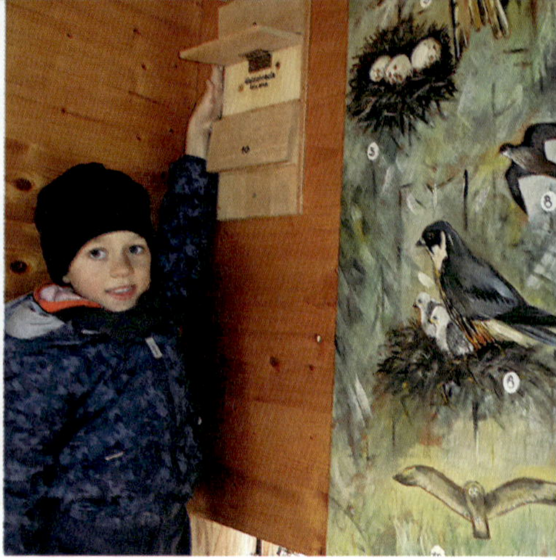

OBEN LINKS

Hier kann man Familie Specht ins Wohnzimmer schauen.

OBEN RECHTS

Vögel erraten: Hinter der Klappe steht der Name.

UNTEN

Wie sich die Vögel da nur entscheiden können?

cken gibt. Der große Wegweiser zeigt uns danach den Weg zum **Vogelbeobachtungshaus ❻**. Von dort gehen wir nach rechts weiter zu einer Kreuzung mit **Thron ❼**. Nach links kommen wir zum **Spiel- und Grillplatz ❽**. Gleich nebenan führt ein Rundweg durch den **Strauchlehrpfad**.

Wir schließen das Tor des Strauchlehrpfades hinter uns und gehen den Weg geradeaus am Spielplatz entlang. Nach einer Linkskurve treffen wir auf einen Schotterweg, dem wir nach rechts folgen. Am nächsten Abzweig geht es wieder rechts, an einem Teich vorbei. Wenn wir auf einen Schotterweg stoßen, wenden wir uns nach links. Kurz nachdem das Schneckenklingensträßle nach links abzweigt, kommen wir an einer Bank zum

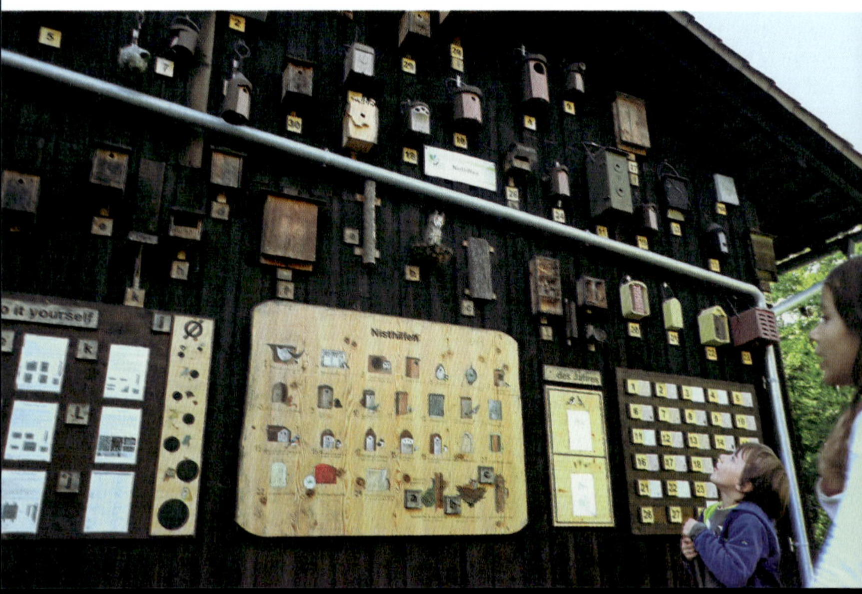

Hallo Kinder!

Habt ihr schon mal im Wald gebadet? Auf dieser Tour könnt ihr das ausprobieren. In die große Holzbadewanne des Waldbadepfades braucht ihr dazu nicht zu steigen. Folgt einfach dem Pfad und nehmt alles ganz intensiv wahr: Das saftige Grün und den würzigen Duft des Waldes und das fröhliche Zwitschern der Vögel. An jeder Station könnt ihr eure Sinne schärfen und den Wald aus ganz neuen Blickwinkeln erleben. **Waldbaden** kommt aus Japan und heißt dort **Shinrin-Yoku**. Und die Japaner haben sogar erforscht, dass es wie Medizin wirkt. Es sind wohl die duftenden ätherischen Öle der Bäume, die Stoffe enthalten, die gut für unsere Abwehrkräfte sind. An der Station, an der die Mammutbäume stehen, könnt ihr den Duft der Rinde tief in euch aufnehmen. Wenn ihr den Wald in Ruhe und mit allen Sinnen wahrnehmt, könnt ihr den manchmal stressigen Alltag einfach von euch abfallen lassen. Also genug Zeit einplanen und auf zum Waldbaden!

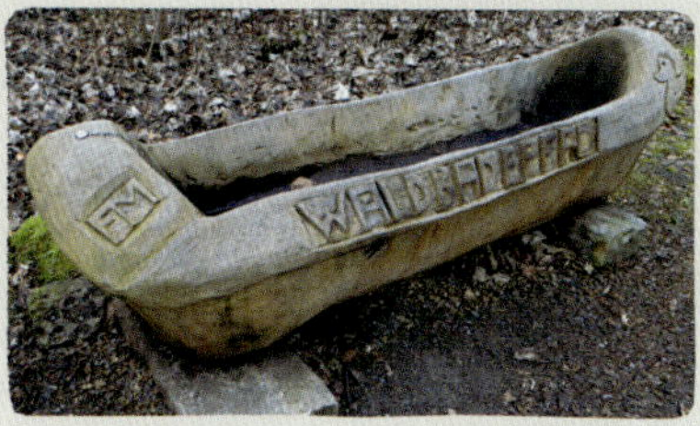

Abzweig zum Parkplatz ⑨. Wer mit dem Auto gekommen ist, folgt dem Pfad nach rechts. Zur Bushaltestelle wandern wir weiter geradeaus und biegen dann links ab. Am Waldrand gehen wir bis zu einem Schotterweg mit dem Schild »Feuerwehreinfahrt«. Dort gehen wir rechts, um das Gebäude herum, und erreichen so die **Bushaltestelle ①**.

★Highlights

Beim Waldbaden das grüne Meer mit allen Sinnen entdecken.

Auf dem Weg zum Forsthof eine spannende Wald-Rallye machen.

Beim Waldzentrum viel über den Wald und seine kleinen und großen Bewohner lernen.

Im Vogelbeobachtungshaus hinter einer spiegelnden Scheibe das gefiederte Völkchen beobachten, das sich an der Futterstelle tummelt.

Auf dem Baum- und dem Strauchlehrpfad heimische Gehölze kennenlernen.

Am Spiel- und Grillplatz auf der Lichtung eine ausgiebige Pause einlegen.

Kaulquappen und Frösche am Teich beobachten.

27 Auf den Schönbuchturm

ABWECHSLUNGSREICHE TOUR BEI HERRENBERG

4.30 STUNDEN

10,8 KILOMETER

↗ 240 HÖHENMETER

↘ 240 HÖHENMETER

MITTEL | ab 8 Jahren

Zu Schlossruine, Kugelbahn und Waldspielplatz: Durch die schöne Altstadt wandern wir zur Schlossruine hinauf. An Lauschpunkten erfahren wir Spannendes über Stadt, Schloss und Natur. Wir steigen auf den Pulverturm, lassen große Holzmurmeln über eine Kugelbahn sausen und finden uns plötzlich am Roten Meer wieder. Auf Wiesenpfaden besteigen wir dann den Aussichtspunkt Kapf. Dort gibt es seltene Orchideen und bunte Erde. Über schöne Waldwege geht es zu Aussichtspunkten mit Blick durch hohe Kiefern auf den Albtrauf. Am großen Waldspielplatz mit Grillstelle können wir eine Pause einlegen, bevor wir wenig später am Naturfreundehaus ankommen. Der Aufstieg auf den Schönbuchturm lohnt sich nicht nur wegen der grandiosen Aussicht. Auch die außergewöhnliche Konstruktion können wir bewundern: Mehr als ein ganzer Kilometer Stahlseile hält die drei Plattformen an den hohen Lärchenholzstützen in ihrer Position. Zum Schluss geht's zum Damwildgehege, bevor wir über den Schlossberg wieder hinunter in die Stadt wandern.

Ausgangspunkt: Bahnhof Herrenberg, Anfahrt ab Stuttgart mit S1 oder Bahn. – Mit dem Auto: Parken in der Bahnhofstraße, 71083 Herrenberg.
Ausrüstung: Leichte Wander- oder Trekkingschuhe. Ausreichend 1-Euro-Stücke für den Kugelautomaten oder große Murmel mitbringen, Sonnenschutz, ggf. Fernglas zum Beobachten der Damhirsche.
Anforderungen: Breite Asphaltwege, Naturpfade und längere Treppen. Es gibt mehrere steile Anstiege, der Großteil des Weges ist aber eben. Kinderwagengerechte Kurzvariante hauptsächlich auf asphaltierten Wegen (s. unten).
Einkehr: Schlosskeller Herrenberg, täglich geöffnet, Schloßberg 3, 71083 Herrenberg, Tel. +49 7032 9168156, schlosskeller-herrenberg.com. Kiosk am Waldseilgarten, Öffnungszeiten wie Waldseilgarten, Am Alten Rain, 71083 Herrenberg, Tel. +49 7032 201545, waldseilgarten-herrenberg.de. Naturfreundehaus Herrenberg, täglich geöffnet, Hildrizhauser Straße 103, 71083 Herrenberg, Tel. +49 7032 21475, nfh-herrenberg.de.
Kurzvariante: Vom Parkplatz Rotes Meer (Navi: 71083 Herrenberg, Am Joachimsberg) auf dem breiten asphaltierten Weg den Wegweisern bis zum Naturfreundehaus folgen. Am

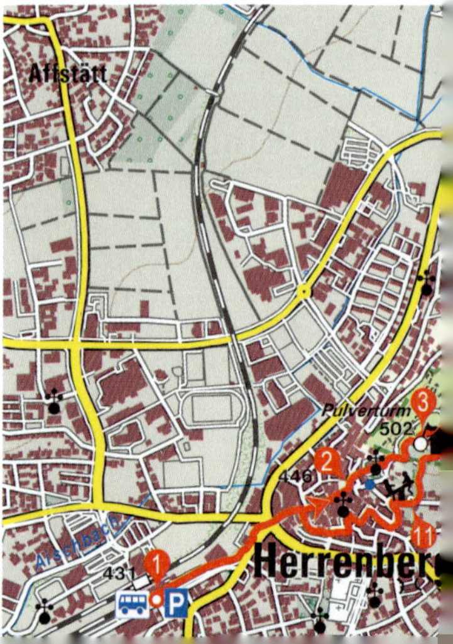

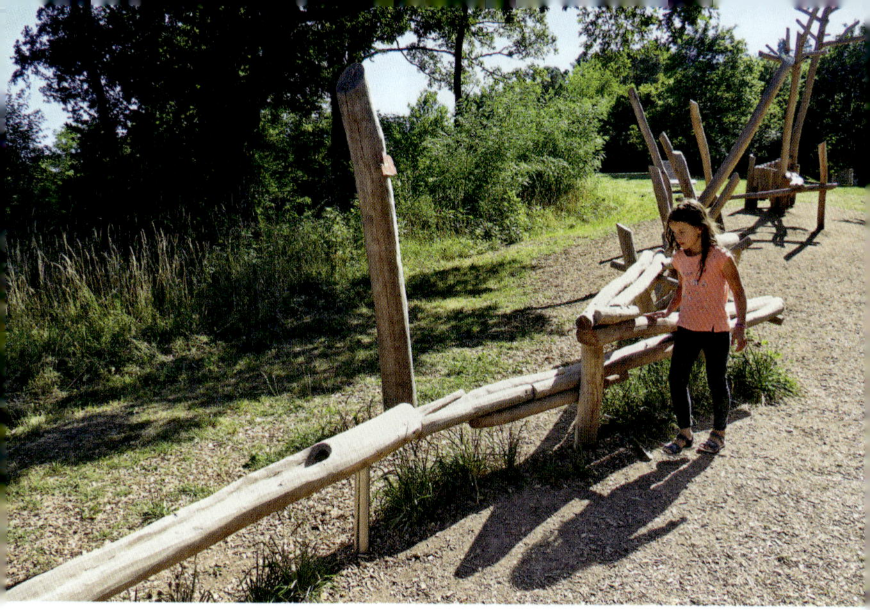

Die Kugelbahn am Roten Meer.

Schönbuchturm den ausgeschilderten stufenfreien Zugang wählen, den Abstecher zum Damwildgehege auslassen. Zurück wieder auf dem Asphaltweg bis zum Parkplatz (5,3 km, leicht, ab 4 Jahren, geeignet für Kinderwagen und Lauf-/Fahrrad). Wer mag, geht noch auf dem Asphaltweg zum Pulverturm 3 auf dem Schlossberg und wieder zurück (zusätzlich 1,9 km).

Tipp: Zu Hause schon die Lauschtour-App aus dem App-Store aufs Handy laden und auf dem Weg spannende Geschichten hören. Mit eingeschaltetem GPS starten die Audios an den Lauschpunkten automatisch. Erst »Herris Stadttour« für Kinder wählen, ab dem Schlossberg die »Turm-Tour«.

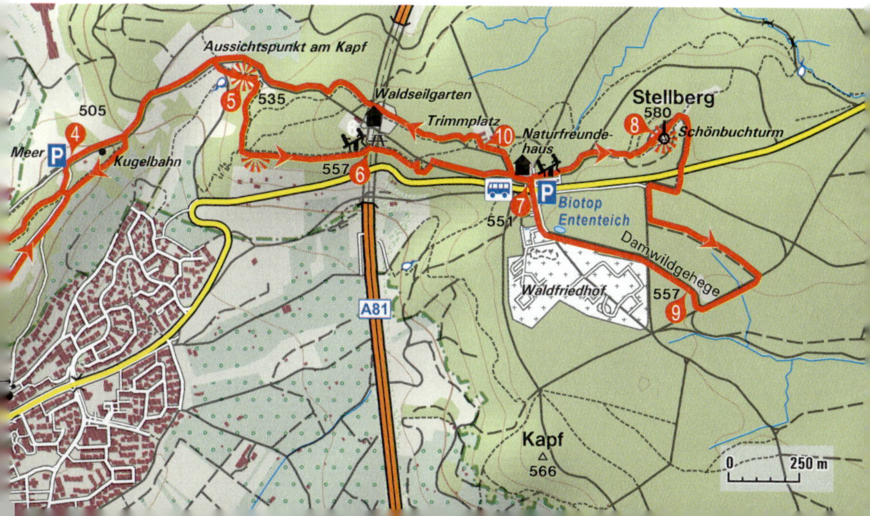

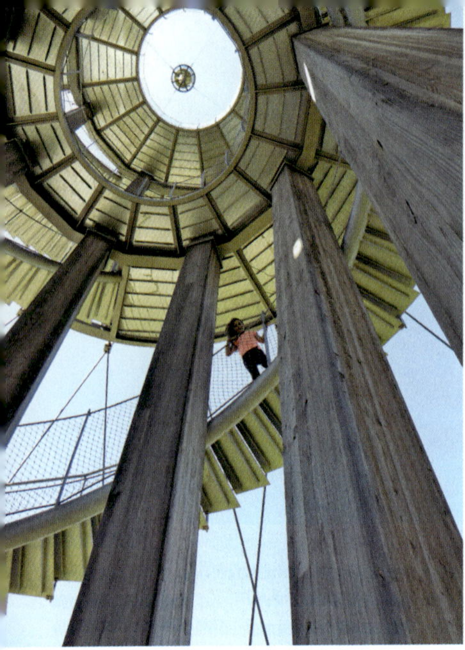

LOS GEHT'S Vom **Bahnhof Herrenberg ❶** weisen uns Schilder den Weg zur Altstadt. Am besten gleich die Lauschtour »Herris Stadttour« aktivieren. Eine Unterführung bringt uns in die Bronngasse, die direkt zum **Marktplatz ❷** führt. Vor dem Rathaus gibt es die Stadt dann zum Anfassen: Am Bronze-Modell können wir schauen, wo wir gerade sind. Zum Schlossberg steigen wir die Stufen neben dem Rathaus hoch, wenden uns nach links und nehmen die Treppe zur Stiftskirche. Wir gehen an der Kirche entlang, die Treppen hinauf und nach links. Wir folgen dem Wanderzeichen »Roter Punkt« und nehmen die nächste lang gezogene Treppe, die uns in Serpentinen an der alten Stadtmauer nach oben zur Schlossruine mit dem **Pulverturm ❸** führt. Hier können wir zur Lauschtour »Turm-Tour« wechseln.

OBEN
Die elegante Konstruktion des Schönbuchturms.

UNTEN
Kunst am Weg.

Beim Parkplatz sehen wir die ersten Wegweiser der »Turm-Tour«, denen wir bis zum Schönbuchturm folgen werden. Der asphaltierte Weg führt uns zum **Parkplatz »Rotes Meer« ❹**. Wenig später kommt auch schon die **Kugelbahn** in Sicht. Schilder am Weg erklären viel über die Natur und was das Rote Meer und die Holzkugelbahn mit alten Wasserleitungen zu tun haben.
Wir folgen dem Asphaltweg zum **Kapf ❺**, einem Hügel, den wir über einen Trampelpfad besteigen. Kurz darauf geht es nach

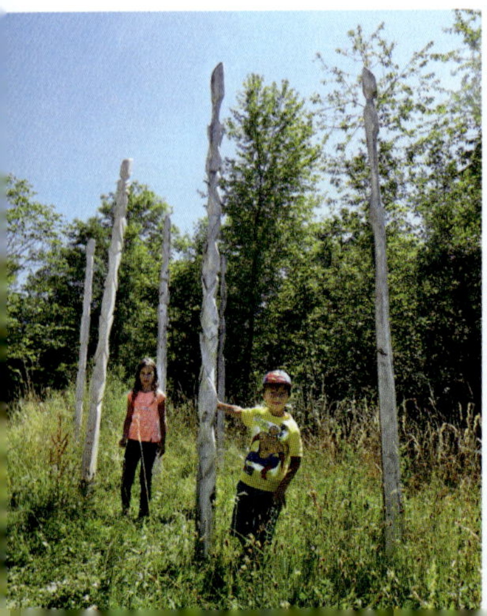

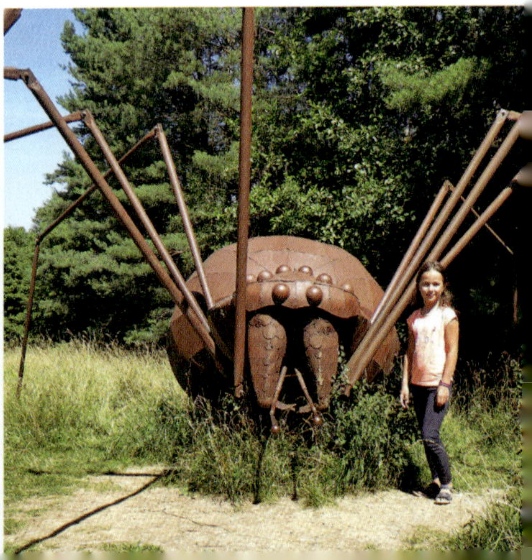

Hallo Kinder!

Am Roten Meer könnt ihr eure Holzkugeln durch die Kugelbahn flitzen lassen, bis sie unten aus der hölzernen Stiftskirche wieder herauskullern. Dabei rollen die Murmeln auch durch Holzrohre. Solche Rohre waren früher tatsächlich hier unter der Erde verlegt. Natürlich waren sie viel größer. Man nennt sie **Teuchel** und sie brachten das Wasser von einer Quelle hinunter in die Brunnen der Stadt. Und wie kommt dieser Ort dann zum Namen **»Rotes Meer«**? Das hat etwas mit dem **Sandstein** zu tun, den es hier gibt. Die vorgebohrten Ersatzrohre wurden in einem Wasserbecken gelagert. Ihr könnt es in der Nähe der Kugelbahn sehen. Wahrscheinlich wurden kleine rötliche Teile des Sandsteins in das Becken geschwemmt und das Wasser dadurch rötlich gefärbt. Bis heute heißt dieser Ort »Rotes Meer«, auch wenn das Wasserbecken schon längst ausgetrocknet ist.

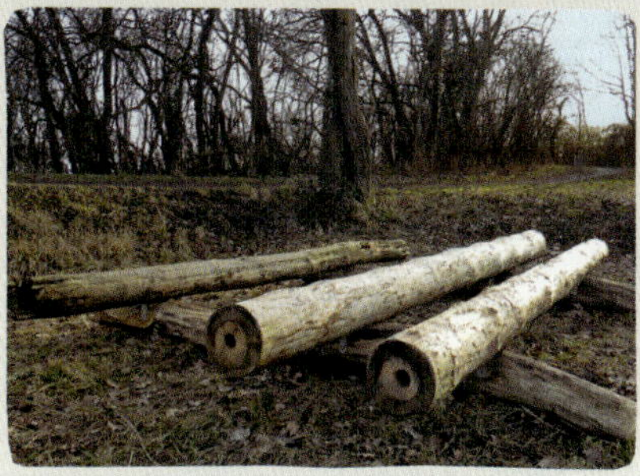

rechts auf Waldwegen zu einem Aussichtspunkt. Wir wandern nach links und kommen zu einem großen rostigen Metallbehälter. Ob das mal eine Dampflok war? Dann sind wir bald am **Waldspielplatz** ❻. Dahinter liegt der **Waldseilgarten Herrenberg**, wo es wagemutige Kletterer und Kletterinnen zu beobachten gibt.

An einem Aussichtspunkt vorbei geht es zum **Naturfreundehaus** ❼. Der große Biergarten lädt zur Rast ein. Jenseits des großen Parkplatzes wartet schon der **Schönbuchturm** ❽ auf uns, der mit 35 Metern Höhe einen grandiosen Ausblick über den Schönbuch bietet.

Auf der anderen Seite des Turms gehen wir den Trampelpfad in Richtung der großen Spinnen-Skulptur hinunter. Bei der zweiten Kreuzung geht es nach rechts. Kurz darauf überqueren wir die Landstraße, folgen dem Trampelpfad und stoßen auf einen Forstweg. Wir biegen rechts ab und folgen dann der Linkskurve bis zum Zaun des **Damwildgeheges**. Hier geht es nach links am Zaun entlang. Wenn wir auf einen breiteren Weg treffen, wenden wir uns nach rechts und an der nächsten Kreuzung geht es wieder rechts zur **Futterstelle** ❾, wo sich die Tiere oft aufhalten. Der breite Weg führt, vorbei am Friedhof, zurück zum **Naturfreundehaus** ❼.

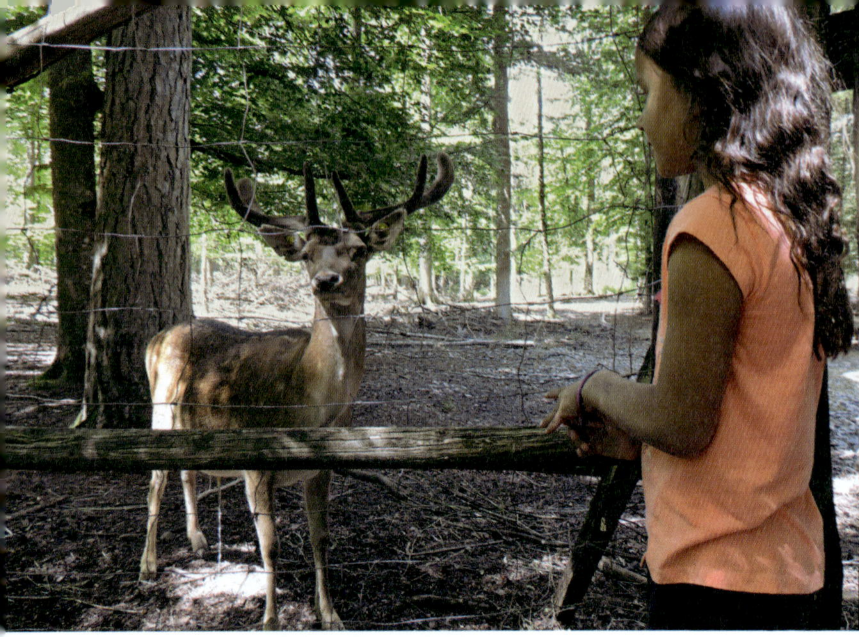

Am Damhirschgehege.

Dort gehen wir nach links ein Stück auf dem Asphaltweg, dann folgen wir dem Turm-Tour-Wegweiser nach rechts. Der nächste Abzweig nach links führt uns zu einem **Trimmplatz ⑩**. Kurz danach gabelt sich der Weg und wir wählen den rechten Pfad, am Waldseilgarten vorbei. Nach einer Linkskurve erreichen wir wieder den Asphaltweg, auf dem wir nach rechts weitergehen. Hinter dem **Kapf** lässt sich neben dem Weg ein kurioses Phänomen bestaunen: bunte Erde. Was aussieht, als hätte jemand grünliches oder violettes Kunststoffgranulat hier hingeschüttet, sind tatsächlich Mergelschichten, die sich vor langer Zeit abgelagert haben.

Wir folgen weiter der Turm-Tour. Vor der Kugelbahn beim Wegweiser »Rotes Meer« gehen wir nach links und folgen dem Pfad, bis wir wieder auf den Asphaltweg stoßen. Wir überqueren ihn und wandern auf dem Schotterpfad weiter, der in den Wald führt. Wir ignorieren einen Ab-

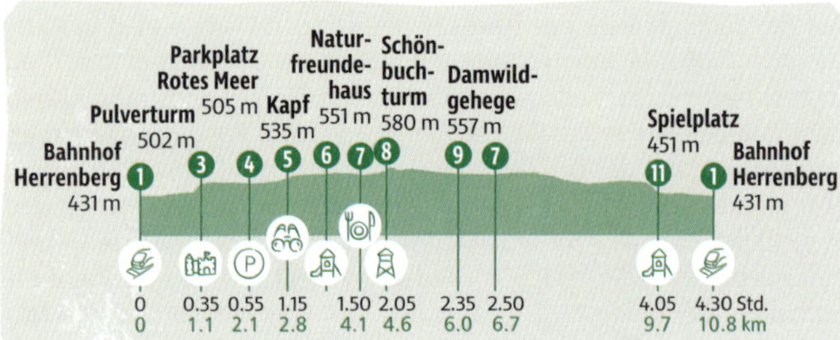

★Highlights

- Mit der Lauschtour-App spannenden Infos zu Stadt, Schloss und Geschichte lauschen.
- Auf den Schlossberg steigen, zu Schlossruine, Pulverturm und alter Stadtmauer.
- Am Automaten im Baumstamm eine Holzkugel kaufen und durch die Kugelbahn am Roten Meer flitzen lassen, bis sie durch das Tor der Stiftskirche wieder herauskullert.
- Den Aussichtspunkt Kapf mit seinen Trockenrasen erklimmen und faszinierende bunte Erde in Türkis-, Grau- und Rottönen bestaunen.
- Am Waldspielplatz spielen und die Tour vielleicht sogar mit einem Besuch im Waldseilgarten kombinieren (s. Freizeittipp G5).
- Den modernen Schönbuchturm hinaufsteigen und die 360° Aussicht genießen (s. Freizeitipp L4).
- Tierische Begegnungen am Damwildgehege machen.
- Eine sportliche Pause am Trimmplatz einlegen.

zweig nach rechts, folgen aber dem nächsten Abzweig nach links zum Asphaltweg. Dieser führt uns nach rechts bis zum Schlossberg, wo wir links zum Restaurant und dann die lange kurvige Treppe hinuntersteigen. Oberhalb des **Spielplatzes** ⑪ gehen wir nach rechts und durch das Tor in der Mauer. Dann folgen wir der Straße, die eine Linkskurve macht und biegen nach rechts in die Schuhgasse ab. An einem großen gelben Haus mit Brunnen erreichen wir die Herri-Station »Der Turm« und können die »Herri-Lauschtour« wieder einschalten. Hier geht es links in die Gasse hinunter, dann rechts und vor der Spitalkirche wieder links. Nach einem weiteren Lauschpunkt biegen wir rechts auf die Spitalgasse ab und stoßen wieder auf die Bronngasse, der wir nach links zurück zum **Bahnhof** ① folgen.

Was ist denn hier so bunt? Diese Bodenschichten, die vor allem aus feinem Ton bestehen, werden in der Geologie als Bunte Mergel bezeichnet.

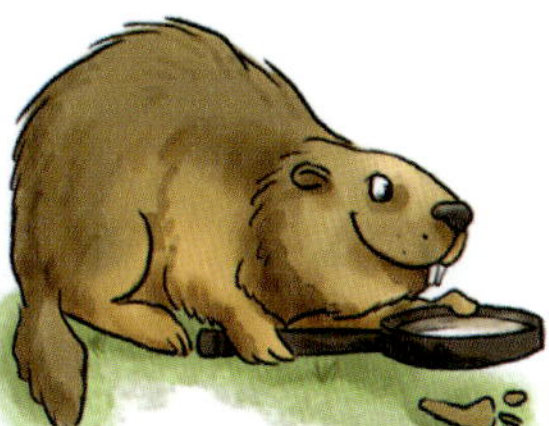

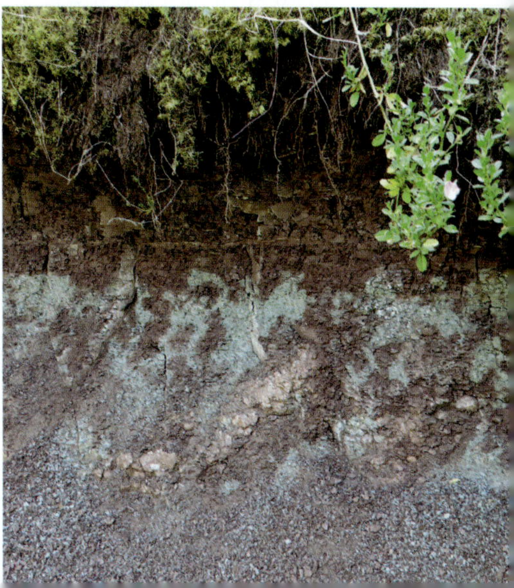

28 Auf die Weilerburg

RUNDTOUR DURCH DEN RAMMERT BEI ROTTENBURG

3.00 STUNDEN

6,2 KILOMETER

↗ 210 HÖHENMETER

↘ 210 HÖHENMETER

MITTEL ab 5 Jahren

Auf dem Walderlebnisweg zur Burg: Hier können wir den Wald hautnah erleben – ob am Biotop, beim Wildschweingehege oder auf dem Dschungelpfad durchs Unterholz. Dann geht es hinauf zur 900 Jahre alten Weilerburg. Wenn die Fahne auf dem Turm weht, gibt es kühle Getränke und Würste zum selber Grillen unter den alten Linden im Burghof. Der Aufstieg auf den Turm bietet weite Ausblicke bis zur Burg Hohenzollern. Die Tour ist ideal für warme Tage. Es geht hauptsächlich durch den Wald, nur auf dem letzten Stück wandern wir durch blühende Streuobstwiesen auf den Schadenweiler Hof zu, begleitet vom Zirpen der Grillen und Zwitschern der Vögel. Dort gibt es im Arboretum viel über Bäume zu erfahren.

Ausgangspunkt: Bushaltestelle Schadenweiler Hof, Rottenburg am Neckar, Anfahrt ab Rottenburg Hbf mit Bus 5 (Mo-Fr). – Mit dem Auto: Parkplatz der Hochschule für Forstwirtschaft (Navi: 72108 Rottenburg am Neckar, Schadenweilerhof 1).
Ausrüstung: Feste Wanderschuhe, Insektenschutz (gegen Stechmücken und Zecken), Holzkugel oder Murmel für die Kugelbahn, ggf. Fernglas, um Wildschweine zu beobachten.
Anforderungen: Forstwege und schmale, manchmal zugewachsene Pfade, die bei Nässe matschig sein können, z. T. steiler Anstieg zur Burg. Nicht kinderwagengeeignet, auch mit der Kraxe ist an manchen Stellen das Durchkommen schwierig.
Einkehr: Weilerburg, geöffnet bei schönem Wetter, wenn die Fahne auf dem Turm weht, Sa ab 14.00 Uhr, So ab 10.00 Uhr, im Sommer häufiger, dav-rottenburg.de/weilerburg.
Hinweis: Wir gehen den Walderlebnisweg in umgekehrter Richtung, um zum Schluss auf der Weilerburg einkehren zu können, deshalb immer den Schildern »Rückweg« folgen, nicht den Schildern »Walderlebnisweg«!
Tipp: Die schöne Tübinger Altstadt ist nicht weit. Dort kann man sich wunderbar mit einem Eis an den Neckar setzen oder sich im Stocherkahn über den Fluss schaukeln lassen (s. Freizeittipp H4).

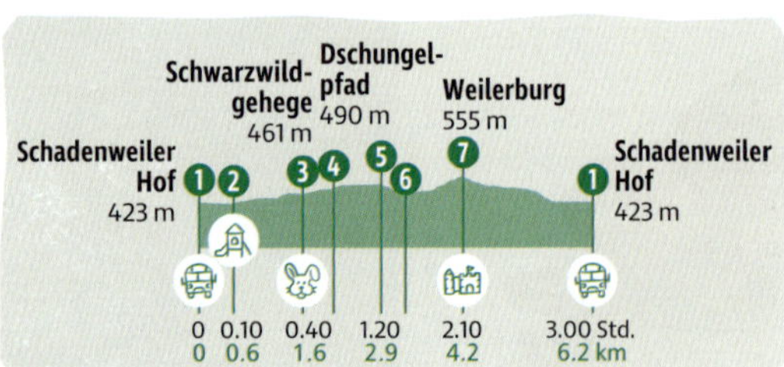

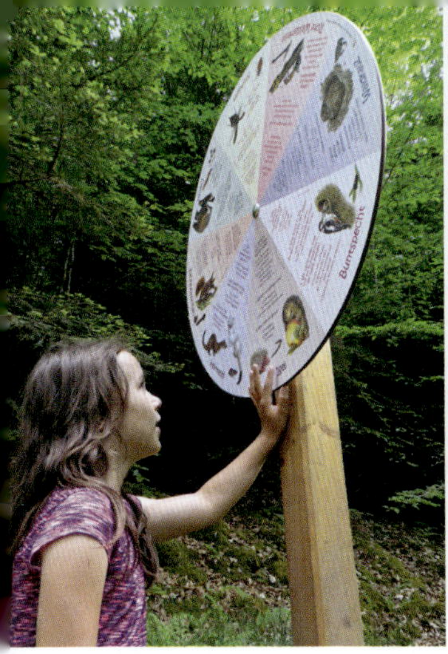

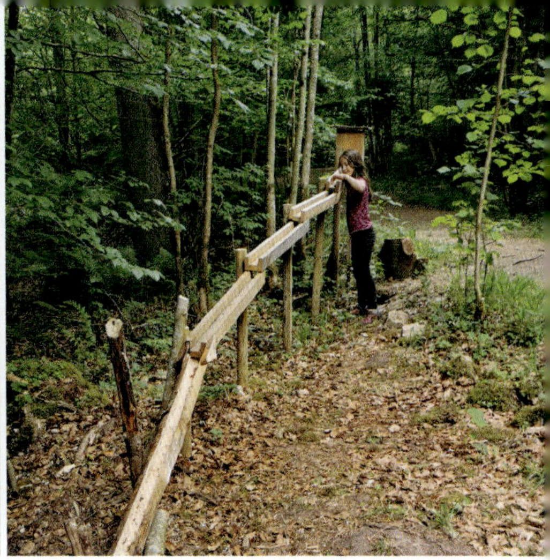

LINKS

Spannendes über Tiere erfahren neugierige Naturforscher.

RECHTS

Die Murmelbahn sorgt für Spaß auf dem Walderlebnisweg.

LOS GEHT'S Vom **Schadenweiler Hof ❶** geht es vorne an der Straße nach links und auf dem Weg parallel zur Asphaltstraße weiter zum nächsten Wanderparkplatz, hinter dem ein **Waldspielplatz ❷** mit Feuerstellen liegt. Nachdem wir den Parkplatz überquert haben, nehmen wir den Weg hinunter in Richtung Asphaltstraße. Achtung, wir wandern den Erlebnisweg in die entgegengesetzte Richtung! Deshalb folgen wir NICHT dem Wegweiser Walderlebnisweg, sondern überqueren den Forstweg, zum Weg, der parallel zur Straße führt (Wanderzeichen »Blauer Strich«). Wenn wir wieder auf die Straße stoßen, folgen wir rechts dem roten Schild »Rückweg«. Dann zweigt ein schmalerer Weg nach links ab, der uns, an einem Feuchtbiotop vorbei, zu den ersten Stationen des Erlebnispfades bringt. Nach der Fotowand kommen wir zu einer kleinen **Kugelbahn**. Tipp: Der Baumstamm, in dem die Kugel landet, lässt sich durch Drehen öffnen. Vorbei an einem Tierquiz und Nistkästen, stoßen wir auf einen Forstweg, dem wir nach links folgen. Am gelben Wegweiser gehen wir erst mal vorbei und erreichen die Futterstelle des **Schwarzwildgeheges ❸**. Keine Wildscheine in Sicht? Dann nichts wie weiter zur Beobachtungskanzel: Dazu gehen wir zurück zum gelben Wegweiser und folgen dem »Rückweg«. Am Zaun entlang kommen wir an einem Brunnen vorbei und können dann auf die Beobachtungskanzel steigen,

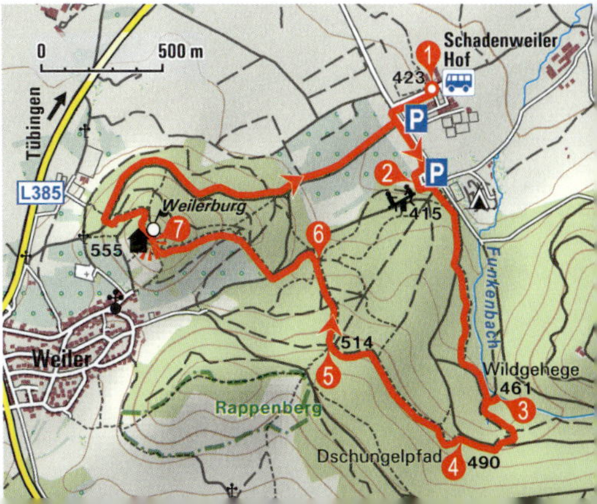

Am Ende der Tour könnt ihr im Arboretum einheimische und exotische Bäume kennenlernen.

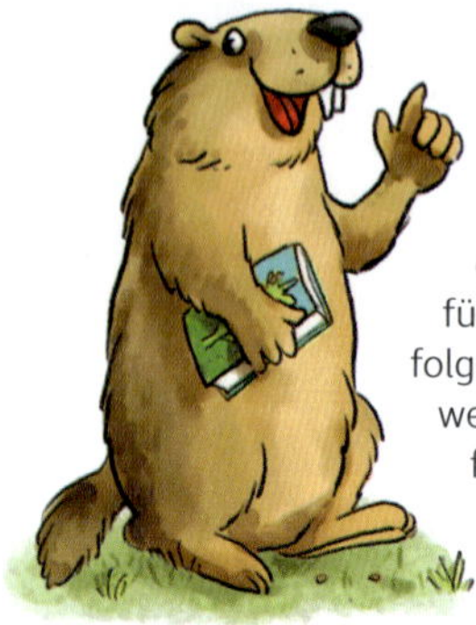

um die Tiere zu erspähen. Am Ende des Zauns folgen wir beim roten Wegweiser dem Pfad nach rechts, bis er auf einen Forstweg stößt. Dort gehen wir rechts, bis wir Schilder des Walderlebnisweges sehen. Nun geht es in den Dschungel! An den zwei Seilen links des Weges klettern wir den Hang hinauf. Wer mag, kann aber auch die Stufen nehmen. Ein Weidentunnel führt uns zum schmalen **Dschungelpfad ❹**, der sich durchs Unterholz bergauf schlängelt.

Oben angekommen wenden wir uns nach rechts und folgen dem schmalen Weg erst mal bergab. Bei einem gelben Wegweiser wenden wir uns nach links. Holzstege führen uns über matschige Stellen. An einer Weggabelung folgen wir dem Rückweg-Schild nach links. Wer entdeckt wenig später den Specht, der sich im Wald versteckt? Wir folgen dem nächsten Wegweiser erneut nach links und können am **Wurfspiel ❺** unsere Zielgenauigkeit unter Beweis stellen. Weiter auf dem Weg schickt uns das »Rückweg«-Schild nach rechts in den Hohlweg, der steil bergab führt. Wichtig: An der Kreuzung, wo das Rückweg-Schild mit den kleinen blauen Blumen am Baum hängt, folgen wir dem Schild NICHT! Stattdessen gehen wir weiter geradeaus bergab auf dem Jakobsweg (Markierung: gelbe Muschel auf blauem Grund) bis zur **Kräftigungsstation ❻** des Trimm-dich-Pfads. Kurz vorher nehmen wir den schmalen steinigen Weg nach links hinunter. An der nächsten Kreuzung biegen wir links in den breiten geschotterten Forstweg ein und verlassen den Jakobsweg. Beim Schild Funkenbachweg zweigt ein anderer breiter Forstweg scharf rechts ab, dem wir aber NICHT folgen. Wir wandern stattdessen den Pfad, der nach rechts abzweigt, hinauf und sehen am Weg alte Grenzsteine. Wir queren andere Wege, halten uns aber geradeaus. Wenn unser Pfad auf einen breiteren Weg stößt, gehen wir links und gleich wieder rechts

LINKS

Der abenteuerliche Weg in den Dschungel.

RECHTS

Der 24 Meter hohe Bergfried der Weilerburg wurde zwar erst vor 150 Jahren wieder aufgebaut, macht aber ganz schön was her.

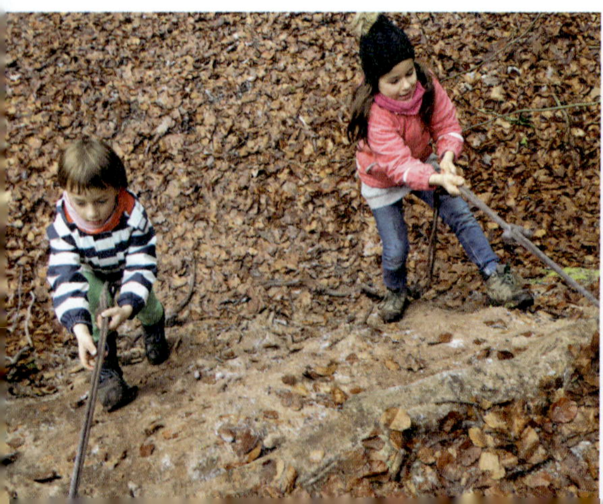

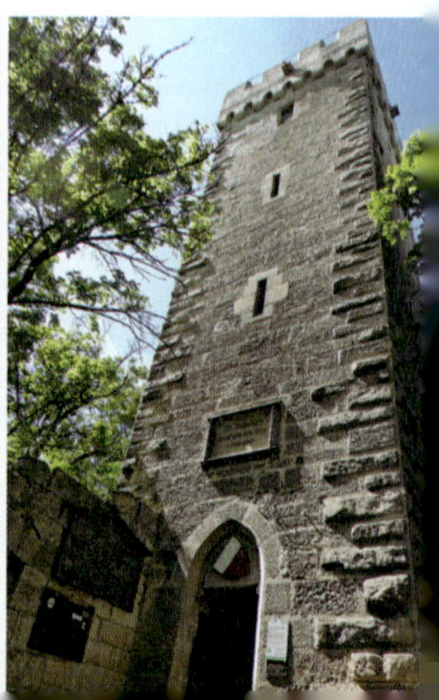

Hallo Kinder!

Wusstet ihr, dass es in keiner anderen Gemeinde in Baden-Württemberg so viel Wald gibt wie in Rottenburg? Hier tummeln sich auch wilde Tiere im Unterholz, die tagsüber gut versteckt sind. Wenn ihr sie trotzdem sehen wollt, stehen eure Chancen am Schwarzwildgehege gut. Hier lebt eine Rotte der sonst scheuen **Wildschweine**. Vielleicht seht ihr ja eine **Bache**, also ein weibliches Wildschwein, mit ein paar gestreiften **Frischlingen**. Die **Keiler**, so heißen die männlichen Schweine, erkennt ihr an der kürzeren Schnauze und langen Eckzähnen. Das Gehege sieht ganz schön matschig aus. Wildschweine suhlen sich nämlich für ihr Leben gern im Schlamm. Dadurch kühlen sie sich ab und werden lästige Parasiten los.

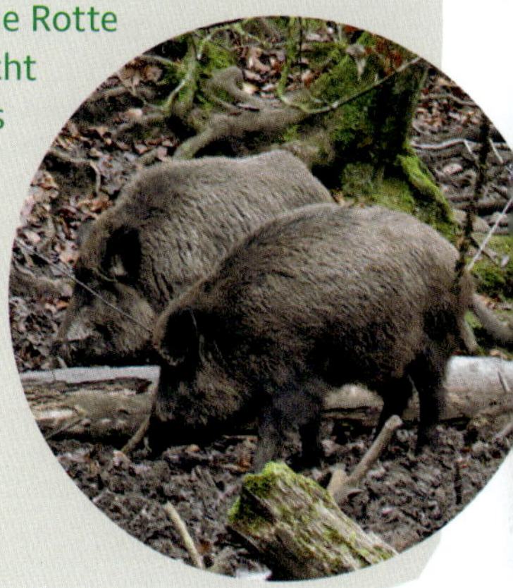

den Pfad hinauf. Er führt uns direkt zur **Weilerburg** **7**. Vom Turm aus reicht der Blick bis zur Burg Hohenzollern.
Ab jetzt geht es nur noch abwärts! Wir verlassen die Burg durch das Burgtor, nehmen die erste Treppe rechts hinunter, wenden uns nach rechts und folgen ab der nächsten Kreuzung dem Wanderzeichen »Blauer Strich«. Der Weg führt in Serpentinen bergab. Nach der zweiten scharfen Rechtskurve, wenn der »Blaue Strich« links abbiegt, bleiben wir auf dem Forstweg und wandern knapp 1 km auf ihm durch den Wald. An einer Kreuzung treffen mehrere Wege auf unseren Weg, wir gehen aber weiter geradeaus und erreichen den Waldrand. Durch Streuobstwiesen wandern wir auf den **Schadenweiler Hof** **1** zu. Dort können wir zum Abschluss noch durch das Arboretum spazieren.

★Highlights

Auf dem Walderlebnisweg an abwechslungsreichen Stationen Halt machen: von der Kugelbahn über den Dschungelpfad bis zum Zapfenwerfen.

Von der Beobachtungskanzel am Wildgehege Wildschweine erspähen.

Zur Weilerburg hinaufsteigen, Getränke und Würste kaufen und unter den alten Linden grillen.

Vom Turm der Weilerburg Ausblicke auf den Albtrauf und bis zur Burg Hohenzollern genießen.

29 Schloss Hohenentringen

RUNDTOUR DURCH DEN SCHÖNBUCH

2.15 STUNDEN

5,5 KILOMETER

↗ 90 HÖHENMETER

↘ 90 HÖHENMETER

LEICHT ab 5 Jahren

Ein Waldspielplatz, Mufflons, Wildschweine und Hirsche: Diese abwechslungsreiche Tour bietet wunderbare Aussichten auf und von Schloss Hohenentringen. Durch eines der größten geschlossenen Waldgebiete Süddeutschlands geht es durch den Friedwald zum Schloss. Dort lädt ein Restaurant mit Biergarten im Schlosshof zur ersten Rast ein. Weiter geht es durch Wiesen, Felder und Wald zum beliebten Waldspielplatz Saurucken, der mit Seilbahn, Klettergeräten, Schaukeln und Rutsche für Kinder jeden Alters einiges zu bieten hat. Feuerstellen laden zu einer ausgedehnten Grillpause ein. Direkt angrenzend sind in drei Wildgehegen Hirsche, Wildschweine und Mufflons zu Hause. Die sonst so scheuen Tiere können oft ganz aus der Nähe beobachtet werden. Zum Schluss geht es noch zum Erlenweiher, der ruhig im Wald liegt.

Ausgangspunkt: Parkplatz Saurucken beim Sportplatz Entringen (Navi: 72119 Ammerbuch, Auf der Langenhalde 1). – Mit ÖPNV leider nicht möglich.

Ausrüstung: Feste Wanderschuhe. Evtl. Fernglas zum Beobachten der Tiere in den Wildgehegen.

Anforderungen: Hauptsächlich geschotterte Waldwege, kurze Abschnitte auf schmalen Pfaden. Insgesamt leicht, aber z. T. längere steile Abschnitte.

Einkehr: Schloss Hohenentringen, Restaurant und Gartenwirtschaft, Mo und Di Ruhetag, 72070 Tübingen (Anfahrt über Hagelloch), Tel. +49 7073 6366, hohenentringen.de. Beim Ausgangspunkt am Sportplatz italienisches Restaurant mit Sonnenterrasse: Sportheim TGV Entringen, Mo Ruhetag, Tel. +49 7073 9177755, tgv-entringen.de/vereinsheim.

Kinderwagen-Variante: Mit Kinderwagen vom Schloss Hohenentringen auf der Asphaltstraße bis zum Waldrand, dann links abbiegen und auf dem geschotterten Weg weiter, danach kommt ein längerer steiler Abschnitt bergab. Vom Spielplatz den Asphaltweg am Schwarzwildgehege vorbei nehmen.

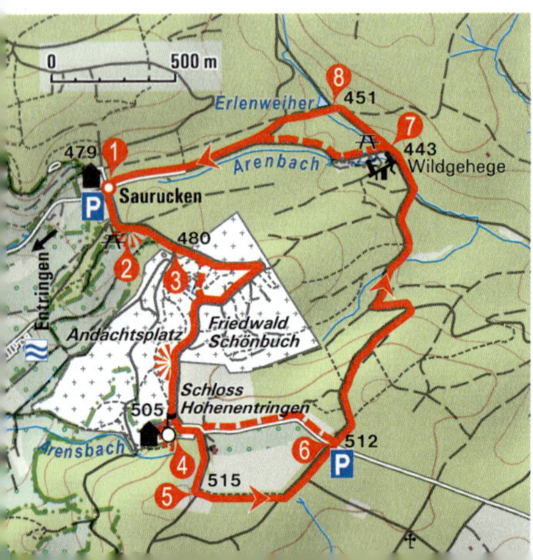

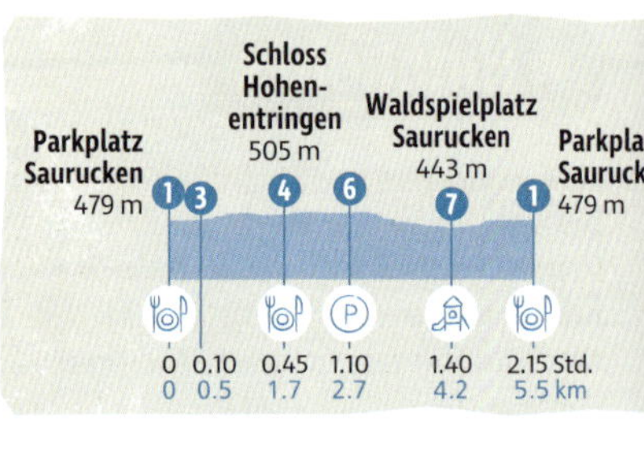

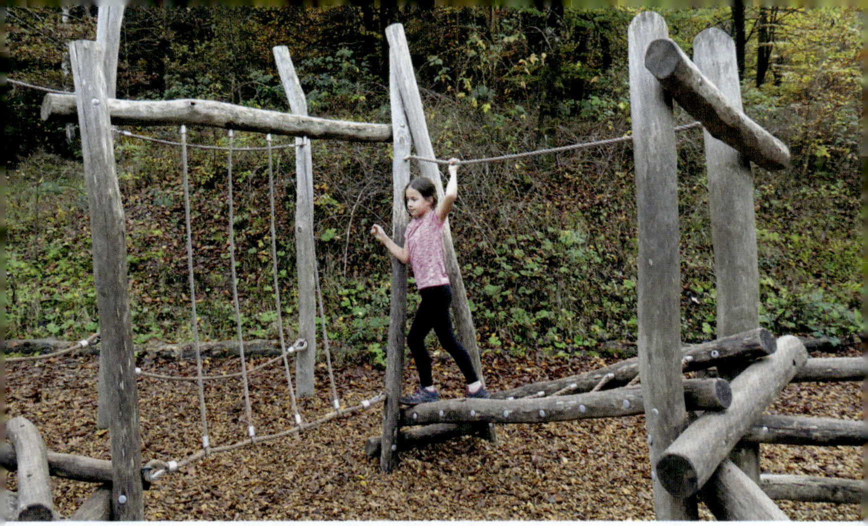

LOS GEHT'S Am **Parkplatz Saurucken ❶** folgen wir an der Kreuzung dem Weg mit der Markierung HW5 Richtung Friedwald und Hohenentringen, das Sportheim mit dem großen Sportplatz liegt hinter uns. Es geht auf eine **Grillstelle ❷** zu, von der wir einen schönen Ausblick auf Schloss Hohenentringen haben. Ein paar Schritte zurück, geht es auf dem HW5 zum Eingang des **Friedwalds ❸**. Unser Weg durchquert diesen besonderen Friedhof, auf dem Verstorbene nicht in Gräbern mit Grabstein beigesetzt, sondern im Wald unter einem Baum beerdigt werden. An der ersten Übersichtstafel des Friedwaldes verlassen wir den abzweigenden Weg HW5 und gehen geradeaus weiter. Wer abkürzen möchte, kann wenig später in den Pfad nach rechts abbiegen und immer bergauf gehen, bis er wieder auf den Schotterweg trifft. Mit Kinderwagen bleiben wir auf dem Schotterweg. Am oberen Andachtsplatz bietet sich eine schöne Aussicht auf Entringen. Dort finden Trauerfeiern statt. Falls das gerade der Fall sein sollte, gehen wir natürlich einfach ruhig weiter. Der Weg führt weiter am Waldrand zum **Schloss Hohenentringen ❹**. Der schöne Biergarten ist an sonnigen Tagen oft gut besucht.

Vom Schloss aus folgen Kinderwagenfahrer der asphaltierten Straße zum Waldrand.

OBEN

Der Kletterparcours auf dem Waldspielplatz.

UNTEN

Auch Pferde gibt's am Weg.

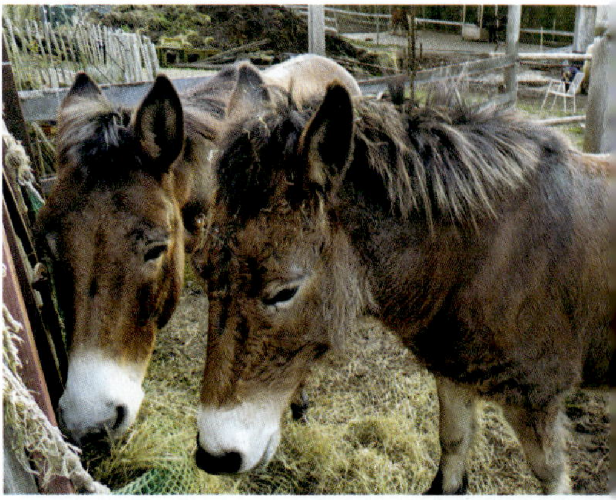

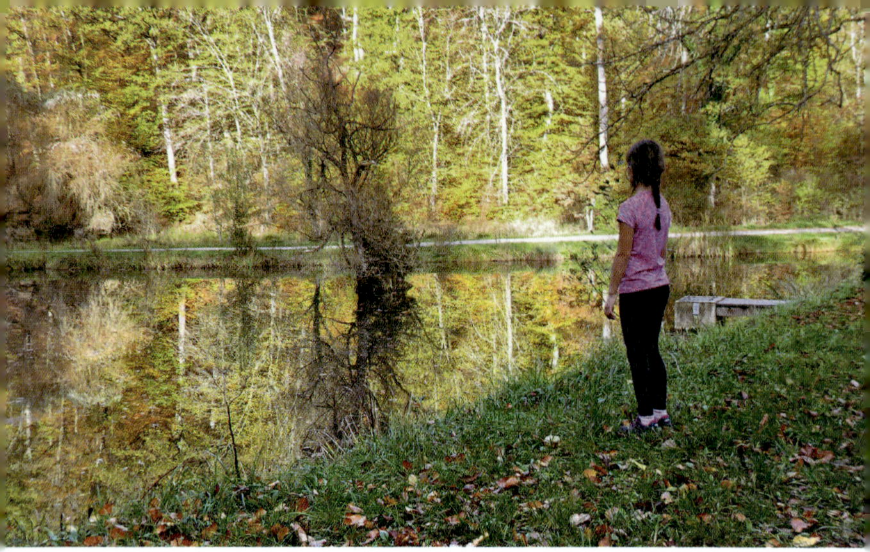

Ruhe und Natur am Erlenweiher.

Alle anderen wandern jetzt wieder auf dem HW5 weiter, auf einem Schotterweg an einem Stall mit Islandpferden vorbei. Links am **Wegweiser »Pfäffinger Weg«** 5 zweigt ein Pfad ab, der am Rande einer Wiese entlangführt. Wir treffen auf einen Waldweg, dem wir nach links folgen. Wo der HW5 abzweigt, gehen wir geradeaus, an einem **Parkplatz** 6 vorbei. Die Asphaltstraße kreuzt hier unseren Weg und Kinderwagenfahrer biegen in den Waldweg nach links ab. Wir gehen an einer Hütte vorbei und folgen dem Waldweg nach links, wo wir kurz darauf ein Wildgatter passieren – und natürlich wieder gut verschließen. Es geht bergab durch den Wald und am nächsten Abzweig biegen wir scharf nach links ab, um kurz darauf einer scharfen Rechtskurve zu folgen. Immer weiter geht es hinunter, bis der Forstweg in einen asphaltierten Weg mündet. Dort halten wir uns links und erreichen den großen **Waldspielplatz Saurucken** 7. Hier ist für

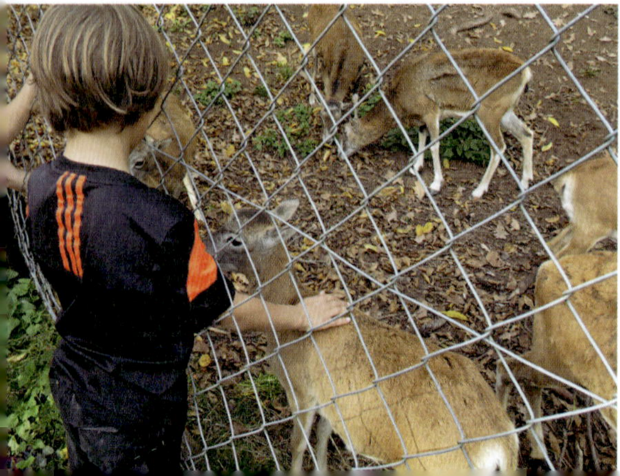

Die neugierigen Mufflons lassen sich gerne auch mal streicheln.

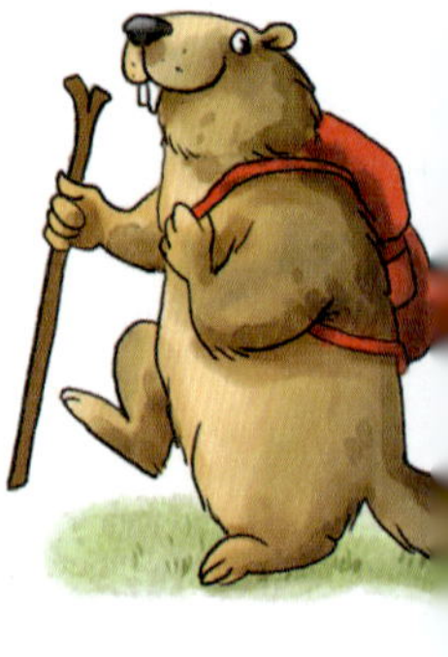

Hallo Kinder!

Kennt ihr Mufflons? **Mufflons sind Wildschafe**, die in den Bergen leben, wo es trocken und steinig ist. Ursprünglich kommen europäische Mufflons aus dem Mittelmeerraum. Oft leben sie in großen Herden. Sie stehen gerne auf Anhöhen und verschaffen sich einen Überblick über ihr Territorium. Mufflons können sehr gut sehen und würden euch selbst in einem Kilometer Entfernung noch erspähen. Die Männchen, die **Widder** genannt werden, haben eindrucksvolle schneckenförmige Hörner, die jedes Jahr länger werden. Außerdem ist auf ihrem Rücken ein weißer Fleck zu sehen. Die **weiblichen Schafe** bekommen im März oder April ein bis zwei Lämmer. Vor etwa 10.000 Jahren haben die Menschen den Mufflon **domestiziert**, also als Haustier gehalten. Daraus sind dann unsere heutigen Hausschafe entstanden.

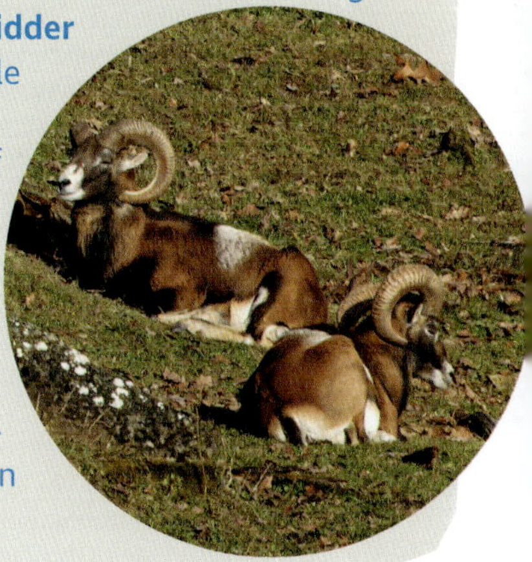

alle etwas dabei: viele Spielgeräte, Grillstellen, Picknickbänke, Schutzhütte und Wildgehege. Gründe genug, eine längere Pause einzulegen. Wer mit dem Kinderwagen unterwegs ist, nimmt den Asphaltweg am Schwarzwildgehege vorbei. Für alle anderen führt zwischen Mufflon- und Rotwildgehege ein Weg zum kleinen **Erlenweiher 8**. Vor dem Weiher gehen wir links, auf einem steinigen Weg durch ein Wildgatter und stoßen auf einen Asphaltweg, der uns nach links zurück zum **Parkplatz Saurucken 1** bringt. Wer es naturnäher mag: Parallel führt auch ein schmaler Pfad rechts des Weges durch den Wald.

★Highlights

Vom Schloss Hohenentringen die Aussicht über das Ammertal bis zum Schwarzwald genießen.

Am großen Waldspielplatz Saurucken die vielen tollen Spielmöglichkeiten ausprobieren und an mehreren Feuerstellen grillen.

Mufflons, Wildschweine und Hirsche beobachten und im Frühjahr den süßen Nachwuchs erspähen.

Am Erlenweiher die Ruhe genießen und Frösche oder Enten beobachten.

30 Der Rotwilderlebnispfad

THEMENWEG DURCH DEN SCHÖNBUCH

2.30 STUNDEN

6,0 KILOMETER

↗ 80 HÖHENMETER

↘ 80 HÖHENMETER

LEICHT ab 5 Jahren

Hirsche besuchen und in der Weiler Hütte einkehren: In den weiten Wäldern des Naturparks Schönbuch finden sich unzählige, zum Teil selten gewordene Tiere und Pflanzen. Diese Tour führt uns zu den größten tierischen Bewohnern, den Dam- und Rothirschen. Am Damwildgehege kann ein Fernglas gute Dienste leisten, um die Tiere zu erspähen. Wir umrunden das Rotwildgehege und können nicht nur die Geweihträger selbst entdecken, sondern auch viel über sie erfahren. Der Rotwilderlebnispfad bietet spannende Stationen zu Wild und Wald. An der Weitsprunggrube können Sportliche ganz große Sprünge machen und vergleichen, wie weit sie im Vergleich zu den Tieren des Waldes springen. Beim Gewichtheben sind vereinte Kräfte gefragt, um einen jungen Hirsch zu stemmen. An der Station »Tierstimmen im Wald« sind die Rufe von Reh, Wildschwein oder Fuchs zu hören. Und sogar die eigene Stimme kann aufgenommen und wieder abgespielt werden. Weitere Highlights der Wanderung sind der weitläufige Biergarten mitten im Wald an der Weiler Hütte mit kleinem Spielplatz und Barfußpfad sowie ein Waldspielplatz mit großer Wiese und Grillstellen.

Ausgangspunkt: Parkplatz Ranzenpuffer, erster Parkplatz an der L 1208 von Dettenhausen nach Bebenhausen fahrend (Navi: N48.59130, E9.06321). – Mit ÖPNV leider nicht möglich.
Ausrüstung: Leichte Wander- oder Trekkingschuhe, ggf. Fernglas zum Beobachten der Hirsche.
Anforderungen: Naturpfade und (meist) geschotterte Waldwege. Nur eine größere Steigung zur Weiler Hütte. Die Kurzvariante ist barrierefrei und gut mit Kinderwagen, Rollstuhl oder Laufrad zu befahren.
Einkehr: Waldgasthof Weiler Hütte, Mo und Di Ruhetag, Tübinger Str. 100, 71093 Weil im Schönbuch, Tel. +49 7157 61270, weiler-huette.de.

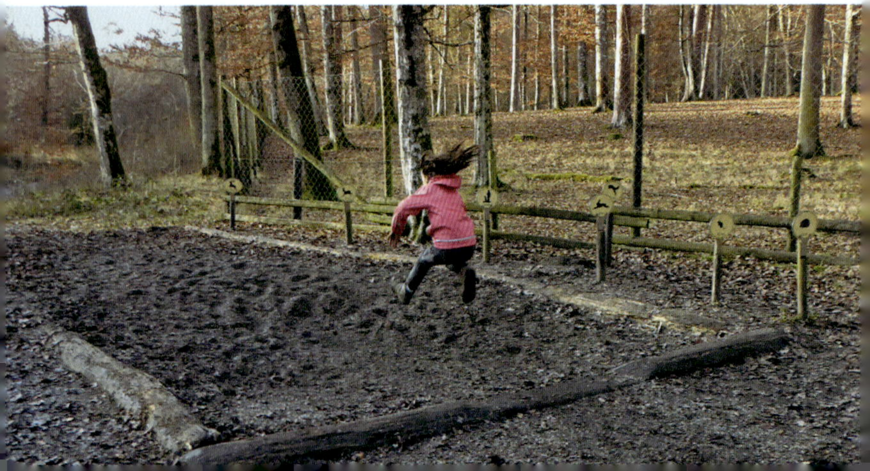

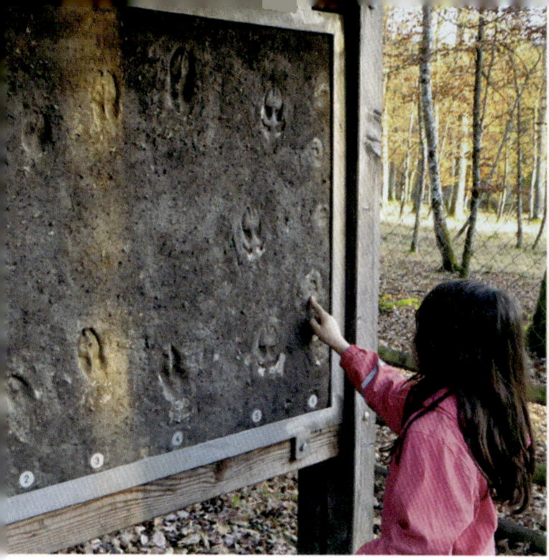

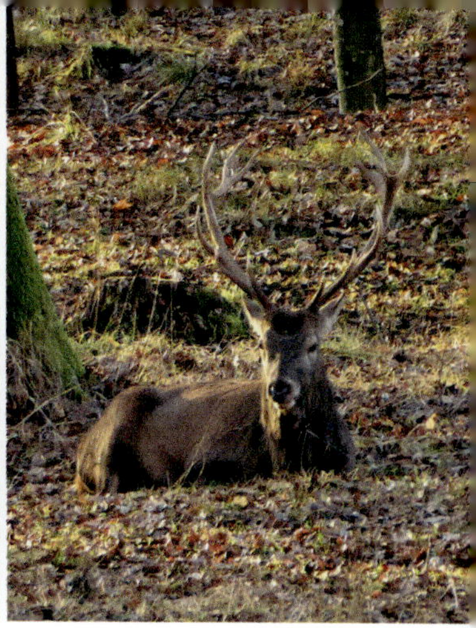

Kurzvariante: Kinderwagen-, Rollstuhl- oder Laufradfahrer lassen den Abschnitt zur Weiler Hütte weg und wandern rund um das Rotwildgehege (2,9 km, leicht, ab 3 Jahre).
Tipp: Der perfekte Abschluss an kühlen Tagen: Im Tropenhaus des Botanischen Gartens Tübingen auf der Morgenstelle einen Kurzurlaub im Regenwald machen (s. Freizeittipp C5).

OBEN LINKS

Von wem stammen wohl die Spuren?

OBEN RECHTS

Mit Glück und Geduld lassen sich die Hirsche im Gehege erspähen.

LINKS UNTEN

Springen wie ein Hirsch oderein Hase: Beim Tierweitsprung können alle ihre Fähigkeiten beweisen.

LOS GEHT'S

Beim **Parkplatz Ranzenpuffer 1** gehen wir durch das Tor des Rotwildgatters und – ganz wichtig – schließen es hinter uns. Wir folgen dem Schotterweg zum **Gehege der Damhirsche 2**. Vielleicht erspähen wir ein paar der Tiere.

Dann geht es weiter: An der Kreuzung folgen wir dem Radwegweiser Richtung Weil im Schönbuch. Der schnurgerade Weg »Tübinger Sträßle« führt uns zum **Rotwildgehege 3** und einem Rastplatz am Erlebnispfad. Hier ist auch die Weitsprunggrube, an der Kinder prüfen können, mit welchen Tieren sie es aufnehmen können. Anschließend folgen wir dem Abzweig nach links und kommen an einen Beobachtungs-Unterstand. Die Futterstelle liegt mitten im Blickfeld und die Chancen stehen gut, hier Hirsche zu sehen. An der nächsten Station ist Muskelkraft beim Gewichtheben gefragt. Danach biegt der Erlebnispfad rechts ab und wir erfahren auf

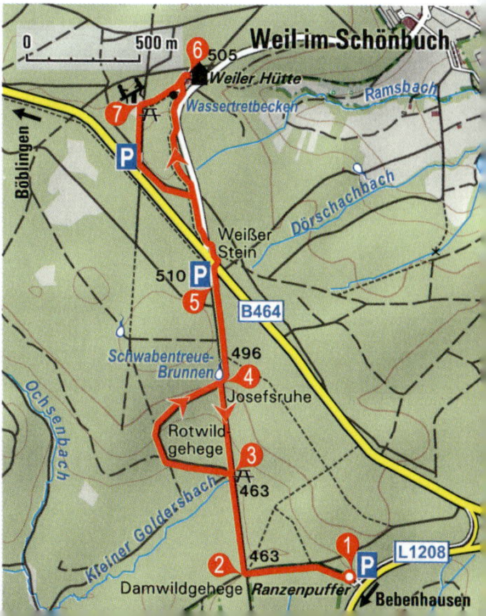

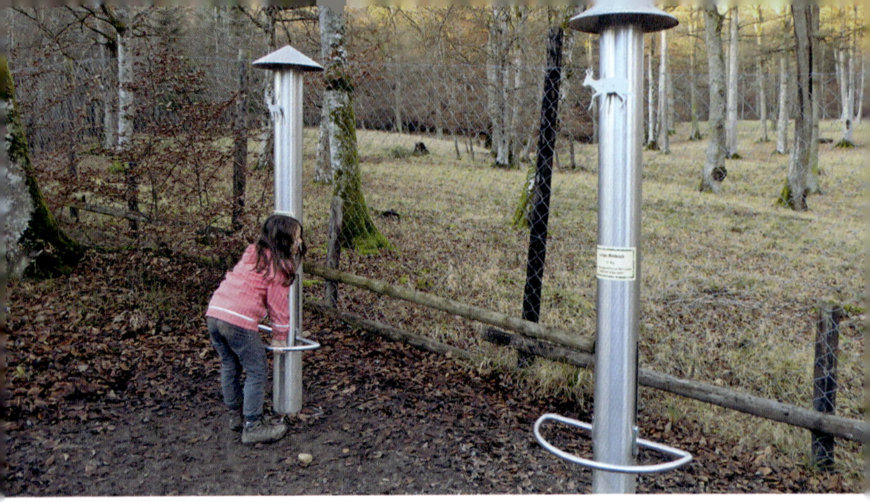

Wer kann den Hirsch stemmen? Beim Gewichtheben kommen Einzelkämpfer ganz schön ins Schwitzen.

verschiedenen Informationstafeln viel über das Wild im Wald. Vorbei an einem kleinen Beobachtungsturm geht es bis zum »Tübinger Sträßle« und zur **Josefsruhe** ❹.

Wer die kurze Runde wandert, geht hier rechts und liest im letzten Absatz weiter. Um zur Weiler Hütte zu kommen, folgen wir dem Wanderzeichen »Blauer Strich« bergauf nach links, vorbei am Schwabentreue-Brunnen. Nach dem Wildgatter am **Parkplatz »Weißer Stein«** ❺ überqueren wir an den Verkehrsinseln zuerst die Bundesstraße, dann die Straße, die Richtung Weil im Schönbuch führt. Ein schmaler Schotterpfad führt uns in den Wald. Wenn der Pfad in einen breiteren Schotterweg mündet, überqueren wir diesen schräg links und gehen wieder auf einem Naturpfad durch den Wald, der Markierung »Blauer Strich« nach. Vorbei an Wassertretbecken und kleinem Barfußpfad erreichen wir die **Weiler Hütte** ❻, wo der schöne Biergarten zur Rast einlädt.

Wir gehen wieder zurück zum Wassertretbecken und wenden uns davor nach rechts. Dann folgen wir dem ausgetretenen Pfad, der uns direkt zum **Waldspiel- und Grillplatz** ❼ führt.

Weiter geht es nach links bis zu einem Parkplatz, wo wir wieder links dem geschotterten »Auchtertweg« folgen. Nach 250 m erreichen wir die Stelle, wo wir auf dem Hinweg diesen Weg gekreuzt haben und gehen auf der bekannten Route nach rechts zurück zum **Rotwildgehege**.

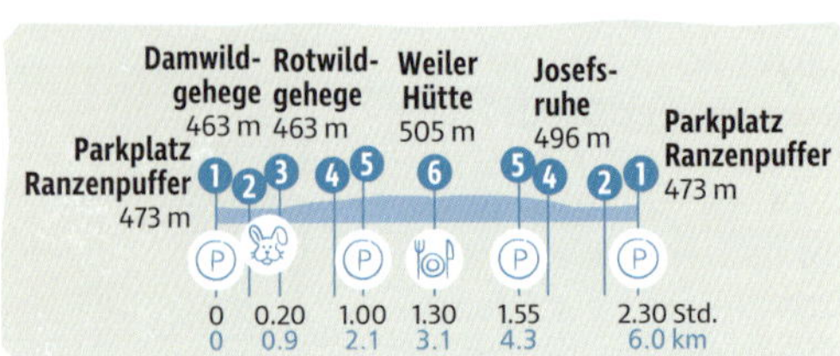

★Highlights

Damhirsche und Rothirsche im Wildgehege beobachten und im Herbst vielleicht sogar sehen, wie der Platzhirsch seine Position gegen einen Nebenbuhler verteidigt.

Den Rotwilderlebnispfad mit Infotafeln und tollen Mitmachstationen erwandern.

Einkehren mitten im Wald im Biergarten der Weiler Hütte, mit dabei: ein kleiner Spielplatz, Wassertretbecken und Barfußpfad.

Auf dem Waldspielplatz toben und grillen.

Am Zaun entlang erreichen wir eine Hütte mit Futterstelle. Sie bietet eine weitere Möglichkeit, die Tiere aus der Nähe zu sehen. Dort können wir uns auch Tierstimmen anhören. Zurück zum Parkplatz führt der Weg dann wieder am Rastplatz vorbei zum **Damwildgehege ❷**, wo wir links abbiegen und dann später an der Weggabelung den rechten Weg zum **Parkplatz Ranzenpuffer ❶** nehmen.

Hallo Kinder!

Der Parkplatz, von dem wir starten, hat ja einen seltsamen Namen: **Ranzenpuffer**. Habt ihr euch schon gefragt, was das bedeutet? Die Geschichte dazu ist ein bisschen unheimlich ... Auf Schwäbisch bedeutet »in den Ranzen puffen« jemanden in den Bauch zwicken oder stoßen. Der Ranzenpuffer soll ein Geist gewesen sein, der hier vor langer Zeit durch die Wälder spukte. Er war einmal ein Jäger, der für sein gottloses Verhalten bestraft wurde, indem er nach seinem Tod als Geist durch den Schönbuch gehen musste. Er knuffte Waldarbeiter ganz ohne Vorwarnung in den Bauch. Oder bewarf Leute mit Fichtenzapfen. Manchmal ritt er aber auch auf einem Schimmel in wildem Galopp durch den Wald. Er soll sich auch in Tiere verwandelt haben. Als Wildschwein, Hase oder Ochse wurde er wohl schon gesehen. Aber ihr müsst keine Angst haben, dass ihr ihn trefft. Der Ranzenpuffer ist schon lange nicht mehr im Schönbuch gesichtet worden. Wahrscheinlich ist seine Zeit, die er im Wald umgehen musste, inzwischen abgelaufen, und er ist erlöst.

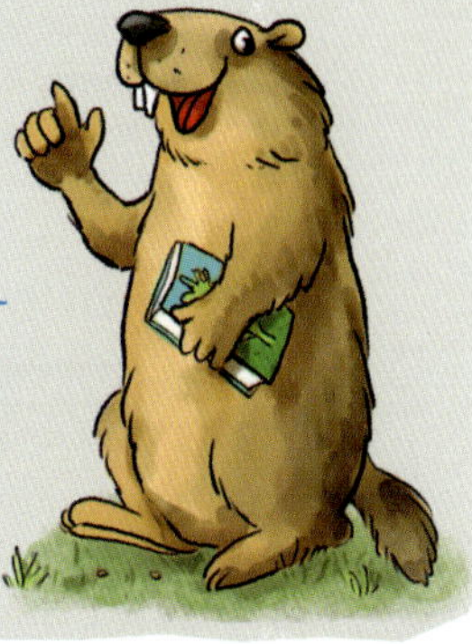

31 Fratzenweg zum Uhlbergturm

RUNDTOUR IM AICHTAL

2.45 STUNDEN

6,0 KILOMETER

↗ 180 HÖHENMETER

↘ 180 HÖHENMETER

MITTEL ab 5 Jahren

Geschnitzte Gesichter in den Bäumen entdecken: Auf dieser Tour gibt es 36 einzigartige Fratzen zu entdecken – von schön bis schaurig. Manch eine oder einer merkt gar nicht, dass der Weg recht steil nach oben führt, immer auf der Suche nach dem nächsten Baum mit Fratze. Oben am Kulturdenkmal Uhlbergturm öffnet sich eine große Wiese nach Süden mit Aussicht auf die Berge und Burgen der Schwäbische Alb. Hier ist viel Platz zum Toben und Picknicken. Einen noch besseren Rundumblick hat man vom Turm. Es geht dann durch ein abwechslungsreiches Landschaftsschutzgebiet mit Wäldern und Gärten ins idyllische Bombachtal und zu einem Seerosenteich. Am Bach entlang führt der Weg durch den Wald. Schließlich wandern wir am sonnigen Waldrand entlang und über Streuobstwiesen zurück ins Aichtal.

Ausgangspunkt: Aichtal-Neuenhaus, Bushaltestelle Häfnerstraße, Anfahrt ab Stuttgart mit S2 bis Filderstadt, weiter mit Bus 809. – Mit dem Auto: Parkplätze in der Häfnerstraße (Navi: 72631 Aichtal-Neuenhaus, Häfnerstraße).
Ausrüstung: Feste Wanderschuhe.
Anforderungen: Forstwege und Naturpfade, z. T. recht steinig und uneben, im Winter und nach Regen oft matschig. Steile Abschnitte. Nicht für Kinderwagen geeignet.
Einkehr: Gasthaus zum Uhlberg, schwäbische Küche, täglich geöffnet, Schönaicherstr. 18, 72631 Aichtal-Neuenhaus, Tel. +49 7127 51045, gasthaus-uhlberg.de. Kelter des Schwäbischen Albvereins, unregelmäßig So geöffnet, sav-bonlanden.de. Kiosk im Uhlbergturm, Getränke, Eis und Würste (zum selber Grillen an der Grillstelle, selbst Mitgebrachtes kann nicht gegrillt werden), Turm und Toiletten wie der Kiosk geöffnet, Fr 16.00–19.00 Uhr, Sa 12.00–18.00 Uhr, So 10.00–18.00 Uhr, Tel. +49 157 73607626, uhlbergturm.de. Gaststätte Schützenhaus, auch vegetarisch, Wolfsklinge, 70794 Filderstadt, Tel. +49 711 774888, schuetzenhaus-bonlanden.eatbu.com.
Kurzvariante: Bei Wegpunkt 4 rechts an der Schranke steil hinab. Den Asphaltweg queren und geradeaus am Zaun entlang. Am Waldweg

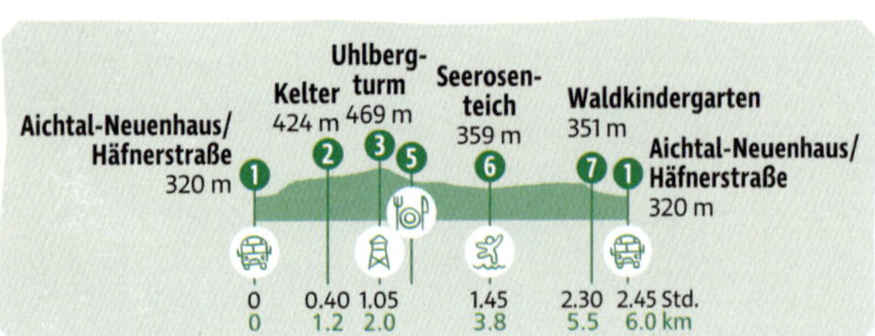

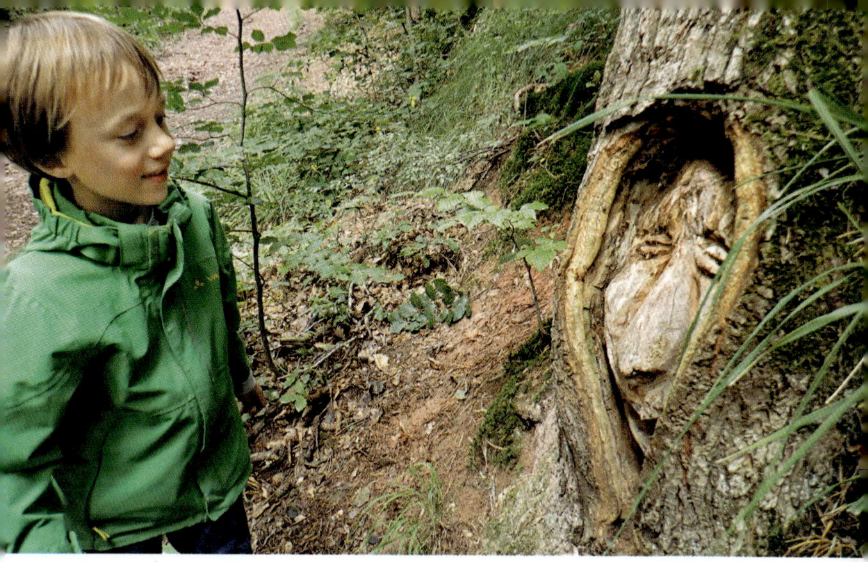

links und gleich darauf einen kurzen Pfad nach rechts, dann dem Waldweg nach rechts folgen. Der nächste unbefestigte Weg nach rechts wird bald zum schönen Waldpfad und bringt uns zurück zum Hinweg. Dort links und dann geradeaus nach Neuenhaus (4 km, mittel, ab 4 Jahren).

Am Fratzenweg beobachten uns die Bewohner der Bäume.

Tipp: In der Nähe lohnt sich ein Besuch im Museum der Alltagskultur in Waldenbuch. Auch Schokoladenmuseum und Fabrikverkauf von Ritter Sport sind einen Abstecher wert (s. Freizeittipp D12 und D13).

LOS GEHT'S Von der **Bushaltestelle Häfnerstraße ❶** gehen wir zur Durchgangsstraße von Neuenhaus, über den Zebrastreifen und nach links bis zum Gasthaus zum Uhlberg. Dort folgen wir dem Bonländer Weg bergan. Am Atelier des Holzschnitzers Adalbert Bachofer begrüßen uns geschnitzte Skulpturen. Ein steiniger Weg führt in den Wald hinein und die ersten Gesichter in den Stämmen erwarten uns.

An der nächsten Kreuzung gehen wir geradeaus und nehmen an der folgenden Weggabelung den linken Abzweig, wo wir am Ende des Weges das Fachwerk der historischen **Kelter ❷** sehen. Hinter der Kelter folgen wir dem Weg nach links, an Gärten vorbei. Eine Rechtskurve führt uns zu Bänken und einer Schranke, wo wir einen Asphaltweg überqueren.

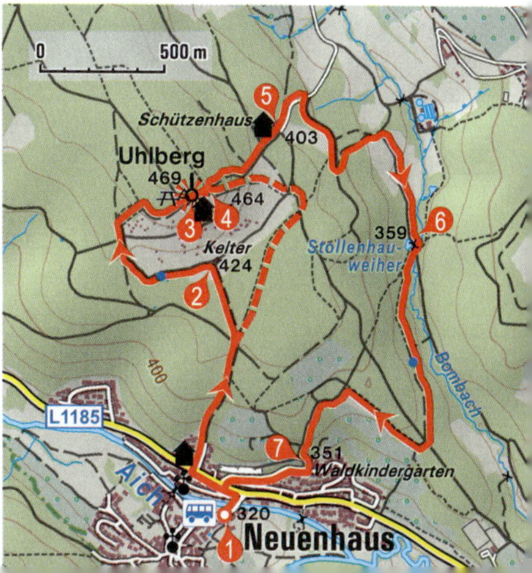

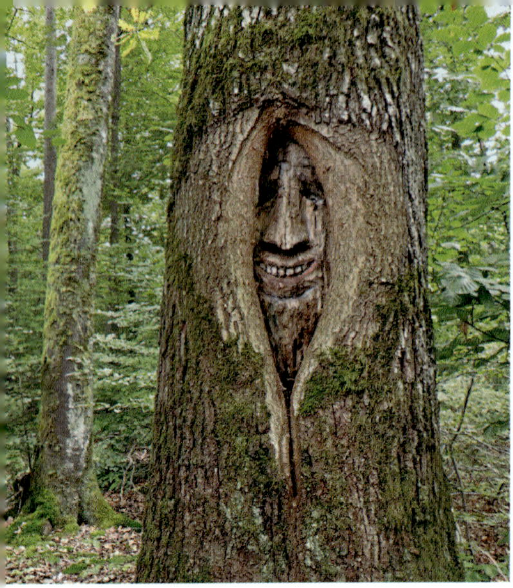

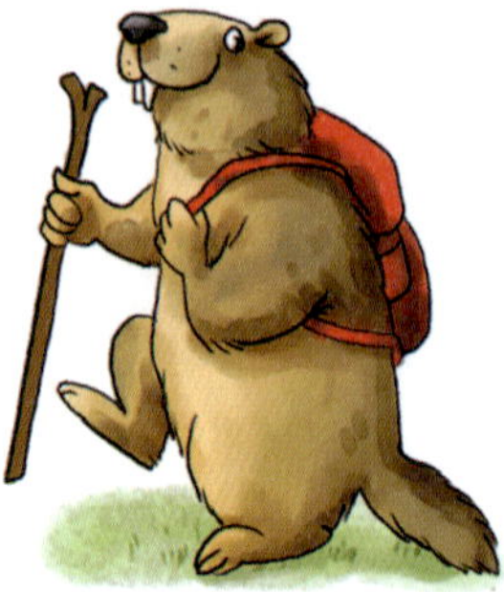

Früher glaubten die Menschen, dass hilfreiche Geister in den Bäumen wohnen. Hier könnt ihr deren Gesichter entdecken.

Am ersten Weg nach rechts gehen wir vorbei, folgen dann aber dem nächsten Abzweig rechts hinauf. Hier gibt es noch einmal einzigartige Gesichter in den Bäumen zu entdecken. Oben nehmen wir den Weg zwischen Wald und Gärten bis zum **Uhlbergturm ❸**.

Nach der Rast gehen wir den Weg weiter bis zum nächsten **Abzweig ❹**. Dort führt die Kurzvariante nach rechts, während die Hauptroute auf dem Pfad schräg links verläuft, steil bergab. Ein asphaltierter Weg bringt uns zur **Gaststätte Schützenhaus ❺**. Nach 200 m auf der Straße nehmen wir den nächsten Forstweg scharf nach rechts. Wenige Hundert Meter später zweigt ein Weg nach links ab, den wir aber ignorieren, um kurz darauf einem Trampelpfad nach links hinunter zu folgen. An einer Holzhütte vorbei gehen wir weiter bergab. Der nächste Abzweig führt uns nach rechts über eine große Wiese, vorbei an einer alten Eiche und wieder in den Wald.

Der Uhlbergturm wartet am höchsten Punkt der Tour auf uns.

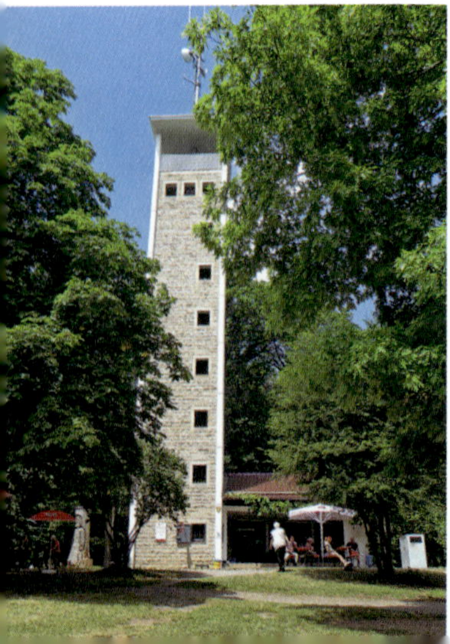

Durchs Tal kommen wir zum **Seerosenteich ❻**, dem Stollenhauweiher. Eine Bank mit Blick aufs Wasser lädt zu einer Verschnaufpause ein. Hier kann man gut an den Bach hinunter und die Füße im plätschernden Wasser abkühlen. Gleich nach dem Teich folgen wir dem Weg nach rechts und wandern rechts des Bombaches. An der nächsten Weggabelung folgen wir dem linken unbefestigten Weg – der nach Regen matschig sein kann – und gehen durchs Tal. An einem kleinen Brunnen plätschert Wasser, und es

Hallo Kinder!

Habt ihr schon die **Baumgesichter** entdeckt? Adalbert Bachofer, ein Künstler aus dem Ort, hat die Fratzen in die Bäume geschnitzt, die wir auf dieser Tour entdecken können. **Findet ihr alle 36 Gesichter?** Manche sind wirklich gut versteckt, andere schon etwas verwittert. Wenn ihr mögt, könnt ihr ihnen Namen geben: der lächelnde Ludwig, der traurige Theodor oder der freundliche Franz ... Auch wenn die Gesichter in lebendige Stämme geschnitzt wurden, hat der Künstler darauf geachtet, dass die Bäume dadurch keinen Schaden nehmen. Manche Gesichter werden von der Rinde langsam auch wieder überwachsen. Gleich zu Beginn der Tour kommt ihr übrigens am Atelier des Künstlers vorbei. Dort stehen im Garten viele geschnitzte Figuren. Ihr könnt ihn dort sogar besuchen.

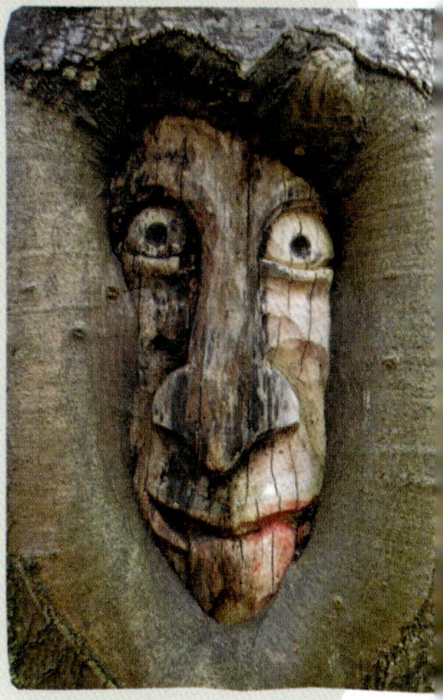

geht leicht bergauf, bis wir auf den Hochsträßweg treffen. Wir überqueren ihn und gehen gleich rechts einen Pfad am Waldrand entlang. Durch hohe Kiefern, Eichen und Buchen sehen wir hinter den Streuobstwiesen die Häuser von Neuenhaus. Später führt uns ein Weg nach links über eine Wiese, wo wir bergab auf Neuenhaus zugehen. An der Weggabelung bleiben wir geradeaus, lassen den steilen Hohlweg links liegen und wandern dann immer bergab bis zum Bauwagen des **Waldkindergartens 7**. Weiter geht es nach rechts ins Mühlgässle am Ortsrand entlang zur Durchgangsstraße. Dort gehen wir links und stoßen wieder auf die Häfnerstraße, auf der wir zur **Bushaltestelle 1** gelangen.

★Highlights

- Die 36 in die Bäume geschnitzten Fratzen entdecken.
- An der historischen Kelter Rast machen.
- Den denkmalgeschützten Uhlbergturm besteigen und die großartige Aussicht auf die Schwäbische Alb, über den Schönbuch und bis nach Stuttgart genießen.
- Pause machen am idyllischen Seerosenteich im Bombachtal.
- Am sonnigen Waldrand über schöne Pfade mit Blick ins Aichtal wandern.

32 Föllbachwasserfall

DURCHS AICHTAL ZUM ULRICHSTEIN

1.30 STUNDEN

3,4 KILOMETER

↗ 80 HÖHENMETER

↘ 80 HÖHENMETER

MITTEL ab 4 Jahren

Ruhige Rundtour im Grünen: Mystische Felsen – von Moos und Farnen bewachsen – ein rauschender Wasserfall in einer wildromantischen Schlucht und urwüchsige Pfade durch ein Waldschutzgebiet, wo die Natur sich selbst überlassen ist. Diese relativ unbekannte Tour führt uns zum Föllbachwasserfall und zum Ulrichstein bei Nürtingen. Der Wasserfall rauscht in Kaskaden über Sandsteintreppen in die tief eingeschnittene Klinge des Föllbachs. Im Sommer lassen sich hier wunderbar die Füße abkühlen. Große Felsen liegen mitten im Wald, Spechte hämmern emsig, im Frühjahr ist der Wald ein Meer aus Bärlauch. Diese kurze Tour bietet wunderbare Naturerlebnisse für neugierige Wanderkinder.

Ausgangspunkt: Wanderparkplatz Föllbach an der L1185 zwischen Aichtal-Grötzingen und Nürtingen-Oberensingen (Navi: N48.635553, E9.292779, nur ca. zehn Stellplätze). – Mit ÖPNV: Bushaltestelle Hardt, Anfahrt ab Stuttgart mit S2 bis Filderstadt und Bus 74 Richtung Nürtingen. Auf der Pfeiferstraße durch den Ort, links in den Hofweg, der außerhalb des Ortes am Waldrand (kurz vor Wegpunkt 4), auf den Wanderweg trifft (hin und zurück 2,2 km zusätzlich).
Ausrüstung: Feste Wanderschuhe, evtl. Wasserschuhe und Ersatzkleidung.
Anforderungen: Zum Teil steinige Pfade durch den Wald, die nicht kinderwagengeeignet sind. Nach Regen evtl. matschig.
Einkehr: Keine.
Kurzvariante: Ab 4 auf direktem Weg zum Ulrichstein (2,7 km, mittel, ab 4 Jahren).
Hinweise: An den steilen Felsen und am Wasserfall sollten Erwachsene jüngere Kinder im Auge behalten. Im Frühjahr ist der Waldboden mit Bärlauch bedeckt. An manchen Stellen wachsen aber auch giftige Maiglöckchen daneben. Wer Bärlauch pflücken möchte, sollte das nur tun, wenn er die Unterschiede zwischen den sehr ähnlich aussehenden Pflanzen genau kennt.

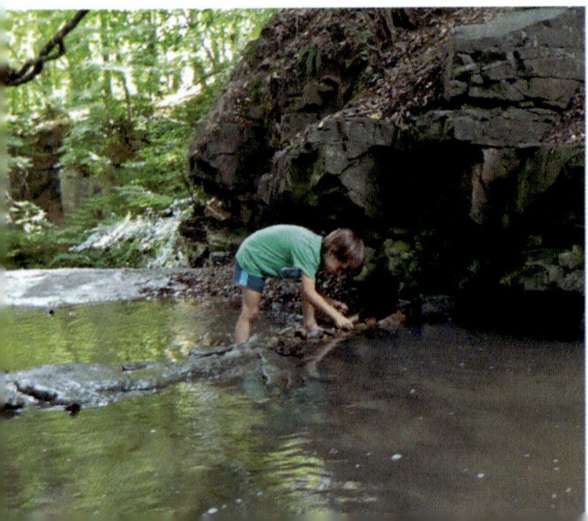
Dämme bauen am Bach.

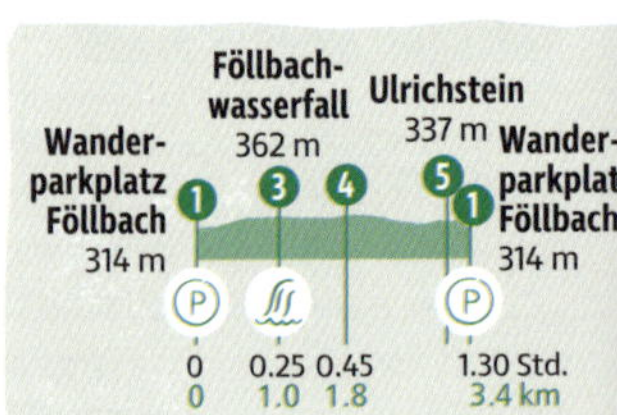

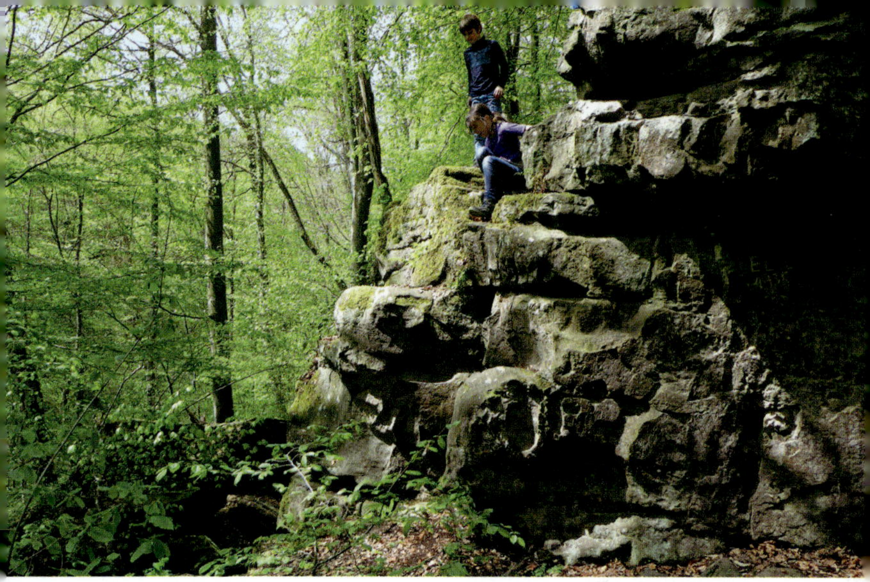

Die Felsen mitten im Wald müssen von allen Seiten erkundet werden.

LOS GEHT'S Vom **Wanderparkplatz Föllbach** ❶ folgen wir dem Weg an der Schranke vorbei in den Wald hinein. Immer wieder führen Trampelpfade an den Bach hinunter und eröffnen gute Gelegenheiten, am Wasser zu spielen. Dann wird der Weg schmaler, links von uns rauscht der Föllbach durch die tiefe Schlucht. Hier und da klettern wir über einen Baumstamm, der quer über den Pfad gefallen ist. Eine Gruppe moosbewachsener **Felsen** ❷ liegt im Wald und lädt zu einer Pause ein. Wir folgen weiter dem Pfad oberhalb der Schlucht bis zu einem Weidezaun. Zwischen Zaun und Schlucht wandern wir zum **Föllbachwasserfall** ❸. Ein breiter Eisenträger dient als Steg, über den wir den Bach vorsichtig überqueren können.

Nach der Pause gehen wir ein Stück zurück. An der Ecke des Zauns biegen wir links ab, kurz darauf wählen wir den Weg nach rechts. Er führt uns später entlang einer Wiese und auf einen Feldweg. Wir wandern nach rechts und folgen dann der Linkskurve.

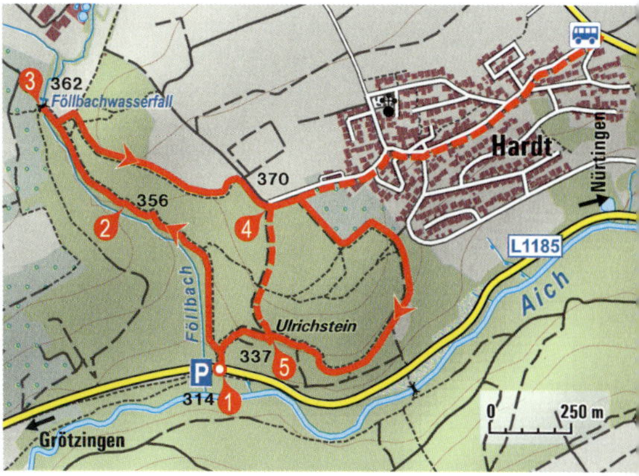

In der Kurve sehen wir den **Wegweiser zum Ulrichstein** ❹. Hier zweigt die Kurzvariante nach rechts ab und führt auf

Hallo Kinder!

Auf dieser Tour seht ihr immer wieder Felsen mitten im Wald. Der Ulrichstein gehört zu den beeindruckendsten. Aber wieso liegt er dort überhaupt? Dazu müssen wir uns die Geologie des Gebietes näher anschauen. Verschiedene Arten von Gestein sind hier fein säuberlich übereinander geschichtet, wie die Schichten einer Sahnetorte. Die Landschaft heißt daher auch **Südwestdeutsche Schichtstufenlandschaft**. Die Schicht, auf der wir stehen, wird als **Keuper** bezeichnet. Diese ist wiederum aus Schichten von unterschiedlichen Gesteinen aufgebaut. Härtere und weichere Schichten wechseln sich ab. Zu den härteren gehört der **Räthsandstein**, zu den weicheren der **Knollenmergel**, der direkt darunter liegt. Vielleicht habt ihr schon bemerkt, dass die Felsen im Wald sandig sind, wenn man daran kratzt. Sie sind aus Räthsandstein. Der Knollenmergel darunter kann Wasser aufsaugen und quillt dann auf. Dadurch wird er rutschig. Der Sandstein darüber kann dann abrutschen. Der Ulrichstein ist so ein Rhätsandstein-Block. Er hat sich von der Felswand rechts vom Weg abgelöst und ist auf dem darunter liegenden Knollenmergel abgerutscht. So sind auch die anderen Felsen an ihre Plätze gekommen. Aber keine Bange: Es passiert nicht plötzlich, sondern dauert viele Jahre, bis die Felsen Stück für Stück rutschen.

Beim Kraxeln am Ulrichstein könnt ihr die Schichtung des Gesteins deutlich sehen.

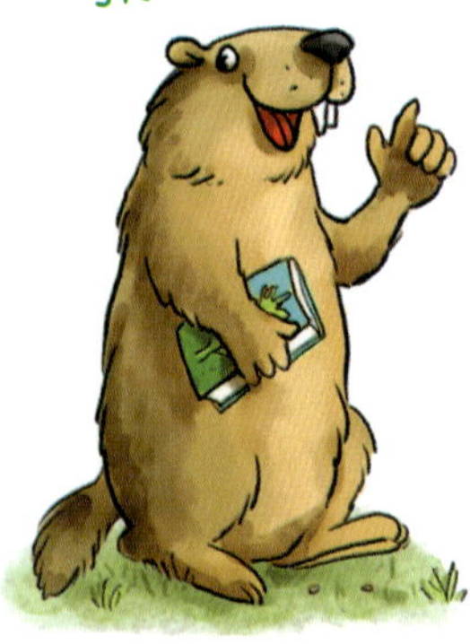

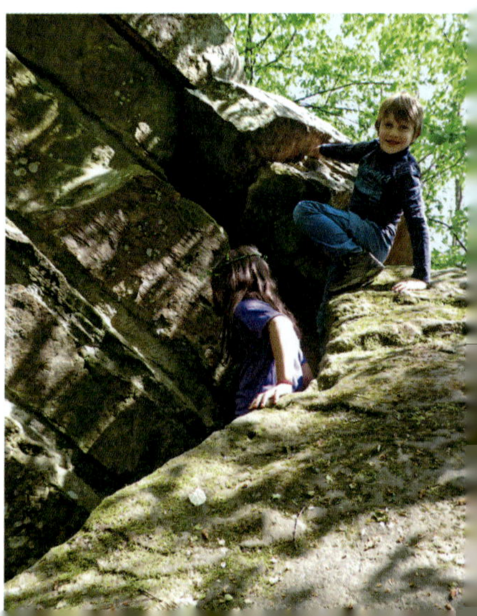

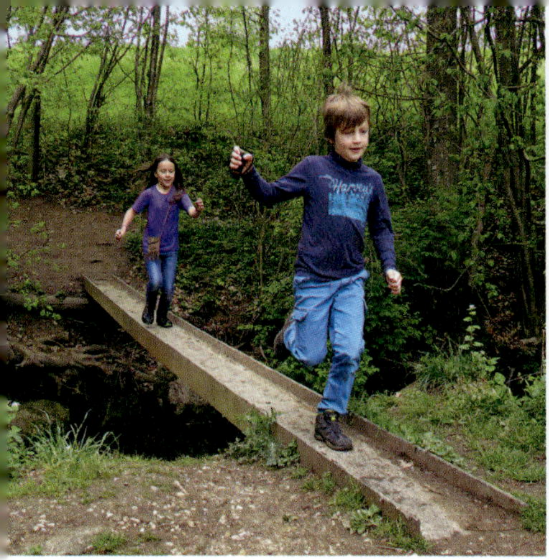

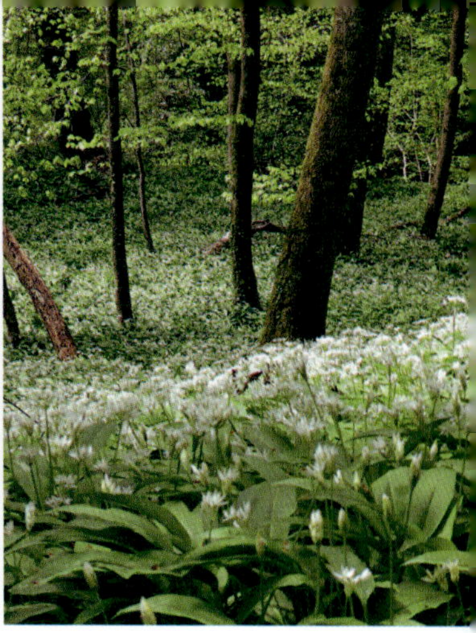

direktem Weg zum Ulrichstein. Die Hauptroute verläuft aber noch ein Stück auf dem Asphaltweg und biegt erst kurz darauf beim Mülleimer rechts ab. Wir wandern auf den Fahrspuren zwischen Streuobstwiese und Wald. Dann folgen wir den Fahrspuren kurz nach links, um gleich einen schmalen Pfad schräg rechts in den Wald zu nehmen. An der Gabelung folgen wir dem rechten Pfad durchs Unterholz. Nach einem kurzen steilen Stück treffen wir auf den Jakobsweg und folgen der blau-gelben Muschel nach rechts.

LINKS
Ein Eisenträger dient als Brücke.

RECHTS
Im Frühjahr ist der Waldboden ein Meer aus Bärlauch.

Der Jakobsweg biegt nach einer Wiese nach links ab, wir aber folgen dem Wegweiser zum Ulrichstein in den Wald. Ab jetzt müssen wir nur auf die Markierung des grünen Baums mit rotem Strich achten, die uns zum **Ulrichstein 5** bringt. Links liegt der große Felsen im Wald, den wir ausgiebig erkunden können. An der Felswand rechts vom Weg steht ein Gedicht des Nürtinger Dichters Friedrich Hölderlin.
Zurück zum Parkplatz gehen wir den Weg weiter und stoßen auf einen breiteren Weg, der uns bergab führt. An der Gabelung geht es nach rechts und wir steigen einen steinigen Pfad hinab ins Tal zum **Wanderparkplatz Föllbach 1**.

★Highlights

Auf schmalen Pfaden schöne Spielmöglichkeiten am Föllbach entdecken.

Im Waldschutzgebiet auf umgestürzten Baumstämmen balancieren und auf steinigen Pfaden durch den naturnahen Wald wandern.

Mystische Felsen im Wald erkunden, die von Moos bedeckt und mit Farnen bewachsen sind.

Am Föllbachwasserfall im Sommer die Füße im klaren Wasser abkühlen.

Den über vier Meter hohen Ulrichstein erkunden.

33 Pfullinger Sagenweg

RUNDTOUR AM URSULABERG

3.00 STUNDEN

6,5 KILOMETER

↗ 200 HÖHENMETER

↘ 200 HÖHENMETER

MITTEL ab 6 Jahren

Ein versunkenes Schloss und Knöpfe mit fünf Löchern: Diese spannende Wanderweg erzählt alte Pfullinger Sagen über die Feenkönigin Urschel und manch andere gute und böse Gestalten, die im Ursulaberg heute noch hausen sollen. Auf schönen naturnahen Waldpfaden geht es zu sagenhaften hölzernen Skulpturen, die der Künstler Billy Tröge mit der Kettensäge geschaffen hat. Immer wieder finden wir »Remmsele« am Weg, Knöpfe mit fünf Löchern. Doch was hat es damit auf sich? Und warum hat jeder dieser Knöpfe fünf Löcher? Auf diesem Weg wird das Geheimnis gelüftet. Und es gibt noch mehr Mysterien, für die die alten Sagen eine Lösung haben. Was hat ein schlafender Graf mit dem Ortswappen von Pfullingen zu tun? Was hat es mit den Sagengestalten Pelzmichel, Waldmännle und Haule auf sich? Auf dem Sagenweg werden wir es erfahren. Beruhigend zu wissen: Die Urschel beschützt Wandernde auf ihrem Weg durch die Pfullinger Wälder.

Ausgangspunkt: Bushaltestelle Pfullingen Lindenplatz, Anfahrt ab ZOB Reutlingen mit Bus 2. – Mit dem Auto: Parkplätze am offiziellen Start des Sagenwegs (Navi: 72793 Pfullingen, Schulstraße 30).

Ausrüstung: Feste Wanderschuhe, evtl. Knöpfe mit fünf (zur Not auch nur vier) Löchern als »Opfergabe« für die Urschel.

Anforderungen: Hauptsächlich Waldwege und Pfade, kurz entlang einer Straße ohne Gehweg. An einer Stelle ist der Weg schmal und es geht direkt neben dem Pfad steil hinab. Hier ist der Weg mit einem Seil gesichert. Nicht kinderwagengeeignet.

Einkehr: Restaurant Waldcafé (gehobene Küche) und Café Fritz, Öffnungszeiten s. Homepage, Vor dem Urselberg 1, 72793 Pfullingen, Tel. +49 7121 3016861, waldcafe-pfullingen.de, fritz-pfullingen.de. Diverse Cafés und Restaurants in Pfullingen.

Tipp: Das märchenhafte Schloss Lichtenstein ist nur 20 Autominuten entfernt (s. Freizeittipp A6).

Kurzvariante: Für eine kürzere Tour mit weniger Höhenmetern den Weg am Parkplatz »Spielplatz Urselberg« beginnen (am Elisenweg, Richtung Übersberg, Einfahrt am Schild »Sagenweg«, Navi: N48.466338, E9.243383). Den Weg wie beschrieben wandern und vom Waldcafé nicht nach Pfullingen hinab, sondern dem Weg neben der Straße durch Streuobstwiesen auf halber Höhe folgen. Dann nach rechts bergauf zurück zum Parkplatz (3,6 km, mittel, ab 4 Jahren).

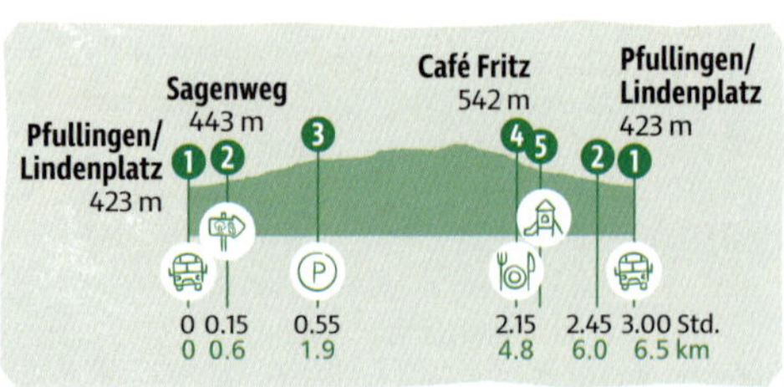

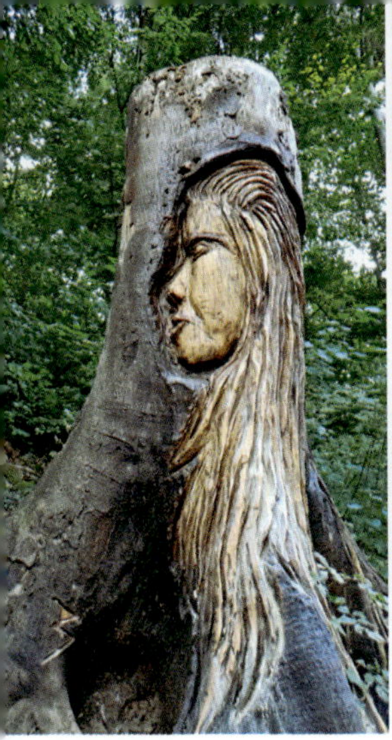

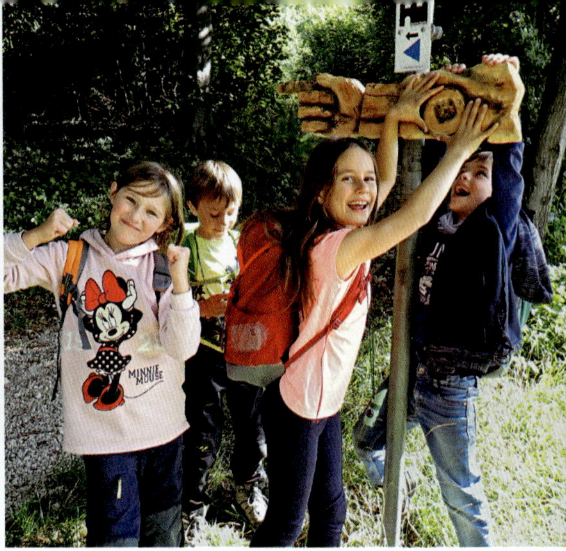

LINKS

Das Gesicht der Urschel in einem Baumstamm.

RECHTS

Das Remmsele weist uns den Weg zu den Pfullinger Sagengestalten.

LOS GEHT'S Vom **Lindenplatz ❶** in Pfullingen folgen wir der Straße weiter Richtung Kirche und gehen kurz danach über die Ampel. Wir wandern auf der Schulstraße bergauf, bis wir, gegenüber dem Friedhof, dem Gehweg in eine Nebenstraße folgen, die rechts fast parallel zur Schulstraße verläuft. An **Parkplätzen** vorbei erreichen wir eine Info-Tafel am offiziellen Beginn des **Sagenwegs ❷**. Wir gehen links und gleich wieder rechts durch die Allee bergauf und folgen dem Wanderzeichen »Burgenweg«. Parallel zur Asphaltstraße »Elisenweg« führt uns der Schotterweg aus Pfullingen hinaus und an der von Hecken eingerahmten Schillerlinde vorbei. Wir queren die Straße und folgen dem Pfad durch eine Allee. Am nächsten Abzweig wenden wir uns nach links und gehen auf der wenig befahrenen Straße 50 m bergauf zum **Parkplatz am Spielplatz Urselberg ❸**. Wir durchqueren ihn und folgen dem Pfad durch eine scharfe Linkskurve in den Wald. Dort steht auch schon ein Wegweiser mit Remmsele. Dann treffen wir auf die Urschel, deren Gesicht in einen Baumstumpf geschnitzt ist. Wenn wir wieder auf den Elisenweg stoßen, folgen wir ihm bergauf (Achtung, hier fahren Autos!). Der nächste Weg nach rechts führt zu einer Infotafel über Vögel und Waldwirtschaft. Wir treffen auf Pelzmichel und Waldmännle und folgen den Wegweisern

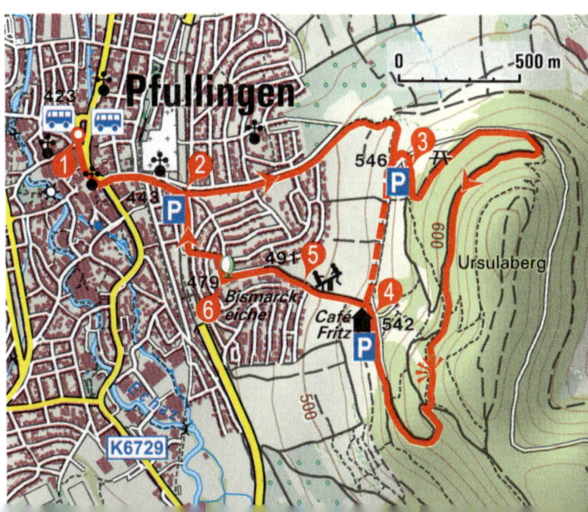

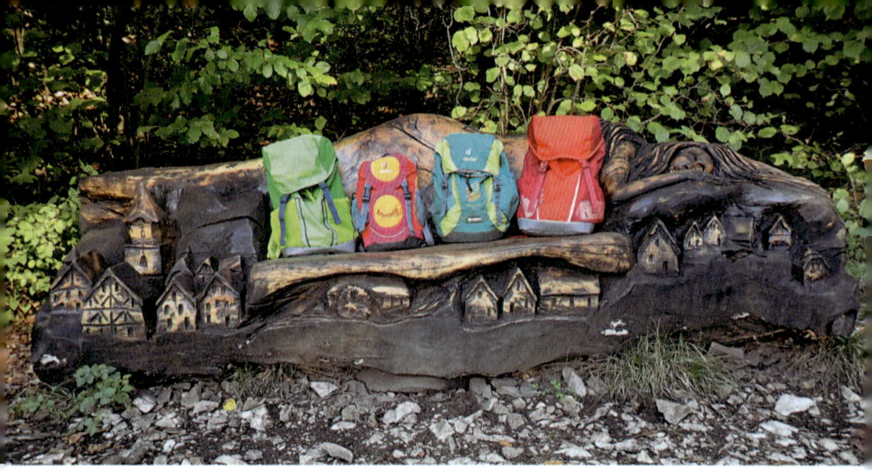

OBEN
Die schlafende Urschel wacht über die Häuser von Pfullingen.

UNTEN
Wer einen Knopf in die Hand legt, sichert sich den Beistand der Urschel.

weiter zum Haule. An der nächsten Weggabelung gehen wir links. Über ein kleines Geröllfeld erreichen wir die Urschel, die schlafend auf einer Bank liegt.

Auch an der folgenden Weggabelung gehen wir links und kommen an eine schmale Stelle, wo der Weg mit einem Stahlseil gesichert ist. An der nächsten Verzweigung halten wir uns rechts. Wenn wir auf einen breiteren Weg stoßen, folgen wir ihm nach rechts. Die Remmsele-Wegweiser bringen uns bergab bis zum schlafenden Grafen. Durch einen Hohlweg führt der Weg weiter abwärts. Dann erreichen wir den Remmselesstein. Wer sich für seinen Weg den Beistand der Urschel sichern will, kann hier einen Knopf mit fünf Löchern »opfern«.

Am Wanderparkplatz Remmselesstein treffen wir auf die drei Nachtfräulein der Urschel. Wenig später sind wir schon am **Waldcafé**. Etwas unterhalb liegt das **Café Fritz** ❹ mit kleinem Spielplatz und Aussicht auf Pfullingen.

Wer nur die kurze Variante wandert, geht hier geradeaus auf dem Schotterweg neben der Straße weiter bis zum Parkplatz. Nach Pfullingen folgen wir links dem asphaltierten Weg den Berg hinunter zu einem **Spielplatz** ❺. Weiter geradeaus finden wir nach dem Kindergarten links die stattliche **Bismarckeiche** ❻. Von hier sehen wir den Schönbergturm, einen weißen Doppelturm, der oben verbunden ist. Durch seine Silhouette ist er auch als »Pfullinger Unterhose« bekannt.

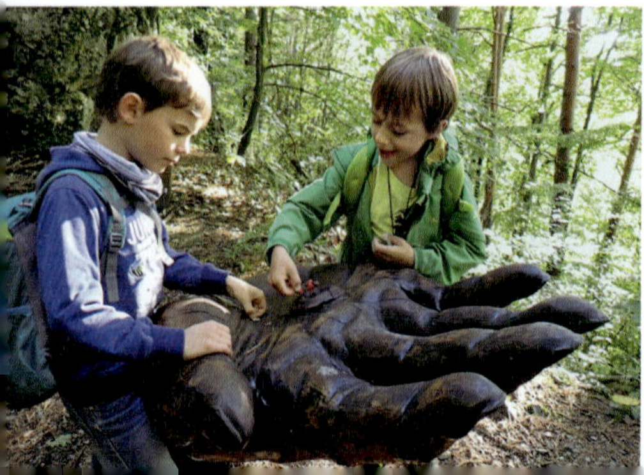

Zurück auf dem Weg gehen wir die »Kiessteige« ein kurzes Stück hinab. Nach einer Natursteinmauer führt links ein schmaler Weg mit Stufen in die Bergstraße. Wir wenden

★Highlights

- Die liebevoll geschnitzten Holzfiguren am Weg bewundern.
- In die spannende Welt der Sagen rund um den Urselberg eintauchen.
- Am Rande der Kernzone des Biosphärengebiets Schwäbische Alb auf schmalen Pfaden durch naturnahe Wälder wandern.
- Auf dem Rückweg an einem kleinen Spielplatz und an der Bismarck-Eiche Halt machen.
- Die weite Aussicht auf das Albvorland mit Achalm und Georgenberg genießen und im Frühling den Blick über blühende Streuobstwiesen schweifen lassen.

uns nach rechts und sehen rechter Hand an einem Haus ein Wandgemälde, das die Erlösung der Urschel darstellt.
Weiter geht es die Straße hinab bis zum Startpunkt des **Sagenweges ❷** und von hier nach links auf dem Hinweg bis zur **Abfahrts-Bushaltestelle am Lindenplatz ❶**.

Hallo Kinder!

Einst soll ein **Schloss auf dem Ursulaberg** gestanden haben, das dann in den Berg versunken ist. **Urschel**, die Schlossherrin, war eine gütige und hilfsbereite Frau. Vor langer Zeit wurde sie durch einen Fluch verwunschen und lebt seitdem als Feenkönigin im Ursulaberg – von den Einheimischen auch Urschelberg genannt. Und sie wohnt dort nicht allein. **Drei Nachtfräulein** leben mit ihr im Berg. Sie sollen früher nachts in die Stadt hinabgestiegen sein, um den Pfullingern beim Flachsspinnen zu helfen. Zusammen mit der Urschel warten sie bis heute darauf, erlöst zu werden. Der Sage nach sollen im Berg unendliche Schätze liegen, bewacht von einem schwarzen Pudel mit feurigen Augen. Wer es schafft, die Urschel zu erlösen, bekommt als Lohn Gold und Silber im Überfluss. Wollt ihr es versuchen? Dann müsst ihr den unsichtbaren Eingang in den Berg finden. Danach gilt es, den gefährlichen Pudel und eine furchtbare Schlange zu bezwingen. Klingt nicht gerade einfach! Und tatsächlich: Bisher ist es noch niemandem gelungen, die Urschel zu befreien.

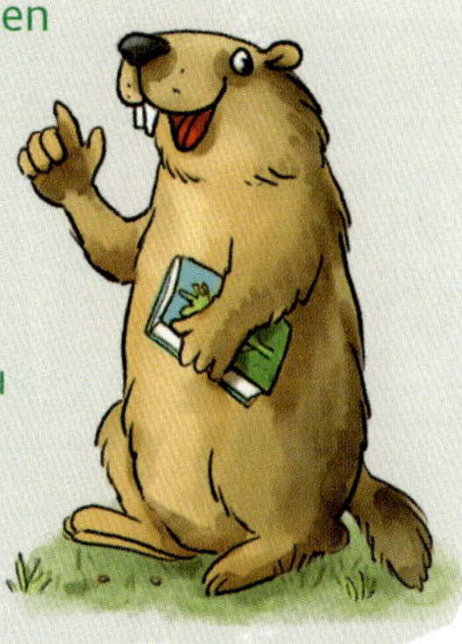

34 Von Eningen auf die Achalm

RUNDTOUR AUF DEN REUTLINGER HAUSBERG

2.45 STUNDEN

4,9 KILOMETER

↗ 250 HÖHENMETER

↘ 250 HÖHENMETER

SCHWER | ab 5 Jahren

Über sonnige Wiesen zum Bergfried: Seltene Silberdisteln, zirpende Grillen, die Sonne wärmt den Rücken. Wir kraxeln auf steilen Pfaden über blühende Bergwiesen und stellenweise erinnert die Wanderung fast an eine alpine Bergtour. Der Aufstieg am Südhang ist perfekt zum Sonne Tanken an sonnigen Herbst- oder Frühlingstagen. Durch lichten Wald wandern wir dann auf den Gipfel, wo wir die Mauerreste der ehemaligen Burg erforschen können. Und die paar Stufen auf den 18 Meter hohen Aussichtsturm sind dann auch noch locker zu machen. Zumal die überwältigende 360°-Aussicht alle Mühen wert ist. Zum Abschluss gibt es am Fuße der Achalm noch eine andere Festung zu erobern: den toll gestalteten Burgspielplatz in Eningen.

Ausgangspunkt: Bushaltestelle Eningen Bahnhofstraße, Anfahrt ab ZOB Reutlingen mit Bus 11. – Mit dem Auto: Parkplatz Bahnhofstraße, Eningen (Achtung, ein Teil der Plätze ist für den Supermarkt reserviert) (Navi: 72800 Eningen unter Achalm, Bahnhofstraße 18).
Ausrüstung: Festes Schuhwerk, evtl. Picknickdecke.
Anforderungen: Erst Asphalt- und Schotterwege, dann (z. T. sehr) steile Wiesenpfade, die etwas Orientierungssinn und Durchhaltevermögen verlangen. Nach Regen kann es hier rutschig sein. Nicht kinderwagengeeignet und nicht geeignet für heiße Sommertage.
Einkehr: Am Weg keine. Wenige Restaurants und Cafés in Eningen.
Hinweis: Diese Tour eignet sich ideal für kühle sonnige Tage, bei Hitze ist der Aufstieg über den Südhang nicht zu empfehlen.
Tipps: In Reutlingen lohnt der Besuch des Naturkundemuseums, wo in der Osterzeit Eier ausgebrütet werden und man den Küken beim Schlüpfen zusehen kann (s. Freizeittipp D14). Gar nicht weit davon verläuft die engste Straße der Welt, laut Guinness-Buch der Rekorde. Die Spreuerhofstraße ist gerade mal 31 cm breit.

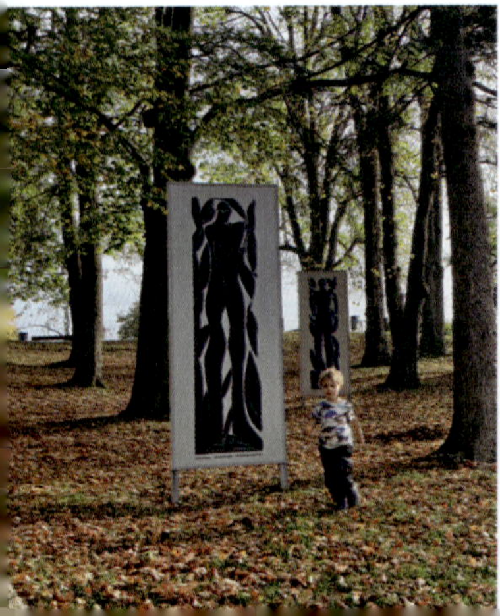

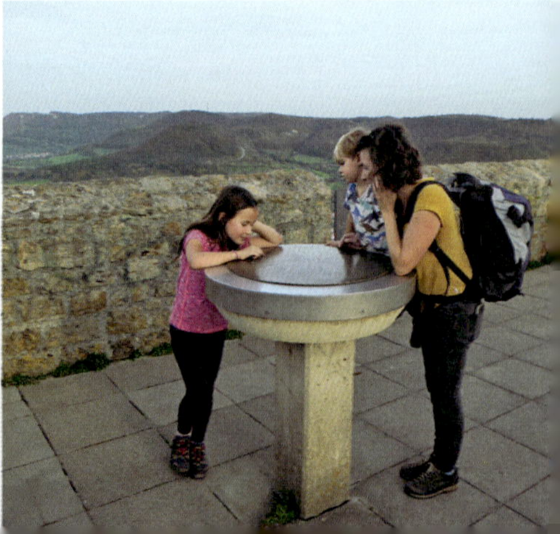

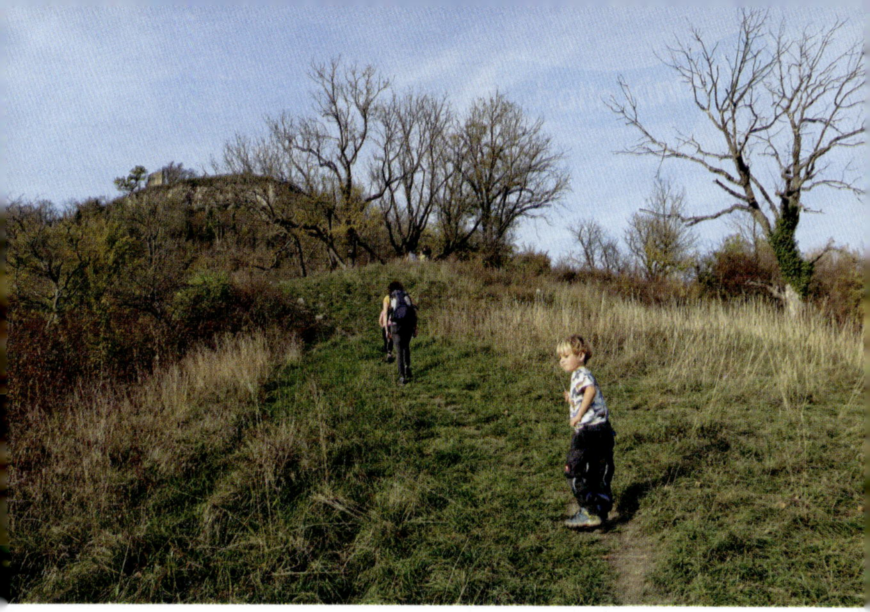

LOS GEHT'S Von **Bushaltestelle und Parkplatz ❶** folgen wir der Bahnhofstraße am Bolzplatz vorbei und nehmen den Weg links durch den Krügerpark bergauf. Oben nach links, dann rechts die Treppen hinauf, bis wir das Schulgelände durchqueren und einen kurzen Stopp an der **Bewegungslandschaft ❷** machen können. Wir wandern links die Burgtalstraße hinauf, die bald zum Weg wird, vor uns die Achalm. Links an der Bank vorbei führt ein Pfad zur **Schillerhöhe ❸**.

Wenn wir uns von der guten Aussicht abwenden, gehen wir an Kunstwerken des Eninger Künstlers HAP Grieshaber vorbei und den Asphaltweg bergauf. Wir folgen den Wegweisern des Panoramaweges (grüner Punkt in gelbem Kreis) und gehen rechts Stufen hinauf zu einem **Holzkreuz ❹** und den posaunenblasenden Engeln. Daran vorbei folgen wir dem Trampelpfad und dem Panoramaweg und wandern am Zaun entlang. Am Ende des Zaunes verlassen wir den Panoramaweg, gehen noch kurz geradeaus und biegen dann nach links ab. Es geht eben weiter, bis nach 100 m ein gut sichtbarer Pfad schräg rechts steil den Berg hinaufführt. Wenn er sich gabelt, halten wir uns rechts und erreichen eine Bank auf einem flachen Platz

OBEN

Durch sonnige Wiesen führen steile Pfade zum Gipfel.

UNTEN LINKS

Kunstwerke von HAP Grieshaber auf der Schillerhöhe.

UNTEN RECHTS

Auf dem Bergfried der Achalm hilft eine Bronzeplatte bei der Orientierung.

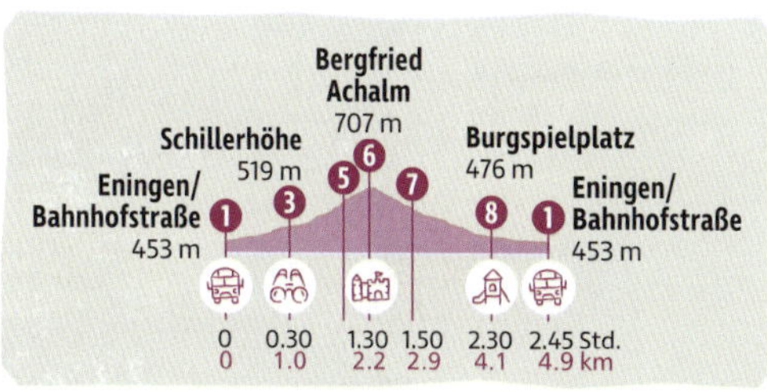

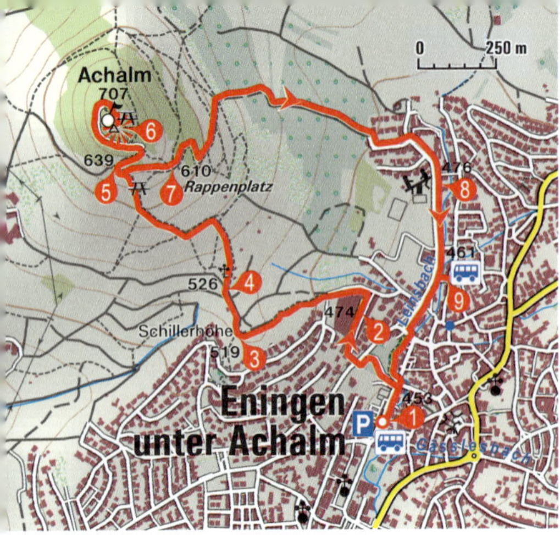

unter großen Eschen. Nach dem anstrengenden Aufstieg haben wir uns eine Pause redlich verdient.

Weiter geht es auf einem Wiesenweg bergauf bis zu einem Weg, dem wir nach links folgen. Wir gehen auf einen **Baum mit Wegweiser ❺** zu. Der »Burgenweg« und das »Blaue Dreieck« führen uns hier nach rechts und in einer langen Kurve immer höher, bis wir die ersten Mauern der Burg sehen. Jetzt ist es nicht mehr weit zum **Bergfried der Achalm ❻** mit Grillstelle unter alten Linden.

Zurück geht es zuerst auf demselben Weg. Dann folgen wir ab dem **Baum ❺** dem Burgenweg weiter bis zum **Rappenplatz ❼**. Rechts davon führt der Burgenweg weiter hinab, der eine scharfe Rechtskurve, dann eine Linkskurve macht. Wo der Burgenweg wieder nach rechts abknickt, verlassen wir ihn. Wir folgen dem schmalen Wiesenpfad weiter geradeaus, queren andere Pfade und wandern auf eine freiwachsende Hecke zu. Kurz davor erreichen wir einen Pfad, dem wir kurz links folgen, um sofort wieder den rechten Pfad zu nehmen und durch einen Durchlass zwischen den Sträuchern zu wandern. Über die Wiese steuern wir die geschotterten Fahrspuren an, die uns nach Eningen hineinführen. Dann folgen wir der Straße immer bergab und gehen nach rechts bis zum **Burgspielplatz ❽**, der mit vielen kreativen Holzspielgeräten natürlich sofort erobert werden will. Hier können wir noch mal

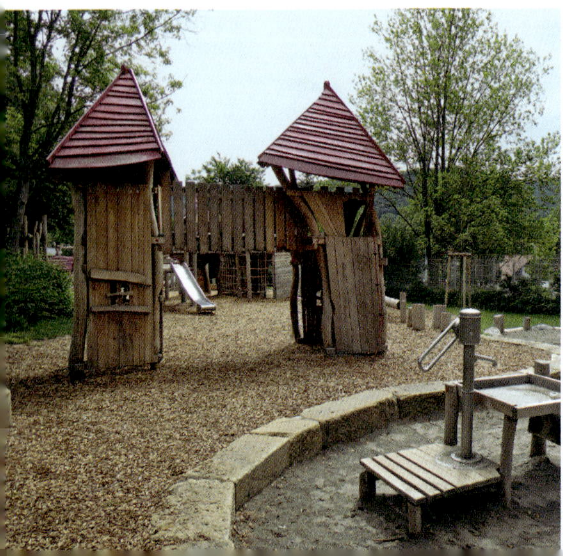

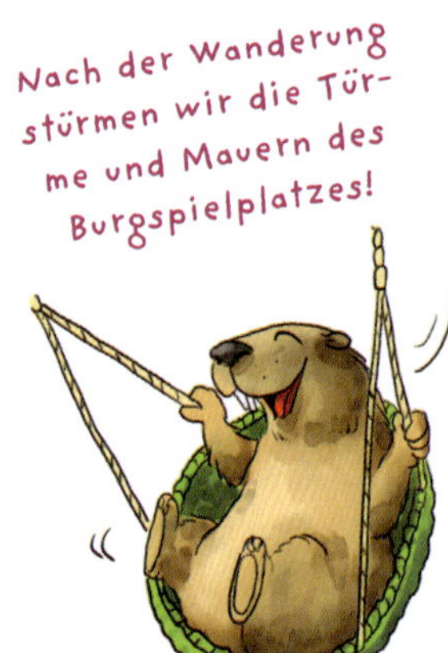

Hallo Kinder!

Um den Namen **Achalm** ranken sich Mythen und Legenden. Eine davon ist: Er könnte aus dem Altdeutschen stammen und einen Bach bezeichnen, der über eine Bergweide fließt. Der Begriff »Ache« bedeutet Bach und »Alm« ist die Bergweide. Aufregender ist aber diese Geschichte: Der letzte Ritter des Adelsgeschlechts wollte seine Burg gegen feindliche Angriffe verteidigen. In der Schlacht traf ein Pfeil mitten in sein Herz. »Ach Alm ...« waren die letzten Worte des Ritters, der »Ach Allmächtiger!« rufen wollte. Seitdem, so die Legende, heißt der Berg Achalm.

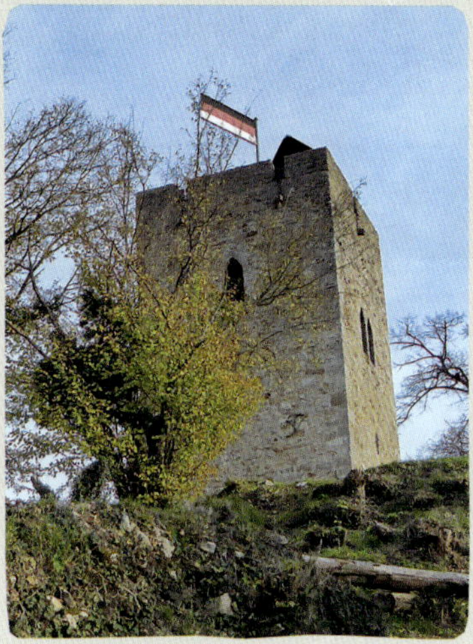

Übrigens: Die Fahne oben auf dem Bergfried ist nicht etwa eine verblichene Deutschlandfahne. Die Farben Schwarz, Rot und Weiß sind die Farben der ehemaligen freien Reichsstadt Reutlingen.

eine ausgiebige Pause einlegen, bevor wir weiter die Straße abwärtswandern.
Busnutzer können vor dem Kindergarten links in die Lange-Äcker-Straße abbiegen und an der **Haltestelle »Sulzwiesenstraße« 9** einsteigen. PKW-Fahrer wandern weiter bergab und durch den Krügerpark zurück zum **Parkplatz 1**.

★Highlights

Über die sonnigen blütenreichen Bergwiesen der Achalm steil hinaufwandern und kraxeln.

Die Überreste der Burgmauern auf der Achalm erkunden, den Bergfried besteigen und am Horizont den Stuttgarter Fernsehturm erspähen.

Auf dem Gipfel an der Feuerstelle grillen und mit toller Aussicht unter alten Linden essen.

Sich am Rappenplatz ausmalen, wie das Leben der Kelten war, die hier vor 3000 Jahren gesiedelt haben.

Zum Abschluss der Wanderung auf dem großen Burgspielplatz toben, klettern und rutschen.

35 Weinerlebnisweg Metzingen

AUF DEN METZINGER WEINBERG

2.30 STUNDEN

5,8 KILOMETER

↗ 150 HÖHENMETER

↘ 150 HÖHENMETER

MITTEL ab 4 Jahren

Rundtour mit tollen Ausblicken auf die Outlet-City: Metzingen – die quirlige Stadt der Fabrikverkäufe! Und doch gibt es gar nicht weit vom Einkaufstrubel ruhige Wege durch weite Rebflächen rund um den Weinberg. Für Kinder wie Eltern bietet der Weinerlebnispfad 50 spannende Stationen, an denen der Wengert mit allen Sinnen erlebt werden kann. Dabei geht es nicht nur um den Weinbau an sich, auch wer (noch) kein Weinliebhaber ist, kommt auf seine Kosten! Wir finden urige Weinberghäuschen ebenso wie originelle Stationen, um neue Ein- und Durchblicke zu gewinnen, ja sogar eine zum Musik machen. Wir lernen Neues über die Pflanzen, die hier außer den Rebstöcken wachsen. Und mit etwas Glück lässt sich eine der geschützten Eidechsen auf den warmen Steinen der Trockenmauern beim Sonnenbaden beobachten. Die Tour führt auch zum Naturfreundehaus Falkenberg und auf den 488 m hohen Gipfel des Weinbergs. Fast überall bietet sich eine fantastische Aussicht auf die Steilhänge der Schwäbischen Alb, auf den Reutlinger Hausberg – die Achalm – und natürlich auf Metzingen. Vor Ostern gibt es immer eine besondere Attraktion für Kinder: Der Osterpfad wird auf dem Weinberg aufgebaut. Originelle Mitmachstationen wie Eierlauf, Ostereierkatapult oder Ringewerfen über große Karotten bieten jede Menge Spaß.

Ausgangspunkt: Bahnhof Metzingen, Anfahrt ab Stuttgart mit der Bahn Richtung Tübingen. – Mit dem Auto: Parkplätze südlich des Bahnhofs (Navi: 72555 Metzingen, Eisenbahnstraße).
Ausrüstung: Leichte Wander- oder Trekkingschuhe.
Anforderungen: Überwiegend breite Asphaltwege, kurze Abschnitte auf steilen Schotterwegen. Für geländegängige Kinderwagen geeignet, aber kurze steile und unebene Teilstücke. Der Weg vom Bahnhof zum Parkplatz enthält zwei längere Treppen mit Kinderwagenrampe. Der Weg zum Gipfel ist nicht kinderwagengeeignet. Keine Tour für heiße Tage.
Einkehr: Naturfreundehaus Falkenberg, regionale, faire Speisen, Übernachtungsmöglichkeit, Mo Ruhetag, Falkenberg 1, 72555 Metzingen, Tel. +49 7123 49 83, naturfreunde-metzingen.de.

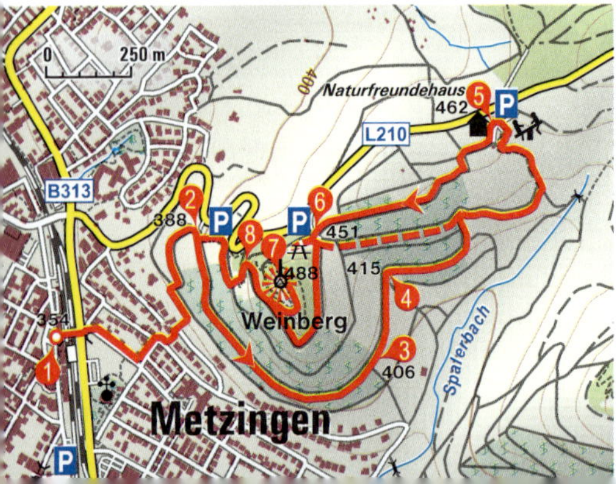

Tipp: Das Kindererlebniszentrum Entdeckerwelt in Bad Urach und der Uracher Wasserfall (s. Freizeittipp D15 bzw. E2) sind nicht weit und von Metzingen sehr gut mit der Ermstalbahn zu erreichen.
Kurzvariante: Vom Parkplatz am Grünen Häusle ❷ starten (4,1 km, mittel, ab 4 Jahre).

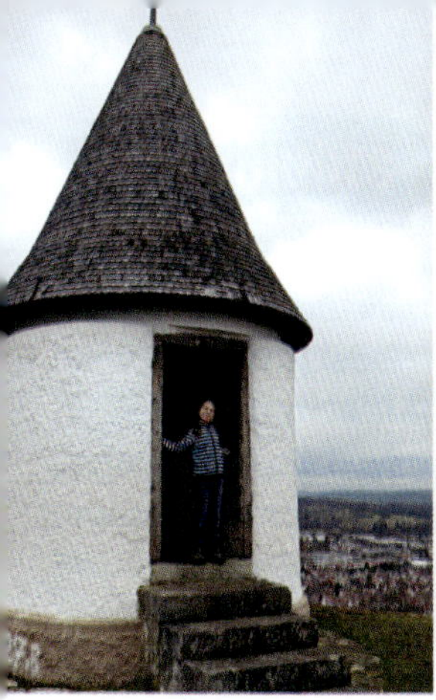

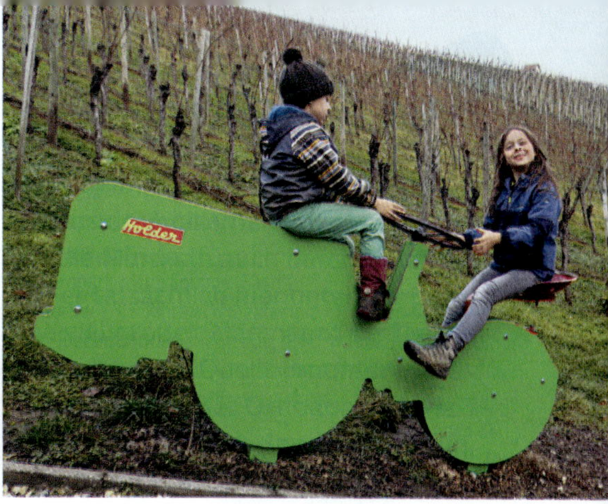

LOS GEHT'S Durch die Unterführung am **Bahnhof Metzingen ❶** folgen wir dem Wanderzeichen »Blaues Dreieck«. Nachdem wir die Treppen hinaufgestiegen sind, gehen wir in den Öschweg, am Sportzentrum vorbei. Bei der Kita biegen wir links ab und nehmen die zweite rechts in den Emil-Mörsch-Weg. Dort steigen wir die Reinhold-Linder-Staffel hinauf zur nächsten Straße, wo wir einer weiteren Treppe in die Weinberge folgen. Oben geht es nach links und dann den ersten Weg nach rechts.

Am **Parkplatz am Grünen Häusle ❷** folgen wir den rotgrünen Wegweisern des Weinerlebnispfades zu den ersten Stationen. Der Weg führt an einem Wengerterhaus vorbei, dessen Fensterladen wir öffnen können. Später treten Streuobstwiesen an die Stelle der Reben. Ein **Glockenspiel ❸** lässt die Hänge erklingen. Ein Stück weiter wartet der kleine grüne **Traktor ❹** darauf, dass Kinder auf ihm Platz nehmen. Weiter geht es den rotgrünen Wegweisern nach, bis zu einer T-Kreuzung. Dort führt der Weinerlebnisweg nach links. Wer bei gutem Wetter ohne Kinderwagen unterwegs ist, kann nach rechts abkürzen. Ein schmaler Weg führt zunächst bergab. Wir nehmen dann

LINKS
Das weiße Türmchen auf dem Gipfel des Weinberges.

RECHTS
Der kleine grüne Weinberg-Traktor nimmt auch Beifahrer mit.

Wusstet ihr, dass der Metzinger Weinberg ein alter Vulkanschlot ist?

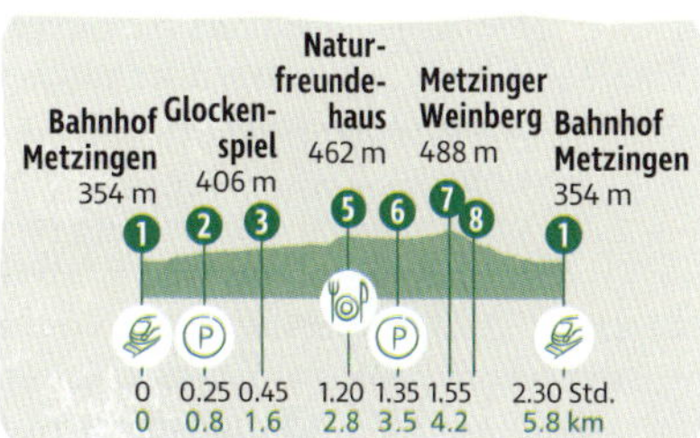

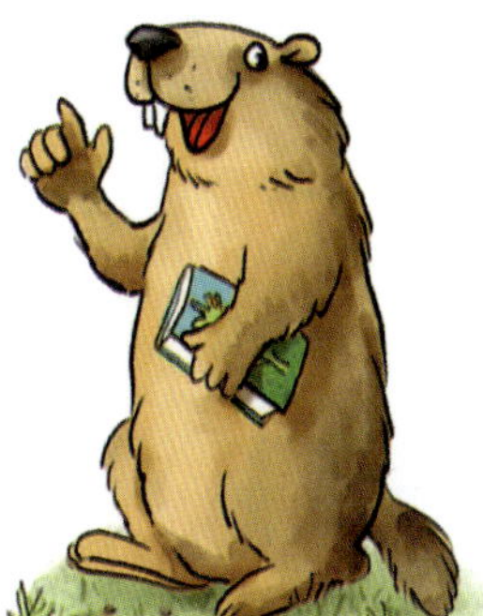

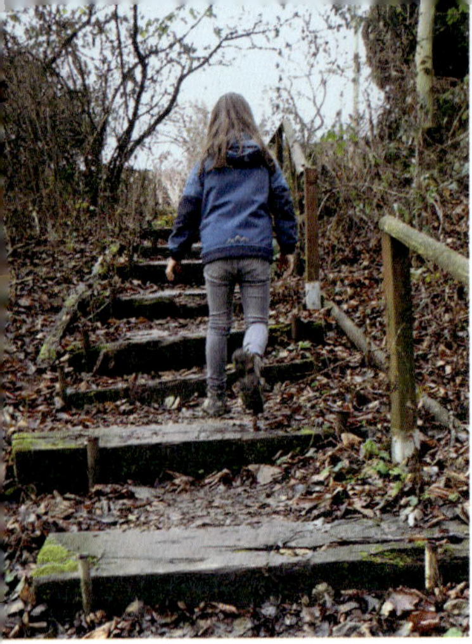

den Pfad, der links den Hang hinauf zum **Naturfreundehaus Falkenberg** ❺ führt. Er ist schmal und führt über Stufen, die bei Nässe rutschig sein können.
Wer mit Kinderwagen oder bei Nässe unterwegs ist, folgt dem Weinerlebnisweg nach links bis zum **Parkplatz Hinterberger** ❻. Dort rechts ab und immer geradeaus, bis es links kurz steil hinaufgeht, dann oben nach rechts zum **Naturfreundehaus Falkenberg** ❺, wo Spielplatz und Biergarten auf uns warten (Selbstbedienung im Haus).
Am Parkplatz orientieren wir uns am Wegweiser und folgen der Markierung »Blaues Dreieck« Richtung Metzinger Weinberge. Der Asphaltweg führt uns links kurz steil bergab, dann nach rechts. Bei der Gabelung gehen wir links zum **Parkplatz Hinterberger** ❻. Dort können wir einen Abstecher zum Grillplatz nach rechts machen. Weiter geht es am Parkplatz nach links und gleich wieder rechts auf den Weinerlebnispfad. An der Infotafel »Schau mal hinter mich« können Gipfelstürmer einen 250 m kurzen, steilen Abstecher auf den Gipfel des **Metzinger Weinberges** ❼ machen. Wir nehmen dazu den Pfad durch den Wald. Oben auf der Wiese mit dem weißen Türmchen laden Bänke zur Rast ein. Zurück geht es auf demselben Weg.
Nach weiteren Stationen kommen wir zum **Herrlishäusle** ❽ (mit Kinderwagen an der Treppe vorbei zum Schotterweg). Auf dessen Wänden gibt es historische Graffiti. Wer findet die älteste Inschrift? Ein paar Meter weiter können wir in der Hängematte schaukeln oder auf Holzliegen den Blick über Metzingen genie-

OBEN
Die Abkürzung führt über eine steile Treppe zum Naturfreundehaus.

UNTEN
Ringe werfen über Karotten auf dem Osterpfad.

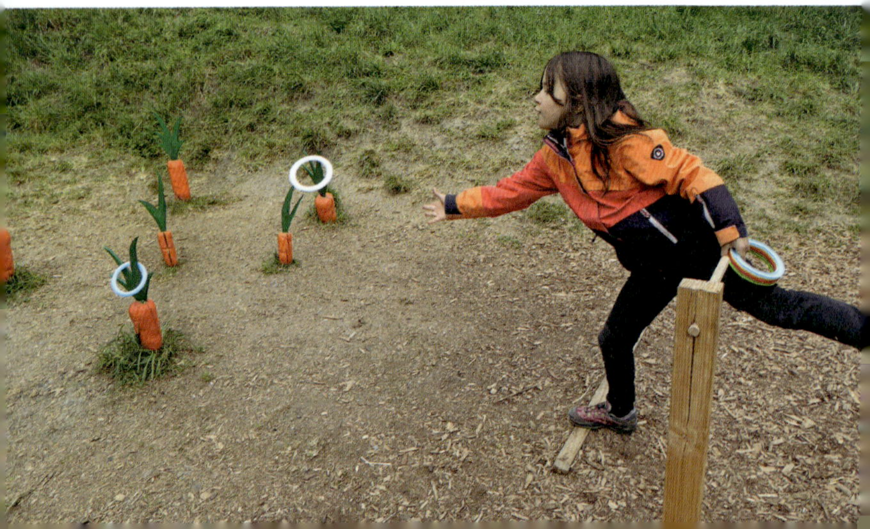

Hallo Kinder!

Kennt ihr die **Fabel vom Fuchs und den Trauben**? Ein Fuchs versucht darin, die dicken reifen Weintrauben zu stehlen, die hoch über ihm an den Rebstöcken hängen. Doch, so hoch er auch springt, er schafft es nicht. Die anderen Tiere lachen ihn aus. Der Fuchs sagt wütend: »Die Trauben sind sowieso noch nicht reif. Sie sind mir viel zu sauer.« Er will sich nicht eingestehen, dass er die Trauben nicht erreichen kann und behauptet deswegen, dass er sie gar nicht pflücken will. Die Moral von der Geschichte: Sei kein schlechter Verlierer. Man kann auch zugeben, wenn man etwas nicht kann und zu seinen Fehlern stehen.

Apropos Trauben essen: Weinreben werden oft mit Pflanzenschutzmitteln behandelt. Eine Wartezeit zwischen letzter Spritzung und Ernte sorgt dafür, dass die Mittel abgebaut und die Trauben ohne Bedenken gegessen werden können. Wenn ihr also sichergehen wollt, keine Pflanzenschutzmittel mitzuessen, solltet ihr die Früchte im Weingarten hängen lassen und keine stibitzen – auch wenn sie noch so lecker aussehen.

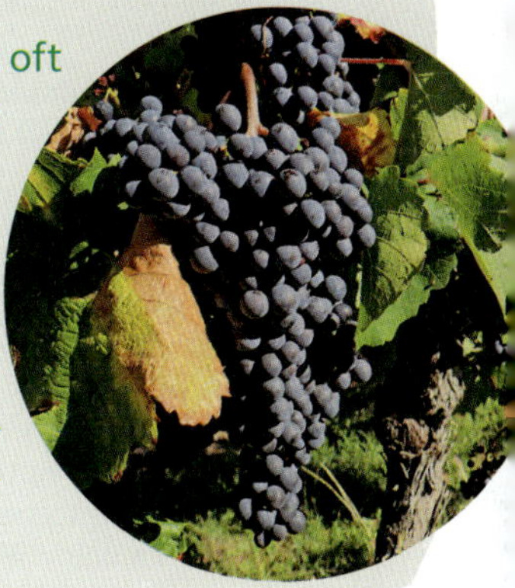

ßen. Von den Holzliegen wandern wir den Schotterpfad bergab bis zum nächsten Asphaltweg, dem wir nach rechts folgen, bis uns ein weiterer steiler Schotterpfad hinunter zum **Parkplatz am Grünen Häusle** ❷ führt. Zurück zum **Bahnhof Metzingen** ❶ geht es auf dem Hinweg.

★Highlights

Spannende Erlebnisstationen mit Hängematte, Glockenspiel und Traktor für die Kinder.

Interessante Infos über Rebsorten und Weinbau für die Erwachsenen.

Herrliche Aussicht durch Reben und Obstbäume auf Metzingen und die Schwäbische Alb.

Auf schmalen Pfaden zum Gipfel des Metzinger Weinbergs mit seinem kleinen weißen Türmchen steigen.

---

100 Jahre alte Graffiti bewundern auf den Mauern des Herrlishäusles.

Das Highlight an Ostern: der Osterpfad mit vielen Mitmachstationen und Ostereiern, wohin man schaut.

36 Burgruine Hohenneuffen

DURCH UNBERÜHRTE WÄLDER AM ALBTRAUF BEI NEUFFEN

5.15 STUNDEN

10,4 KILOMETER

↗ 450 HÖHENMETER

↘ 450 HÖHENMETER

SCHWER | **ab 8** Jahren

Zu Höhlen, Felsen und einer mittelalterlichen Ruine: Eine abenteuerliche Tour mit viel Abwechslung über blühende Wiesen und durch wilde Wälder, die zur unberührten Kernzone des Biosphärengebiets gehören. Erst geht es hinab in dunkle Höhlen, dann genießen wir weite Aussichten von imposanten Felsen am Trauf der Schwäbischen Alb. Geologische Phänomene wie die Höllenlöcher oder den Vulkanembryo Molach erkunden wir ebenso wie die Kasematten, Türme und verwinkelten Bastionen einer der größten Burgruinen von Süddeutschland. Von der Sonnenterrasse der Festungsruine können wir zusehen, wie Paraglider sich in den warmen Aufwinden hoch in den Himmel schrauben.

Ausgangspunkt: Bahnhof Neuffen, Anfahrt von Stuttgart mit der Bahn bis Nürtingen, dort mit der Tälesbahn nach Neuffen. Sonntags von Nürtingen ab und zu Anfahrt mit einer historischen Dampflok, dem Sofazügle, möglich (s. Freizeittipp K4). – Mit dem Auto: Parkplatz Bahnhof Neuffen (Navi: 72639 Neuffen, Bahnhofstraße 29).
Ausrüstung: Feste Wanderschuhe, lichtstarke Stirn- oder Taschenlampen, um die Barnberghöhle und das Bauerloch zu besichtigen.
Anforderungen: Teilweise schwierige Wanderung, für die Trittsicherheit nötig ist. Größtenteils auf Waldwegen und (Wurzel-)Pfaden, mit steilen Abschnitten. Ein Bach wird ohne Brücke gequert. Der herausfordernde Abstecher zum Bauerloch ist nur für fitte, schwindelfreie und kraxelfreudige Wanderkinder zu empfehlen und sollte keinesfalls bei/nach Regen oder bei Schneeschmelze gemacht werden. Die wasserführende Höhle ist eng und feucht, kann aber mit gutem Schuhwerk bei stabil trockenem Wetter ein paar Meter weit betreten werden. Der Eingang ist vergittert, die Öffnung nur 60x60 cm groß. An der Höhlendecke wohnen Spinnen – nichts für Menschen mit Phobie ...
Einkehr: Burg Hohenneuffen, Kiosk/Biergarten täglich geöffnet, Tel. +49 7025 2206, hohenneuffen.de.

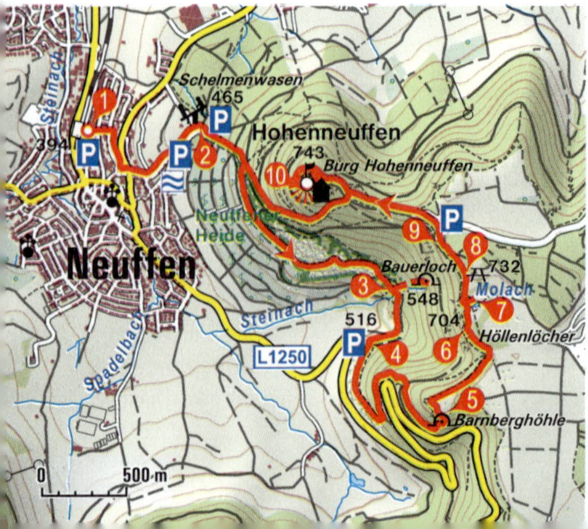

Kurzvariante: Am Parkplatz Schelmenwasen beim Freibad (Navi: 72639 Neuffen, Breitensteinstraße) starten (8,1 km, schwer, ab 8 Jahren).
Hinweise: Betretungsverbot für Höhlen vom 1.10.–31.3. zum Schutz der Fledermäuse, die dort Winterschlaf halten.
Tipp: Auf der Burg finden regelmäßig Rittermahle und Falknerspektakel statt (s. Freizeittipp A7).

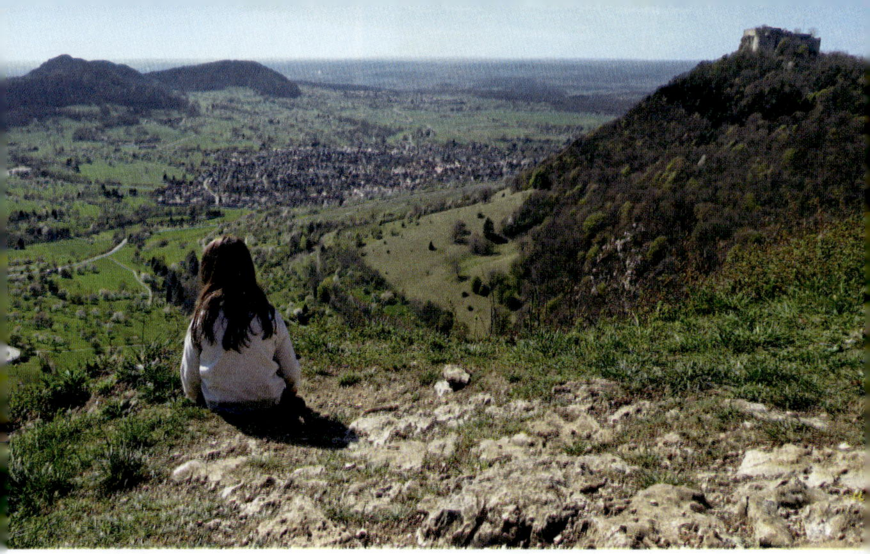

LOS GEHT'S Vom **Bahnhof Neuffen ❶** gibt es ausgeschilderte Wege zur Burg, allerdings z. T. an der Hauptstraße. Unsere Strecke ist ruhiger und führt mit dem Wanderzeichen »Blaues Dreieck« Richtung Burg Hohenneuffen bergauf. Wir steigen eine Treppe hinauf und den steilen Fußweg weiter geradeaus. Vor den nächsten Stufen folgen wir einem Schotterpfad nach rechts zwischen zwei Zäunen bis zur Urbanstraße. Hier geht es links bergauf zu einer größeren Straße, die wir an der Ampel überqueren. Wir gehen die Treppe rechts vom Brunnen hinauf, dem »Blauen Dreieck« nach. Am Freibad geht es schräg links zum **Parkplatz Schelmenwasen ❷**. Den Waldspielplatz dort können wir auch erst zum Schluss der Wanderung erobern.

An der Kreuzung folgen wir dem »Blauen Dreieck« Richtung Burg bergauf. Später gehen wir an der Infotafel vorbei und auf dem Pfad nach rechts. Wir wandern auf den geschotterten Fahrspuren immer geradeaus und folgen beim Wegweiser Neuffener Heide West nicht mehr dem »Blauen Dreieck«, sondern gehen geradeaus Richtung Parkplatz »Bei den Linden«. Der Pfad gabelt sich später im Wald und wir halten uns rechts. Dann ignorieren wir den Wegweiser und balancieren geradeaus über den Bach.

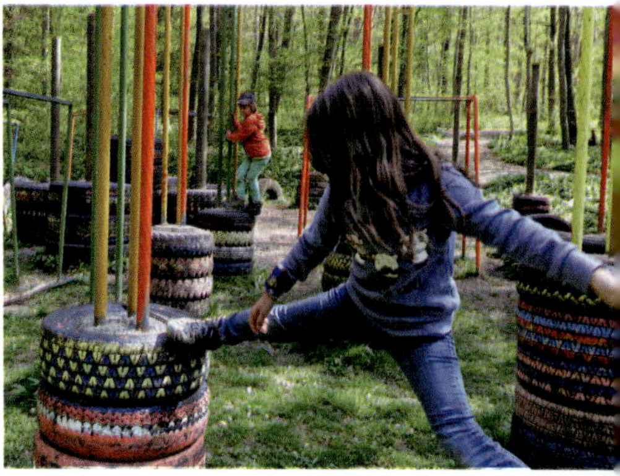

OBEN

Der Weg zum Hohenneuffen führt immer wieder an wunderbaren Aussichtspunkten vorbei.

UNTEN

Der Boden ist Lava: Klettern und Hangeln auf dem Spielplatz Schelmenwasen.

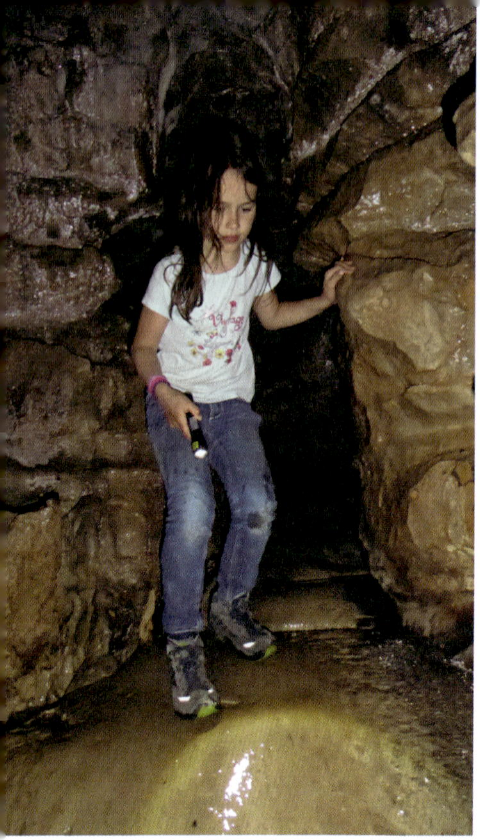

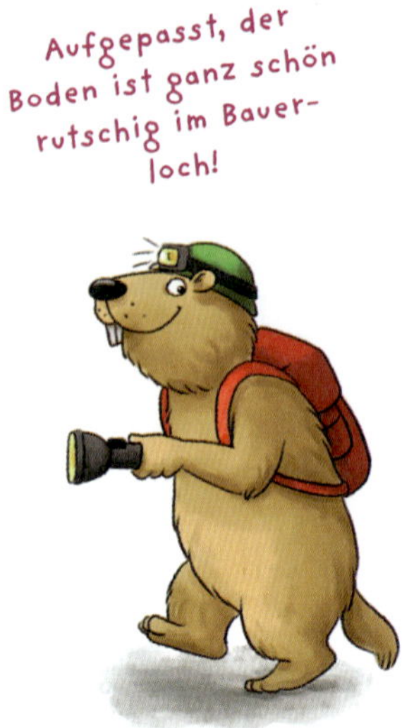

Wer abenteuerlustig und trittsicher ist, kann von hier einen herausfordernden Abstecher zur **Höhle Bauerloch** machen (s. »Anforderungen«!): Beim **Schild Wasserschutzgebiet ❸** folgen wir zunächst dem schmalen Pfad in die Schlucht. Wenn er aufhört, überqueren wir den (oft trockenen) Bach und folgen einem Pfad steil nach oben. Am Wanderzeichen »Blaues liegendes V« gehen wir scharf rechts und folgen dann dem Pfad links oberhalb der Schlucht bergauf bis zur Höhle in der Felswand. Zurück geht's auf demselben Weg.

Der Weg führt uns dann vom Bach weg, wir folgen am Wasserschutzschild der Markierung »Gelber Kreis«. An der nächsten Gabelung halten wir uns links und folgen den »hochgehkeltert« Wanderzeichen. Kurz

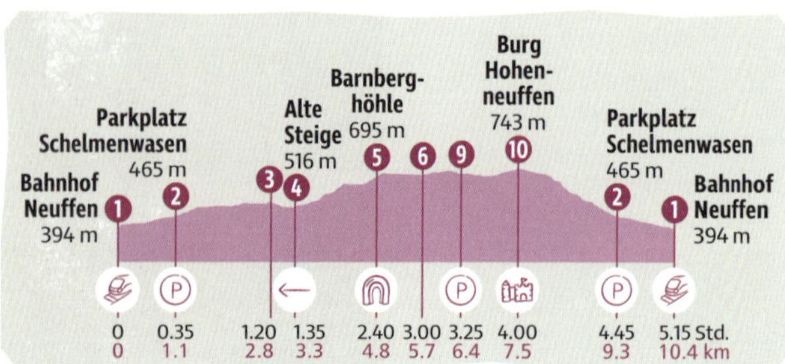

★Highlights

Außergewöhnlich anreisen: An manchen Sonntagen fährt ein Museums-Dampfzug nach Neuffen.

Grillen zirpen hören und Orchideen entdecken in der Neuffener Heide, die wegen ihres warmen Kleinklimas auch »Neuffener Toskana« genannt wird.

Mit guten Taschenlampen zwei Höhlen erforschen: Bauerloch und Barnberghöhle.

Die Alte Steige erklimmen, um auf die Albhochfläche zu gelangen.

Die tiefen Gräben der Höllenlöcher erkunden.

Frösche und Kaulquappen sehen an der Molach.

Paraglider beim Starten beobachten und zusehen, wie sie in den Aufwinden über der Burgruine ihre Runden drehen.

In der Burgruine Hohenneuffen die geheimnisvollen Bastionen und Kasematten erkunden.

Eine Pause einlegen auf dem Spielplatz Schelmenwasen und Grillplätzen am Weg.

vor dem Wanderparkplatz bringt uns die **Alte Steige** **4** links hinauf. Am nächsten Abzweig gehen wir links, am darauffolgenden rechts und verlassen den Premiumweg »hochgehkeltert«.
Kurz bevor unser Weg auf die Landstraße trifft, führt ein steiler Pfad in Serpentinen bergauf. Der Aufstieg ist anstrengend, aber er lohnt sich: Oben wartet die 46 Meter tiefe **Barnberghöhle** **5** auf uns. Wer mit einer guten Stirn- oder Taschenlampe ausgerüstet ist, kann ein ganzes Stück in die Höhle hineingehen. In der Höhle wurden übrigens menschliche Knochen und Werkzeuge aus der Steinzeit gefunden.

Mit Stirnlampen geht es auf Erkundungstour in die Barnberghöhle.

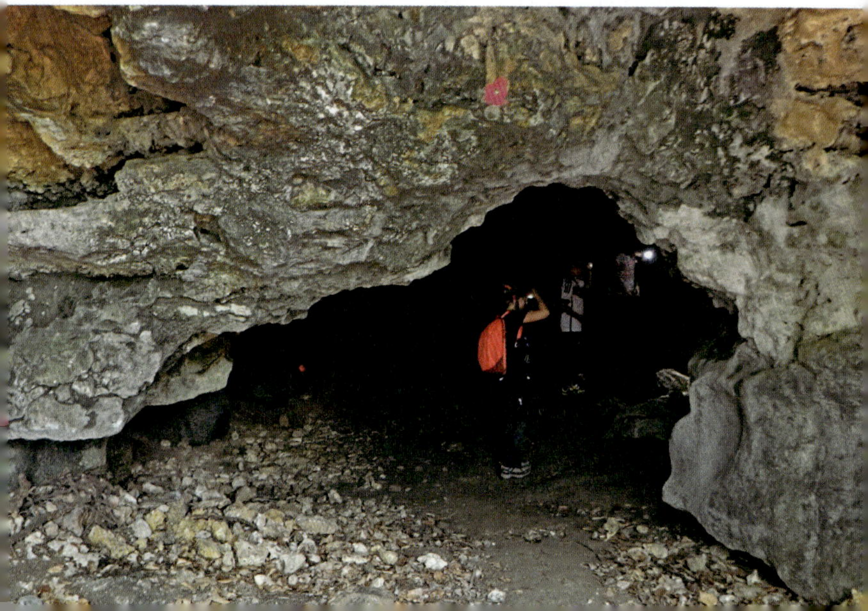

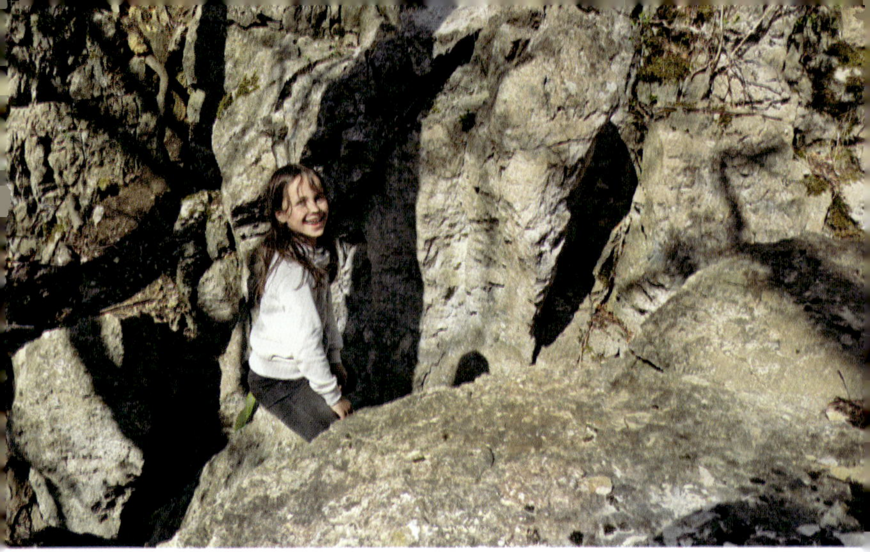

OBEN
Die Höllenlöcher sind tiefe Felsspalten nahe der Hangkante.

RECHTS UNTEN
Unter dem Hohenneuffen liegen die sonnigen Wiesen der Neuffener Heide.

Danach nehmen wir den Weg, entlang der Felswand aufwärts, an zwei Grotten vorbei. Oben wandern wir auf dem Pfad nach links, einen rechts abzweigenden Pfad ignorierend, und erreichen den Wegweiser »Beim Molachsee«. Wir gehen Richtung »Startplatz Gleitsegeln« und erreichen die **Höllenlöcher ❻**. Am nächsten Wegweiser geht es nach rechts zum **Feuchtbiotop Molach ❼**. Ein See ist auf der wasserarmen Alb sehr ungewöhnlich. Er entstand in einem ehemaligen kleinen Vulkanschlot, dessen Gestein wasserdicht ist.

Der Pfad an der Hangkante führt uns zum **Paraglider-Startplatz**, wo wir bei gutem Wetter zusehen können, wie sich die bunten Gleitschirme über der Burg mit den Aufwinden in den Himmel schrauben.

An der nächsten **Kreuzung ❽** können wir einen Abstecher nach rechts zu einem **Grillplatz** mit Schutzhütte machen. Wir folgen der hochgehkeltert-Markierung auf dem linken Pfad zum Parkplatz und zum **Neuffener Parkplatzfelsen ❾**, wo ein Pfad zu einem Aussichtspunkt führt. Weiter geht es zur **Burg Hohenneuffen ❿**, die wir durch einen Tunnel betreten. Die Gewölbe können heute erkundet werden. Hoch oben eröffnet sich eine fantastische Aussicht bis nach Stuttgart.

Dann geht es nur noch abwärts: Wir verlassen die Burg. Am nächsten Wegweiser »Hohenneuffen Burgweg« orientieren wir uns schräg rechts am »Blauen Dreieck«, verlassen diesen breiten Weg aber gleich vor der Schranke wieder, um dem steilen Pfad nach rechts hinabzufolgen. Wenn wir unten auf einen Schotterweg stoßen, wandern wir auf ihm nach rechts, bis ein Pfad links abzweigt, der uns über die **Neuffener Heide** führt. Auf dem bekannten Weg kommen wir zum **Parkplatz Schelmenwasen ❷** mit dem Spielplatz, bevor wir wieder zurück zum **Bahnhof Neuffen ❶** wandern.

Hallo Kinder!

Die **Neuffener Heide** – was auf den ersten Blick aussieht wie eine eintönige Wiese, zeigt beim genauen Betrachten faszinierende Geheimnisse. Vielleicht habt ihr die **Silberdistel** mit ihren silbrigen Blütenblättern entdeckt. Sie ist bis ins nächste Frühjahr zu sehen. Die Wurzel der niedrigen Pflanze kann bis zu einem Meter lang werden! Und noch erstaunlicher: Man kann mit ihr das Wetter vorhersagen. Denn wird das Wetter schlechter, liegt mehr Feuchtigkeit in der Luft. Die trockenen Blütenblätter nehmen an der Unterseite mehr Wasser auf, als an der Oberseite. Dadurch wölben sie sich nach oben und innen und schützen das Innere der Blüte vor Regen. Wenn die Blütenblätter der Silberdistel sich also schließen, steht die Wettervorhersage auf Regen. Ihr könnt das selbst ausprobieren, denn auch in eurem Atem ist Feuchtigkeit: Wenn ihr die Blüte etwa zehn Mal anhaucht, fangen die Blütenblätter an, sich etwas aufzurichten. Wichtig: Macht das nur bei Pflanzen, die am Weg wachsen, damit die geschützten Pflanzen der Heide nicht zertreten werden!

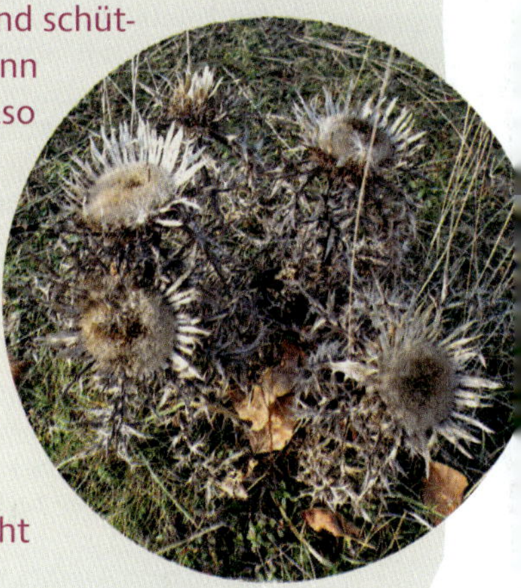

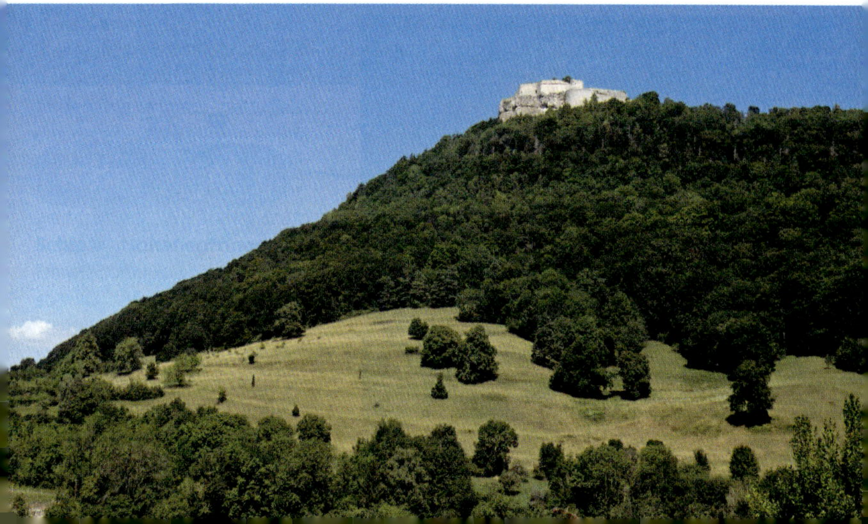

37 Zur Ruine Sulzburg

KURZE TOUR ZUM SULZBURGHOF IN LENNINGEN

1.45 STUNDEN

3,5 KILOMETER

↗100 HÖHENMETER

↘100 HÖHENMETER

MITTEL **ab 3** Jahren

Burg, Bauernhof und Labyrinth: Diese Tour hat auf kurzer Strecke eine Menge zu bieten. Zuerst gilt es, die Sulzburg auf einem steilen Pfad zu erklimmen. Oben angekommen, können Abenteurer die verwinkelten Gemächer der geheimnisvollen Ruine erkunden. Wer mag, kann auch gleich im großen Burghof grillen, bevor es weiter geht zum Sulzburghof. Dort erfahren Groß und Klein auf dem Bauernhof-Themenweg mehr über die Arbeit auf dem Bauernhof. Und nicht nur das: Hier können auch niedliche Kälbchen gestreichelt und knifflige Rätsel gelöst werden. Wer mag, kann anschließend im Hofcafé den hausgemachten Kuchen oder ein Bauernhof-Eis versuchen. Die Zutaten für die verführerisch aussehenden Backwaren kommen direkt vom Hof oder aus der Region. Von der großen Terrasse haben Eltern ihre Sprösslinge auf dem kleinen Spielplatz gut im Blick. Im Sommer gibt es außerdem eine besondere Attraktion: ein Labyrinth aus Pflanzen. Mal geht es durch hohe Maispflanzen, mal durch ein Meer aus bunten Blumen. Und immer stellt sich irgendwann die Frage: Wie kommen wir hier eigentlich wieder raus?

Ausgangspunkt: Bahnhof Unterlenningen, Anfahrt ab Stuttgart mit S1 nach Kirchheim (Teck), dann Teckbahn Richtung Lenningen. – Mit dem Auto: Wanderparkplatz im Burghofweg (Navi: 73252 Lenningen, Burghofweg 14). Dort direkter Einstieg in die Tour. Vom Sulzburghof nicht zum Bahnhof, sondern wieder Richtung Ruine wandern und den Kinderwagenweg nach links zurück zum Parkplatz nehmen (2,8 km, ab 3 Jahre).
Ausrüstung: Leichte Wander- oder Trekkingschuhe.
Anforderungen: Insgesamt einfache Wanderung, hauptsächlich auf Asphalt oder Schotterwegen, aber mit Steigungen. Kurzer steiler Naturpfad zur Sulzburg, der mit Kinderwagen umgangen werden kann (s. Kinderwagen-Variante).
Einkehr: CaféLe im Bahnhof, So 14.30–17.30 Uhr, Bahnhofstraße, 73252 Lenningen, engagierte-buerger-lenningen.de/cafele. Sulzburghof, Mo

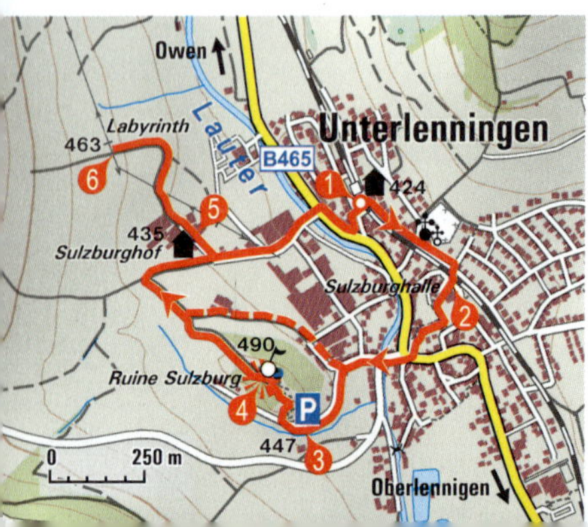

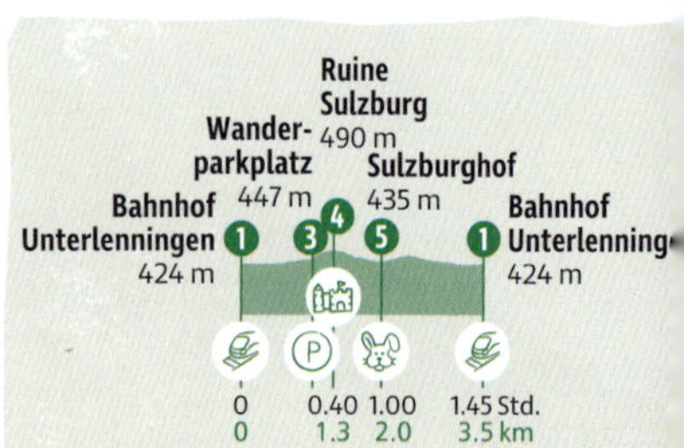

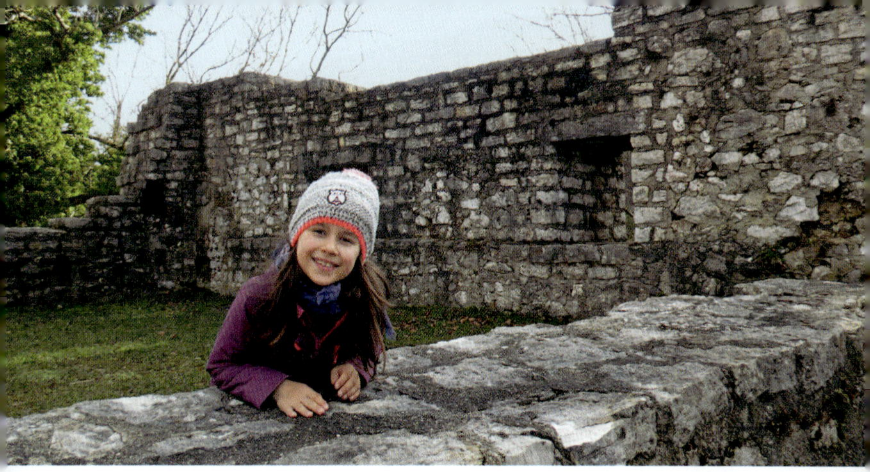

Ruhetag, Max Leuze Str. 10–16, 73252 Lenningen, Tel. +49 7026 601000, sulzburghof.de.

Kinderwagen-Variante: Die Burgstraße nach rechts weitergehen und nicht dem Burghofweg zum Wanderparkplatz folgen. Am nächsten Abzweig beim Wegweiser mit Blauem Dreieck scharf links zur Burg. Innerhalb der Burg ist es schwierig, den Kinderwagen zu manövrieren: ggf. am Burgtor stehen lassen und die Ruine zu Fuß erkunden.

Tipp: Das toll gemachte Freilichtmuseum Beuren ist nicht weit. Dort heißt es Eintauchen ins schwäbische Leben früherer Zeiten (s. Freizeittipp D16).

OBEN

Auf der Sulzburg.

UNTEN

Spannendes über Tiere und Pflanzen erfahren auf dem Bauernhof-Themenweg.

LOS GEHT'S Am **Bahnhof Unterlenningen ❶** gehen wir am Bahnsteig weiter in Richtung Oberlenningen. Dann geht es über die Gleise und wir folgen der Eisenbahnstraße nach rechts. Nachdem wir an einer Kirche vorbeigekommen sind, gehen wir ein Stück weiter noch einmal über die Schienen und dann nach links zur hellgrün getünchten **Sulzburghalle ❷**. Vor der Halle wenden wir uns nach rechts und wandern durchs Kirchwegle. Wir folgen dem Wegle hinter dem Kindergarten nach links. Dann nehmen wir den gepflasterten Weg nach rechts zur Kirchheimer Straße und überqueren sie an der Ampel. Auf der anderen Straßenseite gehen wir in die Burgstraße (Wegweiser zu Bauhof und Kläranlage).

Wenn sich die Straße gabelt, folgen Kinderwagen der Burgstraße weiter nach rechts. Alle anderen gehen nach links in den Burghofweg, wo uns kurz nach dem **Wanderparkplatz ❸** ein steiler Pfad mit dem »Blauen Dreieck« auf die **Ruine Sulzburg ❹** führt.

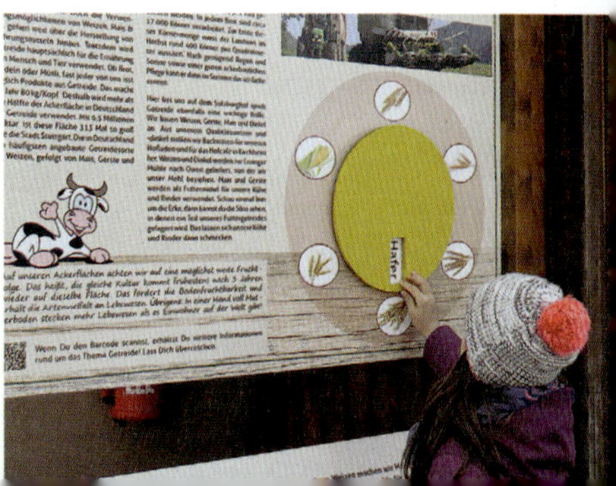

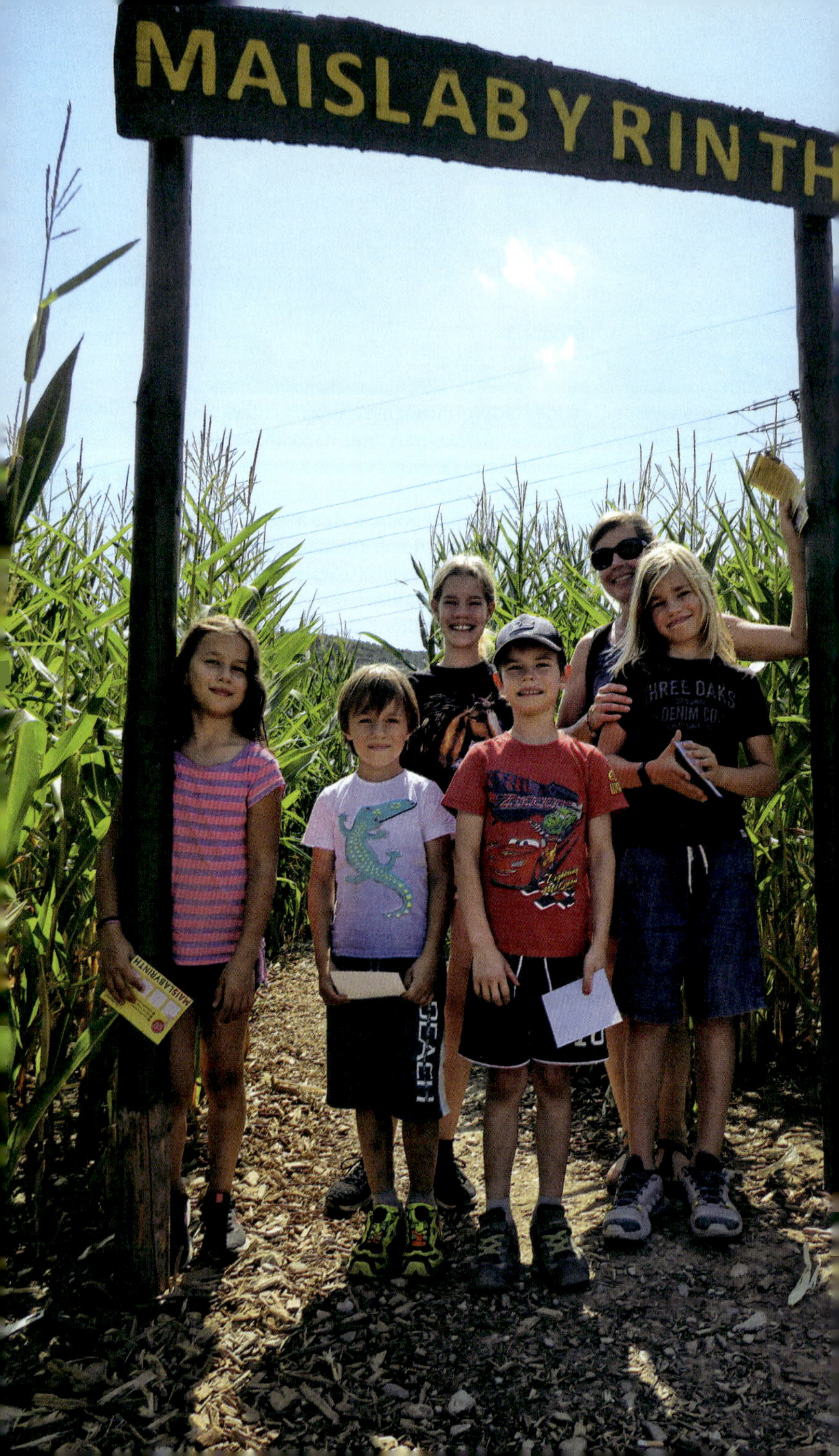
MAISLABYRINTH
THREE OAKS
DENIM CO.

Hallo Kinder!

Habt ihr die **Blühstreifen** an den Rändern mancher Äcker gesehen? Hier auf dem **Sulzburghof** gibt es in manchen Jahren ein ganzes **Labyrinth aus Blumen**. Das sieht toll aus und Bienen, Hummeln und Schmetterlinge freuen sich über Nektar und Pollen. Von vielen Insekten gibt es in den letzten Jahren immer weniger und nicht mehr so viele verschiedene wie früher. Blühstreifen helfen ihnen, Nahrung zu finden. Schmetterlinge legen ihre Eier auf die Blätter und die Raupen fressen die Pflanzen, bis sie selbst eines Tages als bunte Falter davonflattern.

Wollt ihr zu Hause auch eine Blumenwiese im Garten anlegen? Dann wählt eine Blumenmischung mit mehrjährigen heimischen Arten und mäht sie nur zwei Mal im Jahr. Möchtet ihr lieber auf kurzem Rasen spielen, pflanzt doch einfach Krokusse an den Rand, z. B. Gold-Krokus oder Elfenkrokus. Das sieht im Frühjahr schön aus und die Insekten freuen sich über leckeren Nektar.

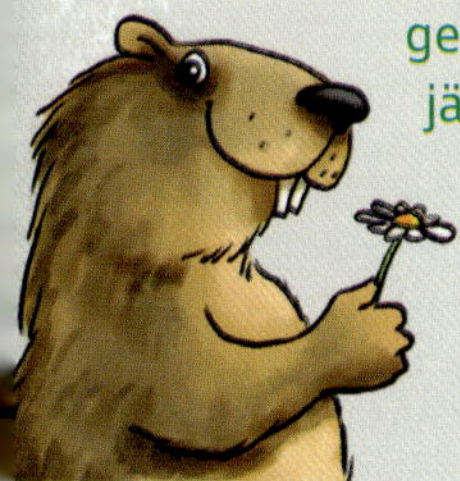

Durch das Burgtor verlassen wir die alten Gemäuer und wandern auf einem Schotterweg bergab. Unten geht es nach rechts und wir sehen schon links den **Sulzburghof ❺**. Hier startet am Hofladen mit Café der **Bauernhof-Themenweg**. Am anderen Ende des Hofes geht es bergauf zu einer Bank unter einem alten Nussbaum und im Sommer weiter zum wachsenden **Labyrinth ❻**.

Zurück geht es wieder durch den **Sulzburghof ❺**, dann links die Straße hinunter bis zur Durchgangsstraße. Dort überqueren wir die Fahrbahn und gehen nach rechts. Der nächste Abzweig scharf links bringt uns zurück zum **Bahnhof Unterlenningen ❶**.

LINKS

Das Maislabyrinth ist im Sommer eine der beliebtesten Attraktionen auf dem Sulzburghof.

★Highlights

Den steilen Pfad zur Burgruine erklimmen und die alten Gemäuer der Sulzburg erkunden.

Gemütlich grillen im Vorhof der Sulzburg.

Auf dem Sulzburghof wenige Wochen alte

Kälbchen streicheln und das Quiz auf dem Bauernhof-Themenweg machen.

Im Sommer den Weg durchs summende und duftende Blumenlabyrinth oder durchs hohe Maislabyrinth finden.

38

Von Owen auf die Burg Teck

AUF VERSCHLUNGENEN PFADEN AM TECKBERG

4.15 STUNDEN

7,9 KILOMETER

↗ 430 HÖHENMETER

↘ 430 HÖHENMETER

SCHWER ab 8 Jahren

Zu steilen Felsen und geheimnisvollen Höhlen: Warme Trockenwiesen, zirpende Grillen und hoch oben thront die Burg Teck. Wir erforschen die Veronikahöhle und wandern hinauf zum Gelben Fels, wo wir die traumhafte Aussicht über das Albvorland genießen. Unvermittelt taucht da schon mal ein Kletterer oder eine Kletterin an einem der steilen Kalksteinfelsen auf. Mitten im Wald finden wir die Reste eines alten Flugzeughangars und erkunden dann das sagenumwobene Sybillenloch, in dem eiszeitliche Knochen von Höhlenlöwen, Mammuts und Nashörnern gefunden wurden. Auf der Burg Teck empfangen uns Kiosk und Restaurant mit regionalen Köstlichkeiten und vom Aussichtsturm schweift der Blick weit über das Albvorland.

Ausgangspunkt: Bahnhof Owen, Anfahrt ab Stuttgart mit S1 nach Kirchheim (Teck), dann Teckbahn Richtung Lenningen. – Mit dem Auto: Parkplätze am Bahnhof Owen (Navi: 73277 Owen, Eisenbahnstraße).

Ausrüstung: Feste Wanderschuhe, lichtstarke Stirn- oder Taschenlampen, um die beiden Höhlen zu besichtigen.

Anforderungen: Steiler Anstieg auf den Teckberg, z. T. auf unbefestigten Wiesenpfaden, die bei Nässe matschig sein können. Neben Schotterwegen oft unebene Waldpfade, die z. T. recht steil sind. Nicht kinderwagengeeignet.

Einkehr: Wanderheim Burg Teck, Kiosk, Restaurant mit Gartenwirtschaft, Übernachtungsmöglichkeit, Mo und Di Ruhetag, Teckstraße 100, 73277 Owen/Teck, Tel. +49 7021 55208, burg-teck-alb.de.

Hinweis: Betretungsverbot für Höhlen vom 1.10. bis 31.3. zum Schutz der Fledermäuse, die dort Winterschlaf halten.

Kurzvariante: Kurze, höhenmetersparende Tour durch schattenspendenden Wald ab Wanderparkplatz Bölle (in Owen den Wegweisern zur Burg Teck folgen; Navi: N48.585394, E9.466130; 4,5 km, leicht, ab 6 Jahren).

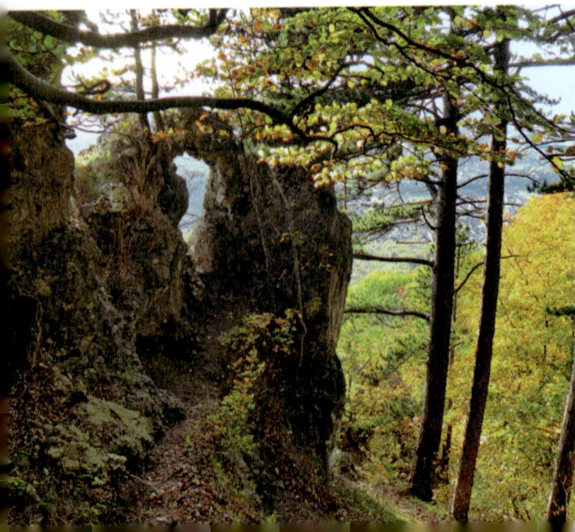

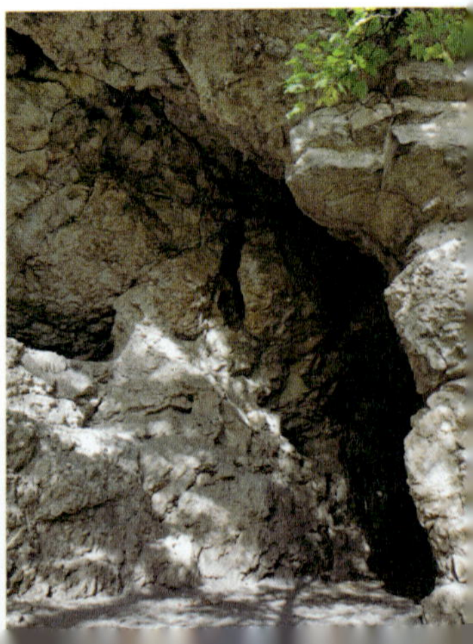

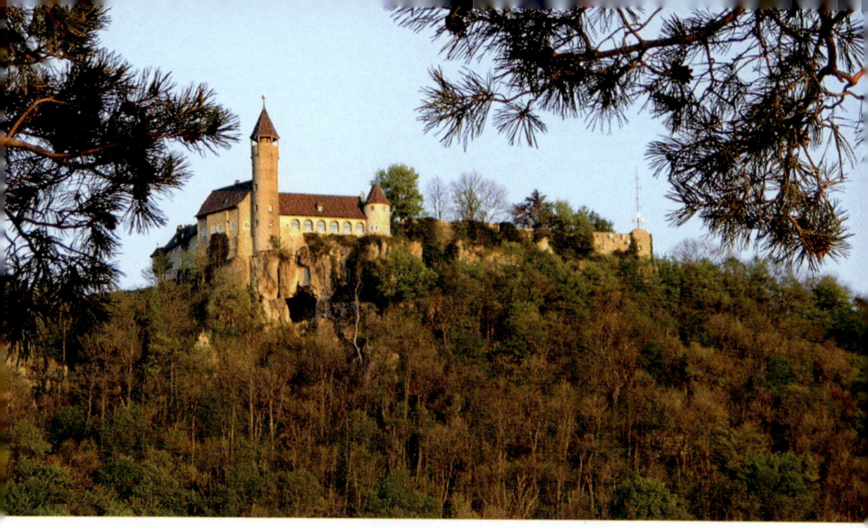

LOS GEHT'S Wir lassen den **Bahnhof Owen** ❶ (sprich: »Auen«) hinter uns und wandern der Markierung »Rotes Dreieck« nach in Richtung Burg Teck. An der Kreuzung mit dem Brunnen unter drei Bäumen biegen wir rechts ab und folgen ab jetzt der Markierung »Rotes liegendes Y«. An der Hauptstraße gehen wir über die Ampel und den schmalen Fußweg bergauf. Wir queren zwei Straßen und halten uns oben angekommen rechts. An der nächsten Straße gehen wir links und folgen dem »Roten Y« nach links ins Landschaftsschutzgebiet. Am nächsten Abzweig halten wir uns erneut links und beim Nussbaum rechts. Kurz vor dem Schafstall wandern wir mit der Y-Markierung auf dem schräg rechts abzweigenden Schotterweg ins Naturschutzgebiet. Ein breiter Wiesenweg führt uns bergauf. Nach einer Rechtskurve kreuzt ein schmalerer Pfad unseren Weg. Wir

OBEN

Hoch oben auf dem Teckberg thront die Burg Teck.

UNTEN LINKS

Faszinierendes Felsenfenster beim Verena Beutlins Loch.

UNTEN RECHTS

Die Veronikahöhle ist auch von unerfahrenen Höhlenforschern und -forscherinnen problemlos begehbar.

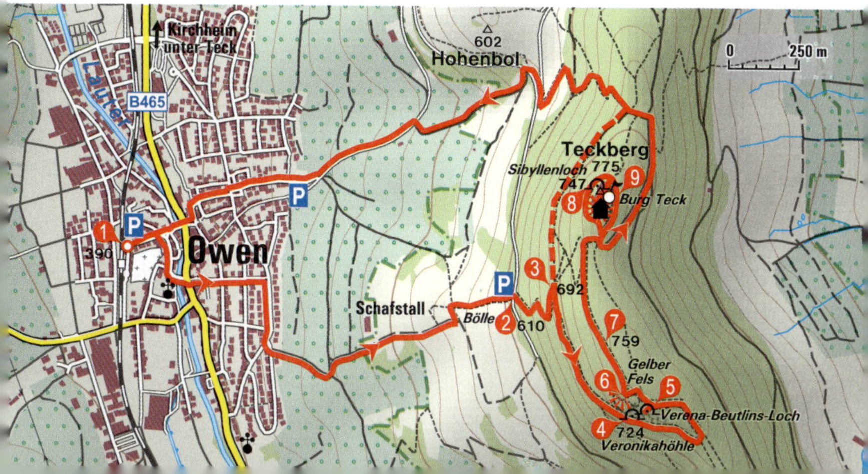

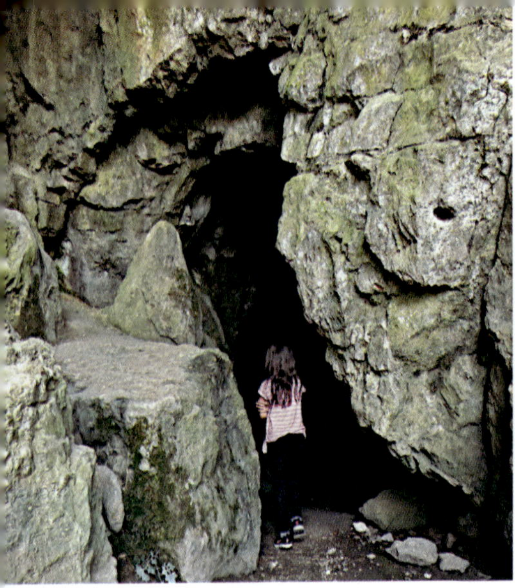

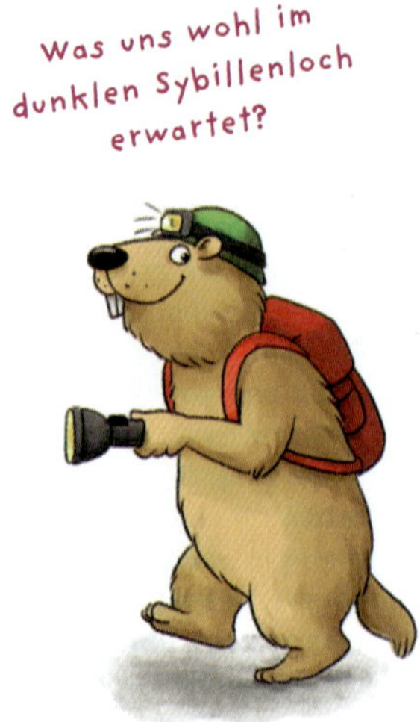

folgen ihm nach links und nehmen den nächsten Pfad rechts zum **Wanderparkplatz Bölle** ❷.

Neben der Infotafel verläuft unsere Route bergauf in den Wald. An der dritten Rechtskehre des Pfades liegt ein **umgestürzter Baum** ❸. Dort gehen wir rechts, am Baum vorbei, verlassen das »Liegende Y« und folgen dem Naturpfad. Wenn der Pfad sich gabelt, halten wir uns links und erreichen am Fuße der Felsen die **Veronikahöhle** ❹. Weiter auf dem schmalen Pfad bergab, stoßen wir dann auf einen breiteren Weg und wandern mit der Markierung »Rotes Dreieck« nach links. Wir halten uns immer links, bis ein Pfad zum **Verena-Beutlins-Loch** ❺ führt. Der Eingang zur Höhle ist ein ungesichertes Loch im Boden und kann nur mit Kletterausrüstung erkundet werden.

Wir folgen weiter dem »Roten Dreieck« zum **Gelben Fels** ❻, von wo wir eine fantastische Aussicht haben. Dann kommen wir am ehemaligen **Startplatz Gelber Fels** ❼ vorbei, wo es auch eine Grillstelle gibt. Wir wandern dann auf eine Bank zu, wo sich mehrere Wege treffen. Hier geht es rechts und gleich wieder links Richtung Burg Teck. Wir nehmen den ersten steinigen Pfad, der nach links abzweigt. Entlang der Felsen unterhalb der Burg erreichen wir das **Sybillenloch** ❽. Von dort steigen wir die Stufen hinauf zum großen Tor der **Burg Teck** ❾.

Von der Burg geht es den breiten Schotterweg nach rechts hinunter, dann fol-

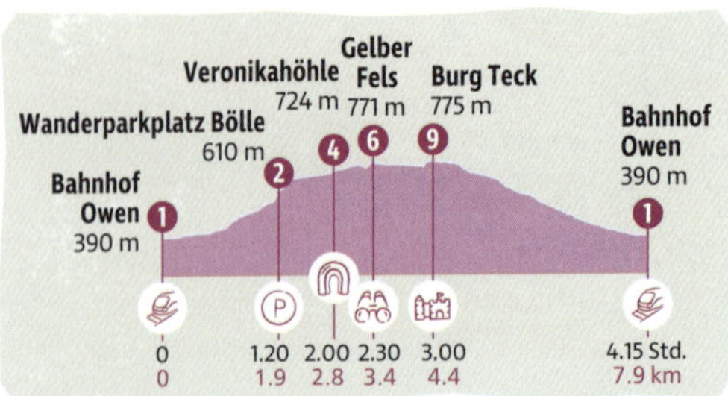

Hallo Kinder!

Habt ihr schon das **»Zahnbürschtle«** entdeckt? Daran erinnert das Aussehen des Bergs **Hohenbol**, auf dessen Gipfel **50 Schwarzkiefern** wachsen. Und es gibt eine Geschichte dazu, wie diese Bäume vor über hundert Jahren auf den Berg kamen: Die Bauern trieben ihre Tiere damals zum Weiden in den Wald. Dort fraßen Pferde, Schafe und Schweine nicht nur Gras, sondern auch junge Bäumchen. Es wurden auch viele Bäume gefällt, um zu heizen, und um daraus die Fachwerkhäuser zu bauen, die ihr in Owens historischem Ortskern noch heute seht. Das Holz wurde knapper und knapper. Also sollten die kahlen Flächen um den Hohenbohl wieder aufgeforstet werden und zwar mit Bäumen, die schon in wenigen Jahren gefällt werden können.

Der Hohenbol ist einer der vielen Vulkanschlote des **Schwäbischen Vulkans**. Unter der dünnen Schicht Erde liegt harter Basalt. Hier können nur Pflanzen wachsen, die mit wenig Erde und viel Trockenheit klarkommen. Deshalb wurden 1916 probehalber 50 Schwarzkiefern gepflanzt. Ihre Wurzeln reichen tief in die kleinsten Felsspalten und der Baum klammert sich mit ihnen auch auf schwierigen Standorten im Boden fest.

Ende gut, alles gut? Für das Aufforstungsprojekt wuchsen die Bäume nicht schnell genug. Deshalb wurden keine weiteren mehr gepflanzt und es blieb bei den 50 Kiefern. Die machen das »Zahnbürschtle« heute zu einem ganz besonderen Ort.

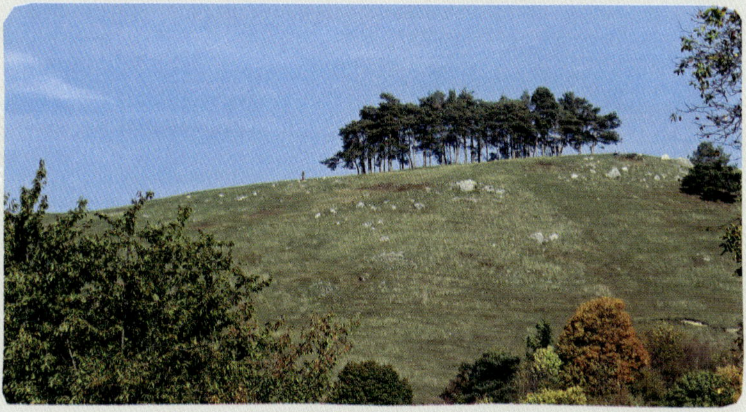

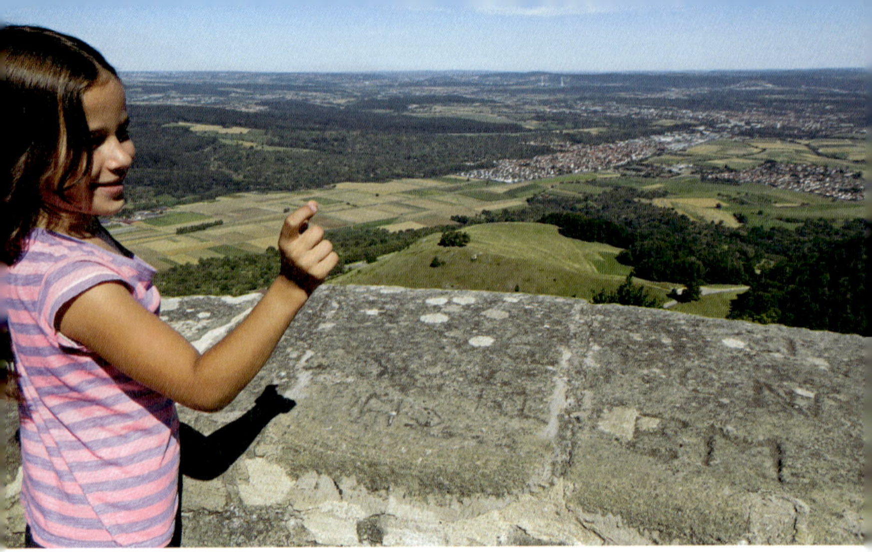

Sooo klein sind die Autos da unten! Fantastische Ausblicke von der Burg Teck.

gen wir seiner Linkskurve. Ab hier weist uns das »Rote Dreieck« den Weg bis zum Bahnhof. Nach einer Schutzhütte verlassen wir den Weg am Wegweiser »Rosswasen Nord« nach links. Wer zum **Parkplatz Bölle** ❷ möchte, nimmt den nächsten Abzweig nach links, bis er beim **umgestürzten Baum** ❸ wieder auf den Pfad stößt, den er heraufgekommen ist. In Richtung Bahnhof gehen wir am Wegweiser geradeaus weiter und auf steilen Zick-Zack-Pfaden bergab.

Durch eine alte Lindenallee erreichen wir eine Straße, überqueren sie und gehen kurz nach rechts am Straßenrand entlang. Dann biegen wir links in einen Schotterweg und wandern an der Gabelung rechts hinunter, bis wir wieder auf die Straße treffen. Wir folgen dem Gehweg und wandern vor einem Parkplatz rechts in den Ort und an Fachwerkhäusern vorbei zur Hauptstraße. Wir gehen über die Ampel und geradeaus bis zum **Bahnhof Owen** ❶.

★Highlights

Dem Summen und Zirpen der Insekten in den blühenden Trockenwiesen am Westhang des Teckberges lauschen.

Beobachten, wie die kleinen Modellflugzeuge beim Wanderparkplatz Bölle ihre Runden drehen.

Die Veronika-Höhle am Gelben Fels und das Sybillenloch unterhalb der Teck erkunden.

Geschickte Kletterer und Kletterinnen und die traumhafte Aussicht am Gelben Fels bewundern.

Auf die 775 Meter hoch gelegene Burg Teck steigen und im Burghof unter alten Bäumen vespern.

Den Aussichtsturm der Burg besteigen und die drei Kaiserberge, die Schwäbische Alb und den Stuttgarter Flughafen sehen.

Zu den Gutenberger Höhlen

39

RUNDTOUR AM ENDE DES LENNINGER TALS

5.30 STUNDEN

12,0 KILOMETER

↗ 360 HÖHENMETER

↘ 360 HÖHENMETER

ab 10 Jahren

SCHWER

Höhlen erkunden und filigrane Sinterterrassen bewundern: Dunkle Gänge, hohe Hallen und glitzernde Tropfsteine. Es geht in die Tiefe! Die Gutenberger Höhle gilt als schönste Tropfsteinhöhle der Schwäbischen Alb. Genauso wie die – nicht minder beeindruckende – Gußmannshöhle gleich nebenan kann sie mit einer Führung besichtigt werden. Die anderen beiden Höhlen sind für trittsichere Abenteurer und Abenteurerinnen frei zugänglich. Über der Erde sehen wir an Bächen zauberhafte Sinterterrassen und wandern über schmale Pfade durch wilde Wälder im Biosphärengebiet Schwäbische Alb. Wir erkunden die Mauerreste eines ehemaligen Klosters, das einsam im Wald liegt, und erfrischen uns an eiskaltem klarem Quellwasser. Auch ein Spielplatz darf nicht fehlen und immer wieder haben wir traumhafte Ausblicke über die Hänge und Felsen des Lenninger Tals.

Ausgangspunkt: Bushaltestelle Schlattstall Abzw., Lenningen, Anfahrt mit S1 nach Kirchheim (Teck), dann Teckbahn Richtung Lenningen, in Oberlenningen weiter mit Bus 1771. – Mit dem Auto: Wanderparkplatz Lange Steige, Lenningen Schlattstall, im Dorf nach dem Gasthaus Hirsch links abbiegen (Navi: N48.525540, E9.498070).
Ausrüstung: Festes Schuhwerk, lichtstarke Taschen- oder Stirnlampen, auch im Sommer eine Jacke (in den Höhlen hat es konstant 8 °C).
Anforderungen: Schmale Naturpfade wechseln sich mit Abschnitten auf Asphalt und Schotter ab. Wer Wolfsschluchthöhle oder Goldloch erkunden möchte, sollte sehr trittsicher sein und das nur bei trockenem Wetter tun. Nicht kinderwagengeeignet.
Einkehr: Gasthaus Hirsch, Reservierung empfohlen, Albstraße 1, 73252 Lenningen/Schlattstall, Mo, Do, Fr 11.30–14.00 Uhr und ab 18.00 Uhr, Sa und So durchgehend ab 11.30 Uhr, Di und Mi Ruhetag, Tel. +49 7026 7216, hirsch-schlattstall.de.
Hinweis: Betretungsverbot für Höhlen vom 1.10. bis 31.3. zum Schutz der Fledermäuse, die dort Winterschlaf halten (bei touristisch erschlossenen Höhlen abweichend).
Kurzvariante: Mit ÖPNV an der Bushaltestelle »Gutenberg Post« starten, ein Stück zurückgehen, beim Rathaus rechts und dort in die Tour einsteigen oder mit PKW am Wanderparkplatz Gutenberg 7 starten (gleich am Ortseingang von Gutenberg rechts in die Lindenstraße, Navi: E9.514734, N48.531857). Nach den Sinterterrassen der

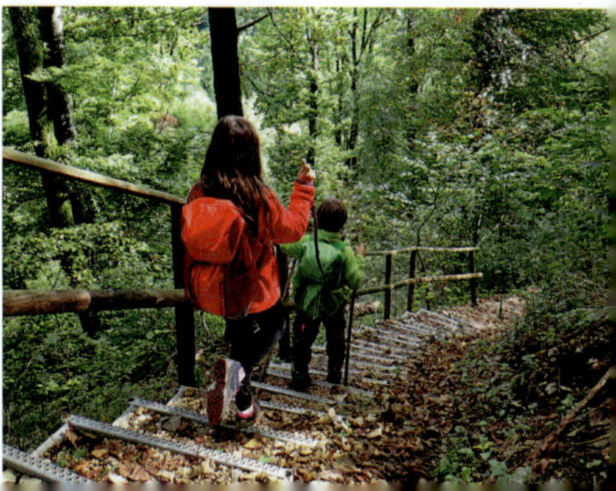

Über steile Treppen und schmale Pfade geht es durch den Wald.

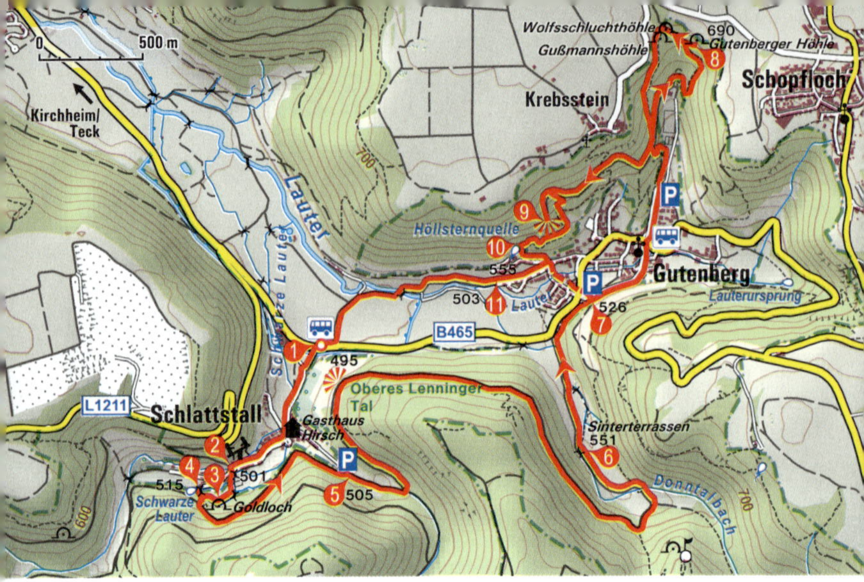

Weißen Lauter ⓫ wieder zurück und nach rechts in die Sackgasse (Grünenbergstraße) abbiegen (Wanderzeichen »rotes liegendes Y«). An der Hauptstraße links zur Bushaltestelle oder geradeaus zum Wanderparkplatz (5,1 km, schwer, ab 6 Jahren).

Tipp: Von Anfang Mai bis Ende Oktober können die Gutenberger Höhlen im Rahmen einer interessanten Führung besichtigt werden (s. Freizeittipp F4). Wolfsschluchthöhle (mit großen Tropfsteinen) und Goldloch sind frei zugänglich.

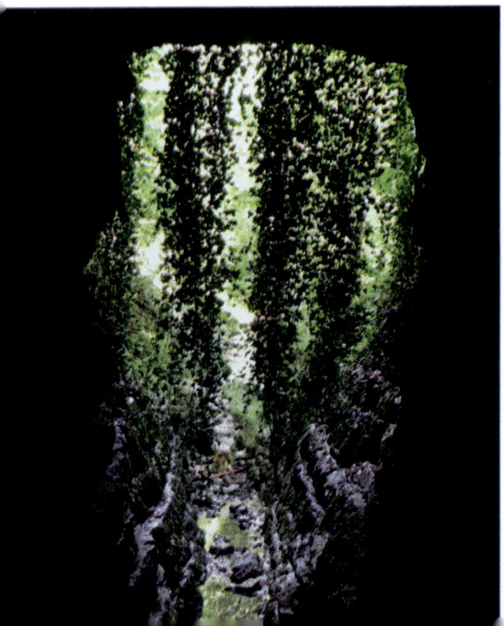

Höhlenforscher und -forscherinnen aufgepasst! Das Goldloch versteckt sich hinter einem Vorhang aus Efeu.

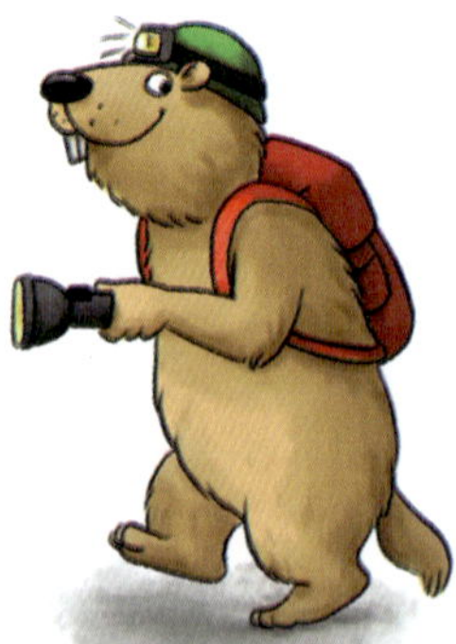

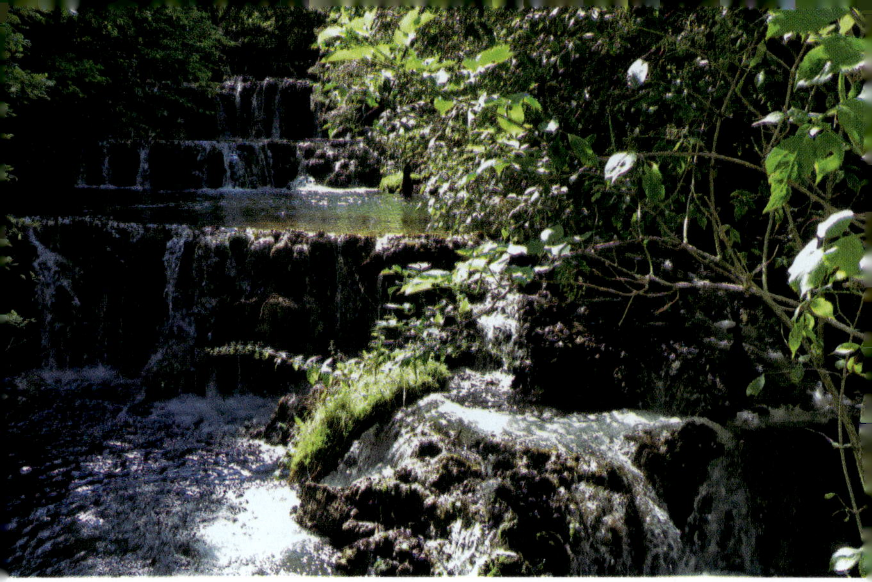

Die Sinterterrassen an der Weißen Lauter.

LOS GEHT'S Von der **Bushaltestelle Schlattstall** ❶ folgen wir dem Weg unter dem Aquädukt hindurch, überqueren die Straße und gehen kurz auf dem Pfad am Straßenrand, dann auf dem Fußweg nach Schlattstall. Dort spazieren wir die Etterstraße hinauf bis zum kleinen Rathaus und folgen dem Wegweiser »Goldloch« links über die Brücke zum **Spielplatz Schlattstall** ❷. Am Bolzplatz vorbei führt ein Weg am Bach zum **Goldloch** ❸, aus dem ein Teil der Schwarzen Lauter entspringt. Ein Pfad bringt uns rechts zur zweiten **Quelle der Schwarzen Lauter** ❹. Dann geht es ein kurzes Stück zurück und auf dem Pfad nach rechts bergauf bis zu einem Schotterweg, dem wir nach links folgen.

Am **Parkplatz Lange Steige** ❺ wandern wir auf dem Schotterweg bergauf. Am nächsten Abzweig biegen wir nach links in den Pfingsthangweg und folgen ihm durch den Wald, mit schönen Aussichten ins Lenninger Tal. Durch einen Bannwald gelangen wir ins Donntal. Wir gehen durch die Kernzone des Biosphärengebiets und folgen der Linkskurve des Weges, die Abzweige nach rechts ignorierend. Mit dem Bach, der sich durch die Wiesen schlängelt, wandern wir durchs Tal. Vom Weg

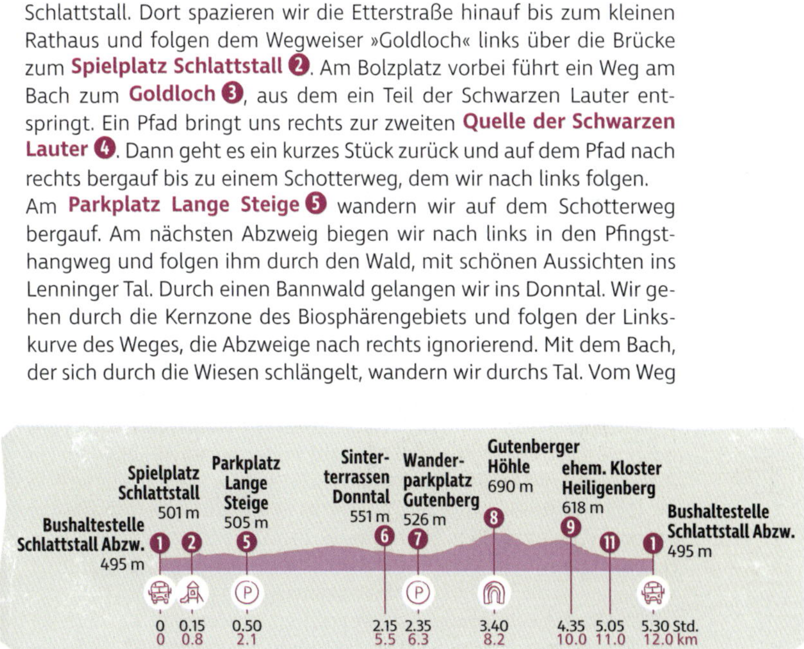

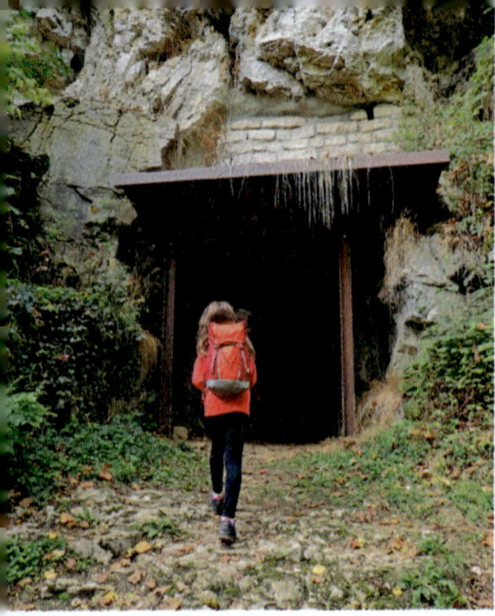

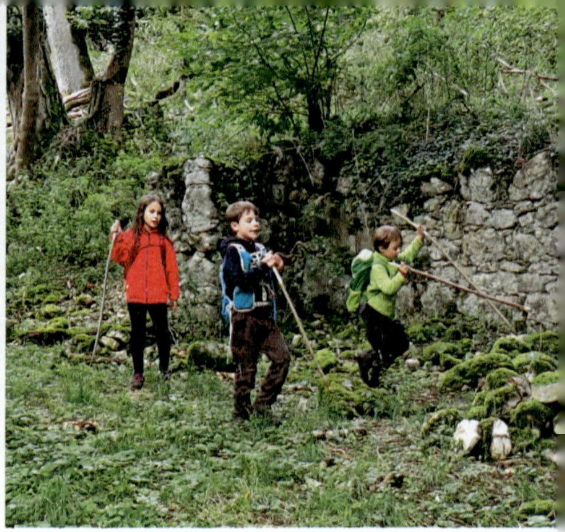

LINKS

Gut gesichert: der Eingang zur Gußmannshöhle.

RECHTS

Die geheimnisvolle Ruine des Klosters Heiligenberg wird erkundet.

aus sind einige der **Sinterterrassen** ❻ und -becken gut sichtbar, wo der Bach über Stufen aus Kalk hinabsprudelt.
Kurz vor der Landstraße führt rechts ein schmaler Pfad durch die Wiese nach Gutenberg. Am **Wanderparkplatz Gutenberg** ❼ gehen wir am Raiffeisen Lagerhaus vorbei in den Ort, überqueren die Hauptstraße an der Ampel und passieren das Rathaus. Beim Wanderparkplatz Tiefental weist uns links ein Schild den Fußweg zu den Gutenberger Höhlen. Wir gehen bergauf, bis zu einem Schotterweg, dem wir nach rechts folgen. Achtung, wir ignorieren den nächsten Wegweiser zu den Gutenberger Höhlen und bleiben auf dem breiten Weg! Nach einer Rechtskurve ist der Weg asphaltiert, dort biegen wir am Wegweiser »Fußweg Gutenberger Höhlen« links ab auf einen Schotterpfad. Es geht bergauf durch den Wald, durch eine Schlucht und nach rechts zur **Gutenberger Höhle** ❽. Von hier gehen wir kurz zurück und folgen dem Pfad dann geradeaus weiter bis zu einem Abzweig. Wir wenden uns nach links und können nach wenigen Metern rechts hinaufkraxeln zum etwas versteckten Eingang der **Wolfsschluchthöhle**. Wenig später erreichen wir die **Gußmannshöhle**.

Wir wandern auf dem Pfad und über Treppen bergab, bis wir auf den Schotterweg treffen, auf dem wir schon gewandert sind. Wir folgen ihm nach rechts bis zum Ende, wo ein schöner Aussichtspunkt auf uns wartet. Dann geht es 150 m zurück, wo ein etwas versteckter Pfad scharf nach rechts hinunterführt zum ehemaligen **Kloster Heiligenberg** ❾, an das noch wenige Mauerreste erinnern, und weiter geradeaus abwärts zur **Höllsternquelle** ❿. Dort geht es den Schotterweg bergab und links in die Höllsternstraße, danach scharf rechts in die Grünenbergstraße, die wir ganz hinuntergehen. Nachdem wir den Ort verlassen haben, können wir links die **Sinterterrassen der Weißen Lauter** ⓫ bewundern. Wir begleiten die Lauter auf dem Asphaltweg und folgen ihm mit einer Linkskurve zur Landstraße. Auf der anderen Straßenseite wandern wir auf dem Radweg Richtung Schlattstall zur **Bushaltestelle** ❶.

★Highlights

Wunderschöne Ausblicke ins Lenninger Tal und auf die großen Felsen an den Hängen des Albtraufs genießen.

Bei einer Höhlenführung fantastische Tropfsteine und glitzernde Kristalle in den Gutenberger Höhlen sehen.

Die Überreste der moosbewachsenen Grundmauern des ehemaligen Klosters Heiligenberg erkunden.

Die filigranen Stufen der Sinterterrassen an der Weißen Lauter und im Donntal bewundern.

Im Dörfchen Schlattstall auf dem Spielplatz toben.

Hinter dem Efeuvorhang das Goldloch erforschen und auf den Steinvorsprüngen vorsichtig in die Höhle balancieren.

Sich an der Quelle der Schwarzen Lauter und der Höllsternquelle am eiskalten klaren Wasser erfrischen.

Hallo Kinder!

Habt ihr die funkelnden **Tropfsteine in der Gutenberger Höhle** gesehen? Habt ihr euch schon gefragt, wie sie eigentlich hier her kommen? Das Regenwasser, dass in der Erde versickert, fließt durch Spalten im Kalkstein in die Höhle. Dabei löst sich Kalk im Wasser. Wenn ein Wassertropfen an der Höhlendecke hängt, verdunstet langsam das Wasser. Der Kalk, der im tropfenden Wasser gelöst ist, lagert sich ab und wird fest. Natürlich ist nur ganz wenig Kalk im Wasser und daher dauert es Tausende von Jahren, bis lange Tropfsteine entstehen. Sie wachsen nur wenige Millimeter in hundert Jahren. Und es gibt ganz unterschiedliche: dünne Röhrchen, die innen hohl sind wie **Makkaroni**, **Stalaktiten**, die von der Decke hängen, oder **Stalagmiten**, die vom Boden nach oben wachsen. Auch **Tropfsteinwasserfälle** gibt es, **Sinterbecken** und **Höhlenperlen**. Bei einer spannenden Führung durch die Gutenberger Höhlen könnt ihr mehr über die faszinierenden Gebilde erfahren.

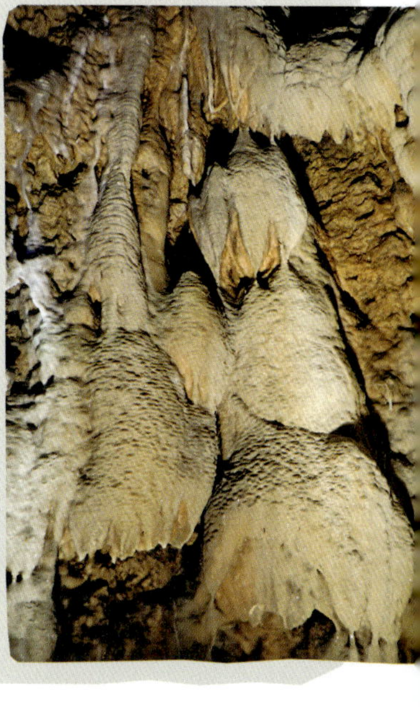

40 Durch die Zipfelbachschlucht

URIGE PFADE AM ALBTRAUF BEI HEPSISAU

4.00 STUNDEN

6,9 KILOMETER

↗ 380 HÖHENMETER

↘ 380 HÖHENMETER

SCHWER | ab 7 Jahren

Zum Mörikefels und auf den Auchtert: Wir wandern durch wunderbar wilde Landschaft. Ob Naturschutzgebiet, Bannwald oder die Kernzone des Biosphärengebiets Schwäbische Alb – hier bleibt die Natur ganz sich selbst überlassen. Der Zipfelbach fließt über Felsen und Steine, umgestürzte Baumstämme liegen quer über dem Bach. Ein schmaler Pfad und Holzbrücken bringen uns durchs Tal, in dem Schluchtfauna im Schatten großer Bäume wächst. Bei so viel Abwechslung überwinden wir fast unbemerkt etliche Höhenmeter. Am Albtrauf wandern wir zum Mörikefels, einem der Lieblingsplätze des schwäbischen Dichters. Am uralten Kraterrand des Randecker Maars entlang geht es vorbei an Dolinen und über sonnige Wiesen mit Silberdisteln (s. »Hallo Kinder« Tour 36) auf den Auchtert. Bergab führen uns schmale Pfade durch einen urwüchsigen Bannwald mit Felswänden und moosbedeckten Felsblöcken. An einem Grillplatz vorbei kommen wir schließlich wieder nach Hepsisau.

Ausgangspunkt: Wanderparkplatz Bachstraße, Hepsisau (Navi: 73235 Weilheim an der Teck, Bachstraße 27). – Mit ÖPNV: Bushaltestelle Hepsisau Rathaus, Anfahrt mit S1 bis Kirchheim (Teck), weiter mit Bus 177, die Tour verkürzt sich auf 5,5 km.

Ausrüstung: Feste Wanderschuhe, ggf. Wechselkleidung.

Anforderungen: Der Auf- und Abstieg führt über schmale unebene Naturpfade, die bei Nässe rutschig sein können. Hier ist Trittsicherheit erforderlich. Am Albtrauf wandern wir auf Wurzel- und Wiesenpfaden. Nicht kinderwagengeeignet.

Einkehr: Entlang der Route keine. Am Ausgangsort Hepsisau: Ristorante Lamm, Di Ruhetag, Hauptstraße 23, 73235 Weilheim an der Teck, Tel. +49 7023 3799, ristorante-lamm.de. Abstecher nach Ochsenwang vom Wegpunkt 7: Gaststätte Krone, Di Ruhetag, Eduard-Mörike-Straße 33, 73266 Bissingen an der Teck, Tel. +49 7023 95130, krone-ochsenwang.de.

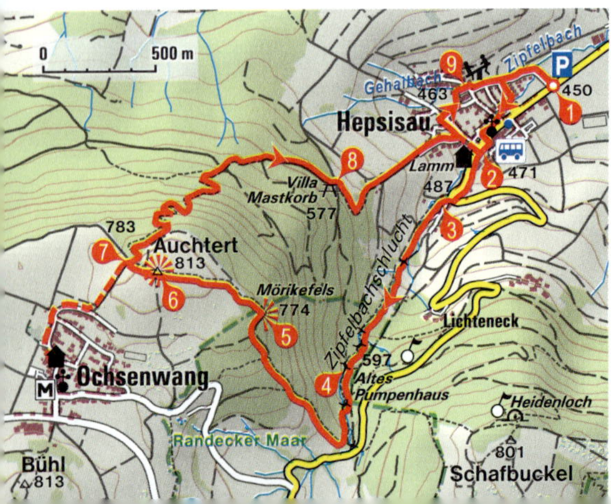

Hinweis: Der Mörikefels fällt steil ab und ist nicht durch ein Geländer gesichert!

Tipp: Wer die Tour an warmen Sommertagen machen möchte, wandert nur durch die Zipfelbachschlucht hinauf und wieder hinunter. Der Weg verläuft im schattigen Wald und der Bach bietet Abkühlung.

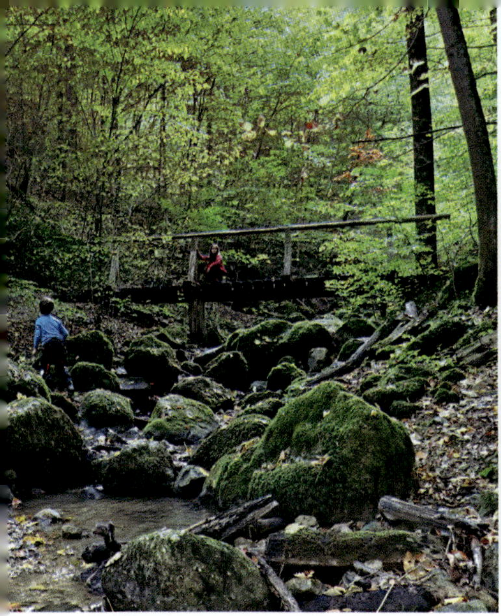

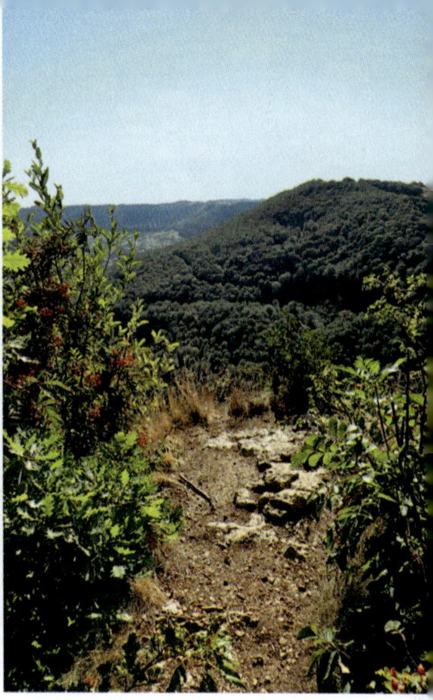

LINKS

Holzstege führen durch die wilde Natur im Zipfelbachtal.

RECHTS

Klein, aber fein: der Aussichtspunkt am Mörikefels.

LOS GEHT'S Vom **Wanderparkplatz Bachstraße 1** folgen wir den Wegweisern zur Zipfelbachschlucht, erst durch die Bachstraße, dann links in den Sperberweg und über den Schotterpfad bis zur Straße »Kelterplatz«. Vor dem Rathaus gehen wir links und an der **Bushaltestelle 2** vorbei, die wenig befahrene Hauptstraße bergauf. Bevor die Hauptstraße eine Linkskurve macht, nehmen wir den Abzweig nach rechts über eine Brücke. Über einen Wiesenweg schickt uns ein Wegweiser nach links Richtung Zipfelbachtal, vorbei an einem **Teich 3**. Wir gehen bergauf und folgen fast bis zum Ende der Tour dem Wanderzeichen »68«. In der wildromantischen Schlucht geht es auf schmalen Pfaden an Felsblöcken vorbei und über hölzerne Stege. Am Bach bieten sich viele Gelegenheiten, die Füße zu kühlen. Beim **alten Pumpenhaus 4** steigen wir die Holztreppe hinauf und erreichen schließlich das Ende der Schlucht.

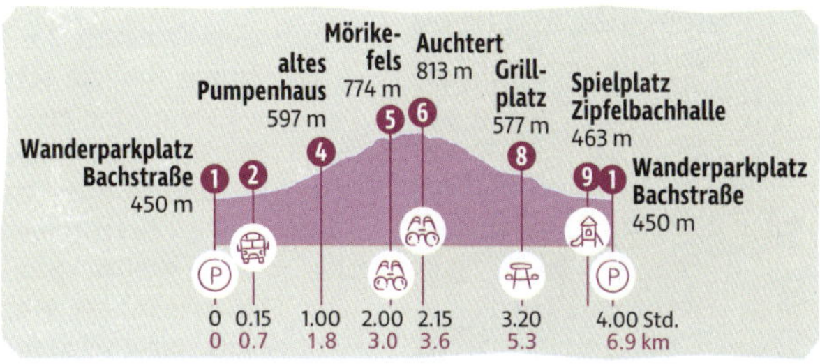

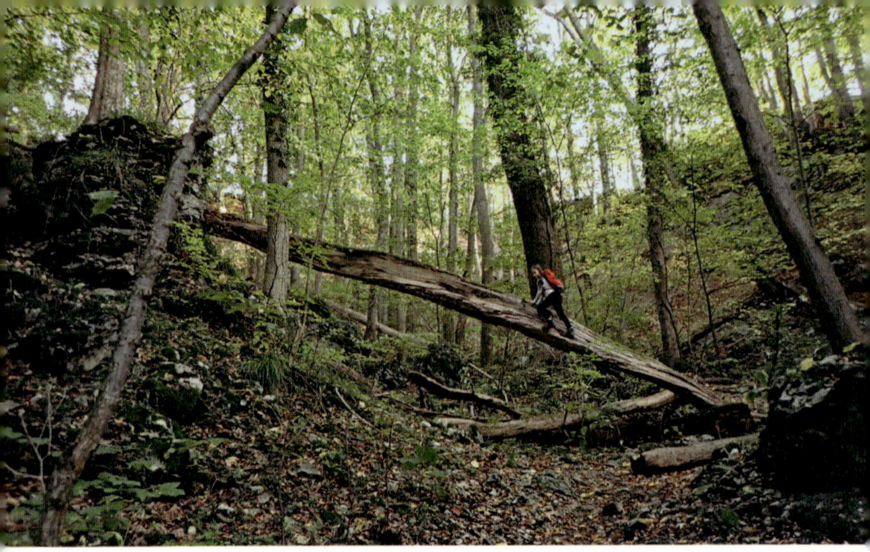

OBEN
Im Bannwald Pferch schlängelt sich der Pfad um umgestürzte Bäume und moosbewachsene Felsen.

UNTEN
Die Dolinen auf dem Auchtert ziehen sich wie Gräben durch die Trockenrasen.

Dort wandern wir rechts hinauf, folgen dem Wegweiser »Mörikefels/Breitenstein« und gehen an einem Weidezaun entlang. Links von uns liegt das Randecker Maar. Der steinige Pfad führt uns, vorbei an mehreren Linksabzweigungen, hinauf zum **Mörikefels ❺**. Am Felsen fällt der Albtrauf steil ab und wir haben eine großartige Aussicht.

Weiter geht es auf dem Pfad und bald öffnet sich der Wald zu einem weiten Trockenrasen. Der breite Wiesenweg führt uns hinauf auf den **Auchtert ❻**. Unter großen Bäumen können wir die Aussicht über die Hochebene genießen und sehen am Horizont die Burg Teck.

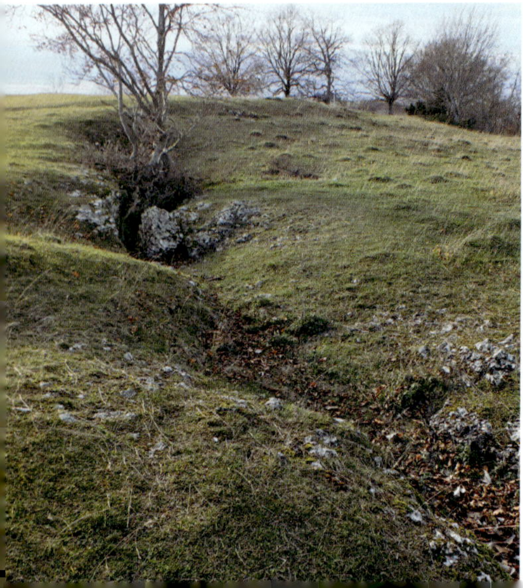

Anschließend führt uns der Pfad weiter bis kurz vor einen Asphaltweg, wo uns der **Wegweiser Pferch ❼** hinunter ins Tal schickt. Wer hungrig ist, kann auf dem Asphaltweg nach links gut 600 m nach Ochsenwang wandern und dort einkehren.

Ein steiler Pfad mit noch steileren Stufen führt uns hinab in den Bannwald Pferch. Mit den Markierungen »Blaues Dreieck« und »Blaue Raute« gehen wir im Zickzack bergab bis zu einer Kreuzung, in deren Mitte ein Ahorn wächst. Auf einem steilen Pfad folgen

★Highlights

Auf urigen Pfaden und über hölzerne Stege durch die Zipfelbachschlucht wandern.

Am Mörikefels die wunderbare Aussicht genießen, die Eduard Mörike zu seinen Gedichten inspiriert hat.

Am Rande des Randecker Maars wandern, wo sich vor Millionen von Jahren ein Kratersee in einem Vulkanschlot befand.

Über die sonnigen Wiesen auf dem Auchtert gehen, Dolinen und Silberdisteln finden, die hier auf den kargen Böden wachsen, und auf der Bank den Blick auf die Burg Teck genießen.

Zwischen großen moosbedeckten Felsbrocken und umgestürzten Bäumen hindurch auf einem steilen Pfad durch den naturbelassenen Bannwald ins Tal wandern.

Zum Abschluss an der Feuerstelle mit Aussicht auf die Limburg grillen.

wir weiter geradeaus der »Blauen Raute«. Wir stoßen auf einen Schotterweg, der uns nach links zu einem **Grillplatz** ❽ führt. Dort wenden wir uns nach rechts und gehen mit dem »Blauen Dreieck« auf einem Pfad nach Hepsisau. Wenn die Straße sich gabelt, halten wir uns rechts und stoßen unten auf die Mittlere Ortsstraße. Nach rechts kommen wir zur **Bushaltestelle** ❷, wer mit dem Auto gekommen ist, hält sich links und nimmt dann die erste Straße rechts. Vor der Zipfelbachhalle biegen wir links in den Schotterpfad ein. Nach dem **Spielplatz an der Zipfelbachhalle** ❾ gehen wir rechts und gleich wieder links auf der Bachstraße bis zum **Parkplatz** ❶.

Hallo Kinder!

Auf dem Weg zum Auchtert seht ihr immer wieder Stellen, an denen der Boden sich abgesenkt hat. Manchmal wachsen dort Sträucher, manchmal sind nur viele Steine zu sehen. Aber warum sind diese Gruben und Gräben entstanden? Das liegt an dem Material unter euren Füßen. Hier auf der Schwäbischen Alb gibt es unter der Erde vor allem **Kalkstein**. Der Regen versickert in Spalten im Gestein, löst etwas vom Kalk auf und schwemmt ihn aus. Dadurch werden die Risse und Klüfte immer breiter oder es entstehen langsam Höhlen im Untergrund, die irgendwann einstürzen. An der Oberfläche sind dann noch die Senken zu sehen. Sie heißen **Dolinen**.

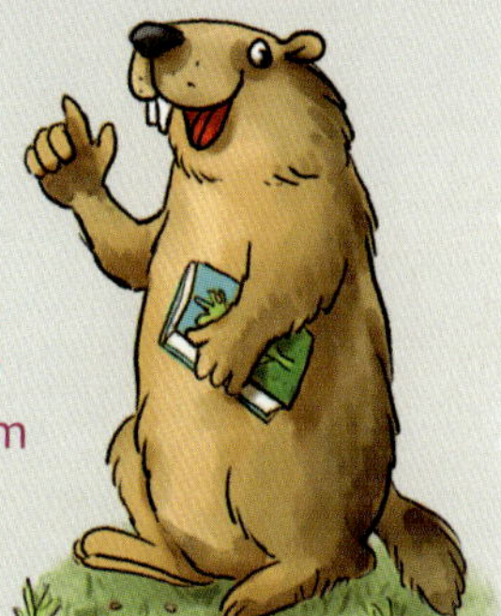

Freizeit- & Schlechtwettertipps

Wer Urlaub auf oder am Rande der Schwäbischen Alb macht, kann mit der AlbCard viele Attraktionen kostenlos besuchen. Infos unter schwaebischealb.de/albcard.

Einheimische Familien haben unter bestimmten Voraussetzungen die Möglichkeit, mit dem Landesfamilienpass staatliche Schlösser, Gärten und Museen vergünstigt oder kostenlos anzusehen. Informationen unter sozialministerium.baden-wuerttemberg.de/index.php?id=8340

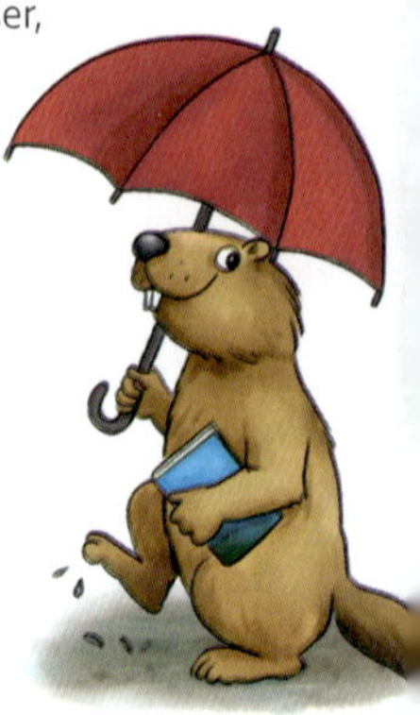

Burgen, Klöster, Schlösser

- Ruine Nippenburg Schwieberdingen (s. Tour 4)
- Kloster Lorch (s. Tour 11)
- Yburg, Kernen Stetten (s. Tour 14)
- Burg Hofen Stuttgart (s. Tour 19)
- Weilerburg Rottenburg (s. Tour 28)
- Ruine Sulzburg Lenningen (s. Tour 37)

A1 Archäologischer Park Ostkastell Welzheim

Römisches Militärlager mit rekonstruierter Toranlage, Steinskulpturen und vielen Info-Tafeln. Im Sommer sind an Sonn- und Feiertagen die Tortürme geöffnet und (fast echte) Römer stehen für Fragen und Kurzführungen bereit (s. Tour 10).

Öffnungszeiten: Frei zugänglich. **Adresse:** Goethestraße, 73642 Welzheim, welzheim.de/tourismus/erleben-entdecken

Gut erhaltene Mauerreste der Nippenburg.

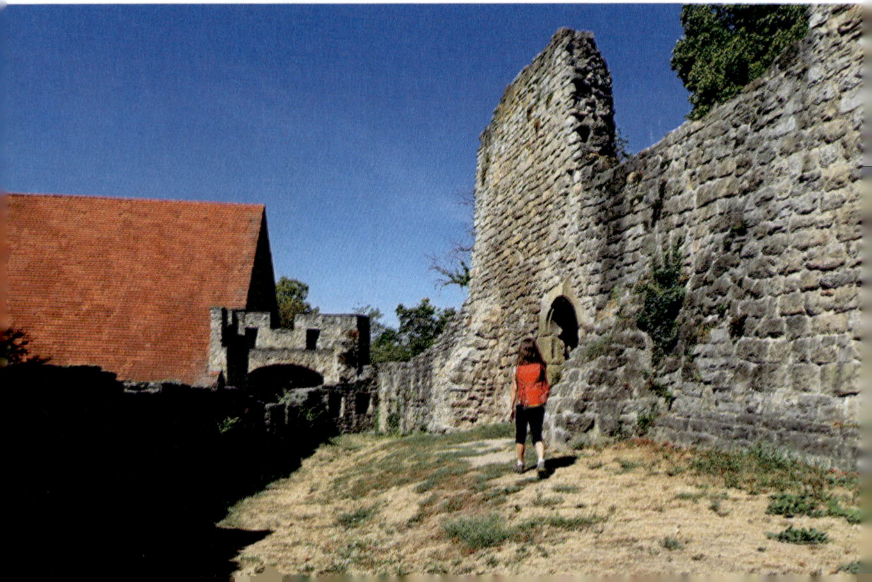

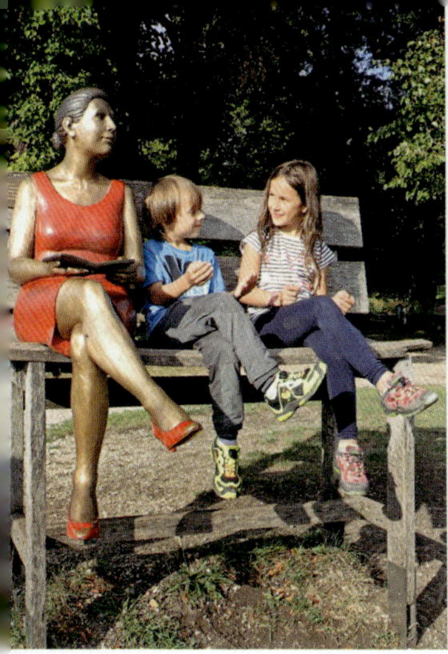 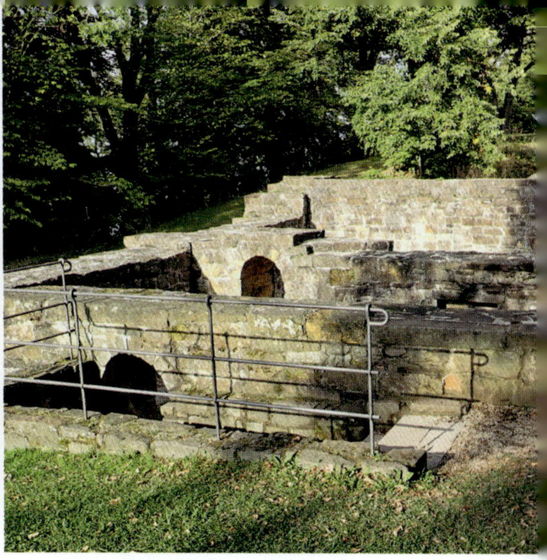

LINKS

Gruppenbild mit Dame auf dem Hohenstaufen.

RECHTS

DIe Überreste der Burg Hohenstaufen.

A2 Wäscherschloss

Es ist auch als »Wiege der Staufer« bekannt. Auf der kleinen Burg kann das Mittelalter bei einer Familienführung erlebt werden. Neben dem Museum gibt es ein Café.
Öffnungszeiten: Mai–Oktober Sa, So/Fei 12.00–17.00 Uhr. **Adresse:** Wäscherschloss, 73116 Wäschenbeuren, Tel. +49 7172 9152111, www.burg-waescherschloss.de

A3 Hohenstaufen

Auf dem markanten Bergkegel liegt die Ruine der mittelalterlichen Stauferburg. Am Fuße des Berges gibt es im »Dokumentationsraum« Infos zur Geschichte. Die Mauerreste der Burg können erkundet werden, daneben gibt es einen Grillplatz und ein Restaurant.
Öffnungszeiten: Frei zugänglich. **Adresse:** Hohenstaufen, 73033 Göppingen, Ortsteil Hohenstaufen, Tel. +49 7161 6504444, www.burgruine-hohenstaufen.de

A4 Schloss Solitude

Das elegante Rokokoschloss mit beeindruckender Architektur ist von einem großen Park umgeben. Perfekt für ein Picknick im Sonnenschein. Sonntags gibt es Familienführungen durchs Schloss.
Öffnungszeiten: April–Oktober Di–So/Fei 10.00–17.00 Uhr, November–März Sa–So/Fei 10.00–16.00 Uhr. **Adresse:** Solitude 1, 70197 Stuttgart, www.schloss-solitude.de

A5 Esslinger Burg

Im großen Innenhof warten ein Park, alte Kanonen und die Burgschenke. Im Sommer gibt es OpenAir-Kino und Konzerte. Hinter dem Burggraben liegt ein großer Spielplatz. Erreichbar von der Altstadt aus über die Burgsteige (s. Tour 24) oder direkt mit PKW oder ÖPNV.
Öffnungszeiten: Frei zugänglich. **Adresse:** Burg 1, 73728 Esslingen am Neckar.

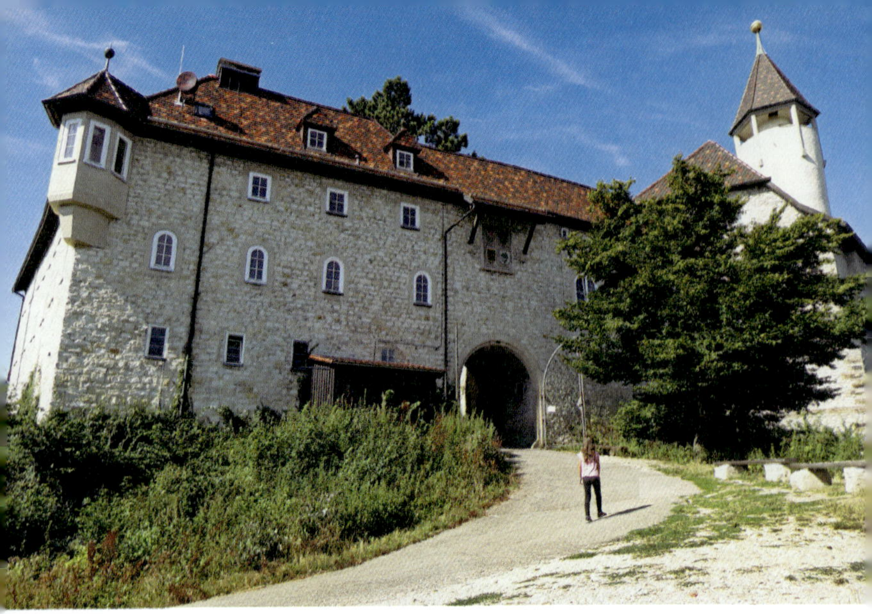

Kurz vor dem Ziel: Die Burg Teck erwartet uns.

A6 Schloss Lichtenstein

Das Märchenschloss mit seinen Türmen und Erkern wurde 1840 erbaut. Als Vorlage diente der Roman »Lichtenstein« von Wilhelm Hauff. Das Innere kann mit einer Führung besichtigt werden. Gleich um die Ecke: Biergarten, Spielplatz und Kletterwald (abenteuer-park-schlosslichtenstein.de).

Öffnungszeiten: April–Oktober täglich 9.00–17.30 Uhr, März, November, Dezember 10.00–16.00 Uhr, Januar–Februar geschlossen. **Adresse:** Schloss Lichtenstein 1, 72805 Lichtenstein, schloss-lichtenstein.de

A7 Burgruine Hohenneuffen

In Süddeutschlands ältester Burgruine gibt es Kasematten und viele versteckte Winkel zu entdecken. Auf der Burg finden immer wieder Rittermahle und Falknerspektakel statt, die Termine stehen auf der Homepage. In Kiosk, Biergarten und Restaurant gibt es Kulinarisches für jeden Geschmack. Tour 36 führt zur Burg.

Öffnungszeiten: Täglich von 9.00 Uhr bis mindestens 17.00 Uhr frei zugänglich. **Adresse:** Hohenneuffen, K 1244, 72639 Neuffen, Tel. +49 7025 2206, hohenneuffen.de

A8 Burg Teck

Schöne Burg am Albtrauf mit Aussichtsturm, Gaststätte, Gartenwirtschaft und Übernachtungsmöglichkeit. Unter der Burg befindet sich eine Höhle, das Sybillenloch. Tour 38 führt zur Burg.

Öffnungszeiten: Frei zugänglich. **Adresse:** Teckstraße 100, 73277 Owen / Teck, Tel. +49 7021 55208, www.burg-teck-alb.de, vom Parkplatz aus 1,5 km steil bergauf.

Freizeitparks, Landschaftsparks und Spielplätze

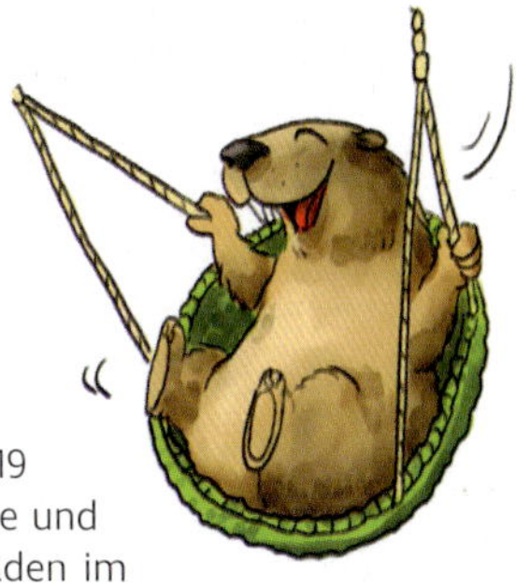

- Spielplatz im Enzpark Besigheim (s. Tour 2)
- Kugelbahn Urbach (s. Tour 12)
- Kugelbahn Kernen Stetten (s. Tour 14)
- Max-Eyth-See Stuttgart (s. Tour 19)
- Höhenpark Killesberg Stuttgart (s. Tour 20)
- Kugelbahn Herrenberg (s. Tour 27)

Spielplätze im Remstal

Tolle Spielplätze sind bei der Landesgartenschau 2019 entstanden. Unter anderem in Urbach auf der Hauwiese und an der Rems, in Schorndorf am Sportpark, in Remshalden im Bürgerpark, im Schloss- und im Stadtpark, in Waiblingen in der Talaue (s. Tour 17), in Kernen der Spielplatz im Tal (s. Tour 14) und auf dem Freizeitgelände Lehmgrube sowie der Inklusionsspielplatz im Schlosspark.

B1 Freizeitpark Rutesheim

Hier können sich Groß und Klein an vielen Attraktionen vergnügen – ob im Klettergarten, beim Bogenschießen, Minigolf oder Geocaching, auf der Trampolin Netzanlage oder beim Outdoor Escape Game.
Öffnungszeiten: April–September täglich 10.00–19.00 Uhr, März, Oktober, November Do–So/Fei 13.00–18.00 Uhr, in den Ferien täglich 13.00–18.00 Uhr.
Adresse: Am Freizeitpark 2, 71277 Rutesheim, Tel. +49 7152 9084715, freizeitpark-rutesheim.de

B2 Erlebnispark Tripsdrill

Im großen Themenpark mit Fahrgeschäften und Streichelzoo gibt es für Kinder jeden Alters viel Abwechslung. Das Wildparadies, gleich nebenan, mit 60 Tierarten, kann auch separat besucht werden. Dort laden Barfuß- und Walderleb-

Spielplatz im Stadtpark Schorndorf.

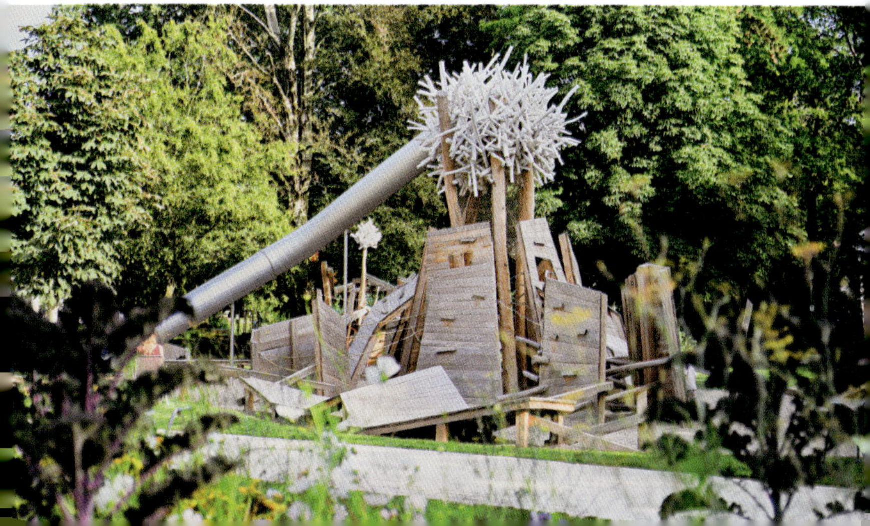

nispfad zum Entdecken ein und ein Abenteuerspielplatz zum Toben. Wer möchte, kann in Baumhäusern übernachten.
Öffnungszeiten: April–Oktober 10.00–17.00 Uhr, Sa/So und Ferien 9.00–18.00 Uhr, Wildparadies täglich 9.00–17.00 Uhr. **Adresse:** Erlebnispark Tripsdrill Straße 1, 74389 Cleebronn, Tel. +49 7135 999333, tripsdrill.de

B3 Schwabenpark

Der Freizeitpark im Welzheimer Wald bietet viele Attraktionen für Kinder und Eltern. Fahrgeschäfte, Tiere und Shows lassen keine Langeweile aufkommen. Im Schwabendorf kann im Blockhaus übernachtet werden.
Öffnungszeiten: April–Oktober 10.00–18.00 Uhr. **Adresse:** Hofwiesen 11, 73667 Kaisersbach, Tel. +49 7182 936100, schwabenpark.de

B4 Sommerrodelbahn Kaisersbach

Rodelspaß im Sommer für Kinder und Erwachsene in einer 650 Meter langen Edelstahlrinne.
Öffnungszeiten: Sa, So/Fei, in den Ferien auch Mo–Fr, s. Homepage, bei Regen geschlossen. **Adresse:** Ski und Rodelzentrum Kaisersbach, Winterhalde 1, 73667 Kaisersbach, Tel. +49 7181 71357, www.rodelzentrum.de

B5 Eins+Alles

Das Erfahrungsfeld der Sinne ist ein Freizeitpark der anderen Art für behinderte und nicht behinderte Menschen. An 80 außergewöhnlichen Sinnesstationen kann man die Natur mit allen Sinnen erleben.
Öffnungszeiten: April–Oktober täglich 10.00–18.00 Uhr, im Winter s. Homepage. **Adresse:** Laufenmühle 8, 73642 Welzheim, Tel. +49 7182 800777, eins-und-alles.de

B6 Blühendes Barock, Märchengarten und Schloss Ludwigsburg

Eines der prächtigsten Barockschlösser Deutschlands wird von riesigen blühenden Gärten umrahmt. Im Herbst findet hier die weltgrößte Kürbisausstellung statt. Besonders spannend für Kinder sind der Märchengarten mit über 40 Märchenszenen und eine Bootsfahrt auf dem Märchenbach. Im Schloss wartet das interaktive Kindermuseum »Kinderreich« auf Besucher ab 4 Jahren.
Öffnungszeiten: März–Dezember täglich 7.30–20.30 Uhr, Schloss schließt früher. **Adresse:** Mömpelgardstraße 28, 71640 Ludwigsburg, in Ludwigsburg dem Parkleitsystem folgen, blueba.de, www.schloss-ludwigsburg.de

Der Froschkönig sorgt für Abkühlung im Märchengarten des Blühenden Barock.

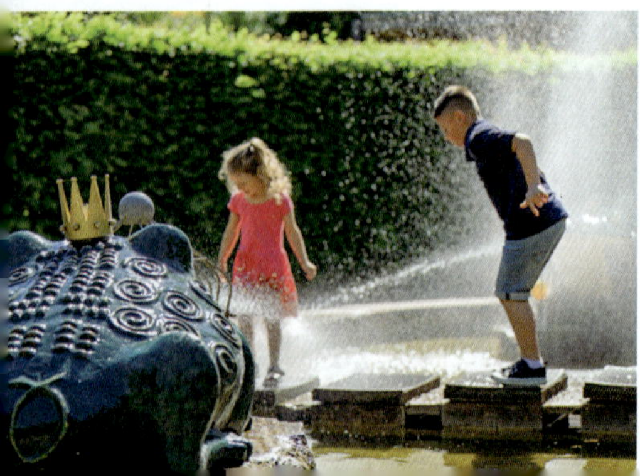

B7 Schlossgarten Stuttgart

Von der Stuttgarter Innenstadt bis an den Neckar zieht sich der lange Park und grenzt an den Rosensteinpark (s. Tour 20). Im Unteren Schlossgarten

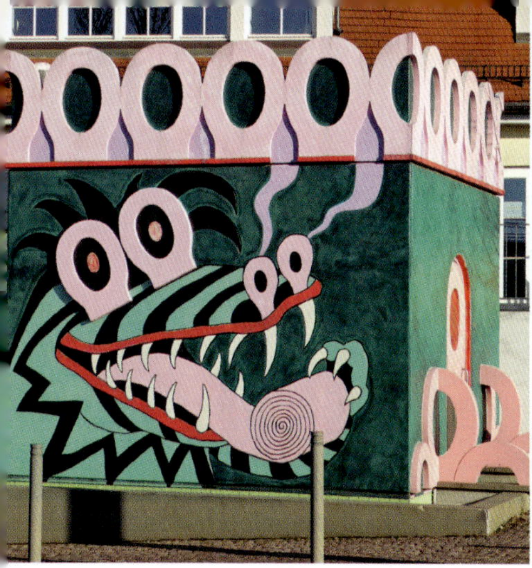
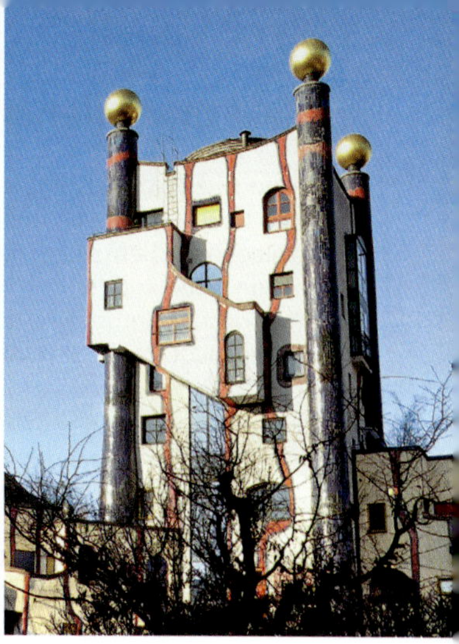

Les Toilettes und Hundertwasserhaus in Plochingen.

liegt eine besondere Attraktion für Kinder: Der große Spielplatz mit zwei riesigen Klettertürmen und vielen tollen Spielmöglichkeiten ist immer gut besucht.
Öffnungszeiten: Frei zugänglich. **Adresse:** Der Spielplatz liegt 1,5 km vom Stuttgarter Hauptbahnhof entfernt im Unteren Schlossgarten.

B8 Landschaftspark Bruckenwasen Plochingen

Der Park am Neckar lädt mit (Wasser-)Spielplätzen, einer Miniatur-Dampfeisenbahn und gemütlichen Biergärten zum Spazieren und Radeln ein. Außerdem sehenswert in Plochingen: das Hundertwasserhaus und Les Toilettes von Tomi Ungerer.
Öffnungszeiten: Frei zugänglich. **Adresse:** Am Bruckenbach, 73207 Plochingen, plochingen.de/start/Freizeit+_+Kultur/Bruckenwasen.html

B9 Landschaftspark Schloss Filseck Uhingen

Der große Landschaftspark bietet Wanderwege mit Attraktionen wie dem Schwebenden Pfad, dem Kugelnest oder dem Charlottensee. Direkt am Schloss lässt sich durch Schloss- und Kräutergarten flanieren oder im Biergarten mit Spielplatz einkehren.
Öffnungszeiten: Frei zugänglich. **Adresse:** Filseck 1, 73066 Uhingen, schlossfilseck.de

B10 Eninger Weide

Ideal für einen abwechslungsreichen Tagesausflug. Hier lässt sich entspannt eine Runde um den Stausee spazieren und zum Hannersteigfelsen mit toller Aussicht wandern. Zwei Wildgehege mit Hirschen und Wildschweinen, Spielplatz, Grillplätze, Discgolf und ein Wanderheim mit Biergarten bieten Spaß schon für kleine Kinder.
Öffnungszeiten: Frei zugänglich. **Adresse:** Eninger Weide 1, 72800 Eningen unter Achalm.

Tiere und Pflanzen

- Wildgehege im Rotwildpark (Hirsche) (s. Tour 21)
- Eselsmühle im Siebenmühlental (Esel) (s. Tour 25)
- Wildgehege Herrenberg (Damhirsche) (s. Tour 27)
- Wildgehege Rottenburg (Wildschweine) (s. Tour 28)
- Wildgehege Entringen (Hirsche, Mufflons, Wildschweine) (s. Tour 29)
- Wildgehege beim Rotwilderlebnispfad (Hirsche und Damhirsche) (s. Tour 30)

C1 Favoritepark Ludwigsburg

Im weitläufigen eingezäunten Wildpark rund um Schloss Favorite leben Mufflons, Dam- und Axishirsche. Die Tiere sind sehr zutraulich und im Frühjahr begeistern die Jungtiere. Hunde sind nicht erlaubt.
Öffnungszeiten: Tagsüber frei zugänglich. **Adresse:** Favoritepark 1, 71634 Ludwigsburg.

C2 Wilhelma Stuttgart

Im zoologisch-botanischen Garten gibt es 11.000 Tiere aus aller Welt zu sehen. Neben dem modernen Menschenaffenhaus gehören das Amazonienhaus, der Schaubauernhof und die Tierfütterungen zu den Highlights für Kinder.
Öffnungszeiten: Täglich ab 8.15 Uhr. **Adresse:** Wilhelma 13, 70376 Stuttgart, Tel. +49 711 54020, wilhelma.de

C3 Tierpark Nymphaea Esslingen

Ein kleinerer Tierpark mit 600 Tieren, ideal für die jüngsten Tierfans. Mit Spielplatz und Restaurant.
Öffnungszeiten: April–September Mo–Fr 10.00–18.00 Uhr, Sa, So, Ferien ab 9.00 Uhr, im Winter kürzer. **Adresse:** Nymphaeaweg 12, 73730 Esslingen, besser mit ÖPNV anreisen, Tel. +49 711 314390, tierpark-nymphaea.de

Exotische Tiere und solche zum Streicheln gibt's im Tierpark Nymphaea.

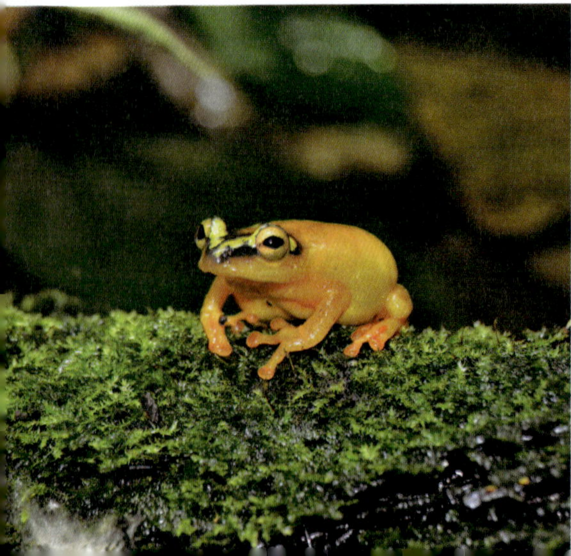

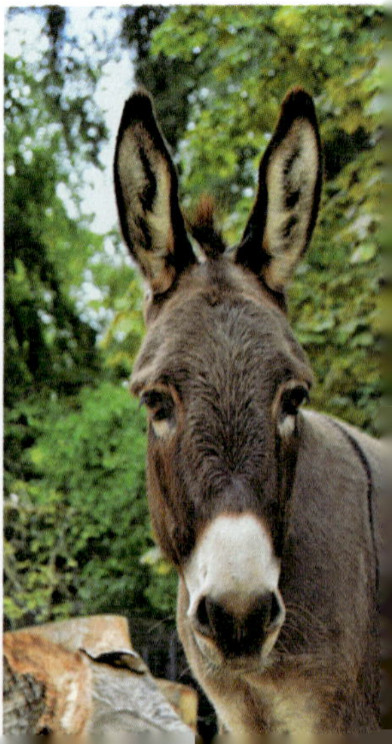

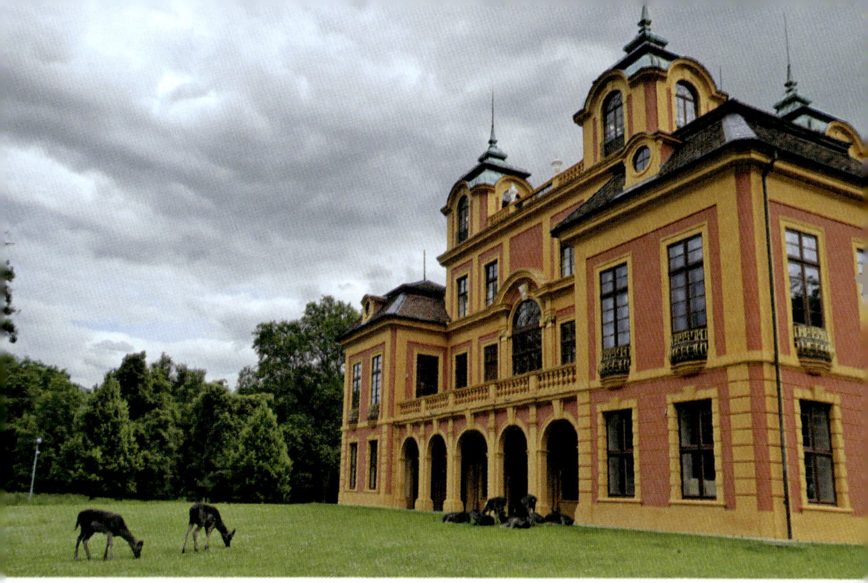

C4 Der kleine Tierpark Göppingen

Übersichtlicher Tierpark, gut für Kleinkinder geeignet. **Öffnungszeiten:** Täglich 11.00–17.00 Uhr. **Adresse:** Lorcher Straße 99, 73033 Göppingen, Tel. +49 7161 25760, tierpark-goeppingen.de

OBEN

Hirsche vor dem Schloss Favorite.

UNTEN

Im Tropenhaus des Botanischen Gartens Tübingen.

C5 Botanischer Garten Tübingen

Auf zu einem warmen Kurzurlaub in Wüste und Dschungel. In den Gewächshäusern geht es zu Kakteen, lebenden Steinen und Aquarien mit bunten Fischen. Im großen Tropenhaus führt eine Treppe bis unters Dach, dahin, wo der Pfeffer wächst, zu echten Vanilleschoten, Kaffeebohnen und Kakaobäumen. Und natürlich gibt es auch im Außenbereich jede Menge zu sehen. Eintritt frei. **Öffnungzeiten:** Mo–Fr 7.30–16.30 Uhr (Gewächshäuser ab 8.00 Uhr geöffnet), Sa, So/Fei 8.00–16.30 Uhr (Gewächshäuser ab 10.00 Uhr geöffnet).

Adresse: Haupteingang Auf der Morgenstelle (neben Gebäude Nr. 5), 72076 Tübingen, www.botgarten.uni-tuebingen.de

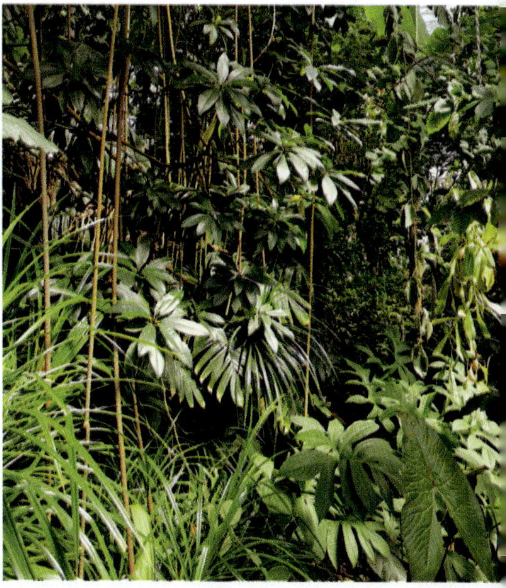

Museen und Freilichtmuseen

- Naturparkzentrum Murrhardt (s. Tour 7)
- Carl-Schweizer-Museum Murrhardt (s. Tour 7)
- Steinzeitmuseum Korb-Kleinheppach (s. Tour 16)
- J.F. Schreiber-Museum Esslingen (s. Tour 24)
- Stadtmuseum im Gelben Haus Esslingen (s. Tour 24)

D1 Das Bonbon-Museum

Woraus werden Bonbons gemacht und warum helfen sie gegen Husten? In Deutschlands einzigem Bonbon-Museum werden alle Fragen rund um die Süßigkeit beantwortet. Es gibt alte Bonbon-Herstellungsmaschinen und einen über 100 Jahre alten Kolonialwarenladen. Der Lagerverkauf bietet Süßes für daheim. Eintritt frei.

Öffnungzeiten: Mo–Fr 9.00–18.30 Uhr, Sa 9.00–13.30 Uhr. **Adresse:** Industriestraße 9–11, 71665 Vaihingen an der Enz, Ortsteil Kleinglattbach, Tel. +49 7141 64350, bonbon-museum.de

D2 Keltenmuseum Hochdorf/Enz

Rund um ein frühkeltisches Fürstengrab und eine über 2500 Jahre alte Siedlung können die Kelten entdeckt werden. Mitmachstationen und ein kostenloses Entdeckerhandbuch lassen Kinder hautnah die Vergangenheit erleben. Neben dem Museum wurde ein keltisches Gehöft nachgebaut und der mächtige Grabhügel wurde wieder aufgeschüttet.

Öffnungzeiten: Mi–So/Fei 10.00–17.00 Uhr. **Adresse:** Keltenstraße 2, 71735 Eberdingen-Hochdorf, Tel. +49 7042 78911, keltenmuseum.de

D3 Forscherfabrik Schorndorf

Interaktiver Forschungsparcours zum selbst Tüfteln und Experimentieren. Kinder von 4 bis 12 Jahren können technische und

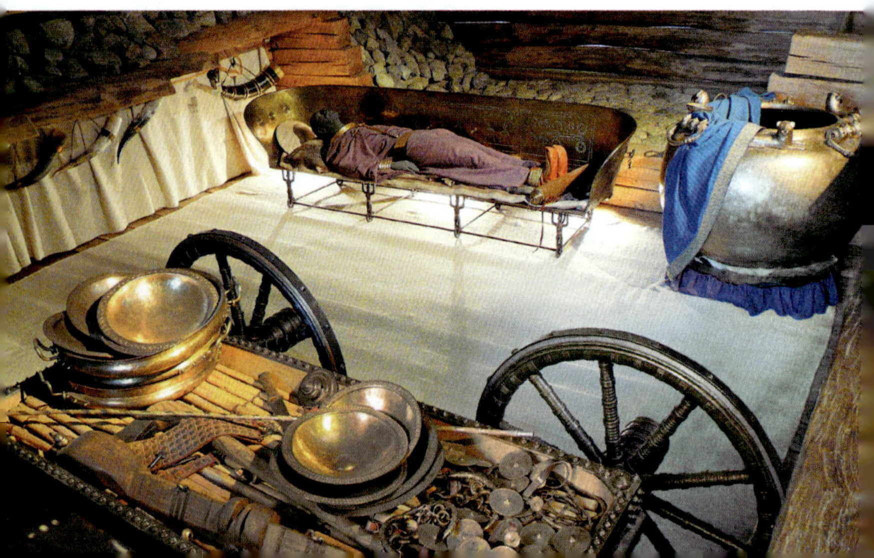

Die 2500 Jahre alte Grabkammer eines Keltenfürsten im Keltenmuseum.

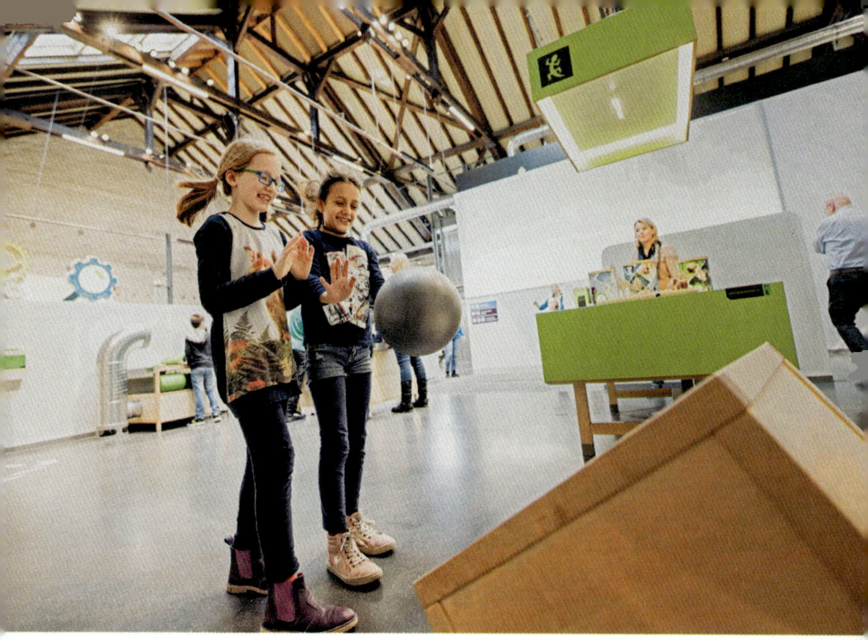

Ausprobieren und Entdecken in der Forscherfabrik Schorndorf.

naturwissenschaftliche Phänomene an über 70 Stationen erforschen.
Öffnungzeiten: Mi–Fr 14.00–17.00 Uhr, Sa,So/Fei 11.00–14.00 Uhr oder 14.00–17.00 Uhr (eines der beiden Besuchsfenster kann gewählt werden). **Adresse:** Arnoldstraße 1, 73614 Schorndorf, Tel. +49 7181 6026004, forscherfabrik-schorndorf.de

D4 Porschemuseum

Das futuristische Museum lässt die Herzen von Fans schneller Autos höherschlagen. Der Audioguide bietet eine Kindertour, im Fahrsimulator können auch Nachwuchsfahrer das Fahrgefühl verschiedener Porsche-Modelle ausprobieren. Wer vorab bucht, kann an einer Werksführung teilnehmen. Freier Eintritt für Kinder.
Öffnungszeiten: Di–So 9.00–18.00 Uhr. **Adresse:** Porscheplatz 1, 70435 Stuttgart-Zuffenhausen, Tel. +49 800 3560911, porsche.com/germany/aboutporsche/porschemuseum

D5 Mercedes-Benz-Museum

Vom ersten Auto bis zu den neusten Prototypen – bei Kinderführungen können sich schon die Jüngsten aufmachen zu einer Auto-Entdeckungsreise. Der Audioguide beinhaltet eine Kindertour. Kostenlose Erkundungshefte, Mitmachausstellungen und Kreativangebote bieten jede Menge Abwechslung. Freier Eintritt für Kinder.
Öffnungszeiten: Di–So 9.00–18.00 Uhr. **Adresse:** Mercedesstraße 100, 70372 Stuttgart, Tel. +49 711 1730000, mercedes-benz.com/de/art-and-culture/mercedes-benz-museum

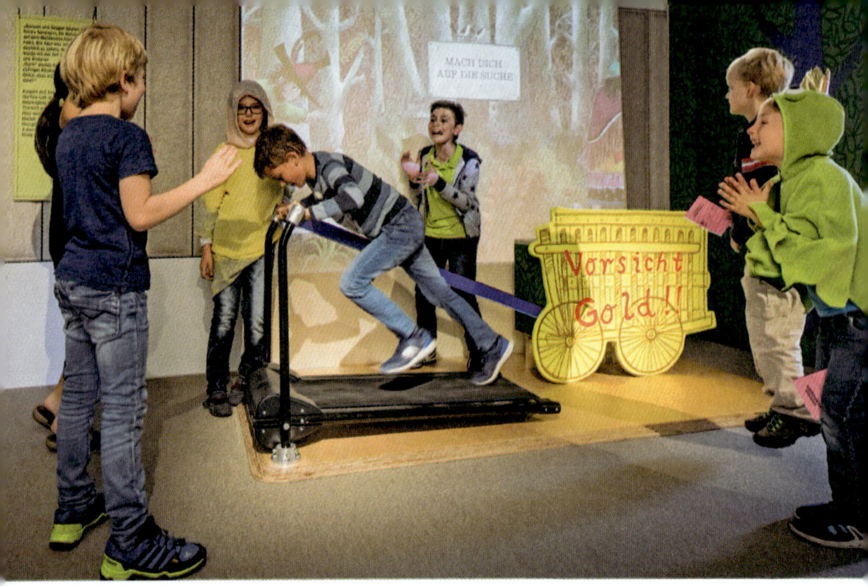

Eine der tollen Mitmach-Ausstellungen im Jungen Schloss.

D6 Naturkundemuseum Stuttgart: Museum am Löwentor und Schloss Rosenstein

Im Museum am Löwentor kommen Dino-Fans voll auf ihre Kosten. In Schloss Rosenstein nimmt die Biologische Ausstellung die Besucher mit in die Welt der Tiere und ihre Lebensräume. Freier Eintritt für Kinder.

Öffnungzeiten: Di–Fr 9.00–17.00 Uhr, Sa, So/Fei 10.00–18.00 Uhr, naturkundemuseum-bw.de. **Adresse:** Museum am Löwentor: in der Nordbahnhofstraße, Parkplatz in der Ehmannstraße (Navi: 70191 Stuttgart, Ehmannstraße – Kreuzung – Nordbahnhofstraße), Schloss Rosenstein: im Rosensteinpark, Parkhaus Wilhelma (Navi: Wilhelma 13, 70376 Stuttgart), Tel. +49 711 89360

D7 Haus der Geschichte

Mit dem multimedialen Museumsspiel »Der Dieb der Geschichte« können Kindern von 8 bis 12 Jahren in die baden-württembergische Geschichte eintauchen und das Rätsel um entführte Geschichtssammelnde lösen. Freier Eintritt für Kinder.

Öffnungzeiten: Di–So 10.00–18.00 Uhr, Do bis 21.00 Uhr. **Adresse:** Konrad-Adenauer-Str. 16, 70173 Stuttgart, Tel. +49 711 2123989, hdgbw.de

D8 Stadtpalais Stuttgart

Ausstellung zur Geschichte Stuttgarts zum Anschauen und Anfassen. Toll für jüngere Kinder ist die Kinderbaustelle, wo mit Bauhelmen und Schubkarren Schaumstoffbausteine transportiert und verbaut werden. Mit einem Kindermediaguide können »Stuttgartforscher« ab 8 Jahren eine Quiz-Tour durchs Museum machen. Eintritt frei.

Öffnungzeiten: Di–So 10.00–18.00 Uhr, Fr bis 21.00 Uhr. **Adresse:** Konrad-Adenauer-Straße 2, 70173 Stuttgart, Tel. +49 711 21625800, stadtpalais-stuttgart.de

D9 Junges Schloss

Kindermuseum zur Kulturgeschichte Württembergs. Es gibt wechselnde Mitmach-Ausstellungen und Veranstaltungen. Bisher gab es schon den Räuber Hotzenplotz, Ritter, Römer, Kelten, aber auch Mode und Müllmonster zu sehen.
Öffnungzeiten: Di–So 10.00–17.00 Uhr. **Adresse:** Altes Schloss, Schillerplatz 6, 70173 Stuttgart, Tel. +49 711 89 535 111, junges-schloss.de

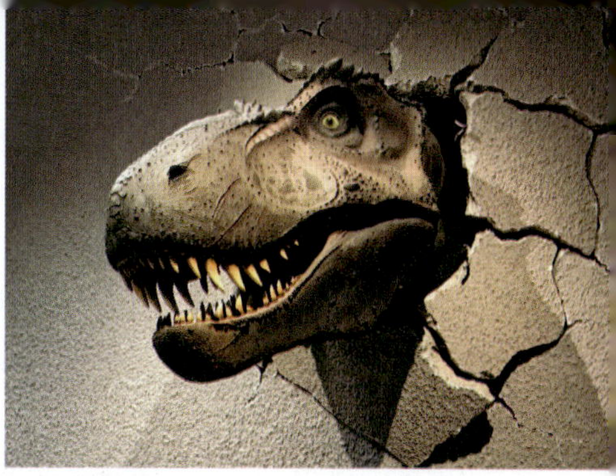

D10 Haus des Waldes Stuttgart

Den Wald mit allen Sinnen erleben, drinnen und draußen. In der interaktiven Dauerausstellung »StadtWaldWelt« geht es um Wald und Nachhaltigkeit. Draußen wartet der barrierefreie Walderlebnisweg »Sinneswandel«. Eintritt frei.
Öffnungzeiten: Di–Fr 9.00–17.00 Uhr, So/Fei 10.00–18.00 Uhr, im Winter kürzer, Erlebnisweg frei zugänglich. **Adresse:** Königsträßle 74, 70597 Stuttgart, Tel. +49 711 976720, hausdes-waldes.de

OBEN

Im Museum am Löwentor lebensgroßen Dinos begegnen.

UNTEN

Dem Alltag von damals und heute begegnen im Museum der Alltagskultur.

D11 Urweltmuseum Hauff Holzmaden

Innen gibt es riesige Fossilien und Spannendes über das Jurameer. Im Außenbereich wartet der Dinopark. In zwei Steinbrüchen in der Nähe können die Kinder selbst nach Versteinerungen suchen (s. Freizeittipp F2 und F3).
Öffnungszeiten: März–Dezember Di–So 9.00–17.00 Uhr, Januar–Februar Fr–So 9.00–17.00 Uhr. **Adresse:** Aichelberger Straße 90, 73271 Holzmaden, Tel. +49 7023 2873, urwelt-museum.de

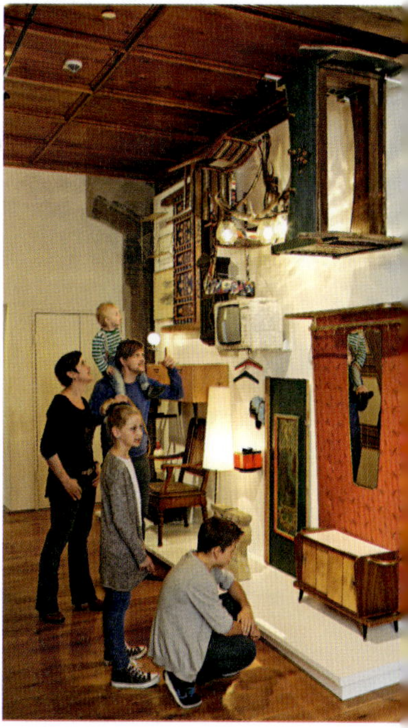

D12 Museum der Alltagskultur Waldenbuch

Unter dem Motto »Das Besondere im Gewöhnlichen entdecken« gibt es hier spannende – oft ganz und gar nicht alltägliche – Ausstellungen. Freier Eintritt für Kinder.
Öffnungszeiten: Di–Sa 10.00–17.00 Uhr, So/Fei 10.00–18.00 Uhr. **Adresse:** Schloss Waldenbuch, Kirchgasse 3, 71111 Waldenbuch, Tel. +49 711 89535111, museum-der-alltagskultur.de

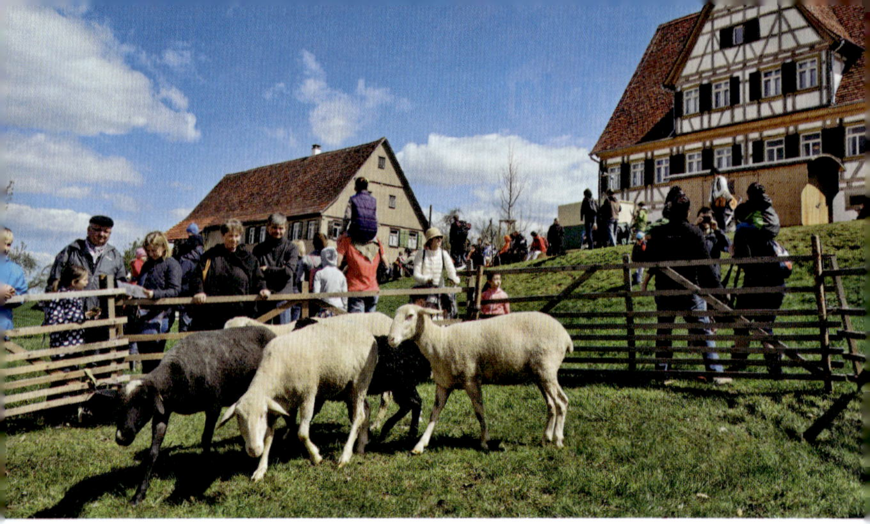

Im Freilichtmuseum Beuren leben auch viele Tiere.

D13 Ritter Sport Bunte Schokowelt Waldenbuch

In der Schokoausstellung mehr über Ritter Sport lernen, in der Schokowerkstatt die eigene Lieblingsschokolade kreieren und im Schokoshop einkaufen. Im Kunstmuseum gibt es moderne Kunst rund ums Quadrat.

Öffnungszeiten: Täglich (Shop nicht So, Museum nicht Mo). **Adresse:** Alfred-Ritter-Straße 27, 71111 Waldenbuch, Tel. +49 7157 971704, ritter-sport.com/de/waldenbuch

D14 Naturkundemuseum Reutlingen

Hier gibt es die Natur der Region zu entdecken. Von den Vulkanen im Untergrund bis zu den Tieren auf der Oberfläche. Das Highlight zu Ostern: Eier werden ausgebrütet und die Küken können beim Schlüpfen beobachtet werden. Im Winter sind einzigartige Naturfotos in der Ausstellung »Wildlife Photographer of the Year« zu sehen. Eintritt frei.

Öffnungszeiten: Di–So 11.00–17.00 Uhr, Do bis 19.00 Uhr, So/Fei bis 18.00 Uhr. **Adresse:** Am Weibermarkt 4, 72764 Reutlingen, Tel. +49 7121 3032022, reutlingen.de/naturkundemuseum

D15 Entdeckerwelt Bad Urach

Das Kindererlebniszentrum bietet eine interaktive Ausstellung und drei Entdeckertouren. Mit ausgeliehenem Tablet geht es zu Außentouren durch Stadt und Natur, wo knifflige Kriminalfälle gelöst werden. Eintritt frei.

Öffnungszeiten: Di–So 10.30–16.00 Uhr; im Sommer und in den Ferien länger und zusätzlich Mo. **Adresse:** Bismarckstraße 21, 72574 Bad Urach, Tel. +49 7125 943230, badurach-tourismus.de/Erlebnisse/Entdeckerwelt

D16 Freilichtmuseum Beuren

Im Museumsdorf den Alltag vergangener Zeiten erleben. Für Kinder gibt es den Natur-Spielplatz und ein Spielzimmer aus den 1960ern. Bei der Fütterung

der Museumstiere um 15.00 Uhr kann kräftig mit angepackt werden. Aktionstage und das Familien-Ferien-Programm bieten Führungen und Mitmachaktionen für Familien.
Öffnungszeiten: April–Anfang November Di–So/Fei 9.00–18.00 Uhr. **Adresse:** In den Herbstwiesen, 72660 Beuren, Tel. +49 711 3902 41890, freilichtmuseum-beuren.de

D17 Naturschutzzentrum Schopflocher Alb

Schöne interaktive Ausstellung in der Kinder viel entdecken können, plus extra Spielbereich für Kinder. Hinter dem Haus können Nachwuchs-Paläontologen nach Versteinerungen suchen. In der Nähe liegt das Naturschutzgebiet Schopflocher Moor. Eintritt frei.
Öffnungszeiten: Di–Sa 10.00–17.00 Uhr, So/Fei ab 11.00 Uhr, im Winter kürzer und Sa geschlossen. **Adresse:** Vogelloch 1, 73252 Lenningen-Schopfloch, Tel. +49 7026 950120, naturschutzzentrum-schopfloch.de

Wasserfälle

- Wasserfälle im Wieslauftal (s. Tour 10)
- Heslacher Wasserfälle im Süden von Stuttgart (s. Tour 22)
- Föllbach-Wasserfall im Aichtal (s. Tour 32)
- Sinterterrassen Gutenberg (s. Tour 39)

E1 Wasserfälle im Hörschbachtal

In der naturbelassenen Schlucht warten zwei einzigartige Wasserfälle: der Hintere und der Vordere Hörschbachwasserfall. Die Attraktion im Naturschutzgebiet ist vor allem an Wochenenden gut besucht.
Öffnungzeiten: Frei zugänglich.
Adresse: Wanderparkplätze im Hörschbachtal, Zufahrt über Trailhofstraße, 71540 Murrhardt.

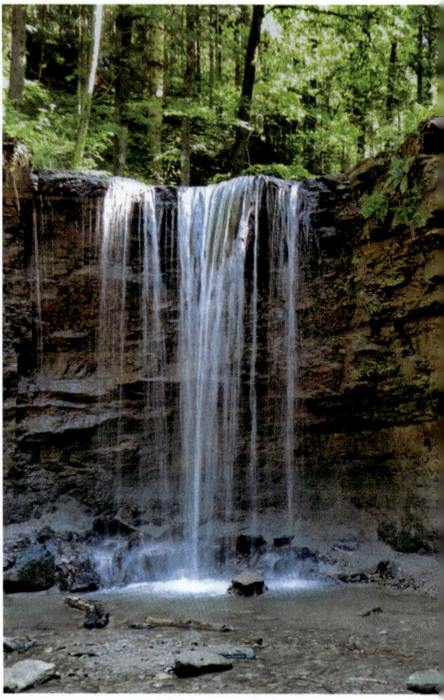

Der vordere Wasserfall im idyllischen Hörschbachtal.

E2 Uracher Wasserfall

Einer der bekanntesten Wasserfälle der Schwäbischen Alb stürzt fast 40 Meter in die Tiefe. Er ist durch einen kurzen Fußmarsch durch ein schönes Tal erreichbar. Schmale Pfade führen nah am Wasser hinauf. Oben gibt es einen Kiosk und Grillstellen. Ein Stück weiter rauscht der Gütersteiner Wasserfall den Albtrauf hinab.
Öffnungzeiten: Frei zugänglich. **Adresse:** Wanderparkplatz Maisental P23 oder Bahnhof Bad Urach Wasserfall, 72574 Bad Urach.

Besucherbergwerke, Steinbrüche und Schauhöhlen

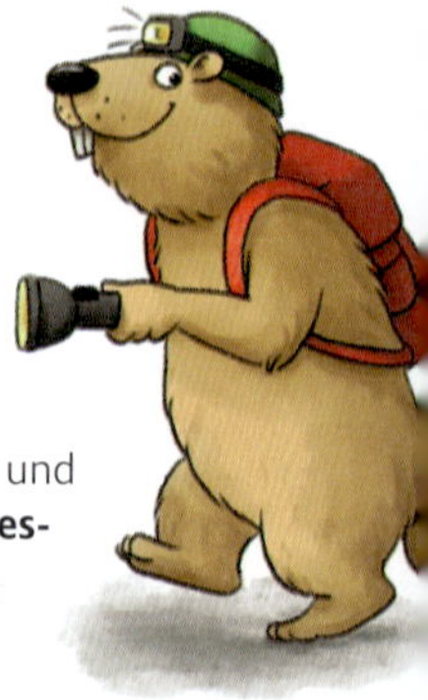

F1 Besucherbergwerk Wetzsteinstollen

Hier wurden seit dem Mittelalter Wetzsteine abgebaut, die zum Schärfen von Sensen und Sicheln gebraucht wurden. Infopfad rund um das Bergwerk, Besichtigung des Stollens im Rahmen einer Führung.
Öffnungzeiten: Mai–September 2. und 4. So des Monats und an einzelnen Feiertagen, erste Führung um 13.30 Uhr. **Adresse:** Nahe der Kreuzung L117 und K1821, 71579 Spiegelberg, Navi: N49.021428, E9.433131, wetzsteinstollen.de

F2 Urweltsteinbruch Holzmaden

Mit Hammer und Meißel können Kinder und Erwachsene auf Fossiliensuche gehen. Der Steinbruch liegt direkt beim Urweltmuseum Hauff (s. Freizeittipp D11).
Öffnungzeiten: Di–So 9.00–18.00 Uhr. **Adresse:** Aichelberger Str. 75, 73271 Holzmaden, Tel. +49 7023 2991, urweltsteinbruch.de

F3 Schieferbruch Krohmer

Die Chancen, in den Schieferplatten Versteinerungen zu finden, sind hoch. Hammer und Meißel können selbst mitgebracht oder gegen Gebühr ausgeliehen werden. Auch wichtig: Sonnenschutz sowie Eimer/Kiste für Fundstücke.
Öffnungzeiten: Mo–Fr 9.00–17.00 Uhr, Sa–So 10.00–17.00 Uhr. **Adresse:** Zeller Straße 3, 73275 Ohmden, Tel. +49 173 9623907, schieferbruch-kromer.de

F4 Gutenberger Höhlen

Sie zählen zu den schönsten Tropfsteinhöhlen der Schwäbischen Alb und können im Rahmen einer Führung besichtigt werden. Eine kurze Wanderung auf schönen Pfaden führt uns hin (s. Tour 39).
Öffnungzeiten: Mai–Okt Sa 13.00–16.00 Uhr, So/Fei 10.00–16.00 Uhr, Führungen: Sa 13.00 und 14.30 Uhr, So/Fei 10.00, 11.30, 13.00, 14.30 Uhr. **Adresse:** Parken am Wanderparkplatz Gutenberg (s. Tour 39) oder Tiefental (Navi: Schillerstraße 30, 73252 Lenningen, Ortsteil Gutenberg) und zu Fuß den Wegweisern zu den Höhlen folgen, lenningen.de/freizeit-gaeste/gutenberger-hoehlen

LINKS
Tropfsteine in den Gutenberger Höhlen.

RECHTS
Sicher behelmt geht's in den Wetzsteinstollen.

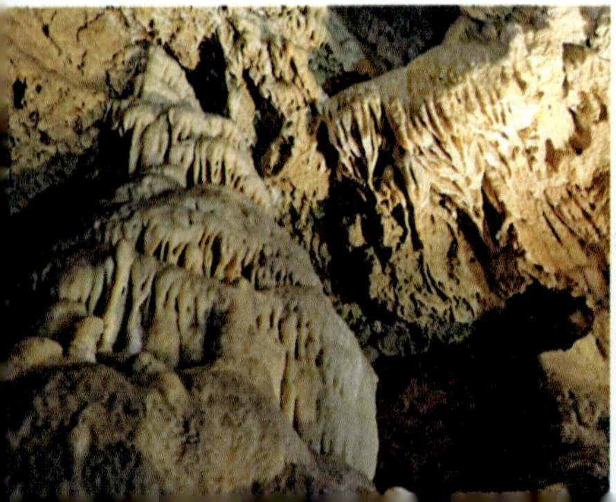

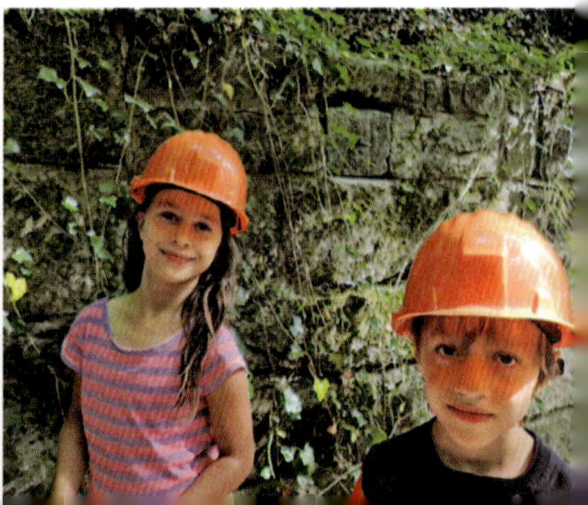

Klettern und Hochseilgärten

- Klettergarten und Boulderfelsen Kernen Stetten (s. Tour 14)
- DAV Kletterzentrum Stuttgart (s. Tour 23)

Hochseilgärten sind meist nur im Sommerhalbjahr geöffnet. Manche haben einen Kinderparcours für kleine Kinder. Öffnungszeiten sind oft abhängig von Jahreszeit und Wetter, am besten vorab auf der Homepage informieren.

G1 Kletterwald Illingen

Auf zehn Parcours geht es mit ca. 130 Übungen in bis zu 12 Metern Höhe durch den Wald (Kinder bis 1,30 m nur im Kidsparcours; s. auch Tour 1).
Adresse: Bückelbäumle 1, 75428 Illingen, Tel. +49 152 54093112, kletterwald-illingen.de

G2 Waldklettergarten Stuttgart-Zuffenhausen

Einziger innerstädtischer Waldhochseilgarten in Stuttgart. Er bietet acht Parcours mit 80 Kletterelementen (ab 7 Jahren).
Adresse: Hirschsprungallee 5, 70435 Stuttgart, Tel. +49 152 23866293, waldklettergarten-stuttgart.de/zuffenhausen

G3 Kletterpark Schmellbachtal Leinfelden-Echterdingen

Zehn Parcours mit 100 Elementen bieten Herausforderungen für alle Altersklassen (ab 6 Jahren; Greifhöhe mindestens 1,60 m; siehe auch Tour 25).
Adresse: Schmellbachtal 1, 70771 Leinfelden-Echterdingen, waldgasthof-schmellbachtal.de/kletterpark.html

G4 Kletterwald Plochingen

Abwechslungsreiche Parcours bieten Kletterspaß für Groß und Klein (ab 3 Jahren).
Adresse: Stumpenhof 104, 73207 Plochingen, www.kletterwald-plochingen.de

G5 Waldseilgarten Herrenberg

Parcours in Höhen von 4 bis 13 Metern und über 70 Stationen (ab 3 Jahren; s. auch Tour 27).
Adresse: Am Alten Rain, 71083 Herrenberg, Parken am Naturfreundehaus, Hildrizhauser Straße 103, waldseilgarten-herrenberg.de

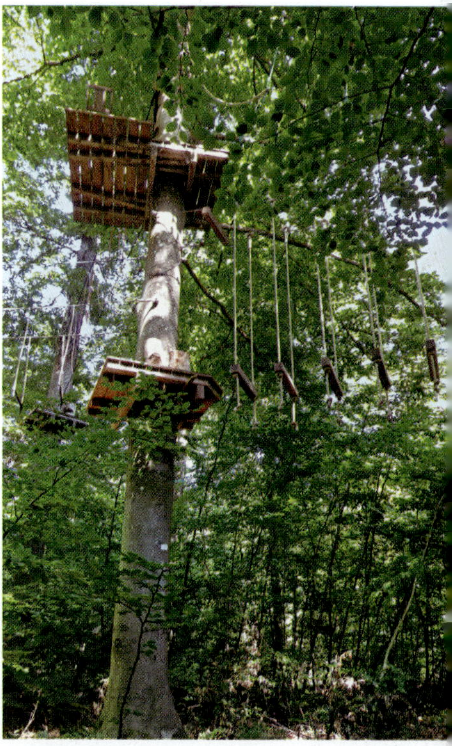

Hoch hinauf in die Bäume geht's im Waldseilgarten Herrenberg.

Kanu-, SUP- und Bootfahren

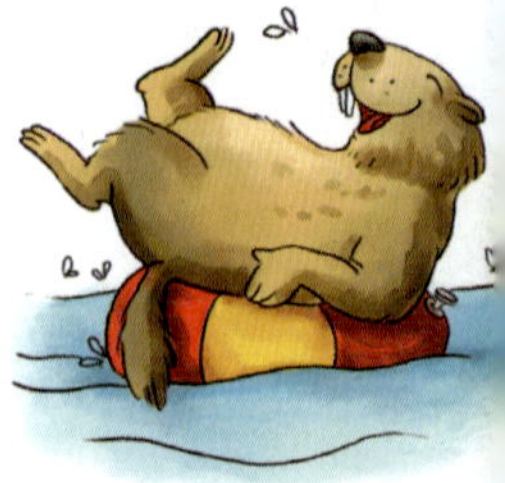

- Bootsvermietung Ebnisee (s. Tour 8 und 9)
- Bootsverleih Riverboat Stuttgart (s. Tour 19)
- Bootsverleih Max-Eyth-See Stuttgart (s. Tour 19)

H1 Kanutouren auf Neckar, Rems und Enz

Kanu- und SUP-Verleih in Bietigheim, Remseck, Ludwigsburg, Mundelsheim, Walheim, Lauffen, Weinstadt-Endersbach. Touren in Eigenregie oder mit Führer; z. B. in Verbindung mit Tour 2 oder 18. Vorab online reservieren.
Info: Tel. +49 7142 9999440, diezugvoegel.de

H2 Kanuverleih Waiblingen

Beim Biergarten auf der Schwaneninsel (s. Tour 17) können am Wochenende Kanus und SUPs geliehen werden. Es gibt auch geführte Touren.
Adresse: Auf der Schwaneninsel, Winnender Straße 4, 71332 Waiblingen, waiblingen.de/de/Der-Innovationsstandort/Tourismus/Aktiv-in-Waiblingen

H3 Kanutouren für Gruppen auf Esslingens Kanälen

Mit Kleinkanadiern durch die historische Altstadt und Klein Venedig paddeln. Auch gastronomische Kanu-Touren und Touren mit Stadtführung vom Kanu aus sind buchbar (vorab online reservieren; z. B. in Verbindung mit Tour 24).
Info: Tel. +49 711 39693969, esslingen-info.com/planen-buchen/kanutouren-auf-dem-neckar

H4 Stocherkahnfahren in Tübingen

In traditionellen Stocherkähnen, die mit langen Stangen bewegt werden, kann man sich über den Neckar fahren lassen. An Fronleichnam findet jedes Jahr das berühmte Stocherkahnrennen statt.
Info: Tel. +49 7071 91360, tuebingen-info.de

Vor der schönen Tübinger Altstadt liegen die Stocherkähne am Neckarufer.

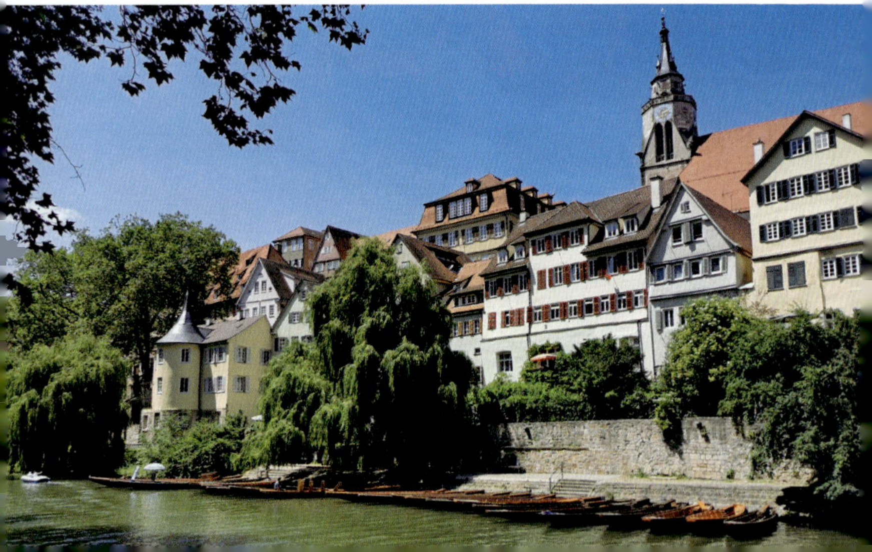

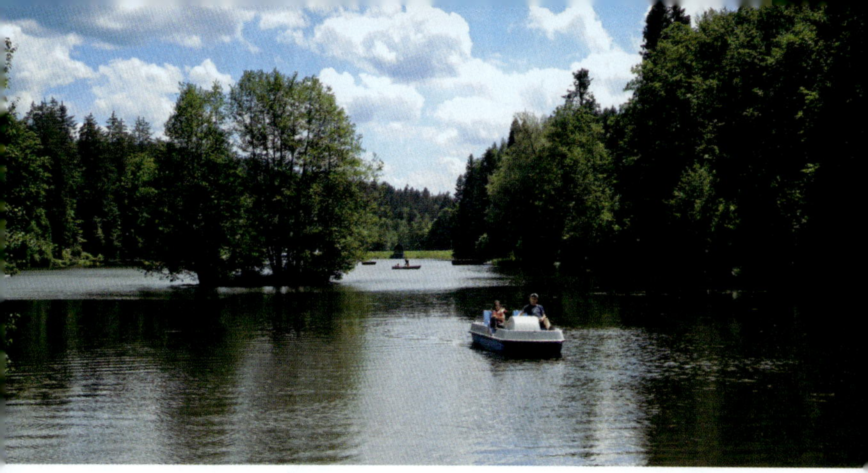

Badeseen, Frei- und Erlebnisbäder

Mit dem Tretboot über den Ebnisee.

- Ebnisee (s. Tour 8 und 9)

11 Seewaldseen

An den beiden Seen laden Spielplatz und Grillstellen zum Picknicken ein. In beiden Seen darf gebadet werden, der Obere See ist FKK-Bereich. Kein Strand, keine Toiletten, Umkleidekabinen oder Kiosk.
Öffnungszeiten: Frei zugänglich. **Adresse:** Wanderparkplatz Seewaldseen Horrheim an der L1131 von Sersheim nach Gündelbach, 71665 Vaihingen a. d. Enz, 500 m zu Fuß zu den Seen.

12 Wonnemar Backnang

Das Familienbad bietet viel Spaß und Abwechslung mit langer Röhrenrutsche, Erlebnis- und Sprudelbecken, Mineralsole-Außenbecken, Kleinkindbereich und Schwimmerbecken. Im Sommer ist zusätzlich das Freibad geöffnet.
Öffnungszeiten: Mo 12.00–22.00 Uhr, Di–So 10.00–22.00 Uhr. **Adresse:** Martin-Dietrich-Allee 10, 71522 Backnang, Tel. +49 7191 9101924, wonnemar.de/backnang

13 Waldsee Murrhardt

Der beliebte Badesee bietet neben Badevergnügen und Strand auch Grillplätze, Bootsverleih, Minigolf, Spielplatz und Gastronomie.
Öffnungszeiten: Frei zugänglich. **Adresse:** Am Waldsee 17, 71540 Murrhardt, Ortsteil Fornsbach, murrhardt.de/de/Tourismus-und-Freizeit/Freibad-und-Waldsee

14 Aichstruter Stausee

Der idyllische See ist von großen Liegewiesen umgeben. Kinder freuen sich über Sandstrand und Spielplatz. Außerdem gibt es Grillstellen und einen Kiosk.
Öffnungszeiten: Frei zugänglich. **Adresse:** Aichstruter Str. 1, 73642 Welzheim, Ortsteil Aichstrut.

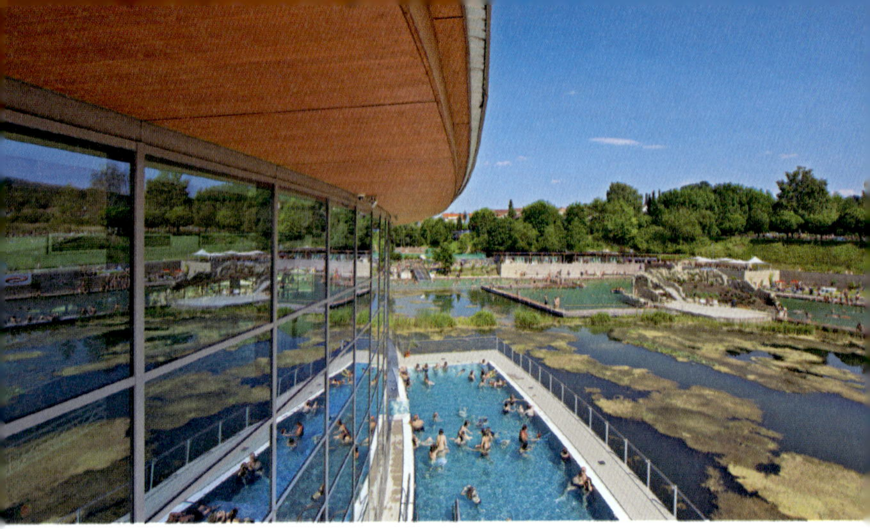

Weitläufige Badelandschaft im Ziegelei Seebad in Schorndorf.

15 Eisenbachsee

Im kleinen Stausee im Wald lässt es sich entspannt baden. Das kühle Wasser ist perfekt für heiße Sommertage. Am Kiosk gibt es Snacks und Eis.
Öffnungszeiten: Frei zugänglich. **Adresse:** An der Landstraße von Pfahlbronn nach Rienharz, 73553 Alfdorf.

16 Badesee Plüderhausen

Der Badesee im Remstal bietet einen Kinderstrand mit Rutsche, einen kleinen Spielplatz, eine Schwimminsel, Umkleideboxen und Kiosk. Ganz in der Nähe sorgt ein Minigolfplatz für Abwechslung.
Öffnungszeiten: Frei zugänglich. **Adresse:** Kostenpflichtiger Parkplatz, Wilhelm Bahmüller Straße 115, 73655 Plüderhausen.

17 Oskar Frech Seebad und Ziegelei Seebad Schorndorf

Zwei Bäder direkt nebeneinander: ein modernes Hallenbad mit Riesenrutsche und ein Naturfreibad mit Badesee, Kinderspielbereich und Sprungfelsen. Der Ziegeleisee wird von natürlichem Quellwasser gespeist. Der große Sandstrand, eine Matschanlage, ein Wasserfall und eine breite Wellenrutsche versprechen jede Menge Spaß für Kinder.
Öffnungszeiten: Mo–So Freibad 9.00–20.00 Uhr, Hallenbad 8.00–21.00 Uhr. **Adresse:** Lortzingstraße 56, 73614 Schorndorf, Tel. +49 7181 96450200, baederbetriebe.stadtwerke-schorndorf.de

18 Fildorado Filderstadt

Das Erlebnisbad lockt mit einem Wellenbecken, drei außergewöhnlichen Wasserrutschen, Stömungsbecken, Thermalbecken und mehr. Wer im Sommer lieber draußen schwimmt, geht ins Freibad nebenan.
Öffnungszeiten: Mo–Sa 9.00–22.30 Uhr, So/Fei bis 21.00 Uhr. **Adresse:** Mahlestraße 50, 70794 Filderstadt-Bonlanden, Tel. +49 711 772066, fildorado.de

19 Aileswasensee Neckartailfingen

Am flachen Kinderstrand ist bei gutem Wetter immer etwas los. Das Seehaus bietet einfache Gerichte auf der großen Terrasse mit Blick auf den See. **Öffnungszeiten:** Frei zugänglich. **Adresse:** Kostenpflichtiger Parkplatz, Seestraße, 72666 Neckartailfingen.

110 Baggersee Kirchentellinsfurt

Der See ist von Landschaftsschutzgebieten eingerahmt, ein Teil ist Naturschutzgebiet. Schwimmer teilen sich den See mit (Segel-)Booten. Recht steiler Einstieg, eher für größere Kinder geeignet, die schon gut schwimmen können. Ein Kiosk mit Biergarten sorgt für Verpflegung.
Öffnungszeiten: Frei zugänglich. **Adresse:** Kostenpflichtiger Parkplatz, an der B27, 72138 Kirchentellinsfurt.

111 Waldfreibad Eningen

Das Freibad ist idyllisch in der Natur am Fuße der Schwäbischen Alb gelegen. Hier lässt sich auf Holzdecks am Hang die Sonne genießen oder unter großen Bäumen im Schatten entspannen. Zwei Wasserrutschen und ein kleiner Spielplatz begeistern kleine und große Kinder.
Öffnungszeiten: Mo, Di 7.00–20.00 Uhr, Mi–Sa 9.00–20.00 Uhr, So 11.00–18.00 Uhr. **Adresse:** Obtal 1, 72800 Eningen unter Achalm, Tel. +49 7121 880431, eningen.de/kultur-und-freizeit/sport-und-freizeitanlagen/waldfreibad.html

112 Bürgerseen Kirchheim

Die drei Seen liegen in einem beliebten Naherholungsgebiet. Im Unteren See darf gebadet werden. Dazu gibt es einen Kiosk mit Biergarten, Grillstellen, Gewässer- und Naturerlebnispfad. Auf dem nahegelegenen Segelfluggelände können Flugzeuge beim Starten und Landen beobachtet werden.
Öffnungszeiten: Frei zugänglich. **Adresse:** Bürgerseeweg, 73230 Kirchheim unter Teck.

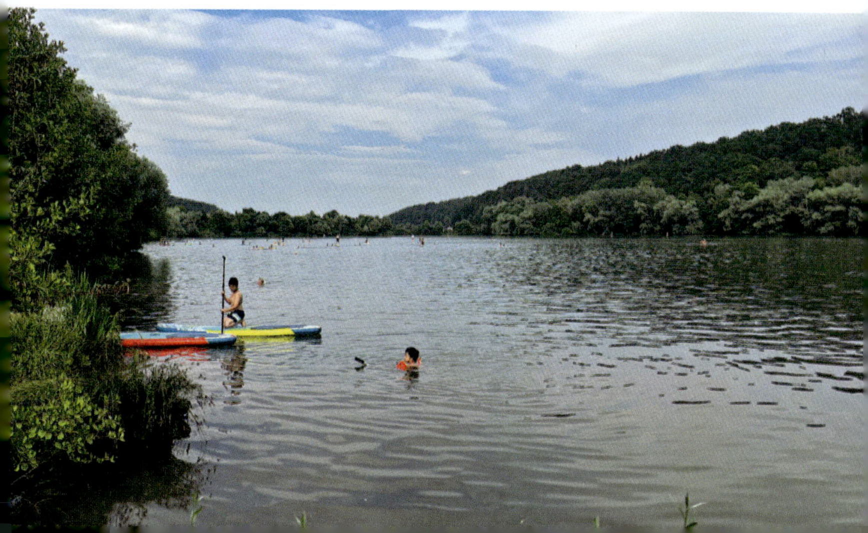

Badespaß am Baggersee in Kirchentellinsfurt.

Themenpfade

- Bahnerlebnispfad von Rudersberg nach Welzheim (s. Tour 10)
- Schelmenklinge Lorch (s. Tour 11)
- Walderlebnispfad Urbach (s. Tour 12)
- Bergrutschweg Urbach (s. Tour 12)
- Märchenweg Weinstadt (s. Tour 13)
- Herzogliche Kugelbahn Stetten (s. Tour 14)
- Steinzeitrundweg Korb (s. Tour 16)
- Talaue-Kunstweg (s. Tour 17)
- Erlebnispfad »Sinneswandel« Stuttgart (s. Tour 23)
- Waldbadepfad Sindelfingen (s. Tour 26)
- Walderlebnisweg Rottenburg (s. Tour 28)
- Rotwilderlebnispfad Schönbuch (s. Tour 30)
- Fratzenweg Aichtal-Neuenhaus (s. Tour 31)
- Pfullinger Sagenweg (s. Tour 33)
- Weinerlebnisweg u. Osterpfad Metzingen (s. Tour 35)

Auf diesen Pfaden gibt's für neugierige Wanderkinder viel zu entdecken.

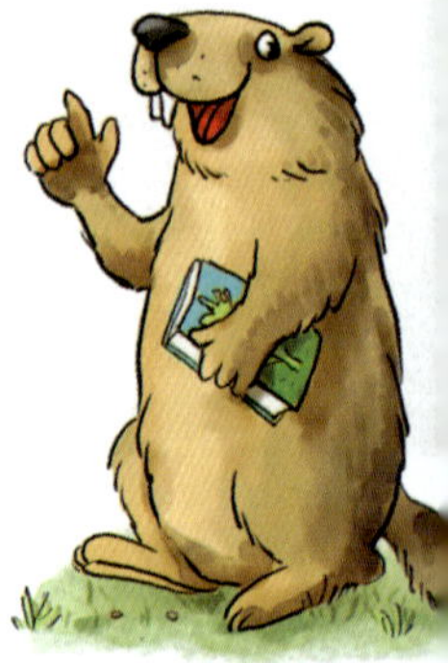

J1 Walderlebnispfad Stahlbühl

Auf 2 km erfahren Kinder an Mitmach- und Rätselstationen viel über den Wald. Gegen Ende wartet ein Spiel- und Grillplatz. Für Kinderwagen geeignet.
Adresse: Wanderparkplatz Stahlbühl, Küheichenweg, 71287 Weissach, Ortsteil Flacht.

J2 Hardypfad Großbottwar

Auf dem 1,5 km langen Walderlebnispfad kann der Wald mit Hardy, dem Hüter des Hardtwaldes, an 16 Stationen entdeckt werden. Auf halber Strecke wartet eine Grillstelle mit Schutzhütte. Der Weg ist für Kinderwagen geeignet.
Adresse: Parkplatz Rohrtäle an der L1115 gegenüber Abzweig Forsthof, 71711 Steinheim an der Murr, stadt-steinheim.de/kultur-sport/erleben-entdecken/hardy-pfad

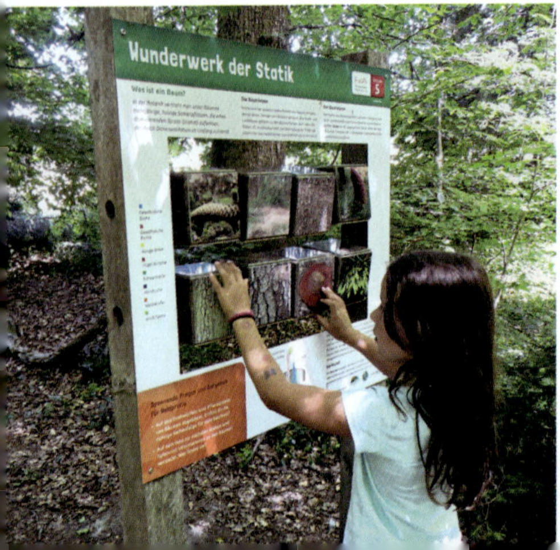

Rätsel lösen im Wald auf dem Fuxi-Pfad bei Mainhardt.

J3 Fuxi-Pfad Mainhardt

Teil 1 bietet auf 4,5 km viele spannende Stationen und schöne Pfade, Teil 2 (zusätzlich 5,5 km) verläuft auf breiten Forstwegen und hat deutlich weniger Stationen. Ein Rätselheft kann vorab heruntergeladen werden. Teil 1 ist nicht kinderwagentauglich.
Adresse: Parkplatz Mönchstraße bei 74535 Mainhardt-Mönchsberg, mainhardt.de/kultur-freizeit-gaeste/fuxi-naturerlebnis-pfad

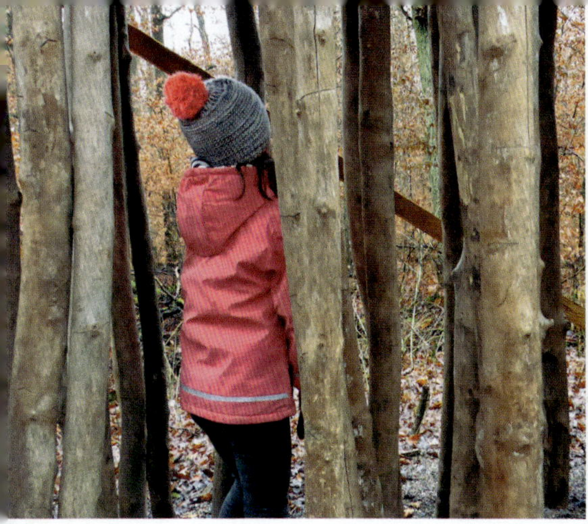

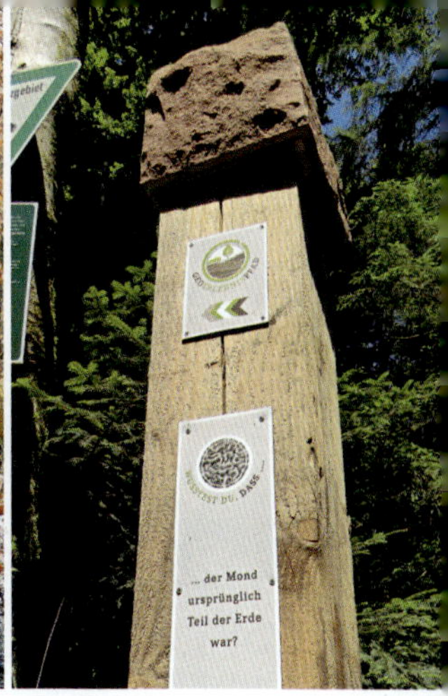

LINKS
Auf dem Holz.Weg in Holzgerlingen.

RECHTS
Spannendes über Boden und Gestein erfahren auf dem Geoerlebnispfad in Welzheim.

J4 Bahnerlebnispfad Rudersberg – Welzheim

Entlang der denkmalgeschützen Wieslaufbahn (s. Freizeitipp K2 durch Schluchten, Wald und Wiesen wandern. Die 15 km lange Tour kann in Abschnitten gewandert werden und lässt sich gut mit einer Dampfzug-Fahrt verbinden, wie z.B. in Tour 10.
Info: schwaebischewaldbahn-aktiv.de

J5 Geoerlebnispfad Welzheim

Auf diesem 6,5 km langen Pfad können nicht nur Kinder die Erdgeschichte entdecken. An Infotafeln und -stelen, Spielstationen und einem großen Lithophon lässt sich die Geologie des Schwäbischen Waldes hautnah erleben. Kurz vor Schluss gibt es einen Spiel und Grillplatz. Nicht kinderwagentauglich. Einkehrmöglichkeit in der Klingenmühle.
Adresse: Wanderparkplatz Laufenmühle, 73642 Welzheim, schwaebischerwald.com/erkunden-entdecken/tipps-ausfluege/naturerlebnis-und-sinnespfade

J6 Walderlebnispfad am Herrenbachstausee

Der 3 km lange Weg um den See ist breit und gut für Kinderwagen geeignet. Er führt zu 12 Stationen. Mit dabei sind Kobolde, ein Labyrinth und ein Barfußpfad. Offizieller Start ist an der Herrenmühle. Noch schöner ist es aber, vom Kloster Adelberg an den See hinunterzuwandern.
Adresse: Parkplatz Kloster Adelberg, Kirchstraße, 73099 Adelberg.

J7 Holz.Weg Holzgerlingen

Auf dem 3,5 km langen Holzerlebnis- und Holzlehrpfad erfahren Groß und Klein viel über Wald und Holz. Rabe Fritz und Eule Emma begleiten die Kinder zu 14 Stationen. Auf halber Strecke liegt eine Grillstelle mit Schutzhütte. Für geländegängige Kinderwagen geeignet.
Adresse: Parkplatz Waldfriedhof, Weihdorfer Straße, 71088 Holzgerlingen, holzgerlingen.de/de/die-stadt/natur-umwelt-energie/holzweg.php

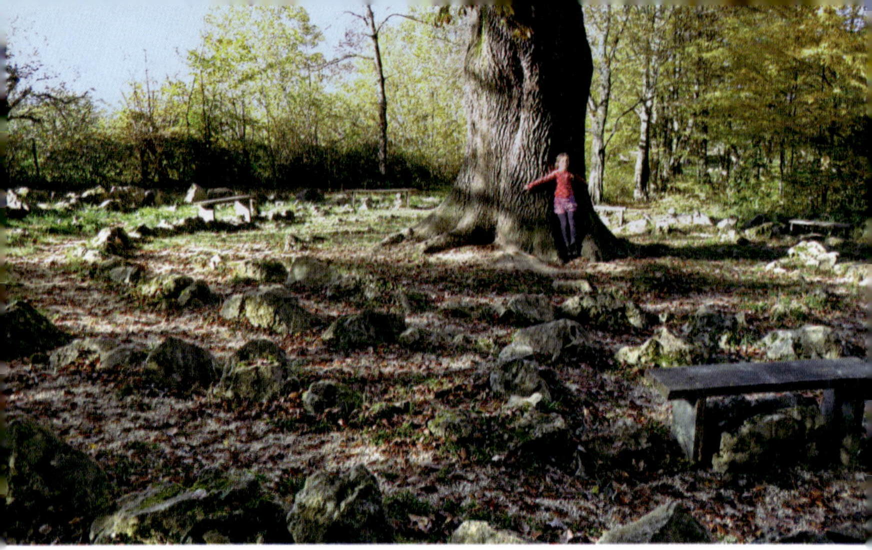

Labyrinth am Erlebnispfad Sinneswandel.

J8 Walderlebnispfad Krummbachtal Gerlingen

Der gut 3 km lange Rundweg mit 11 Stationen lockt mit Pirschpfad, Kugelbahnen und Waldxylophon. Nach der Hälfte des Weges wartet ein Spiel- und Grillplatz. Für Kinderwagen geeignet. Zwei Einkehrmöglichkeiten am Startpunkt.
Adresse: Krummbachtal 3, 70839 Gerlingen.

J9 Walderlebnispfad und Gewässerlehrpfad an den Bürgerseen Kirchheim

Der Walderlebnispfad mit 13 Stationen führt 2 km durch den Talwald. Der Gewässerlehrpfad verläuft rund um die drei Seen. Im beliebten Naherholungsgebiet gibt es neben den Themenpfaden auch Grillstellen und einen Kiosk. In einem der Seen darf gebadet werden.
Adresse: Parkplatz Bürgerseen, Bürgersee 5, 73230 Kirchheim unter Teck, kirchheim-teck.de/naturlehrpfade

J10 Sinneswandel Bad Boll

An 11 Stationen den Wald mit allen Sinnen erleben. Der 2 km lange Naturpfad startet am Spiel- und Grillplatz Badwäldle. Es geht über Stock und Stein und kann sehr matschig und rutschig sein. Zum Schluss gibt es eine Schuhputzstation am Bach. Nicht für Kinderwagen geeignet.
Adresse: Parkplatz P3, Badstraße/Pappelweg, 73087 Bad Boll.

J11 Rulamanweg

Auf dem kurzen, aber steilen Urgeschichtsweg können wir in die Steinzeit eintauchen. Jeder gewanderte Meter führt 1000 Jahre in die Vergangenheit. Wer mag kann die Schillerhöhe erkunden und auf die Ruine Hohenwittlingen steigen.
Adresse: Wanderparkplatz Rulaman an der Bushaltestelle »Bad Urach Hohenwittlingen«, 72574 Bad Urach, badurach-tourismus.de/Media/Touren/Rulamanweg

Bahnen

- Historische Standseilbahn Stuttgart (s. Tour 22)

Kleinbahnen

Nicht nur für viele Kinder ist es das Größte: Mitfahren auf einer kleinen Parkbahn oder Gartenbahn. Die gibt es in Spiegelberg (msgb.de; s. Tour 6) im Höhenpark Killesberg (s. Tour 20 und K3), im Freizeitgelände Lehmgrube in Schmiden (parkbahnschmiden.de), im Bruckenwasen Plochingen (dampfbahner.org) und in Sindelfingen im Sommerhofenpark (dbf-s.de).

K1 Museums-Dampfzug Feuriger Elias

An acht Tagen im Jahr fährt der Feurige Elias, ein Museums-Dampfzug, durchs Strohgäu. Es geht gemächlich von Korntal nach Weissach und wieder zurück. Fahrräder und Kinderwagen werden im Packwagen kostenlos mitgenommen.
Info: ges-ev.de/museumsverkehr/kw/kw.htm

K2 Schwäbische Waldbahn durchs Wieslauftal

Die Museumsbahn fährt meist an Sonn- und Feiertagen mit historischen Dampf- oder Dieselloks von Schorndorf nach Welzheim und zurück. Siehe auch Tour 10.
Info: Tel. +49 7182 800815, schwaebische-waldbahn.de

K3 Parkbahn Killesberg

Die kleine Bahn fährt schon seit 1939 im Sommer durch den Höhenpark Killesberg. Unter der Woche ziehen Dieselloks die Wagen, am Wochenende schnauft eine Dampflok durch den Park. Die 2 km lange Runde dauert 12 Minuten.
Info: ssb-ag.de/erleben/killesbergbahn

K4 Museums-Dampfzug Sofazügle

Sonntags fährt im Sommer ab und zu eine historische Dampflok von Nürtingen nach Neuffen, das Sofazügle. Fahrräder und Kinderwagen werden im Packwagen kostenlos mitgenommen.
Info: ges-ev.de/bahnstrecken/taelesbahn.htm

Durch den Sommerhofenpark in Sindelfingen fährt eine Miniaturdampfbahn.

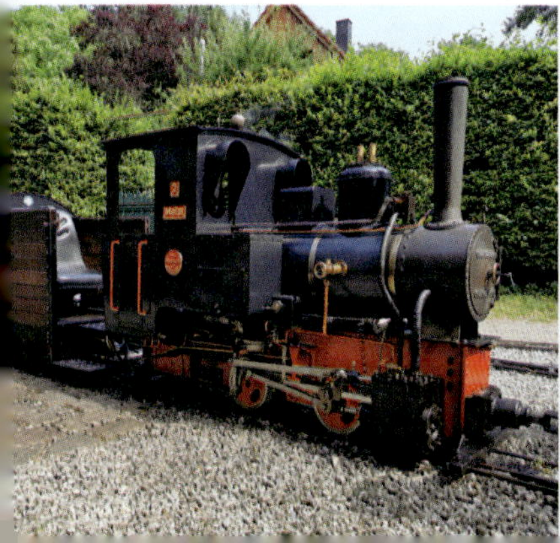

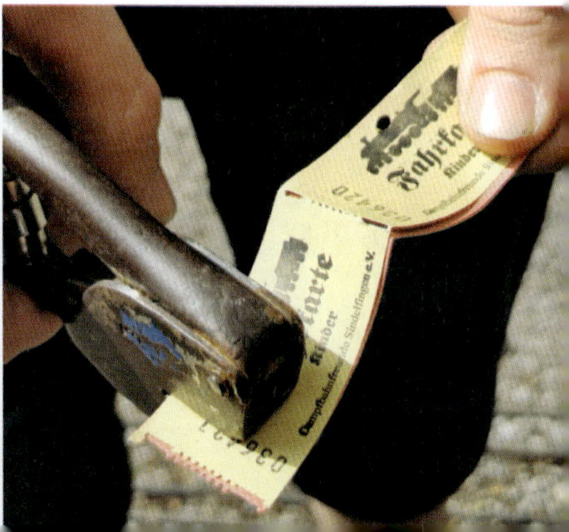

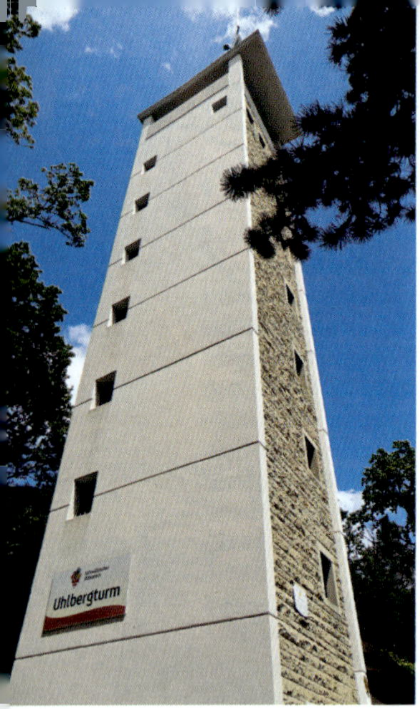

Berge und Aussichtstürme

- Eselsburg Ensingen (s. Tour 1)
- Juxkopfturm Spiegelberg (s. Tour 6)
- Kernenturm Rommelshausen (s. Tour 15)
- Killesbergturm Stuttgart (s. Tour 20)
- Uhlbergturm Aichtal (s. Tour 31)
- Achalm Reutligen (s. Tour 34)

L1 Birkenkopf »Monte Scherbelino«

Die höchste Erhebung im Stadtgebiet verdankt ihren Spitznamen »Monte Scherbelino« den Trümmern, die ihn um 40 Meter höher machen. Sie wurden nach dem 2. Weltkrieg aus der zerbombten Stadt hierher gebracht. Noch heute sind Fassadenreste am Gipfel sichtbar. Die Aussicht reicht bis zur Schwäbischen Alb.

Adresse: Parkplatz am Birkenkopf, Rotenwaldstraße, 70197 Stuttgart-West.

OBEN

Das 25 Meter hohe Kulturdenkmal Uhlbergturm.

UNTEN

Der Killesbergturm an der höchsten Stelle des Höhenparks Killesberg.

L2 Limburg

Schon in der Jungsteinzeit lebten Menschen auf dem markanten Vulkankegel. Von der Burg ist mittlerweile nichts mehr zu sehen. Heute steht der Berg unter Naturschutz und bietet tolle Aussichten in die Umgebung. Rundherum führt ein Natur- und Kulturlehrpfad.

Adresse: Wanderparkplatz Lindenbrücke, an der Landstraße zwischen 73235 Weilheim an der Teck und Neidlingen.

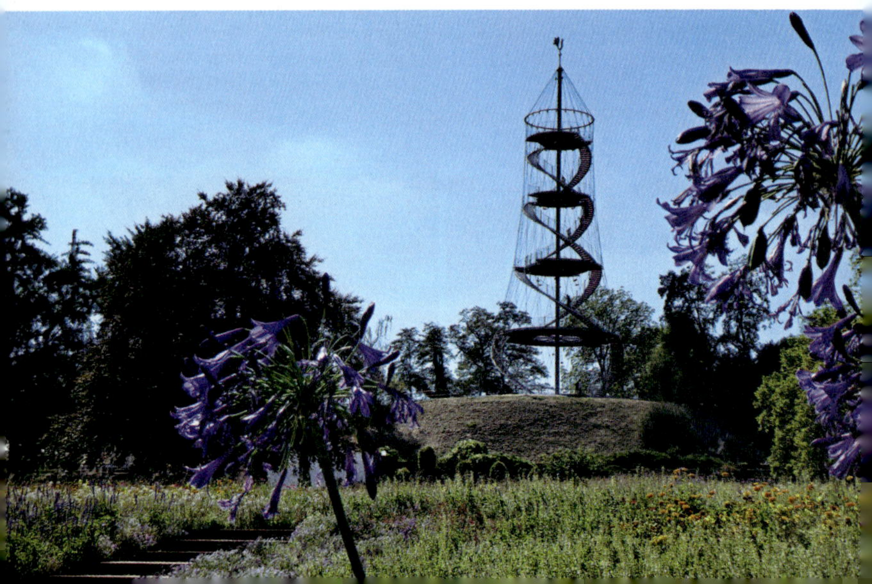

L3 Fernsehturm Stuttgart

Er ist der erste Fernsehturm der Welt und ein Wahrzeichen Stuttgarts. Von der Aussichtsplattform reicht der Blick bis zu Alb, Schwarzwald und Odenwald. Unter der Plattform gibt es ein Café auf fast 150 m Höhe.
Öffnungszeiten: Täglich außer Mo ab 10 Uhr. **Adresse:** Jahnstraße 120, 70597 Stuttgart, Tel. +49 711 92911262, fernsehturm-stuttgart.de

L4 Schönbuchturm

Der moderne 35 m hohe Turm aus Holz und Stahl bietet weite Aussichten über den Schönbuch. Er kann auch von Herrenberg im Rahmen einer abwechslungsreichen Wanderung erreicht werden (s. Tour 27).
Öffnungszeiten: Frei zugänglich. **Adresse:** Parkplatz am Naturfreundehaus oder Waldfriedhof, Hildrizhauser Str. 103, 71083 Herrenberg, schoenbuch-heckengaeu.de/tipp/schoenbuchturm

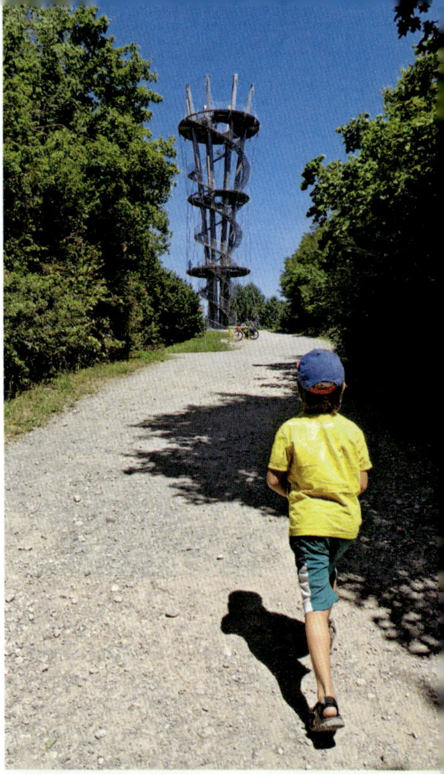

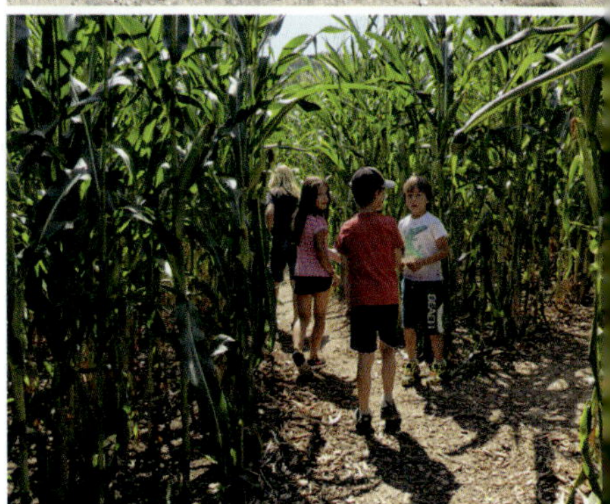

Funsport

- Mais-/Blumenlabyrinth (s. Tour 37)

M1 Spiel!Golf Waiblingen

Achtzehn Bahnen aus Kunstrasen bieten Adventure-Golf-Spielspaß für Groß und Klein, Biergarten inklusive.
Öffnungszeiten: April–Oktober Mo–Fr ab 14.00 Uhr, Sa, So ab 10.00 Uhr. **Adresse:** An der Talaue 12, 71332 Waiblingen, Tel. +49 7151 7071627, remstal-spielgolf.de

M2 Golferei Beutwangsee

Naturnahe Adventure-Golfanlage mit kreativ angelegten Bahnen in der Natur. Nebenan Biergarten mit Blick auf den See.
Öffnungszeiten: Mo–Fr ab 14.00 Uhr, Sa, So ab 12.00 Uhr. **Adresse:** Beutwangsee, Beutwang 13–15, 72622 Nürtingen, Ortsteil Neckarhausen, Tel. +49 175 2742110, golferei-beutwangsee.de

OBEN

Auf dem Weg zum Schönbuchturm.

UNTEN

Waren wir hier nicht schon mal? Lagebesprechung im Maislabyrinth.

Stichwortverzeichnis

Bildnachweis: Alle 254 Fotos von den Autoren mit Ausnahme des Umschlagfotos (Theo Schuster) und der Bilder von S. 16, 75 re (Ulla Pergovacz), S. 17, 123 (Theo Schuster), S. 25 (Karin Marianowski), S.35 (Couleur über Pixabay), S. 93 (Robert Balog Bergadder über Pixabay), S. 97 (Icsilviu über Pixabay), S. 195, 201 (Stadt Schorndorf, Bebop Media, Danijel Grbic), S. 198 li und re (Tierpark Nymphaea, Alexa Schlotterbeck), S. 200 (Keltenmuseum Hochdorf/Enz), S. 202 (Junges Schloss, Martin Stollberg), S. 203 (Landesmuseum Württemberg, Christoph Düpper), S. 204 (Freilichtmuseum Beuren, Annika Hildwein), S. 210 (Oskar Frech Seebad, Thomas Klink)

Impressum

Umschlagbild: Unterwegs auf dem Metzinger Weinberg (Theo Schuster).

Bildnachweis: Siehe S. 223.

Die Autoren: Aufgewachsen in der Nähe von Stuttgart haben Ulrike und Andras Juhas gemeinsame Wandertouren in so unterschiedlichen Ländern wie Kanada, Thailand und Ungarn unternommen. Nach 1100 Wander-Kilometern auf der Via de la Plata durch Spanien radelten sie mit Kind im Fahrrad-Anhänger 2800 km von Deutschland auf dem Jakobsweg nach Santiago de Compostela. Später machten sie eine Deutschlandradtour mit zwei Kindern an die Ostsee. Mittlerweile ist die Familie hauptsächlich in Deutschlands Südwesten unterwegs und entdeckt zu Fuß und mit dem Rad die Region rund um Stuttgart und die Schwäbische Alb.

Kartografie: 40 Wanderkärtchen im Maßstab 1:15.000, 1:25.000, 1:35.000 und 1:50.000, Geodaten © OpenStreetMap und Mitwirkende. Kartografisches Design: Freytag & Berndt Prag, freytagberndt.cz
Zwei Übersichtskarten im Maßstab 1:450.000 und 1:950.000
© Freytag & Berndt, Wien

Illustrationen: Alle Illustrationen von Stephanie Stickel (stephanie-stickel.de).

Werk-Nr.: 3375

1. Auflage 2024

ISBN 978-3-7633-3375-2

MIX
Papier | Fördert gute Waldnutzung
FSC® C147178

BIO-FARBEN mit Pflanzenöl

Der mit Celluloseacetatfolie beschichtete Umschlag ist recyclebar.

Wir freuen uns über jeden Korrekturhinweis zu diesem Wanderbuch!
Bitte per E-Mail an: **leserzuschrift@rother.de**

ROTHER BERGVERLAG · Keltenring 17 · D-82041 Oberhaching
Tel. +49 89 608669-0 · rother.de